형 법 판 례

—총론편—

형 법 판 례

—총론편—

안동준 · 류전철 · 김재윤 著

전남대학교출판부

머리말 Preface

본서는 형법에 대해 기본지식을 갖고 있는 법학전문대학원 2학년생을 대상으로 하는 교재이다.

법학전문대학원의 교육이 현실의 문제를 법적 사고를 통해 해결하는데 방점을 두고 있는 점, 이를 위해 체계적 이론을 바탕으로 실무와의 가교를 중시한다는 데에 있다면 수업 또한 다방향적으로 심도있게 진행되어야 할 것이다.

따라서 본서는 구체적 사건에 대해 법관이 내린 해답, 즉 판결과 결정을 소재로 이론적 각도에서 여기에 다양한 질문을 던지는 방식으로 구성된다.

질문사항은 참석자가 예습을 함에 있어 하나의 지침이 될 것이며 스스로 생각해 보는 일이 중요하기 때문에 약간의 설명과 문헌을 적시하였다.

사례를 선정함에 있어 Leading Case로서 실무상 중요한 것일 것, 이론상으로도 빠트릴 수 없는 논점을 포함할 것 등을 고려하였다. Case에 대한 소개도 필요한 곳에서는 상당히 광범위하며 질문은 해당 사례를 통해 형법의 근본에 대한 문제까지를 터치하였다.

법학전문대학원의 출범이 본서의 집필을 재촉하였지만 새로운 교육제도에 대한 경험이 일천하여 시행착오 또한 적지 않으리라 본다. 축적된 경험과 수업의 성과는 추후 이 교재에 반영될 것으로 믿는다.

본서의 출간에 많은 도움을 주신 전남대출판부 박방배 과장님께 진심으로 감사드린다.

2010년 2월 저자

차례Contents

제3장 위법성론

제4장 책임론

제5장 특수한 범죄형태

제6장 미수범론

제7장 공범론

제8장 죄수론

제9장 형사제재론

서 론

제1장

[§ 1] 죄형법정주의

Ⅰ. 죄형법정주의의 의의

형법은 범죄와 형벌에 관한 법으로 그 목적은 법익의 보호 내지 이를 통해 사회질서를 유지하는 데 있다. 그러나 형법이 휴대하는 형벌은 법적 제재수단 가운데서 가장 엄혹하므로 형벌의 발동은 중대한 법익침해행위에 대해 최후적 수단으로써만 사용되어야 한다. 이를 위해 범죄와 형벌의 요건과 내용을 미리 법률로 정함으로써 일반인들에게 예측가능성을 보장하고 국가에게는 형벌권의 적정행사를 허용한다. 법률이 없으면 범죄도 없고 형벌도 없다(nullum crimen, nulla poena sine lege)는 죄형법정주의는 이 요청에 부응하는 근대형법의 원리이다.

죄형법정주의의 내용은 두 개의 측면이 있는 바, 하나는 어떤 행위가 범죄인지를 국민의 대표기관인 국회가 결정하는 것(**민주주의적 측면**)이고 다른 하나는 이 결정이 있기 전의 행위를 처벌할 수 없다(**자유주의적 측면**)는 점이다. 전자로부터 **법률주의** 혹은 **명확성의 원칙**이 도출되며 후자한테서는 소급처벌이나 **사후입법의 금지원칙**이 나오게 된다. 이처럼 죄형법정주의는 원래 입법활동에 대한 규제원리지만 법관의 자의적 해석을 방치하면 동 원칙은 중대한 위험에 빠지게 된다. 따라서 **유추해석의 금지**도 죄형법정주의의 한 축이다.

오늘날 이 원칙은 대개의 국가에서 형식적으로는 어쨌든 지켜지고 있다. 그러나 죄형법정원칙에 대한 위협은 여전히 가시지 않고 있는 바, 위협의 태반은 내용적으로 불합리한 법률이 효력을 갖는데 있다 할 것이다. 형벌법규 내용의 적정성을 강조하는 이유, 또는 달리 말해 **실질적 죄형법정주의(적정성의 원칙)**의 실현여부를 감시하는 이유도 이 점에 있다.

Ⅱ. 형벌불소급의 원칙

1. 보안처분과 형벌불소급의 원칙

[도입 판례]

대법원 1997.6.13. 선고 97도703 판결【국가보안법위반, 집회 및 시위에 관한 법률위반, 공직선거 및 선거부정방지법위반】

사실관계

피고인은 북한공산집단의 활동을 찬양・고무・선전・선동하는 내용이 담긴 서적 등 표현물을 취득・소지하던 중 함께 학생운동을 한 친구들이 수사기관에 연행되었다는 소식을 듣고 서둘러 이들을 소각하였다는 혐의와 1995.6.27에 실시된 ○○시장 선거에서 후보자의 선거를 돕는 과정에서 정식 용역대금 이외의 금원을 교부받고 식사제공도 받는 등 선거에 관해 기부를 받았다는 혐의, 1993.12.11. 옥외집회를 하여 당초 신고한 집회일시의 범위를 현저히 일탈함과 동시에 일몰시간 후에 옥외집회를 하고 다시 1994.3.19. 옥외집회를 하여 일몰 후 까지 연장한 혐의로 국가보안법 제7조 제5항, 제1항 위반과 공직선거 및 선거부정방지법위반, 집회 및 시위에 관한 법률위반의 공소사실에 대해 유죄판결을 받았다.

이중 국가보안법 위반과 공직선거 및 선거부정방지법위반에 대해 징역 1년6월에 집행유예 3년의 형이 선고되면서 1995.12.29. 법률 제5057호로 개정·신설되어 1997.1.1.부터 시행된 개정형법 제62조의2 제1항, 제2항에 따라 보호관찰을 명받자 형벌불소급원칙위반과 헌법상 집회·결사의 자유가 침해되었음을 이유로 상고를 제기하였다.

판결요지

개정 형법 제62조의2 제1항에 의하면 형의 집행을 유예할 때 보호관찰을 받을 것을 명할 수 있고, 같은 조 제2항에 의하면 제1항의 규정에 의한 보호관찰기간은 집행을 유예한 기간으로 하고 다만 법원은 유예기간의 범위 내에서 보호관찰의 기간을 정할 수 있다고 규정되어 있는 바 위 조항에서 말하는 보호관찰은 형벌이 아니라 보안처분의 성격을 갖는 것으로서 과거의 불법에 대한 책임에 기초하는 제재가 아니라 장래의 위험성으로부터 행위자를 보호하고 사회를 방위하기 위한 합목적적인 조치이므로 이에 대해서는 반드시 행위 이전에 규정되어 있어야 하는 것은 아니고 재판시의 규정에 의해 보호관찰을 받을 것을 명할 수 있다고 보아야 할 것이므로 형벌불소급의 원칙이나 죄형법정주의에 위배되는 것은 아니다.

[관련 판례 1]

대법원 2008.7.24. 자 2008어4 결정【보호처분에대한재항고】

[1] 가정폭력범죄의 처벌 등에 관한 특례법이 정한 보호처분 중의 하나인 사회봉사명령은 가정폭력범죄를 범한 자에 대하여 환경의 조정과 성행의 교정을 목적으로 하는 것으로서 형벌 그 자체가 아니라 보안처분의 성격을 가지는 것이 사실이다. 그러나 한편으로 이는 가정폭력범죄행위에 대하여 형사처벌 대신 부과되는 것으로서, 가정폭력범죄를 범한 자에게 의무적 노동을 부과하고 여가시간을 박탈하여

실질적으로는 신체적 자유를 제한하게 되므로, 이에 대하여는 원칙적으로 형벌불소급의 원칙에 따라 행위시법을 적용함이 상당하다.

[2] 가정폭력범죄의 처벌 등에 관한 특례법상 사회봉사명령을 부과하면서, 행위시법상 사회봉사명령 부과시간의 상한인 100시간을 초과하여 상한을 200시간으로 올린 신법을 적용한 것은 위법하다.

판례의 검토

* Q 1	보안처분의 어떤 특성이 형벌과 차별화를 가져온다고 생각하는가? 그리고 이 차이는 양자를 다르게 취급할 근거가 될 수 있는가?
* Q 2	구 사회보호법상의 보호감호처분이 폐지되고 현재는 치료감호처분만이 남아있는 데 그 이유는 무엇이라고 생각하는가? 이 경향을 소급효금지원칙의 적용과 관련시킬 여지는 있다고 보는가?
** Q 3	[관련 판례 1]에서 보안처분의 일종인 사회봉사명령에 대해 소급금지를 적용한 근거는 무엇인가? 소급금지에 동의한다면 이는 여타의 판례와 다른 결론, 곧 판례를 변경한 셈이 아닌지? 만약 판례의 변경이라면 전원합의체절차를 거쳐야 하지 않을까?
** Q 4	형사처벌 대신 부과하는 보안처분에 대해서는 형벌처럼 취급하고 그렇지 않은 보안처분에 대하여는 소급효를 긍정한다면 이는 보안처분의 특성에 따른 분류 때문인가? 만약 보안처분의 특성 때문이 아니라면 어떤 부작용을 예상할 수 있을까? 나아가 특성에 따른 세분과 그에 따른 상이한 취급이 가능한가?

행위시에 범죄가 아닌 행위는 사후에 제정된 법을 적용하여 그 행위자를 처벌할 수 없다. 법적 안정성과 예측가능성을 고려한 원칙이다. 그러나 범죄와 형벌에 변경이 있으면 언제나 신법을 적용할 수

없다는 의미는 아니다. 그러므로 재판시에 형이 폐지되었으면 면소 판결을 하게 되고 형이 경하게 변경되면 신법에 따른다. **형벌불소급의 원칙**과 관련하여 특히 논란이 되고 있는 부분은 새로이 보안처분을 부과하거나 기존 판례를 변경한 경우 및 공소시효의 연장일 때이다.

형법 제1조 제1항은 범죄의 성립과 처벌은 행위시의 법률에 의한다고 하며 다시 제2항은 범죄 후 법률의 변경에 의하여 그 행위가 범죄를 구성하지 아니하거나 형이 구법보다 경하면 신법을 따른다고 하여 형벌의 효력은 원칙적으로 소급되지 않음을 천명한다. 같은 취지는 헌법 제13조 제1항에서도 찾아볼 수 있지만 문제는 처벌의 범위 안에 보안처분이 포함될 수 있는가에 있다.

이를 긍정하는 쪽은 보안처분도 형사제재의 일종이고 그 내용 또한 실질적으로 형벌과 동일하여 피처분자의 법익을 심대하게 침해하며 미래의 위험성 또한 예측이 쉽지 않아 필경 피처분자의 부담으로 돌아가고 말 것이라고 한다. 반대로 이의 소급적용을 긍정하는 쪽은 보안처분이 형벌과는 달리 피처분자에 대한 불가결한 도움임을 강조하며 법익의 제한도 이에 수반된 불가피한 측면이 있다고 본다. 또한 사회의 안전을 위해 부득이한 조치임을 생각하면 형벌과 다르므로 소급금지원칙을 적용해서는 안 된다고 한다. 그러나 보안처분도 형사제재의 일종이고 내용도 형벌과 별 차이가 없으며 처분요건 또한 형벌부과에 비해 덜 엄격하므로 형벌과 동등하게 취급해야 할 것이다.

참고문헌

신동운, 신판례백선 형법총론, 2009, 922-932면.

2. 공소시효와 형벌불소급의 원칙

[도입 판례]

대법원 1997.4.17. 선고 96도3376 전원합의체 판결【반란수괴, 반란모의참여, 반란중요임무종사, 불법진퇴, 지휘관계엄지역수소이탈, 상관살해, 상관살해미수, 초병살해, 내란수괴, 내란모의참여, 내란중요임무종사, 내란목적살인, 특정범죄가중처벌등에관한법률위반(뇌물)】

사실관계

피고인 등은 5.18민주화운동 등에 관한 특별법 제2조는 위헌이며 공소시효가 완성되었으므로 이 사건에 위 법률을 적용해서는 안 된다고 주장하였다.

판결요지

[다수의견] 5.18특별법 제2조는 제1항에서 그 적용대상을 "1979년 12월 12일과 1980년 5월 18일을 전후하여 발생한 헌정질서파괴범죄의 공소시효 등에 관한 특례법 제2조의 헌정질서파괴범죄행위"라고 특정하고 있으므로 그에 해당하는 범죄는 5.18민주화운동 등에 관한 특별법의 시행 당시 이미 형사소송법 제249조에 의한 공소시효가 완성되었는지 여부에 관계없이 모두 그 적용대상이 됨이 명백하다고 할 것인데, 위 법률조항에 대하여는 헌법재판소가 1996.2.16. 선고 96헌가2. 96헌마7. 13사건에서 위 법률조항이 헌법에 위배되지 아니한다는 합헌결정을 하였으므로 위 법률조항의 적용범위에 속하는 범죄에 대하여는 이를 그대로 적용할 수밖에 없다.

[반대의견1] 5.18민주화운동 등에 관한 특별법이 적용대상으로 삼는 헌정질서파괴범죄를 처벌하기 위한 공익의 중대성과 그 범죄혐의자들에 대하여 보호해야 할 법적 이익을 교량할 때 동법 제2조는 그 정당성이 인정된다. 그러나 공소시효가 이미 완성한 다음에 소급적으로 공소시효를 정지시키는 이른 바 진정소급효를 갖는 법률규정은 형사소추

권이 소멸함으로써 이미 법적, 사회적 안정성을 부여받아 국가의 형벌권 행사로부터 자유로워진 범죄혐의자에 대하여 실체적인 죄형의 규정을 소급적으로 신설하여 처벌하는 것과 실질적으로 동일한 결과를 초래하게 되어, 행위시의 법률에 의하지 아니하고는 처벌받지 아니한다는 헌법상의 원칙에 위배되므로, 공소시효에 관한 것이라 하더라도 공소시효가 이미 완성된 경우에 다시 소추할 수 있도록 공소시효를 소급하여 정지하는 내용의 법률은 그 정당성이 인정될 수 없다. 따라서 5.18민주화운동 등에 관한 특별법 제2조는 그 시행 당시 공소시효가 완성하지 않은 범죄에 대해서만 적용되고 이미 공소시효가 완성된 범죄에 대해서까지 적용되는 것은 아니라고 해석하는 것이 옳다.
또한 법원은 헌법재판소의 1996.2.16. 선고 96헌가2. 96헌가7. 13 결정에서 공소시효가 이미 완성된 경우에도 위 법률조항이 합헌이라고 한 결정 이유 중의 판단내용에 기속되지 아니하는 것이며 합헌으로 선고된 법률조항의 의미·내용과 적용범위가 어떠한 것인지를 정하는 권한, 곧 법령의 해석·적용의 권한은 바로 사법권의 본질적 내용을 이루는 것으로서 전적으로 대법원을 최고법원으로 하는 법원에 전속하는 것이며 법원이 어떤 법률조항을 해석·적용함에 있어 한 가지 해석방법에 의하면 헌법에 위배되는 결과가 되고 다른 해석방법에 의하면 헌법에 합치하는 것으로 볼 수 있을 때에는 위헌적인 해석을 피하고 헌법에 합치하는 해석방법을 택하여야 하는 것임은 또 하나의 헌법수호기관인 법원의 당면한 책무이기도 한 만큼 헌법재판소의 합헌결정에 불구하고 위 법률조항을 위와 같이 해석·적용함에 아무런 장애가 없다.

[반대의견2] 법원은 법률의 내용이 헌법에 위반되더라도 곧바로 그 적용을 거부할 수 있는 것이 아니라 그 법률이 헌법에 위반되는 여부가 재판의 전제가 된 경우에 헌법 제107조 제1항에 의하여 헌법재판소에 제청하여 그 심판에 의하여 재판하여야 하는 바, 이 경우 헌법재판소의 결정 중 각종 위헌결정은 헌법재판소법 제47조에 의하여 법원을 기속하게 되나, 합헌결정은 그 법률을 재판에 적용할 수 있다는 효력이 있을 뿐이므로 그 법률을 적용함에 있어서 합헌적으로 해석할 책무는 여전히 법원에 남아 있는 것이다. 그런데 헌법재판소의 위 결정은

5.18민주화운동 등에 관한 특별법 제2조가 합헌이라는 것인 만큼 법원에게는 그 법률 조항을 합헌적으로 해석할 의무가 여전히 있는 것이고, 공소시효에 관한 위 법률조항은 [반대의견1]에서 밝힌 바와 같이 그 시행 당시 공소시효가 완성되지 아니한 자에 대하여만 적용된다고 해석함이 합헌적이다.

판례의 검토

* Q 1	공소시효규정은 직접 범죄의 성립을 결정하지 않으므로 이를 소급적용하더라도 엄밀한 의미에서는 범죄의 성립과 처벌은 행위시의 법률에 의한다는 형법규정위반은 아니다. 그럼에도 그 위반으로 보는 근거는 무엇인가?
* Q 2	반대의견처럼 헌법재판소의 합헌결정을 받은 규정을 법원 나름의 해석·적용을 통해 위헌결정과 같은 결과를 초래하여도 괜찮은 것일까?

범죄성립 여부를 가리는 것이 아니라 어떤 사실이 범면에 해당하는지를 확인하는 절차를 규정하는 것에 불과한 형사소송법은 본질적으로 기술적이며 효율성이 결정적이다. 따라서 변경된 소송법규정을 소급적용 한다고 하여 범죄성립이 좌우되지 않으므로 소급적용을 금지할 일이 아니다. 문제는 공소시효를 연장하는 등으로 소송법규정을 변경함으로써 형벌권의 발동에 결정적으로 영향을 미치는 경우이다. 이때도 그것이 어디까지나 소송법규정임을 이유로 소급을 긍정하기도, 반대로 형벌불소급의 원칙을 적용해야 한다는 입장이 팽팽히 맞서고 있다. 그러나 그것 때문에 새로이 처벌을 받게 된다면 절차법규정일지라도 소급적용을 허용해서는 안 된다.

참고문헌

신동운 등 5인 공저, 로스쿨 형법총론, 2009, 74-88면.

3. 판례의 변경과 형벌불소급의 원칙

[도입 판례]

대법원 1999.7.15. 선고 95도2870 전원합의체 판결【건축법위반】

사실관계

○○건설회사는 ○○시 도시개발공사로부터 발주를 받아 ○○아파트를 시공하고 있었다. 이 건설회사의 대표이사는 甲이고 그로부터 포괄적 위임을 받은 현장소장은 乙이다. 한편, 발주자측의 현장감독은 병이고 공사감리자는 丙이다.

乙은 공사편의를 위하여 丙과 상의하여 이 아파트의 지하주차장 시공의 순서와 방법을 임의로 변경하였고 감리자 丁은 이를 제대로 감리하지 않았다. 그 결과 이 아파트는 준공 후 얼마 안가 건물 전체가 비스듬하게 기울어져 안전성에 심각한 문제가 발생하였다.

甲, 乙, 丙, 丁은 건축법 위반으로 기소되어 항소심에서 甲은 무죄, 乙, 丙, 丁은 유죄가 선고되어 검사와 피고인 모두 상고하기에 이르렀다.

종전의 판례는 건축법상의 처벌규정이 건축주에게만 적용되고 피용자인 현장소장에게는 적용되지 않는다고 보았다.

판결요지

[다수의견] 구 건축법(1991.5.31. 법률 제4381호로 전문 개정되기 전의 것) 제54조 내지 제56조의 벌칙규정에서 그 적용대상자를 건축주, 공사감리자, 공사시공자 등 일정한 업무주로 한정한 경우에 있어서, 같은 법 제57조의 양벌규정은 업무주가 아니면서 당해 업무를 실제로 집행하는 자가 있는 때에 위 벌칙규정의 실효성을 확보하기 위하여 그 적용대상자를 당해 업무를 실제로 집행하는 자에게까지 확장함으로써 그러한 자가 당해 업무집행과 관련하여 위 벌칙규정의 위반행위를 한 경우 위 양벌규정에 의하여 처벌할 수 있도록 한 행위자의 처벌규정임과 동시에 그 위반행위의 이익귀속주체인 업무주에 대한 처벌규정이라고 할 것이다.

[보충의견] 대법원이 종래 양벌규정에 의하여 업무주 등이 아닌 행위자도 벌칙규정의 적용대상이 된다고 해석하여 온 구 건설업법(1995.12.30. 법률 제5137호로 개정되기 전의 것) 등의 벌칙규정의 경우에는 선행하는 의무규정 또는 금지규정에서 적용대상자를 업무주 등으로 한정하고 그 의무규정 등의 위반행위를 처벌하는 벌칙규정에서는 그 적용대상자를 별도로 한정하지 아니한 것과는 달리, 구 건축법에는 위와 같은 형식의 벌칙규정(제55조 제3호) 외에도, 의무규정 또는 금지규정에서는 적용대상자를 한정하지 아니하고 그 의무규정 등의 위반행위를 처벌하는 벌칙규정에서 비로소 적용대상자를 업무주 등으로 한정하고 있는 경우(제54조, 제55조 제1호, 제2호, 제4호 등)가 있으나, 선행의 의무규정 또는 금지규정에서 그 적용대상자를 업무주 등으로 한정한 경우에는 벌칙규정에서 다시 처벌대상자를 한정하지 않더라도 위반행위에 관한 처벌대상자는 업무주 등으로 한정됨이 명백하므로 이를 다시 벌칙규정에서 한정하지 아니한 것일 뿐이고, 한편 선행의 의무규정 또는 금지규정에서 적용대상자를 한정하지 아니한 경우에는 그 위반행위에 관한 처벌대상자를 업무주 등으로 한정하기 위하여 벌칙에서 이를 규정한 것이라 할 것인데, 그러한 차이는 입법기술적인 면에서 비롯된 규정형식상의 차이에 불과할 뿐이며, 어느 경우든 의무규정 또는 금지규정의 위반행위에 관한 벌칙규정의 적용대상자가 업무주 등으로 한정된다는 점에 있어서는 실질적인 차이가 없으므로 각각의 경우에 있어서 동일 형식의 벌칙규정에 대한 양벌규정의 의미가 달라진다고 볼 수 없고, 이와 같이 적용대상자가 업무주 등으로 한정된 벌칙규정임에도 불구하고 양벌규정에서 '행위자를 벌'한다고 규정한 입법 취지는 위의 어느 경우든 업무주를 대신하여 실제로 업무를 집행하는 자임에도 불구하고 벌칙규정의 적용대상자로 규정되어 있지 아니하여 벌칙규정만으로는 처벌할 수 없는 위반행위자를 양벌규정에 의하여 처벌할 수 있도록 함으로써 벌칙규정의 실효성을 확보하는 데에 있음이 분명하다.

[반대의견] 대법원이 종래 양벌규정에 의하여 업무주 등이 아닌 행위자도 벌칙규정의 적용대상이 된다고 해석하여 온 구 건설업법(1995.

12.30. 법률 제5137호로 개정되기 전의 것) 등의 양벌규정은 모두 그 벌칙 본조에서 그에 선행하는 의무규정 또는 금지규정과 별도로 처벌대상자의 범위에 관하여 규정하고 있지 아니한데 비하여, 구 건축법 제57조의 양벌규정은 그 벌칙 본조인 같은 법 제54조 내지 제56조에서 그에 선행하는 의무규정 또는 금지규정상 이미 그 적용대상자의 범위가 건축주 등으로 제한되어 있는 같은 법 제7조의2와 제7조의3 및 제29조 위반행위에 대하여는 처벌대상자에 관하여 별도로 규정함이 없이 단지 그 각 조에 위반한 자를 처벌한다고 규정하면서도(제55조 제3호) 그 의무규정 또는 금지규정에서 적용대상자의 범위를 명시적으로 제한하고 있지 아니한 경우에는 그 벌칙 본조 자체에서 명시적으로 처벌대상자를 건축주, 설계자, 공사감리자 또는 공사시공자로 한정함으로써 다른 법률에 있어서의 벌칙 본조와는 규정 내용을 명백히 달리하고 있으므로(제55조 제4호), 다른 법률의 양벌규정을 행위자 처벌규정이라고 해석하여 왔다고 하여 위와 같이 벌칙 본조의 내용을 달리하고 있는 구 건축법의 양벌규정의 해석을 그와 같이 하여야 할 이유가 없는 점, 환경범죄의처벌에관한특별조치법 제5조 및 법무사법 제76조의 양벌규정은 구 건축법의 양벌규정과 유형을 같이 하고 있지만, 행위자의 처벌은 모두 벌칙 본조에 의하고 위 양벌규정이 그 처벌 근거가 될 수 없음이 규정상 명백하므로 구 건축법의 양벌규정이 다른 법률의 양벌규정과 그 유형을 같이 하고 있다고 하여 벌칙 본조와 관계없이 행위자 처벌의 근거가 된다고 해석할 수 없는 점, 구 건축법의 양벌규정에서처럼 단지 그 소정의 '행위자를 벌하는 외에'라고만 규정하여 그 규정에서 행위자 처벌을 새로이 정한 것인지 여부가 명확하지 않음에도 불구하고 형사처벌의 근거 규정이 된다고 해석하는 것은 죄형법정주의의 원칙에 배치되는 온당치 못한 해석이라는 점, 종래 대법원판례가 구 건축법의 양벌규정이 행위자 처벌의 근거 규정이 될 수 없다고 일관되게 해석하여 옴으로써 국민의 법의식상 그러한 해석이 사실상 구속력이 있는 법률해석으로 자리 잡게 되었다고 할 수 있음에도 불구하고 단지 다른 법률의 양벌규정과 해석을 같이 하려는 취지에서 국민에게 불이익한 방향으로 그 해석을 변경하고 그에 따라 종전 대법원판례들을 소급적으로 변경하려는 것은 형사법에서 국민에게 법

적 안정성과 예측가능성을 보장하기 위하여 소급입법 금지의 원칙을 선언하고 있는 헌법의 정신과도 상용될 수 없는 점 등에 비추어 구 건축법의 양벌규정 자체가 행위자 처벌의 근거 규정이 될 수는 없다.

※ 건축법 제7조의2[중간검사]

3층 이상의 건축물(단독주택 및 다세대주택을 제외한다) 또는 연면적이 1천 제곱미터 이상의 건축물의 건축주 및 공사시공자는 대통령령이 정하는 바에 따라 시장 또는 군수의 중간검사를 받은 후가 아니면 공사를 계속할 수 없다.

제55조[벌칙]

다음 각호의 1에 해당하는 자는 2년 이하의 징역 또는 1천만원 이하의 벌금에 처한다.

3. 제7조의2…의 규정에 위반한 자

4. …제10조의 규정에 위반한 설계자. 공사감리자 또는 공사시공자

제57조[양벌규정]

법인의 대표자 또는 법인이나 자연인의 대리인, 사용인 기타 종업원이 그 법인 또는 자연인의 업무에 관하여 제54조 내지 제56조의 규정에 해당하는 행위를 하였을 때는 행위자를 벌하는 외에 그 법인 또는 자연인에 대하여도 각 본조의 벌금형을 과한다. 다만 위반행위를 방지하기 위하여 상당한 주의와 감독을 태만히 하지 아니하였을 때에는 그러하지 아니한다.

[관련 판례 1]

대법원 1992.7.28. 선고 92도1163 판결【건축법위반】

변경 : 대법원 1999.7.15. 선고 95도2870 전원합의체 판결에 의하여 변경

가. 건축물을 임차하여 사용하는 자도 구 건축법(1986.12.31. 법률 제3904호) 제48조에 의하여 건축으로 보는 용도변경행위에 있어서는 건축주에 해당한다.

나. 위 건축법 제48조에 의하여 건축으로 보는 용도변경행위를 허가 없이 한 경우에는 같은 법 제54조 제1항, 제5조 제1항 본문에 의하여 처벌되는데, 위 제54조 제1항에 의하면 허가 없이 건축물을 건축한 행위에 관하여는 그 건축주만을 처벌대상으로 하고 있고 법인의 경우에는 그 대표자를 건축주로 보고 있으므로 건축주가 아닌 자가 건축(건축으로 보는 용도변경 포함)공사를 집행하였다 하더라도 동인과 건축주 사이에 공범관계가 성립되지 아니하는 한 당해 행위자는 건축법위반의 책임을 지지 아니한다.

다. 위 건축법 제57조는 실제의 위반행위자 이외에 그 이익귀속주체인 법인 또는 자연인이 별도로 있을 경우 그 법인 또는 자연인이 실제 위반행위를 분담하지 아니하였다 하더라도 그 법인 또는 자연인을 처벌할 수 있다는 규정일 뿐 행위자처벌규정이라고 해석할 수 없으므로 이를 근거로 건축주에 해당하지 아니하는 실제의 위반행위자를 처벌할 수는 없다.

판례의 검토

* Q 1	법률의 착오라면 종전의 판례를 신뢰했더라도 행위자를 처벌할 여지가 남는다. 그렇다면 이 행위자가 처벌받지 않기 위한 조건은?
** Q 2	변경된 판례의 적용이 소급금지위반이라면 멀쩡한 법을 당해 사건에 한하여 일시 무효라고 말하는 셈인데 이처럼 비록 일시적이기는 하나 법의 공백을 수긍하는 처리방식이 타당하다고 할 수 있는가?

판례란 법원이 해당조문의 내용을 구체적 사건과 관련시켜 명백하게 하는 해석이다. 따라서 판례의 태도로 정립되어 있어도 본질적으로 가변적이며 사리에 맞는 변용을 허용한다. 문제는 기 확립되어 있는 판례에 따라 행동했을 때 이를 변경하여 변경된 내용으로 같은 법을 적용할 수 있는지 이다. 판례는 법률이 아니므로 소급금지의 적용대상이 될 수 없다고 보면 적용할 수 있을 것이다. 그러나 판례는 법규정의 내용을 일반에게 명백하게 밝히는 기능을 수행하므로 종전의 판례를 신뢰한 자를 비난할 수 없다면 그를 처벌할 수 없을 것이다. 결국 어떤 입장에 서든 그를 처벌할 수 없다는 점에서는 일치하지만 그 근거로서 소급효금지를 들지(구성요건의 배제), 아니면 법률의 착오로 처리하는 편이 합리적일지(책임의 배제)의 다툼으로 된다.

참고문헌

신동운, 신판례백선 형법총론, 2009, 98-104면.

Ⅲ. 법률주의

[도입 판례]

헌법재판소 2008.7.31. 선고 2005헌마667.2006헌마674(병합) 전원재판부

【약사법 제21조 제7항등 위헌확인】

사실관계

청구인들은 한약사로서 한약 및 한약제재에 관련된 藥事업무를 담당하는 자들인바, 약사법 및 관계법령에 의하면 한약사는 한의사의 처방전이 없으면 "한약처방의 종류 및 조제방법에 관한 규정"에 규정된 100

가지 처방 외에는 한약을 조제 및 판매할 수 없다. 그런데 구 약사법 제21조 제7항 단서가 "보건복지부장관이 정하는 한약처방의 종류 및 조제방법에 따라 조제하는 경우에는 그러하지 아니하다"고 규정하여 한약사가 한의사의 처방전 없이 조제할 수 있는 한약처방의 종류 및 조제방법에 관하여 구체적이고 명확한 한계를 두지 아니한 채 이를 보건복지부장관이 정하도록 포괄적으로 위임하여 헌법 제75조가 규정하는 위임입법의 한계를 일탈하였다고 하여 헌법소원심판을 청구하였다.

판결요지

가. 오늘날 의회의 입법독점주의에서 입법중심주의로 전환하여 일정한 범위 내에서 행정입법을 허용하게 된 동기가 사회적 변화에 대응한 입법수요의 급증과 종래의 형식적 권력분립주의로는 현대사회에 대응할 수 없다는 기능적 권력분립론에 있다는 점 등을 감안하면, 헌법이 인정하고 있는 위임입법의 형식은 예시적인 것으로 보아야 할 것이고, 법률이 어떤 사항을 행정규칙에 위임하는 경우에 그 행정규칙은 위임된 사항만을 규율할 수 있는 것이므로, 국회입법의 원칙과 상치되지 않는다. 다만 행정규칙은 법규명령과 같은 엄격한 제정 및 개정절차를 요하지 아니하므로, 기본권을 제한하는 작용을 하는 법률이 입법위임을 할 때에는 대통령령, 총리령, 부령 등 법규명령에 위임함이 바람직하고, 고시와 같은 형식으로 입법위임을 할 때에는 적어도 행정규제기본법 제4조 제2항 단서에서 정한 바와 같이 법령이 전문적·기술적 사항이나 경미한 사항으로서 업무의 성질상 위임이 불가피한 사항에 한정된다 할 것이고, 그러한 사항이라 하더라도 포괄위임금지의 원칙상 법률의 위임은 반드시 구체적·개별적으로 한정된 사항에 대하여 행하여져야 한다.

나. 구 약사법 제21조 제7항에 대하여 살펴보면, 한약처방의 종류 및 조제방법은 그 대상이 매우 다양하고, 세부적, 기술적, 가변적 사항이며 전문적, 기술적 판단을 요하는 영역이므로 입법자에 비하여 전문성을 갖춘 행정부에 위임할 입법기술상의 필요성이 인정되고, 구 약사법

의 다른 조항들에 비추어 보면 한약사의 경우 한의사의 처방전이 있는 경우에만 그 처방전에 따라서 한약을 조제하는 것을 원칙으로 하되, 일반적으로 많이 쓰이고 의학적 안전성이 비교적 입증되어 한의사의 처방전이 없이 조제, 판매되더라도 안전성이 확보된다고 인정할 만한 한약처방에 대하여 특별히 한의사의 처방전이 없는 경우에도 한약사가 조제할 수 있도록 허용하는 것임을 알 수 있고, 더욱이 동 조항의 수범자는 한약에 대한 전문가인 한약사들로서 이러한 입법목적에 비추어 임의조제가 허용되는 한약처방의 범위에 대하여 대체적으로 예측할 수 있다고 인정된다. 따라서 구 약사법 제21조 제7항이 포괄위임금지원칙 및 죄형법정주의의 명확성원칙에 반한다고 볼 수 없다.

다. 이 사건 조제규정은 한약사라는 직업의 선택 자체를 제한하는 것이 아니라 한약사가 한의사의 처방전 없이 조제할 수 있는 한약처방의 범위를 제한하는 것으로서 직업결정의 자유에 비하여 상대적으로 넓은 규제가 가능하고, 또한 한약사라는 전문분야에 관한 자격제도의 내용을 구성하는 것으로서 입법부의 입법형성의 자유가 인정되는 영역인바, 이 사건 조제규정은 건전한 한약조제질서를 확립하여 국민의 건강을 보호·증진하고, 한약사에게 한의사의 진단과 처방이 수반되지 아니한 한약 임의조제를 무한정 허용할 경우에 발생할 수 있는 국민건강상의 위험을 미리 방지하고자 하는 것으로서 입법목적의 정당성이 인정되고, 이러한 입법목적의 달성을 위하여 한의사의 처방전이 없는 경우에는 한약사의 한약 조제를 원칙적으로 금지하고, 비교적 안전성과 유효성이 확보된 일정한 처방에 한하여 한의사의 처방전 없이도 조제할 수 있도록 허용하는 것은 적절한 수단이므로 입법자의 입법형성권의 한계를 일탈하였다고 볼 수 없어 청구인들의 직업의 자유를 침해하지 아니한다.

라. 청구인들은 구 약사법 제21조 제7항 및 이 사건 부칙 제3조가 한약사에 대하여는 한의사의 처방전 없이 한약을 조제할 권한을 제한하는 반면, 한의사에 대하여는 한약 조제권한을 그대로 인정하고 의사에 대하여는 의약분업을 통하여 양약 조제권한을 인정하고 있지 아니하므

로, 한의사 및 약사에 대한 관계에서 청구인들의 평등권이 침해된다고 주장하고 있으나 한약사와 한의사는 그 자격 및 주된 업무의 내용, 진단 및 처방 등 의료행위를 할 수 있는지 여부 등에서 전혀 다르다 할 것이므로 한약사와 한의사를 '본질적으로 동일한 두 개의 비교집단'으로 보기 어렵고, 가사 비교집단으로 볼 수 있다 하더라도 구 약사법 제21조 제7항의 입법목적에 비추어 보면 두 집단을 달리 취급하는데 합리적 이유가 인정된다. 또한 한방과 양방의 차이점, 한방 의약분업의 실시 여부 및 실시한다면 언제 실시할 것인지 여부는 입법자가 여러 현실적인 여건을 감안하여 판단하여야 할 사항인 점에 비추어 보면, 구 약사법 제21조 제7항 및 이 사건 부칙 제3조가 약사 및 한약사를 다르게 취급하고 있는 것도 합리적인 이유가 인정된다. 따라서 구 약사법 제21조 제7항 및 이 사건 부칙 제3조는 한의사 및 약사와의 관계에서 청구인들의 평등권을 침해하지 아니한다.

마. 한약사와 한약업사는 그 자격과 영업허가가 명백하게 서로 다른 직종이며, 한약업사의 존재이유는 약국이나 의료시설이 없는 지역의 해소를 위한 것이어서 본질적으로 지역적 제한을 전제로 한 것인 이상, 한약사와 한약업사를 다르게 취급하는 것은 합리적 이유가 인정되므로 구 약사법 제21조 제7항, 이 사건 구 약사법 제39조 제1호, 이 사건 조제규정 및 이 사건 유통규정은 한약업사와의 관계에서 청구인들의 평등권을 침해하지 아니한다.

재판관 김종대, 재판관 목영준의 반대의견

우리헌법은 경성헌법이므로 법률을 포함한 일체의 국가의사가 헌법의 문언에 저촉되어서는 유효하게 존립될 수 없고 헌법에 명문으로 규정된 원칙에 대해서는 예외를 인정할 수 없다. 그러므로 우리 헌법이 법규명령의 형식을 문언상으로 확정하면서 그 명령의 구체적 종류·발령주체·위임범위·요건 등에 관한 명시적인 규정을 두고 있는 이상, 법률로써 헌법문언에 정해두지 않은 다른 종류의 법규명령을 창설할 수 없고, 더구나 그러한 법규사항을 행정규칙에 위임하여서는 아니 된다 할 것이다. 그렇다면 구 약사법 제21조 제7항은 법규적 사항을 헌법에서 한정적으로 열거한 위임입법의 형식을 따르지 아니하고 법률에서 임의로 위임입법의 형식을 창설한 것이므로 헌법에 위반되고, 위헌인 법률에 따라 이루어진 이 사건 조제규정 역시 헌법에 위반된다.

판례의 검토

** Q 1 법률의 위임을 받아 발할 수 있는 법규명령은 헌법 제75조, 제95조, 제108조, 제113조 제2항, 제114조 제6항으로 한정하지 않고 행정규칙도 포함시킬 때 그 위임조건이 이들 헌법규정에 따른 법규명령일 때와 동일하다면 죄형법정원칙을 위협하게 될 것이라는 근거는 무엇인가?

* Q 2 법률이 헌법이 정한 법규명령에 위임하고 다시 이 명령이 구체적 범위를 정하여 행정규칙에 위임하면 위의 위험이 제거되는 것일까?

** Q 3 지방자치법 제27조 제1항에서는 조례위반행위에 대해 조례로써 1천만원 이하의 과태료를 정할 수 있게 하고 있다. 행정기관의 명령으로 형벌부과가 가능한 데 의회가 제정한 조례로는 과태료로만 제재할 수 있게 하는 태도는 타당한가?
참고로 개정 전의 지방자치법 제20조에서는 조례로써 3월 이하의 징역 또는 금고, 10만원 이하의 벌금, 구류, 과료 또는 50만원 이하의 과태료의 벌칙을 정할 수 있게 하였다.

법률주의란 범죄와 형벌이 의회가 제정한 법률에 의해 결정되어야 한다고 한다. 그러나 입법의 현실은 이 원칙이 문자 그대로 지켜질 수 없음을 나타낸다. 그리하여 헌법 등의 관련규정에서는 법률의 위임을 통해 하위규범인 명령 등에 처벌조항을 둘 수 있게 하였다. 물론 이때 일정한 요건 하에 위임을 허용하지만 이 요건 또한 명확하지 않을 때가 많다. 특히 지방의회가 제정한 조례는 주민의 대표기관인 지방의회를 통해 이루어지므로 죄형법정주의가 표방한 민주주의의 이념과도 부합한다. 그렇다면 조례는 명령이나 규칙보다 형식적 법률주의의 구속에서 더 자유로워야 하는 것은 아닌가 하는 문제가 제기된다.

오늘날의 법률수요는 국회의 입법독점권을 더 이상 용납할 수 없기에 이르렀다. 그리하여 위임입법의 출현이 불가피하지만 그렇더라도 죄형법정주의의 근간이 훼손되어서는 안 된다. 이에 따라 유효한 위임이 되기 위한 제 조건의 설정이 절실한 바 이들은 한결같이 실질적인 죄형법정원칙을 유지하는데 기여해야만 한다. 그러나 이를 위해 단지 포괄위임은 안 된다는 정도로는 불충분하며 가능한 한 구체적인 지침이 함께 하여야 한다. 그리고 이러한 지침은 세부적, 기술적인 사항이라고 하여 소홀할 수 없다. 행정규칙은 이와 같은 안전장치가 기능하기 어려운 영역임은 사실이므로 이에 관한 대처방안을 이 결정을 통해 찬찬히 음미해볼 만하다.

참고문헌

신동운, 신판례백선 형법총론, 2009, 49-58면.

Ⅳ. 명확성의 원칙

[도입 판례]

헌법재판소 2005.3.31. 선고 2004헌바29 전원재판부【직업안정법 제46조 제1항 제2호 위헌소원】

사실관계

청구인은 제주시에서 직업소개소를 운영하는 자인바, 젊은 여성들을 룸싸롱 및 단란주점 등에 남자손님들과 동석 작배나 윤락을 하는 접대부로 소개하여 공중도덕상 유해한 업무에 취직하게 할 목적으로, 2002.8. 초순경 제주시 연동 소재 ○○단란주점에서, 청구외 이○원을 그 곳 접대부로 소개하는 등 그 때부터 같은 해 12.22.경까지 7회에 걸쳐 합계 금 800만 원을 교부받고 위 이○원을 룸살롱이나 윤락업소에 소개하였다는 이유로 기소되었다.

청구인은 2003.10.15. 서울지방법원 동부지원에서 위 범죄사실로 징역 1년을 선고받고, 항소하여 2003.12.23. 서울지방법원에서 징역 8월을 선고받아, 상고한 후 직업안정법 제46조 제1항 제2호에 대하여 위헌심판제청을 신청하였으나, 2004.3.26. 상고기각판결을 받았고, 같은 날 위 신청도 기각되었다.

이에 청구인은 2004.4.8. 직업안정법 제46조 제1항 제2호가 죄형법정주의에서 파생된 명확성의 원칙에 위배된다고 주장하면서 이 사건 헌법소원심판을 청구하였다.

판결요지

일반적으로 공중도덕이라 함은 "공중의 복리를 위하여 서로 지켜야 할 德義"를 말하는 바 이는 개인이 처한 구체적 상황에 따라서 다르거나 혹은 시간적. 공간적인 배경에 따라 변할 수 있으며 실제로도 변해 왔다.

직업안정법(1994.1.7. 법률 제4733호로 전문개정된 것) 제46조 제1항 제2호 중 "공중 도덕상 유해한 업무"(이하 이 사건 "법률조항"이라 한다)에서 말하는 공중도덕은 공중의 복리를 위하여 준수해야 할 모든 행동규범을 의미하는 것이 아니라 사람이 사회생활상의 지위에 기하여 계속하여 행하는 업무와 관련하여 그 업무의 내용이 직업의 대상으로서 허용되는지 여부를 결정하는 준칙으로서의 공중도덕을 말한다고 한정하여 해석한다고 하더라도 결국 이 사건 법률조항에 위반되는지 여부를 판단하기 위해서는 가변적이고 가치판단을 요하는 개념인 공중도덕을 금지기준으로 삼아야 할 뿐만 아니라 언뜻 공중도덕에 반한다고 여겨짐에도 불구하고 다른 법률에서 허용하고 있다면 이러한 업무를 모두 파악하여 이를 제외하여야만 한다. 그런데 수범자의 입장에서 가변적이고 광범위한 위반기준을 행위준칙으로 삼고 다시 허용되는 일정한 영역을 제외하여 나머지만을 도출하여 위법한 행위내용으로 파악하거나 이를 예측하여 준수하기란 매우 어렵다 할 것이다.
결국 건전한 상식과 통상적인 법감정을 가진 사람으로서는 금지되는 직업소개의 대상을 위와 같은 "공중도덕상 유해"라는 기준에 맞추어 특정하거나 예측한다는 것은 매우 어렵다고 할 것이므로 이 사건 법률조항은 죄형법정주의에서 파생된 명확성의 원칙을 충족시키고 있다고 할 수 없다.

[관련 판례 1]

대법원 1998.6.18. 선고 97도2231 전원합의체 판결【공문서위조, 위조공문서행사, 외국환관리법위반】

외국환관리규정(재정경제원고시 제1996-13호) 제6-15조의4 제2호 (나)목 소정의 '도박 기타 범죄 등 선량한 풍속 및 사회질서에 반하는 행위'라는 요건은, 이를 한정할 합리적인 기준이 없다면, 형벌법규의 구성요건 요소로서는 지나치게 광범위하고 불명확하다고 할 것인데, 외국환관리에 관한 법령의 입법 목적이나 그 전체적 내용, 구조 등을 살펴보아도 사물의 변별능력을 제대로 갖춘 일반인의 이해와 판단으로서도 그 구성요건 요소에 해당하는 행위유형을 정형화하거나 한정할 합리적 해석기준을 찾기 어려우므로, 죄형법정주의가 요구하는 형벌법규의 명확성의 원칙에 반한다. 그리고 이와 같이 지나치게 광범위하고 불명확한 사유인 '범죄, 도박 등 선량한 풍속 및 사회질서에 반하는 행위와 관련한 지급 등'을 허가사유로 규정한 것은 모법인 외국환관리법 제17조 제1항에서 규정한 지급 등의 규제요건 및 위 법률조항의 위임에 따라 외국환관리법시행령 제26조 제1항에서 규정한 허가규제기준을 넘어서는 것으로서, 모법의 위임 범위를 벗어난 것이라고 보지 않을 수 없으므로, 외국환관리규정 제

6-15조의4 제2호 (나)목의 규정은 죄형법정주의에 위배된 것일 뿐만 아니라 위임입법의 한계도 벗어난 것으로서 무효이다.

판례의 검토

* Q 1	재판부 내에서도 다수의견과 소수의견간의 입장차가 뚜렷하다면 이를 해당법규가 명확성의 원칙에 반하는 징표로 볼 수는 없을까? 적어도 이를 문제삼는 즉, 소수의견과 태도를 같이하는 피고인 혹은 상소인에 대해 불이익한 판결을 해도 문제는 없는 것일까?
* Q 2	법규의 명확성원칙 준수여부가 사회변화에 따라 달라진다면 사회흐름에 대한 감응이 언제나 법관이 일반인보다 우월하다고 말할 수 있을까?

죄형법정주의에서 파생된 **명확성의 원칙**은 그 구성요건과 법적 효과를 법률로 명확하게 규정할 것을 요구한다. 법관의 자의적 법적용을 방지하고 국민들로 하여금 행위의 허용여부에 대한 지침, 특히 예견할 수 있는 가이드라인을 제시해야 하기 때문이다. 그러나 입법기술상 모든 법규범의 문언을 일반인이 쉽게 이해할 수 있는 기술적 개념만으로 구성하기가 불가능한 이상 어느 정도 가치개념을 포함한 일반적, 규범적 개념을 사용하지 않을 수 없다. 따라서 당해 법률조항의 입법목적이나 당해 법률의 체계 및 다른 규정들과의 상호관계를 고려해 볼 때, 또는 이미 확립되어 있는 판례를 통해 그 규정의 해석과 적용에 대한 신뢰할 만한 원칙이 도출되어 법률조항의 취지를 예측할 수 있다면 명확성의 원칙은 유지되고 있다 할 것이다. 나아가 법관의 보충적인 가치판단을 통해 법문의 의미를 확인할 수 있다면 명확성의 원칙에 반하지 않는다.

[도입 판례]에서 검토되어야 할 사항도 직업안정법의 목적과 이를

달성하기 위한 전제조건이 무엇인지를 통해 공중도덕상 유해한 업무인지를 가려야 할 것이다. 이렇게 해도 금지되는 소개대상 직업과 허용되는 직업을 구별하기가 어렵다면 당연히 그 규정은 명확하지 않는 것이다.

참고문헌

홍영기, "죄형법정주의의 근본적 의미", 형사법연구 제24권, 2005, 1-24면.

V. 유추해석 금지의 원칙

[도입 판례]

대법원 1997.3.20. 선고 96도1167 전원합의체 판결【공직선거및선거부정방지법위반】

사실관계

피고인은 1995.3.25. 당시 주소가 ○○시 ○구 ○○ 1동이고 실제로 그곳에 주민등록이 되어 있어 같은 해 6.27. 실시되는 ○○시의회의원 ○○ 1동 선거구의 선거인자격을 가진 자로 위 선거구에서 시의원선거 출마를 예정하고 있었다. 그러나 실제로 출마한 공소외 1을 당선시킬 목적으로 같은 해 3.25.경 위 주소지에서 피고인이 의장으로 있는 정당 ○○ 1동 협의회의 조직관리장 등을 동원하여 주기로 하고 그 활동비 명목으로 공소외1의 선거사무장인 공소외 2로부터 금 1,400,000원을 교부받고 이어 같은 해 4.5.경 금 1,400,000원을, 같은 해 6.14.경 금 5,000,000원을 같은 명목으로 교부받았다.

수사기관은 피고인의 범행을 1995.6.22.경 위 공소외 2등에 대한 수사를 통해 같은 해 7.14.경 인지하여 피고인을 지명수배하는 한편 같은 달 24. 및 같은 해 8.24. 두 번에 걸쳐 피고인에 대한 구속영장까지 발부받아 집행하려 했다. 그러나 피고인이 도피하여 같은 해 9.25.자로 기소중지 하였는데 같은 해 10.23. 피고인이 검찰청에 자진 출두하여 위 범행을 자백하였다.

판결요지

[1] 형법이나 국가보안법 등이 자수에 대하여 형을 감면하는 정도를 그 입법 취지에 따라 달리 정하고 자수의 요건인 자수시기에 관하여도 각각 달리 정하고 있는 점으로 미루어 보면, 어느 죄에 관한 자수의 요건과 효과가 어떠한가 하는 문제는 논리필연적으로 도출되는 문제가 아니라, 그 입법 취지가 자수의 두 가지 측면 즉 범죄를 스스로 뉘우치고 개전의 정을 표시하는 것으로 보아 비난가능성이 약하다는 점과 자수를 하면 수사를 하는 데 용이할 뿐 아니라 형벌권을 정확하게 행사할 수 있어 죄 없는 자에 대한 처벌을 방지할 수 있다는 점 중 어느 한쪽을 얼마만큼 중시하는지 또는 양자를 모두 동등하게 고려하는지에 따라 입법정책적으로 결정되는 것이다.

[2] 공직선거및선거부정방지법 제262조가 제230조(매수 및 이해유도죄) 제1항 등 금품이나 이익 등의 수수에 의한 선거부정관련 범죄에 대하여 자수한 경우에 필요적 형면제를 규정한 주된 입법 취지는, 이러한 범죄유형은 당사자 사이에 은밀히 이루어져 그 범행발견이 어렵다는 점을 고려하여 금품 등을 제공받은 사람으로 하여금 사실상 신고를 하도록 유도함으로써 금품 등의 제공자를 효과적으로 처벌하려는 데 있다.

[3] **[다수의견]** 형벌법규의 해석에 있어서 법규정 문언의 가능한 의미를 벗어나는 경우에는 유추해석으로서 죄형법정주의에 위반하게 된다. 그리고 유추해석금지의 원칙은 모든 형벌법규의 구성요건과 가벌성에 관한 규정에 준용되는데, 위법성 및 책임의 조각사유나 소추조건, 또는 처벌조각사유인 형면제 사유에 관하여 그 범위를 제한적으로 유추적용하게 되면 행위자의 가벌성의 범위는 확대되어 행위자에게 불리하게 되는바, 이는 가능한 문언의 의미를 넘어 범죄구성요건을 유추적용하는 것과 같은 결과가 초래되므로 죄형법정주의의 파생원칙인 유추해석금지의 원칙에 위반하여 허용될 수 없다. 한편 형법 제52조나 국가

보안법 제16조 제1호에서도 공직선거법 제262조에서와 같이 모두 '범행발각 전'이라는 제한 문언 없이 "자수"라는 단어를 사용하고 있는데 형법 제52조나 국가보안법 제16조 제1호의 "자수"에는 범행이 발각되고 지명수배된 후의 자진출두도 포함되는 것으로 판례가 해석하고 있으므로 이것이 "자수"라는 단어의 관용적 용례라고 할 것인바, 공직선거법 제262조의 "자수"를 '범행발각 전에 자수한 경우'로 한정하는 풀이는 "자수"라는 단어가 통상 관용적으로 사용되는 용례에서 갖는 개념 외에 '범행발각 전'이라는 또 다른 개념을 추가하는 것으로서 결국은 '언어의 가능한 의미'를 넘어 공직선거법 제262조의 "자수"의 범위를 그 문언보다 제한함으로써 공직선거법 제230조 제1항 등의 처벌범위를 실정법 이상으로 확대한 것이 되고, 따라서 이는 단순한 목적론적 축소해석에 그치는 것이 아니라, 형면제 사유에 대한 제한적 유추를 통하여 처벌범위를 실정법 이상으로 확대한 것으로서 죄형법정주의의 파생원칙인 유추해석금지의 원칙에 위반된다.

[반대의견] 공직선거및선거부정방지법 제262조의 자수를 선거법위반행위의 발견 전에 행하여진 것에 한정된다고 해석하지 아니하고 그 시기에 있어서 제한 없이 체포 전에만 하면 이에 해당하여 형이 필요적으로 면제된다고 해석하게 되면, 첫째 범행발견에 아무런 기여를 한 바가 없음에도 불구하고 같은 법 제262조의 특혜를 주는 것이 되어 같은 법 제262조가 자수에 대하여 형의 필요적 면제를 규정한 입법 취지에 반하고, 둘째 범죄와 형벌의 균형에 관한 국민 일반의 법감정에 맞지 않아 정의와 형평에도 현저히 반하며, 셋째 형법 제52조에 의하여 형이 임의적으로 감경되는 다른 범죄의 자수자, 특히 공직선거및선거부정방지법 제230조 제1항 등 3개 죄의 금품 등의 제공범행을 한 후 자수한 자와는 달리 위 3개 범죄의 범행을 하고 범행발각 후에 자수한 자만 아무런 합리적 이유도 없이 필요적 형면제라는 차별적 특혜를 받게 되어 헌법 제11조 제1항의 평등위반이라는 위헌의 소지도 있게 된다. 그러므로 공직선거및선거부정방지법 제262조의 자수를 그 입법 취지와 목적에 비추어 위 규정과 형의 필요적 면제의 대상이 되지 아니하는 같은 법상의 다른 처벌규정 등을 전체적, 종합적으로 헌법에

합치되게 해석하려면 '범행발각 전에 수사기간에 자진 출두하여 자백한 경우'만을 의미하는 것으로 해석하여야 되는 것이다. 그리고 유추해석이란 법률에 규정이 없는 사항에 대하여 그것과 유사한 성질을 가지는 사항에 관한 법률을 적용하는 것을 뜻하는 것인바, 공직선거및선거부정방지법 제262조의 자수를 위와 같이 '범행발각 전의 자수'로 축소해석하는 것은 같은 법 제262조의 자수가 형법 제90조 제1항 단서나 제101조 제1항 단서의 자수와 유사하다고 하여 공직선거및선거부정방지법상의 자수에 위 형법 각 조항을 적용 또는 준용하려는 것이 아니라, 공직선거및선거부정방지법 제262조의 "자수"라는 문언에 포함될 수 있는 여러 경우(즉 '범행발각 전의 자진출두', '범행발각 후의 자진출두' 등) 중에서 같은 법 제262조가 그 조항의 입법 취지와 목적, 다른 처벌규정과의 체계적 관련성에 의하여 내재적으로 한계 지어져 있는 것을 풀이함으로써 '범행발각 전의 자진출두'로 제한한 것에 불과하여 이는 다수의견이 주장하는 것처럼 제한적 유추해석이 아니라 목적론적 축소해석에 불과하므로 죄형법정주의의 파생원칙인 유추해석금지의 원칙에 위반되지 아니하는 것이다.

[관련 판례 1]

대법원 2007.6.14. 선고 2007도2162 판결【정보통신망이용촉진및정보보호등에관한법률위반(정보통신망침해등)】

[1] 형벌법규는 문언에 따라 엄격하게 해석·적용하여야 하고 피고인에게 불리한 방향으로 지나치게 확장해석하거나 유추해석하여서는 아니 되나, 형벌법규의 해석에 있어서도 가능한 문언의 의미 내에서 당해 규정의 입법 취지와 목적 등을 고려한 법률체계적 연관성에 따라 그 문언의 논리적 의미를 분명히 밝히는 체계적·논리적 해석방법은 그 규정의 본질적 내용에 가장 접근한 해석을 위한 것으로서 죄형법정주의의 원칙에 부합한다.

[2] 정보통신망에 의하여 처리·보관 또는 전송되는 타인의 정보를 훼손하거나 타인의 비밀을 침해·도용 또는 누설하는 행위를 금지·처벌하는 규정인 정보통신망 이용촉진 및 정보보호 등에 관한 법률 제49조 및 제62조 제6호의 '타인'에는 생존하는 개인뿐만 아니라 이미 사망한 자도 포함된다.

판례의 검토

* Q 1	허용되는 해석방법인 확장해석이나 축소해석이 허용되지 않는 유추해석과 경계가 분명하게 그어지지 않는다면 이점이 오히려 죄형법정주의를 위태롭게 하지 않을까?
* Q 2	성인에게 음화 등을 판매하는 행위를 처벌하는 규정의 타당성을 실질적 죄형법정주의의 관점에서 검토하시오.

형법의 해석은 엄격해야 하지만 법규상의 개별 문언이 갖는 원래의 의미에 기속된다는 뜻은 아니다. 물론 해석은 일상용법에 따라 법률용어의 의미를 명백히 하는 **문리해석**을 출발점으로 삼지만 추상적, 가치적 용어의 사용이 불가피하게 포함된 규정도 많아 문리해석만으로는 그 참 뜻을 밝히기가 어렵기 때문이다. 그리하여 법전상 당해 규정의 위치, 타 규정과의 연관을 고려하거나(**체계해석**), 입법의 배경이나 자료를 참조하여(**역사적 해석**) 최종적으로 당해 규정의 입법취지와 목적에 가장 잘 맞는 해석을 도출한다(**목적론적 해석**). 이를 위해 때로는 형벌법규의 문언을 일상의 사용례보다 축소하기도 하고 확장하기도 한다. 반면 **유추해석**은 문제된 행위가 형벌법규의 문언에 포함되지 않음을 인정하면서도 처벌받는 행위와 당벌성의 정도가 같아 처벌하는 방식이기 때문에 죄형법정원칙위반으로 본다. 단만 유추해석과 확장해석은 명목상의 차이에 불과하다는 반론도 있다.

유추해석은 금하면서 **확장해석**이나 **축소해석**은 허용된다고 한다. 여기서 확장해석의 경계는 어디까지일까? [도입 판례]와 [관련 판례 1]에서는 "문언의 가능한 의미 내"라고 하지만 이 기준 역시 다의적이어서 이 한계를 벗어난 해석인지를 쉽게 분간할 수 없다. 과학기술의 발달이 가져온 새로운 생활패턴을 입법 활동이 적시에 따라가지 못하면 판례는 수동적이 되어 실생활과 괴리된 엉뚱한 판단을 할지도 모른다. 축소해석 또한 보호법익이나 입법취지를 고려하여 행하게 되고 특히 법정형이 중하게 규정되어 있다면 구성요건의 축소해석은 불가피하다.

참고문헌

강용현, "형이 필요적으로 면제되는 공직선거 및 선거부정방지법상 자수의 범위", 법조 49권 7호, 1997, 138-163면.

김영환, "법의 흠결과 목적론적 축소해석", 판례월보 334호, 1998, 36-49면.

장영민, "유추금지와 목적론적 축소해석", 형사판례연구 제7권, 1999, 1-17면.

구성요건론

제2장

[§ 2] 행위주체, 인과관계와 객관적 귀속

Ⅰ. 행위주체

1. 법인의 범죄능력

[도입 판례]

대법원 1984.10.10. 선고 82도2595 전원합의체 판결【배임】

사실관계

피고인 1은 공소외 주식회사의 대표이사이고 피고인 2는 위 회사에서 시공분양한 상가를 매수하여 상업에 종사하고 있는 자로서 이 회사의 전임대표이사인 공소외 ○○○가 이미 이 상가를 다른 사람들에게 분양하여 대금을 전액 완납 받았음을 알면서도 이중 분양하기로 공모하여 피고인 2 등 여러 명에게 소유권이전등기 또는 소유권보존등기 절차를 이행해 주었다.

검사는 이들을 배임죄의 공동정범으로 기소하였으나 일심, 항소심에서는 패소하여 상고하였다.

판결요지

[**다수의견**] 형법 제355조 제2항의 배임죄에 있어서 타인의 사무를 처리할 의무의 주체가 법인이 되는 경우라도 법인은 다만 사법상의 의무주체가 될 뿐 범죄능력이 없는 것이며 그 타인의 사무는 법인을 대표하는 자연인인 대표기관의 의사결정에 따른 대표행위에 의하여 실현될 수밖에 없어 그 대표기관은 마땅히 법인이 타인에 대하여 부담하고 있는 의무내용 대로 사무를 처리할 임무가 있다 할 것이므로 법인이 처리할 의무를 지는 타인의 사무에 관하여는 법인이 배임죄의 주체가 될 수 없고 그 법인을 대표하여 사무를 처리하는 자연인인 대표기관이 바로 타인의 사무를 처리하는 자 즉 배임죄의 주체가 된다.

[**소수의견**] 법인은 사법상의 의무주체가 될 뿐 범죄능력이 없다고 하나 바로 이 사법상의 의무주체가 배임죄의 주체가 되는 것이므로 이것을 떠나서 배임죄는 성립할 수 없다할 것이고 법인의 대표기관은 법인이 타인에 대하여 부담하고 있는 의무내용대로 사무를 처리할 임무가 있다는 그 임무는 법인에 대하여 부담하는 임무이지 법인의 대표기관이 직접 타인에 대하여 지고 있는 임무는 아니므로 그 임무에 위배하였다 하여 이를 타인에 대한 배임죄가 성립한다고 할 수 없다.

[관련 판례 1]

대법원 1997.1.24. 선고 96도524 판결【업무방해, 건축법위반, 주차장법위반】

법인격 없는 사단과 같은 단체는 법인과 마찬가지로 사법상의 권리의무의 주체가 될 수 있음은 별론으로 하더라도 법률에 명문의 규정이 없는 한 그 범죄능력은 없고 그 단체의 업무는 단체를 대표하는 자연인인 대표기관의 의사결정에 따른 대표행위에 의하여 실현될 수밖에 없는바, 구 건축법(1995.1.5. 법률 제4919호로 개정되기 전의 것) 제26조 제1항의 규정에 의하여 건축물의 유지·관리의무를 지는 '소유자 또는 관리자'가 법인격 없는 사단인 경우에는 자연인인 대표기관이 그 업무를 수행하는 것이므로, 같은 법 제79조 제4호에서 같은 법 제26조 제1항의 규정에 위반한 자라 함은 법인격 없는 사단의 대표기관인 자연인을 의미한다.

판례의 검토

* Q 1	기관의 행위가 곧 법인의 행위라는 민법의 태도가 형법에서 받아들여지지 않는 이유는 무엇인가?
** Q 2	기관이 처리하는 사무란 법인이 타인에게 해야 할 사무를 대신하는 것이므로 법인에 대해 부담하는 임무에 지나지 않아 타인사무가 아니라는 소수의견은 법인과 기관의 관계를 어떻게 파악하고 있는 것일까?
* Q 3	법인의 범죄능력을 긍정한다면 양벌규정이 없이도 법인처벌이 가능한가?

법인의 범죄능력을 둘러싼 논의는 최근 들어 더욱 증폭된 느낌이 있다. 법인을 처벌할 사회적 필요성이 증가하고 있고 비록 행위자와 함께이기는 하지만 법인을 처벌하는 양벌규정도 흔하기 때문이다. 그럼에도 이 처벌의 근거가 무엇인지 과연 이를 수긍할만하게 논리가 무엇인지는 반드시 명쾌하지 않다. 크게는 법인의 범죄능력을 긍정하는 쪽과 부정하는 쪽으로 나뉘지만 부분적으로 긍정하려는 입장도 출현한다. 또한 논의는 자연스레 수형능력여부에 까지 뻗치며 법인을 처벌하고 있는 양벌규정의 법적 성질을 둘러싸고도 의문은 해소되지 않고 있다.

참고문헌

신동운, 신판례백선 형법총론, 2009, 127-142면.

정성근, “법인의 범죄능력 재론”, 오선주교수정년기념논문집, 2001.2, 107-118면.

2. 양벌규정의 법적 성질

[도입 판례]

대법원 1977.5.24. 선고 77도412 판결【식품위생법위반, 절도】- **과실책임설**

사실관계

피고인 甲은 “동궁다방”을 경영하는 자이며, 乙은 같은 다방의 주방장, 丙은 乙의 보조인이다. 그런데 乙과 丙은 甲이 제공하는 커피원료를 일부씩 절취, 매각하면서 이를 은폐하기 위해 래귤러 커피를 적게 넣고도 적당량을 넣은 것과 같은 색과 맛을 내기 위해 판매용 커피를 끓일 때마다 담배 한 개피씩 넣어 끓여 판매하였다.

피고인 甲에 대한 식품위생법 제47조(양벌규정)의 적용을 둘러싸고 원심법원은 피고인 乙 등에 대해서는 동법 위반행위를 인정하지만 甲은 이 위반사실을 알지 못하였고, 乙 등의 행위는 영업주의 이익을 위한 행위가 아니므로 甲에게 무죄를 선고하였다.

판결요지

식품위생법 제47조의 양벌규정은 식품영업주의 그 종업원에 대한 감독태만을 처벌하려는 규정으로서 종업원이 영업주의 업무를 수행함에 있어서 동조 소정의 위반행위가 있을 때는 설사 그 위반행위의 동기가 직접적으로 종업원 자신의 이익을 위한 것에 불과하고 그 영업에 이로운 행위가 아니라 하여도 영업주는 그 감독 해태에 대한 책임을 면할 수 없다.

[관련 판례 1]

대법원 1982.6.22. 선고 82도777 판결【사기, 보건범죄단속에관한특별조치법 위반】 - **과실추정설**

보건범죄단속에 관한 특별조치법 제6조와 같은 양벌규정에 있어서 사업주가 개인인 때에는, 그 개인의 대리인, 사용인 기타 종업원의 위반행위가 있는 경우에 그 사업주에게 그 행위자의 선임, 감독 기타 위반행위를 방지하기 위하여 필요한 주의를 다하지 아니한 과실이 있다고 추정하고 이를 처벌하는 것이라고 볼 것이므로 그 사업주는 이러한 주의를 다 하였음을 증명하지 아니하는 한 그 형사책임을 면할 수 없다고 볼 것이다. 이 사건에 있어서 원심판결을 기록에 의하여 검토하여 보면 원심이 위와 같은 취지에서, 피고인 2가 피고인 1을 새한병원 내과과장으로 채용함에 있어 무면허진료행위를 방지하기 위한 충분한 주의를 다하였다고 인정할 자료가 없으므로 상피고인의 무면허 사실을 몰랐다 하더라도 위 양벌규정에 의한 처벌을 면할 수 없다고 한 조처는 정당하고, 거기에 소론과 같은 법리오해, 채증법칙으로 인한 사실오인, 이유모순 등의 위법사유가 없다. 논지는 모두 이유 없다.

[관련 판례 2]

대법원 1982.9.14. 선고 82도1439 판결【도로교통법위반】 - **무과실책임설**

도로교통법 제81조의 법인의 대표자 또는 법인이나 개인의 대리인 사용인 기타의 종업원이 그 법인 또는 그 개인의 업무에 관하여 이 법에 위반하였을 때에는 행위자를 처벌하는 외에 그 법인 또는 개인에 대하여도 각 본조의 벌금형 또는 과료를 과한다는 양벌규정은 도로에서 발생하는 모든 교통상의 위해를 방지 제거하여 교통의 안전과 원활을 도모하기 위하여 도로교통법에 위반하는 행위자 외에 그 행위자와 위 법 소정의 관계에 있는 고용자 등을 아울러 처벌하는 이른바 질서벌의 성질을 갖는 규정이므로 비록 행위자에 대한 감독책임을 다하였다거나 또는 행위자의 위반사실을 몰랐다고 하더라도 이의 적용이 배제된다고 할 수 없으므로 이와 같은 취지에서 피고인에게 벌금형을 과한 원심조치는 정당하고 이에 법리오해의 위법이 있다고 할 수 없으므로 상고논지는 모두 이유가 없다.

[관련 판례 3]

헌법재판소 2009.7.30. 선고 2008헌가16 전원재판부 【의료법제91조제1항위헌제청】

이 사건 법률조항은 법인이 고용한 종업원 등이 업무에 관하여 의료법 제87조 제1항 제2호 중 제27조 제1항의 규정에 따른 위반행위를 저지른 사실이 인정되면 법인이 종업원의 그 같은 범죄에 대해 어떤 잘못이 있는지를 전혀 묻지 않고 곧바로 이를 고용한 법인에게도 종업원 등에 대한 처벌조항에 규정된 벌금형을 과하도록 규정하고 있다. 그러나 법인의 반사회적 법익침해활동에 대해 법인에 직접 제재를 가할 필요성이 강하다 할지라도 입법자가 일단 형벌을 선택한 이상 형벌에 관한 헌법상의 원칙, 즉 법치주의와 죄형법정주의로부터 도출되는 책임(주의)원칙이 준수되어야 한다. 그럼에도 이 사건 법률조항에 의할 경우 법인이 종업원 등의 위반행위와 관련하여 선임. 감독상의 주의의무를 다하여 아무런 잘못이 없는 경우까지도 법인에게 형벌을 부과할 수밖에 없어 법치국가의 원리 및 죄형법정주의로부터 도출되는 책임주의원칙에 반하므로 헌법에 위반된다.

[**재판관 이공○의 별개 위헌의견**] 책임원칙은 두 가지 의미를 포함한 바 하나는 "책임없는 형벌없다"이고 다른 하나는 "책임의 정도를 초과하는 형벌을 과할 수 없다"는 것이다.

법인의 경영방침이나 주요의사를 결정하거나 그 법인의 전체 업무를 관리 · 독할 수 있는 지위에 있는 기관이나 종업원 혹은 그와 같은 지위에 있는 자로부터 전권을 위임받은 대리인이 그의 권한 범위 내에서 한 행위는 그 법인의 행위와 동일시할 수 있으므로 이 지위에 있는 자가 법인의 업무에 관해 행한 범법행위라면 법인에게 형사책임을 귀속시켜도 책임주의에 반한다고 볼 수 없다. 따라서 이 사건 법률조항 소정의 대리인, 사용인 기타의 종업원 중 위와 같은 자와 관련된 부분은 헌법에 위반하지 않지만 그 이외의 대리인, 사용인 기타의 종업원 관련 부분은 책임주의에 반하여 위헌이다.

[재판관 조대○의 일부위헌의견] 이 사건 법률조항은 의료법인의 임원 · 직원이 무면허 의료행위를 한 경우에 의료법인도 행위자와 함께 형사처벌하게 하면서, 임원 · 직원의 위법행위가 의료법인의 업무에 관하여 행해진 것이든 업무와 무관하게 이루어진 것이든 묻지 않고 있다. 그러나 의료법인의 임원. 직원이 의료법인의 업무와 무관하게 위법행위를 한 경우에는 의료법인에게 그 임 · 직원에 대한 지휘 · 감독의무가 있다고 볼 수 없으므로 그 경우에도 의료법인을 처벌하는 것은 책임주의의 원칙에 어긋난다. 따라서 이 사건 법률조항을 의료법인의 임원. 직원이 의료법인의 업무와 무관하게 위법행위를 한 경우에도 적용하는 것은 헌법에 위반된다.

[재판관 이동○의 반대의견] 이 사건 법률조항이 무면허 의료행위를 한 종업원 이외에 그가 속한 법인을 종업원에 대한 해당 조의 벌금형으로 처벌하도록 한 것은 종업원의 그와 같은 위반행위가 이익의 귀속주체인 법인의 내부기관의 묵인. 방치 내지 넓게는 위반행위의 방지를 감독하기에 부족한 법인의 운영체계의 하자 등으로 인해 발생 또는 강화될 가능성이 높아 법인에 대한 비난가능성이 높음에도 법인의 조직 및 업무구조의 특성상 그 책임소재를 명백히 가려내기

어렵다는 점을 감안한 것인 바, 이는 종업원의 위반행위에 대한 법인의 위와 같은 선임감독상의 주의의무위반 등에 대하여 강력한 처벌을 하려는 입법자의 의지를 반영한 것이다.

다만 이 사건 법률조항은 "업무에 관하여"라는 요건을 두고 있지 않으나, 종업원의 위반행위를 원인으로 하여 법인에게 형사책임을 인정하기 위해서는 종업원의 범죄에 대해 아무 관련이 없는 법인까지 포함되는 것이 아니라 당해 법인의 "업무"에 관한 종업원의 "위반행위", 즉 무면허 의료행위가 있는 경우로 한정된다고 해석하여야 할 것이고, 결국 이사건 법률조항의 경우에도 그 문언상 "법인의 종업원에 대한 선임감독상의 과실 기타 귀책사유"가 명시되어 있지 않더라도 그와 같은 귀책사유가 있는 경우에만 처벌하는 것으로 해석할 수 있다. 이는 문언해석의 범위 내에 있는 것으로서 이러한 해석을 전제로 할 때 이 사건 법률조항은 책임주의원칙에 위반되지 아니한다.

판례의 검토

* Q 1	과실책임설과 과실추정설 및 무과실책임설의 배경이 되는 시각은 어떻게 다른가?
** Q 2	질서벌에 대해서는 과실이 없는 주체한테도 이를 부과할 수 있다고 하는 근거가 무엇이며 형벌과 질서벌의 어떤 차이 때문에 이 같은 결과가 도출되는 것일까? 나아가 양자를 구별하는 기준은 무엇인가?
* Q 3	종업원에 대해 선임·감독책임을 져야 할 사람은 누구인가? 법인이 처벌되면 책임자인 이 사람을 제재할 법적 가능성은 사라지는 것일까?
** Q 4	종업원보다도 법인에게 더 많은 벌금을 부과하는 양벌규정을 둘 수 있을까? 가능하다면, 또는 반대로 불가하다면 각각의 근거는 어떤 것이 될 수 있을까?

법인을 처벌하는 **양벌규정**은 이제는 낯익은 현실이다. 그럼에도 이 규정의 성질이 무엇인지에 대해서는 여전히 명쾌하게 정리되어 있지 못하다. 큰 흐름은 **과실책임설**과 **과실추정설** 및 **무과실책임설**로 모아지지만 이들은 한결같이 일단 처벌조항이 있는 이상 어떻게든 이를 합리화하려고 안간 힘을 쓰고 있는 형국이다. 그리하여 형법의 금기인 과실을 추정하거나 무과실이어도 처벌한다는 입장까지 등장하지만 찬찬히 보면 이는 실은 양벌규정이 불합리함을 은연 중 실토하거나 어떻게 하여도 이를 설명할 수 없음을 자인하고 있는 증좌가 아닐까? 더욱 법인규제의 수단으로 형법을 동원할 수밖에 없다는 시각이야 말로 검토할 가치가 있다고 본다. 비형법적 수단이 훨씬 유용하고 법의 왜곡을 초래하지 않는 한에서는 더욱 그렇다.

한편, 과실추정 혹은 과실책임설은 책임의 근거를 관리·감독과실에 찾는 것이 일반적이다. 그러나 관리·감독과실이라는 용어는 대단히 신축적이어서 개별 사례의 특수성을 감안하지 않고서는 그 내용을 알기 어렵다. 그러나 일반적으로 관리과실은 결과가 발생하지 않도록 하기 위해 필요한 설비나 인적 체제를 정비하지 않거나 흠이 있는데도 이를 방치하는 경우를 말하고 감독과실은 부하직원에 대해 적절한 지휘감독을 하지 않는 점이 과실로 되는 경우이다. 그럼에도 관리감독상의 과실이 사고발생에 이어지기까지 장기간 무사고로 진행된 경우도 많고 그 사이에 여러 사람이 다층적으로 결합되어 사실관계 또한 복잡하다면 어떤 조건과 범위에서 과실을 인정할 수 있는지는 몹시 어려운 문제가 될 수밖에 없다.

참고문헌

김종덕, "배임죄에 있어서 법인 및 대표기관의 형사책임", 법학연구(한국법학회), 제22집, 2006, 255-283면.

김재윤, "법인의 형사처벌에 관한 유럽국가의 입법동향", 법제연구 제

36호, 2009, 271-308면.
이천현, "법인의 범죄주체능력과 형사책임", 형사법연구 제22권 특집호, 2004, 58-82면.

Ⅱ. 인과관계와 객관적 귀속

1. 인과관계의 판단과 상당인과관계설

(1) 상당인과관계설

[도입 판례]

서울북부지법 2006.6.15. 선고 2005가합3568 판결

사실관계

원고 1, 2는 소송피수계인의 부모이고 원고 3은 소송피수계인의 동생이며 피고는 피고가 운영관리업무를 맡아 하고 있는 병원의 의사 소외 4의 사용자이다.

소송피계수인은 2004.5.27. 하지 방사통과 요통으로 내원하여 이 병원 정형외과 의사 소외 4의 진단을 받고 제2-3요추간 추간판 탈출증, 제3-4요추간 추간판 탈출증과 좌측 추간공 협착증, 제5요추간-제1천추간 추간판 탈출증과 좌측 추간공 협착증으로 수술치료를 권고 받았다. 이에 소송피수계인은 2004.6.3. 제2-3요추간 추간판 탈출증과 불안정성에 대해 수술을 받기 위해 입원하였고 이어 동인에 대한 검사결과 하지의 운동과 감각에 장애가 없었고 고환과 회음부의 감각, 하지 근력, 안장감각, 항문기능, 방광기능에도 특별한 이상이 없었다.

소외 4는 소송피수계인에게 제2-3요추간에 대해 후방감압술과 유합술을 시행하고 예상되는 합병증, 후유증으로는 출혈, 감염, 신경손상, 불유합, 부정유합, 재골절, 지연유합, 폐렴, 무기폐, 폐혈증, 폐전색증, 심부정막혈전증, 관절강직 등이 있을 수 있다고 설명하고 2004.6.4. 예정대로 척추후궁절제술을 시행하던 중 후방부의 중앙에 있는 경막이

파열되어 이를 봉합하였다.
위 병원의 의료진은 수술 후 혈종이나 부종에 의한 신경압박을 방지하기 위해 수술부위에 배액관을 삽입하고 스테로이드 치료를 했다.
환자는 다음 날인 2004.6.5. 우측 무릎의 신전 약화, 좌측발목의 굽힘 약화, 발가락의 신전과 굽힘 약화, 우측 경골의 저린감, 좌측대퇴부·장딴지의 감각이상 등의 증상을 보임. 2004.6.6.과 6.7. 신경학적 증상은 다소 호전되었으나 2004.6.8. 유치도뇨관 제거 후 자가배뇨가 이루어지지 않아 소외 4는 마미증후군 의증으로 진단하였다.
소송피수계인은 2004.7.12. 보다 큰 병원으로 2004.7.23. 까지 마미증후군, 신경인성 방광, 요추부 신경근 병증 등에 대하여 입원치료를 받았고 그 후에도 통원치료를 받았으나 범발성 요추간과 요천추간 신경근병증, 불완전 천추반사궁 손상, 방광벽 비후 소견, 방광근육 무반사 소견, 구해면체반사지연검사와 시청각자극 발기검사, 야간수면 중 발기 검사에서의 이상소견을 나타내고 있었고 배뇨장애와 발기부전의 장애가 남게 되었다.
소송피수계인은 이 사건 소제기 후인 2006.2.4. 배뇨 장애, 성기능 장애 등을 겪고 있는 자신의 처지를 비관하여 아파트 옥상에서 뛰어내려 자살하였다.
임상의학의 의료수준에 따르면 마미(馬尾)증후군이란 제1요추 이하 부위에 있는 신경근이 압박되어서 골반 내 장기의 기능장애를 일으키고 요통과 양측 하지의 감각 이상과 운동마비를 가져오는 질환이다. 그 원인으로는 추간판탈출증, 척추관 협착증, 골절, 종양, 염증 등이 있으나 가장 흔한 원인은 추간판 탈출증이고, 수술 후 마미증후군이 발생하였다면 수술시의 신경손상, 수술 후 혈종으로 인한 신경압박 또는 부종 등을 원인으로 추측할 수 있다.

판결요지

의료행위에 있어서 주의의무 위반으로 인한 불법행위책임이 있다고 하기 위해서는 의료행위상 주의의무의 위반, 손해의 발생 및 주의의무의 위반과 손해발생과의 사이에 인과관계가 존재하여야 하지만, 의료행위가 고도의 전문적 지식을 필요로 하는 분야이고 그 의료의 과정은 대개의 경우 환자 본인이 그 일부를 알 수 있는 외에 의사만이 알 수 있을 뿐이며, 치료의 결과를 달성하기 위한 의료기법은 의사의 재량에 달려 있기 때문에 손해발생의 직접적인 원인이 의료상의 과실로 말미암은 것인지 여부는 전문가인 의사가 아닌 보통인으로서는 도저히 밝혀낼 수 없는 특수성이 있어서 환자측이 의사의 의료행위상의 주의의무 위반과 손해발생과 사이의 인과관계를 의학적으로 완벽하게 입증한다는 것은 극히 어려운 일이므로, 의료사고가 발생한 경우 피해자측에서 일련의 의료행위 과정에 있어서 저질러진 일반인의 상식에 바탕을 둔 의료상의 과실이 있는 행위를 입증하고 그 결과와 사이에 일련의 의료행위 외에 다른 원인이 개재될 수 없다는 사정을 증명한 경우에는 의료행위를 한 측이 그 결과가 의료상의 과실로 인한 것이 아니라 전혀 다른 원인에 의한 것이라는 입증을 하지 않는 이상, 의료상 과실과 결과 사이의 인과관계를 추정함이 상당하다.

❑ 피해자의 특수한 사정

[관련 판례 1]

대법원 1986.9.9. 선고 85도2433 판결【폭행치사】

피해자를 2회에 걸쳐 두 손으로 힘껏 밀어 땅바닥에 넘어뜨리는 폭행을 가함으로써 그 충격으로 인한 쇼크성 심장마비로 사망케 하였다면 비록 위 피해자에게 그 당시 심관성동맥경화 및 심근섬유화 증세 등의 심장질환의 지병이 있었고 음주로 만취된 상태였으며 그것이 피해자가 사망함에 있어 영향을 주었다고 해서 피고인의 폭행과 피해자의 사망간에 상당인과 관계가 없다고 할 수 없다.

[관련 판례 2]

대법원 1978.11.28. 선고 78도1961 판결【폭행치사】

고등학교 교사가 제자의 잘못을 징계코자 왼쪽 빰을 때려 뒤로 넘어지면서 사망에 이르게 한 경우 위 피해자는 두께 0.5미리밖에 안 되는 비정상적인 얇은 두개골이었고 또 뇌수송을 가진 심신허약자로서 좌측 빰을 때리자 급성뇌성압상승으로 넘어지게 된 것이라면 위 소위와 피해자의 사망 간에는 이른바 인과관계가 없는 경우에 해당한다.

❑ 피해자의 행위가 개입된 경우

[관련 판례 3]
대법원 1982.11.23. 선고 82도1446 판결【강간치사】

강간을 당한 피해자가 집에 돌아가 음독자살하기에 이른 원인이 강간을 당함으로 인하여 생긴 수치심과 장래에 대한 절망감 등에 있었다 하더라도 그 자살행위가 바로 강간행위로 인하여 생긴 당연의 결과라고 볼 수는 없으므로 강간행위와 피해자의 자살행위 사이에 인과관계를 인정할 수는 없다.

[관련 판례 4]
대법원 1994.3.22. 선고 93도3612 판결【살인, 살인미수, 폭력행위등처벌에관한법률위반, 도로교통법위반】

자상을 입은 피해자가 콜라와 김밥 등을 함부로 먹은 탓으로 체내에 수분저류가 발생하여 합병증이 유발됨으로써 사망한 경우, 살인의 실행행위가 피해자의 사망이라는 결과를 발생하게 한 유일한 원인이거나 직접적인 원인이어야만 되는 것은 아니므로, 살인의 실행행위와 피해자의 사망과의 사이에 다른 사실이 개재되어 그 사실이 치사의 직접적인 원인이 되었다 하더라도 그와 같은 사실이 통상 예견할 수 있는 것에 지나지 않는다면 살인의 실행행위와 피해자의 사망 간에 인과관계가 있는 것이다.

판례의 검토

* Q 1 상당인과관계설이 인과관계론에서 퇴조한 이유는 무엇인가?

* Q 2 합법칙적 조건설도 결국은 법관의 규범적 판단에 의존하는 데 그럼에도 이에 대한 반발이 크지 않는 이유는 무엇인가? 요컨대 합법칙적 조건설이 인과관계론으로서 갖는 강점이 무엇이라고 생각하는가?

* Q 3 전문가 그룹 내에서도 견해가 갈릴 때 법관은 소수의 입장을 따라도 되는가? 될 수 있다면 그 근거는 무엇인가? 나아가 법관이 사회일반인의 경험칙과 다른 판단을 했을 때 시정이 가능한가?

** Q 4 상당성 여부를 판단함에 있어 절충설은 예견했거나 혹은 예견이 가능했는지를 기준으로 삼는다. 절충설에 따르면 A가 혈우병환자라는 사실을 알고 있는 갑이 이를 모르는 친구 을을 교사하여 A에게 상해를 입히게 하였으나 피를 많이 흘린 A가 사망했을 때 을의 행위는 사망과는 인과관계가 없어 상해죄에 그치고 갑은 살인죄의 교사범이 될 것이다. 만약 객관설의 입장에서 인과관계가 없는 을의 행위를 통하여 갑에게 살인의 결과에 대한 인과관계의 진행을 인정하는 것은 기묘하지 않는가라고 했을 때 어떤 답을 할 수 있는가?

** Q 5 [관련 판례 4]의 사안에서 수술 후라면 응당 의사가 주의할 사항에 대해 설명할 것이라고 생각된다. 그럼에도 부주의하게 이를 빠뜨린 의사의 과실행위가 중간에 개입하여 사망에 이르렀다면 처음 가해자의 행위를 사망에 대한 상당한 원인행위라고 해야 하는가? 하지만 [관련 판례 3]의 사안에서는 이와 같은 의문은 제기되지 않는데 그 차이는 무엇인가?

인과관계는 법적 책임을 묻는 최광의의 경계를 긋는 작업이기 때문에 민법이나 형법을 가리지 않고 중요하게 다루어진다. 이처럼 중요문제이기 때문에 그 여부를 가려내기 위한 학설 또한 다채로우나 판례는 일관되게 상당인과관계라는 용어를 고집한다. 그러나 그 세부에 들어서는 미묘한 차이가 없을 수 없으며 이 차이는 특히 형법에서 판례와 사뭇 다르게 학계에서는 (합법칙적)조건설이 주류로 자리잡게 하며 인과관계의 문제와 객관적 귀속의 문제를 분리시킴이 일반적이다.

[도입 판례]의 사례는 민법상의 인과관계 문제를 주로 다루지만 여기서 간취할 수 있는 형법적 의미도 적지 않다. 우선 인과관계의 추정은 규범적 인과관계론에서는 불가피하지만 사실문제로 이를 파악하는 입장에서도 이를 수용한다. 조건설을 수정한 합법칙적 조건설의 태도가 그러한 데미지의 사태를 처음 접하더라도 어느 때나 인과관계 없음이라고 판단해서는 안 되기 때문이다. 따라서 확실한 것을 추려 인과성을 밝힌 후 남은 불확실성은 추정의 방식으로 처리하게 된다. 본건에서 다루는 인과관계의 문제는 형식적으로는 인과성을 얼마만큼 증명해야 하는 가지만 순수한 조건설을 취하지 않는 이상 합법칙적 조건설이나 상당인과관계설의 어느 것으로도 인과관계를 긍정하는 결론을 끌어낼 수 있다. 양설은 다같이 합법칙성이나 경험칙을 기준으로 삼기 때문이다.

상당인과관계인지를 가려내기 위한 제 기준, 즉 주관설과 객관설 및 절충설의 차이는 넓게 보면 사람이 인식할 수 있는 범위와 존재하는 것이 불일치할 때 그 간격을 형법이 얼마만큼 눈 감은 채로 처리해야 할 것인지(처리능력이나 귀책범위를 고려하여)의 문제에 다름 아니다. 다만 우선은 있는 그대로의 것을 존중하고 이를 토대로 해야 하는 것이 인과성 문제의 특징이므로 이 방향으로 나가는 객관설이 방법론상 우월할 수밖에 없을 것이다.

참고문헌

장영민, "인과관계의 확정과 합법칙적 조건설", 형사판례연구 제3권, 1996, 22-39면.

(2) 제3자의 과실이 개입된 경우의 인과관계 인정여부

[도입 판례]

대법원 1982.6.8. 선고 81도2378 판결【업무상 과실치사】

사실관계

중대장 甲은 사격장에서 사격연습을 하려고 소총에 탄알 10발이 들어있는 탄창을 끼워 탄알 1발을 장전하였으나 그 소총에 영점이 잡혀있지 않음을 발견하고 그 소총을 사선 뒷벽에 기대놓은 후 A소위의 소총으로 사격연습을 하였다. 훈련이 끝난 후 문제의 영점이 잡히지 않은 소총을 B소위가 메고 사선을 내려와 甲에게 인계하였고 甲은 그 소총을 다시 중대 병기계원인 사병 C에게 인계하였다. 사병 C는 중대 행정반 앞에서 그 소총의 총구를 행정반 방향으로 향한 채 무심코 방아쇠를 당겼는데, 약실에 들어있던 甲이 장전한 탄알이 발사되어 행정반 안에 있던 사병 D가 맞아 사망하였다.

판결요지

피고인 갑은 총기에 탄알을 장전하였다가 다른 총기로 바꿀 때는 장전된 탄알을 제거하고 약실검사를 하여야 함은 물론 연습사격을 마친 후 사선을 떠나기 전에 총기의 안전검사를 하여 이상 유무를 확인하여야 함에도 이를 실시치 않음은 대단한 과실이 있다 할 것이나, 그러한 과실이 있다 하여 병기의 취급관리를 보좌하는 C가 총기취급에 있어 미리 안전검사 및 약실검사를 하여야 할 뿐만 아니라, 총구를 위험이 없는 전방 또는 공중으로 향하게 하여야 하는 주의의무를 태만히 한다는 것은 군인으로서 이례에 속하는 일로서 피고인에게 그 예측을 기대하기는 어렵다 할 것이므로 피고인의 이 건 과실행위와 피해자의 사망 사이에 상당인과관계가 있다고 보기 어렵다.

[관련 판례 1]

대법원 1990.5.22. 선고 90도580 판결 【교통사고처리특례법위반】

피고인이 야간에 오토바이를 운전하다가 도로를 무단횡단하던 피해자를 충격하여 피해자로 하여금 위 도로상에 전도케 하고, 그로부터 약 40초 내지 60초 후에 다른 사람이 운전하던 타이탄트럭이 도로위에 전도되어 있던 피해자를 역과하여 사망케 한 경우, 피고인이 전방좌우의 주시를 게을리한 과실로 피해자를 충격하였고 나아가 이 사건 사고지점 부근 도로의 상황에 비추어 야간에 피해자를 충격하여 위 도로에 넘어지게 한 후 40초 내지 60초 동안 그대로 있게 한다면 후속차량의 운전사들이 조금만 전방주시를 태만히 하여도 피해자를 역과할 수 있음이 당연히 예상되었던 경우라면 피고인의 과실행위는 피해자의 사망에 대한 직접적 원인을 이루는 것이어서 양자간에는 상당인과관계가 있다.

판례의 검토

* Q 1 상당인과관계설의 여러 관점에서 검토했을 때 [도입 판례]와 같은 결론에 다다를 수 있는 설은 어느 것인가?

* Q 2 [도입 판례]의 사안에서 피고인의 과실행위에 내재하고 있는 주의의무(예견가능성) 의 내용은 무엇이라고 생각하는가? 사병 C의 의무위반여부에 대한 예측가능성은 갑의 주의의무에 포함되지 않는가? 2개의 과실행위가 경합할 때 본 사례처럼 先과실행위의 인과성이 後과실행위에 의해 차단되는 근거는 무엇인가?

* Q 3	객관적 귀속의 조건으로 행위가 허용될 수 없는 위험을 내장하고 있어야 한다는 의미는 무엇인가? 행위에 그와 같은 위험이 있는지는 결과를 통해 비로소 알 수 있는 것은 아닐까?

상당한 조건에 대해서만 인과성을 인정하는 **상당인과관계설**은 귀책의 범위를 구성요건단계에서 제한하는 것으로 그와 같은 시도는 타당하다. 그러나 이 제한을 사실관계를 확정하는 기능을 수행하는 인과관계를 빌려 결정하고자 하는 것은 곤란하다. 따라서 구성요건에서 귀책범위를 결정하는 일은 인과관계를 통해 해결할 일이 아니라 인과성이 확인된 후에 다음 단계에서, 그리고 이 단계에서는 상당성의 기준인 예견가능성도 포함한 다양한 기준을 개발, 사용하게 된다. 오늘날은 이를 **객관적 귀속론**이라고 불러 인과관계론과는 구별한다. 객관적 귀속론에 따르면 행위가 법적으로 허용될 수 없는 위험을 갖고 있을 것, 결과는 이 위험이 실현된 것일 때만 구성요건적 결과가 된다고 한다.

참고문헌

정현미, "인과과정에 개입된 타인의 행위와 객관적 귀속", 형사판례연구 제9권, 2001, 143-166면.

2. 객관적 귀속이론과 결과귀속의 척도

(1) 합법적 대체행위이론 (위험증대이론)

[도입 판례]

대법원 1990.12.11. 선고 90도694 판결【업무상 과실치사】

사실관계

피해자는 1980.11.5. 3년전 출산시에 의사한테 우측 난소종양에 대한 진찰과 치료를 권고받은 적이 있는 데 1개월 전부터 하복부불편감과 배부요통을 다시 느껴 모 대학병원에 입원, 판시와 같은 수술적합성 검사 후 전신마취를 거쳐 난소 종양제거 수술을 받게 된 사실, 전신마취에 의한 개복수술은 수술침습이라 하여 수술 중 혈압강하 등으로 인한 간혈류장애, 저산소증 등을 초래하여 간부전을 일으키고 간성혼수에 빠지게도 하는 데 간기능에 이상이 없으면 대부분 일과성으로 1개월 이내에 정상으로 회복되나 이상이 있으면 90% 이상이 간기능이 증악화되고 심하면 사망에 이르게 하는 것으로 알려져 있고 따라서 수술 전 간검사는 필수적이며 피해자에게 사용된 마취제 할로테인은 드믈게는 간에 해독을 끼치고 특히 간장애가 있으면 이를 격화시킬 위험이 있으므로 이런 환자한테는 특히 주의 또는 회피해야 한다고 의료계에서는 주지되어 있고 이 사고 당시 의료계에서는 개복수술 환자의 경우 긴급상황이 아니면 혈청의 생화학적 반응에 의한 간기능 검사가 보편적이었으며 그 당시 이 병원에서는 전신마취제로 할로테인을 사용하는 경우가 대부분이었다.

그런대도 피고인들은 시진, 문진 등의 검사결과와 정확성이 떨어지는 소변에 의한 간검사 결과만을 믿고 할로테인으로 전신마취를 한 다음 개복수술을 감행한 과실이 있다.

환자는 수술 후 간괴사에 의한 간성혼수로 사망하였다.

판결요지

이 사건에서 간기능검사를 철저히 하지 않은 피고인들의 과실과 피해자의 사망간에 인과관계를 긍정하려면 수술 전에 피해자에 대한 간기능검사를 하였더라면 피해자가 사망하지 않았을 것이 입증되어야 할 것인데도(수술 전에 피해자에 대하여 혈청에 의한 간기능검사를 하였더라면 피해자의 간기능에 이상이 있었다는 검사결과가 나왔으리라는 점이 증명되어야 할 것이다) 원심은 피해자가 수술 당시에 이미 간손상이 있었다는 사실을 증거없이 인정함으로써 채증법칙 위반 및 인과 관계에 관한 법리오해의 위법을 저지른 것이다.

[관련 판례 1]

대법원 1991.2.26. 선고 90도2856 판결【교통사고처리특례법위반】

피고인이 트럭을 도로의 중앙선 위에 왼쪽 바깥 바퀴가 걸친 상태로 운행하던 중 피해자가 승용차를 운전하여 피고인이 진행하던 차선으로 달려오다가 급히 자기 차선으로 들어가면서 피고인이 운전하던 트럭과 교행할 무렵 다시 피고인의 차선으로 들어와 그 차량의 왼쪽 앞 부분으로 트럭의 왼쪽 뒷바퀴 부분을 스치듯이 충돌하고 이어서 트럭을 바짝 뒤따라 가던 차량을 들이받았다면, 설사 피고인이 중앙선 위를 달리지 아니하고 정상 차선으로 달렸다 하더라도 사고는 피할 수 없다 할 것이므로 피고인 트럭의 왼쪽 바퀴를 중앙선 위에 올려놓은 상태에서 운전한 것만으로는 위 사고의 직접적인 원인이 되었다고 할 수 없다.

판례의 검토

* Q 1	위험증대이론에 따르면 어떤 결론에 이르게 되는가? 또한 판례와 다른 방식을 택한 이유는 무엇인가?
* Q 2	결과를 귀속시키기 위해 반드시 위험이 상당한 정도로 증대되어야만 하는가? 다소 증대되면 어째서 귀속을 부정해야 하는가? 여기서는 양자 다 같이 침해범을 위험범으로 전화시키고 있는 것은 아닐까?

부주의한 행위가 결과실현의 위험을 증대시켰을 때 이를 토대로 결과를 당해 행위에 귀속시킬 수 있는 가의 문제이다. 견해는 3가지

로 갈리지만 크게는 2가지이다. 즉 위험을 증대시켰을지라도 판례가 적시한 것처럼 적법행위가 있었다면 결과를 틀림없이 저지시켰을 것이라는 관계가 아닌 이상 in dubio pro reo에 따라 인과관계(판례는 상당인과관계설에 입각하여 인과관계와 객관적 귀속을 인과관계라는 하나의 테두리로 다룬다)를 부정하거나 결과실현의 위험을 촉진(과실의 확인은 이를 의미한다)한 이상 인과성을 긍정한다. 법규범은 한도이상의 위험을 야기하는 행위를 금하기 때문이다. 절충적 입장은 기본적으로 후자와 궤를 같이 하나 다만 부주의한 행위가 상당한 정도로 위험을 증대시킬 때에만 인과관계를 긍정한다.

참고문헌

신동운, 신판례백선 형법총론, 2009, 221-225면.
이상돈, "의사의 과실과 객관적 귀속", 고려대 판례연구 제8집, 1996, 123-147면.

(2) 규범의 보호목적이론

[도입 판례]

대법원 1993.1.15. 선고 92도2579 판결【교통사고처리특례법위반, 도로교통법위반】

사실관계

피고인은 신호등에 의하여 교통정리가 행해지고 있는 "ㅏ"자형 삼거리의 교차로를 녹색신호등에 따라 과속으로 직진하고 있었는데, 신호를 위반하여 도로 중앙선을 침범하여 좌회전 하던 피해자 A의 오토바이와 충돌하여 A가 부상을 당하였다. 사고 당시 A는 제한속도를 위반하여 과속으로 교차로를 주행하고 있었다.

판결요지

신호등에 의하여 교통정리가 행해지고 있는 삼거리의 교차로를 녹색등화에 따라 직진하는 차량의 운전자는 특별한 사정이 없는 한 다른 차량들도 교통법규를 준수하고 충돌을 피하기 위하여 적절한 조치를 취할 것으로 믿고 운전하면 족하고, 대향차선 위의 다른 차량이 신호를 위반하고 직진하는 자기 차량의 앞을 가로질러 좌회전할 경우까지 예상하여 그에 따른 사고발생을 미리 방지하기 위하여 특별한 조치를 강구해야 할 업무상의 주의의무는 없고, 위 직진차량 운전자가 사고지점을 통과할 무렵 과속 운전한 잘못이 있었다 하더라도 그러한 잘못과 교통사고의 발생과의 사이에 상당인과관계가 있다고 볼 수 없다.

[관련 판례 1]

대법원 1983.8.23. 선고 82도3222 판결【업무상과실치상】

피고인 운전의 차가 이미 정차하였음에도 뒤쫓아오던 차의 충돌로 인하여 앞차를 충격하여 사고가 발생한 경우, 설사 피고인에게 안전거리를 준수치 않은 위법이 있었다 할지라도 그것이 이 사건 피해결과에 대하여 인과관계가 있다고 단정할 수 없다.

[관련 판례 2]

대법원 1998.9.22. 선고 98도1854 판결【교통사고처리특례법위반】

녹색등화에 따라 왕복 8차선의 간선도로를 직진하는 차량의 운전자는 특별한 사정이 없는 한 왕복 2차선의 접속도로에서 진행하여 오는 다른 차량들도 교통법규를 준수하여 함부로 금지된 좌회전을 시도하지는 아니할 것으로 믿고 운전하면 족하고, 접속도로에서 진행하여 오던 차량이 아예 허용되지 아니하는 좌회전을 감행하여 직진하는 자기 차량의 앞을 가로질러 진행하여 올 경우까지 예상하여 그에 따른 사고발생을 미리 방지하기 위하여 특별한 조치까지 강구할 주의의무는 없다 할 것이고, 또한 운전자가 제한속도를 지키며 진행하였더라면 피해자가 좌회전하여 진입하는 것을 발견한 후에 충돌을 피할 수 있었다는 등의 사정이 없는 한 운전자가 제한속도를 초과하여 과속으로 진행한 잘못이 있다 하더라도 그러한 잘못과 교통사고의 발생 사이에 상당인과관계가 있다고 볼 수는 없다.

판례의 검토

* Q 1	귀속의 척도로서 규범의 보호목적이 갖는 의미는 무엇이며 이 보호목적을 어떻게 파악할 수 있는가?
* Q 2	다 같이 경험칙에 따른 예견가능성을 사용하면서도 상당인과관계설과 객관적 귀속이론이 상이한 결론에 다다를 수 있는 차이점은 어디에서 연유하는가?

판례는 이를 인과관계의 문제로 다루나 인과성과 객관적 귀속을 분리하는 입장에서는 이는 전형적인 귀속의 문제이다. 그리고 귀속의 문제로 다룰 때도 일반의 경험칙에 따른다는 기본입장을 유지하지만 그 폭에 있어 상당인과관계설의 그것보다 다소 좁게, 그리하여 보다 넓게 귀속을 부정하게 된다. **규범의 보호목적**에 직접 관련되지 않으면 결과는 그 행위 때문이 아니라고 규범적으로 평가할 수 있기 때문이다.

[도입 판례]의 사안에서도 상당인과관계설이라면 우리가 경험한 바는 때로 혹은 흔히 신호를 무시하고 진입하는 차량이나 오토바이가 있으므로 먼저 이를 확인하여야 할 것, 그 같은 차량을 예견할 수 있으므로 인과관계를 긍정할 여지가 높다. 그러나 과속운전을 금

한 도로교통법 규정은 규정 속도를 준수하여 사고 장소에 늦게 도착함으로써 교통사고를 줄인다는 취지는 아니므로 당연히 이 사고는 규범의 보호목적에 해당하지 않게 되고 따라서 과속운전자에게 귀속되지 않는다.

참고문헌

박광섭/김용세, "도로교통사고에 대한 형사제재", 충남대 법학연구 제5권 제1호, 1994, 183-217면.

신동운, 신판례백선 형법총론, 2009, 216-218면.

[§ 3] 고의, 구성요건 착오

Ⅰ. 고의

[도입 판례]

대법원 2004.4.9. 선고 2004도340 판결【출판물에 의한 명예훼손, 명예훼손】

사실관계

피고인은 공소외 1회사와의 분쟁을 해결하기 위해 1996.3.경 당시 대표이사 공소외 2를 사기혐의로 고소하였으나 1996.7.30. 검찰에서 혐의없음 처분이 내려지자 공소외 2와의 분쟁을 국회의원을 통해 해결하고자 1996.9. 경 당시 모 정당 소속 ○○시 정무 부시장 공소외 3에게 그 판시와 같은 허위사실들을 적시하면서 그 분쟁경위와 검찰의 사건처리과정 등을 설명하고 국회차원에서 공소외 1 주식회사의 비리를 조사해 줄 것을 부탁하며 관련 자료를 넘겨주었고 이에 공소외 3은 국회의원 공소외 4에게 이 자료를 넘겨 공소외 4는 이 자료를 바탕으로 1996.10.22. 국회에서 공소외 1주식회사에 관하여 발표함으로써 피고인이 적시한 허위 사실들이 언론에 보도되게 되었다.

판결요지

전파가능성을 이유로 명예훼손죄의 공연성을 인정하는 경우에는 적어도 범죄구성요건의 주관적 요소로서 미필적 고의가 필요하므로 전파가능성에 대한 인식이 있음은 물론 그 위험을 용인하는 내심의 의사가 있어야 하고 이 용인의 여부는 외부에 나타난 행위의 형태와 행위의 상황 등 구체적인 사정을 기초로 하여 일반인이라면 그 전파가능성을 어떻게 평가할 것인가를 고려하면서 행위자의 입장에서 그 심리상태를 추인하여야 할 것이다.

[관련 판례 1]

대법원 1988.12.13. 선고 88도184 판결【사기, 인정된 죄명 : 배임】

채무자가 채권자로부터 금원을 차용하면서 담보를 제공한 부동산 위에 채권자가 은행으로부터 금원을 차용하고서 설정한 저당권에 기하여 임의경매절차가 진행되고 있는 동안에 위 채무자가 차용원리금을 변제공탁한 것을 채권자가 아무런 이의도 없이 이를 수령하고서도 위 경매절차에 대하여 손을 쓰지 아니하는 바람에 타인에게 경락되게 하고 그 부동산의 경락잔금까지 받아간 경우라면, 비록 채권자가 민사법상 이의의 유보없는 공탁금수령의 법률상의 효과에 대한 정확한 지식이 없었다 하더라도 금전소비대차거래에 있어서 이자제한법의 존재가 공지의 사실로 되어 있는 거래계의 실정에 비추어 막연하게나마 자기의 행위에 대한 위법의 인식이 있었다고 보지 못 할 바 아니므로 위 채권자의 미필적 고의는 인정할 수 있다.

[관련 판례 2]

대법원 2002.4.10. 자 2001모193 결정【재정신청기각에 대한 재항고】

공직선거법 제250조의 허위사실공표죄에서는 공표되어진 사실이 허위라는 것이 구성요건의 내용을 이루는 것이기 때문에, 행위자의 고의의 내용으로서 그 사항이 허위라는 것의 인식이 필요하나 어떠한 소문을 듣고 그 진실성에 강한 의문을 품고서도 감히 공표한 경우에는 적어도 미필적 고의가 인정될 수 있고, "어떠한 소문이 있다."라고 공표한 경우 그 소문의 내용이 허위이면 소문이 있다는 사실 자체는 진실이라 하더라도 허위사실공표죄가 성립된다.

[관련 판례 3]

대법원 1996.3.26. 선고 95도2998 판결【무고】

진실한 객관적인 사실들에 근거하여 고소인이 피고소인의 주관적인 의사에 관하여 갖게 된 의심을 고소장에 기재하였을 경우에 법률 전문가 아닌 일반인의 입장에서 볼 때 그와 같은 의심을 갖는 것이 충분히 합리적인 근거가 있다고 볼 수 있다면, 비록 그 의심이 나중에 진실하지 않는 것으로 밝혀졌다고 하여 곧바로 고소인에게 무고의 미필적 고의가 있었다고 단정하여서는 안 된다.

[관련 판례 4]

대법원 2008.2.14. 선고 2007도7716 판결【업무상배임】

은행의 지점장 등 대출업무를 담당하는 자가 그 업무취급에 관한 은행의 관계규정을 위반하여 담보물에 대한 대출한도액을 초과하여 대출하거나 담보로 할 수 없는 물건을 담보로 하여 대출을 하는 등 이른 바 불량대출을 하였을 경우에 그것이 배임죄를 구성하려면 그와 같은 대출행위가 배임이 된다는 인식하에 대출금채권의 확보를 위한 조치를 하지 아니하여 회수의 확실성이 없는 채권을 발생하게 함으로써 은행에 재산상의 손해를 가하는 등의 요건을 갖추어야 할 것이므로 그 대출이 정상적인 방법으로 회수할 수 없게 된 은행채권을 회수하기 위해 이루어진 경우에는 그 대출을 위하여 제공받는 인적, 물적 담보에 의한 회수의 가능성과 그렇게 대출함으로써 회수할 수 없게 된 채권을 회수할 수 있는가를 은행의 대출관계 규정이나 업무관행에 따른 통상의 업무집행범위에 비추어 구체적인 상황에 따라 실질적으로 판단하여야 할 것이다.

그러므로 비록 담보물에 대한 대출한도액을 초과하여 대출하거나 담보로 할 수 없는 물건을 담보로 하여 대출했다 하더라도 그 대출에 따른 물적, 인적 담보를 확보하여 그렇게 대출한 것이 회수할 수 없는 채권을 회수하여 실질적으로 은행에 이익이 되고 그것이 통상적인 업무집행범위에 속하는 것으로 용인될 수 있으면 그 대출로 인하여 회수의 확실성이 없는 일부 채권이 발생하였다 하여 이를 가지고 대출업무 담당자로서의 채권확보조치를 하지 아니한 임무위반행위에 해당하고 또 그와 같은 임무위반의 인식이 있었다고 볼 수 없다.

판례의 검토

* Q 1	형법의 필요에 따라 동일 소재인 심리상태를 영미법은 우리와 다르게 구분하고 있다. 이 입장 차로부터 우리가 간취할 수 있는 포인트는 무엇인가?
* Q 2	결과의 실현이 구체적으로 가능하다는 인식을 하고 있으면 그 같은 행위로 나가지 않을 억제적 계기가 작동하고 있다고 볼 수 있다. 그럼에도 의적 요소를 추가할 필요가 있다고 생각하는가? (대판 2000.8.18, 2000도2231 참조)
** Q 3	[관련 판례 1-4]의 판시 내용을 통해 고의가 성립하기 위해 구성요건적 사실의 실현을 어느 범위까지 인식해야 하는 지, 나아가 동기나 결과에 따라 고의성립이 영향을 받을 수 있는지 등을 검토하시오.

인간의 심리구조는 복합적이며 파악된 각 부분을 편의상 분리하여 설명하더라도 실제로 는 긴밀하게 결합한다. 그럼에도 형법은 일단은 **고의**의 구성요소로 지적 요소와 의지적 요소를 요한다고 하면서 이 하한을 과실의 그것보다 상위에 놓음으로써 중한 처벌의 토대를 구축하고 있다. 그러나 **과실**, 특히 인식있는 과실과의 차이는 필경 의지적 측면에서 구하게 되지만 고의에 필요한 최소한의 의지적 태도가 무엇을 가리키는지는 막막하다. 이 점에 대해 판례는 결과의 발생을 용인하는 심적 태도에서 행위자가 결과의 실현을 의욕하고 있다고 보지만 용인에는 책임에 영향을 미치는 감성적, 정서적 성격

이 있음을 들어 구성요건적 사실의 실현을 그저 인식하고 의욕하는 단계(고의)보다 한 차원 더 깊이 심리의 저층을 파고 든다고 한다. 그리하여 심리의 표피에만 머무는 인식과 의욕상태를 "감수"라고 칭하는 편이 더 적합하다고 말하지만 그러나 이 시비는 한 마디로 꼭 집어서 말하기 어려운 대상을 묘사함에 있어 그저 레토릭의 차이정도라는 느낌이 강하다. 왜냐하면 용인에 대한 지적은 꼭 같이 다른 심리적 용어에 대해서도 가해질 수 있기 때문이다. 이런 점에서 다소의 시비가 있더라도 고의의 심리상태를 용인으로 표현하는 데 동의한다. 심리상태에 대한 세분은 그 자체로서 정확성도 담보되지 않고 사태를 오히려 더 혼란스럽게 만들 수 있기 때문이다.

참고문헌

박상기, "고의의 본질과 대법원 판례의 입장", 형사판례연구 제10권, 2002, 42-61면.
성낙현, "살인죄에 있어서의 대법원의 고의개념", 비교형사법연구 제4권 제1호, 2002, 389-416면.

Ⅱ. 구성요건 착오

1. 타격의 착오

[도입 판례]

대법원 1984.1.24. 선고 83도2813 판결【살인】

사실관계

피고인은 형수를 살해하려고 몽둥이로 후려쳐 피를 흘리고 쓰러진 형수를 재차 가격하였으나 형수의 등에 업힌 조카가 머리를 맞고 현장에서 사망하였다. 피고인은 조카를 살해하려는 고의는 없었으므로 조카의 사망에 대해서는 살인죄가 아니라 과실치사죄를 인정해야 한다고 주장하였다.

판결요지

피고인이 먼저 형수인 피해자에 대해 살의를 갖고 소나무 몽둥이를 양손으로 집어들어 힘껏 후려친 가격으로 피를 흘리며 마당에 고꾸라진 동녀와 동녀의 등에 업힌 조카의 머리 부분을 위 몽둥이로 내리쳐 조카를 두개골절 및 뇌자상으로 현장에서 사망케 한 소위는 살인죄가 되며… 소위 타격의 착오가 있는 경우라 할지라도 행위자의 살인의 범의 성립에 방해가 되지 아니하니 피고인 측의 논지는 이유없다.

[관련 판례 1]

대법원 1987.10.26. 선고 87도1745 판결【폭력행위등처벌에관한법률위반】

성명불상자 3명과 싸우다가 힘이 달리자 옆 포장마차로 달려가 길이 30센티미터의 식칼을 가지고 나와 이들 3명을 상대로 휘두르다가 이를 말리면서 식칼을 뺏으려던 피해자의 귀를 찔러 상해를 입힌 피고인에게 상해의 범의가 인정되며 상해를 입은 사람이 목적한 사람이 아닌 다른 사람이라 하여 과실상해죄에 해당한다고 할 수 없다.

[관련 판례 2]

대법원 1975.4.22. 선고 75도727 판결【군용물횡령, 살인, 상관살해미수】

"갑"을 살해할 목적으로 총을 발사한 이상 그것이 목적하지 아니한 "을"에게 명중되어 "을"이 사망한 경우에 "을"에 대한 살인의 고의가 있는 것이다.

판례의 검토

* Q 1	타격의 착오와 객체의 착오를 대비하라
** Q 2	구체적 부합설에 따를 때 피해법익이 구체적으로 다르면 구성요건에 해당하는 사실도 다르다고 봐야 할 근거는 무엇이며 객체의 동일성에 대해 착오를 일으킨 경우에는 결론을 달리하지만 객체의 착오일 때도 구체적으로 부합하지 않기는 마찬가지 아닌가?
** Q 3	법정적 부합설에 따르면 조카를 죽일 생각이 전혀 없었던 피고인에 대해 살인의 고의를 인정하게 되지만 이 같은 결론이 과연 고의개념에 합치하는가? 법정적 부합설도 추상적 부합설과 마찬가지로 방법의 착오에서는 어느 정도 추상적 부합을 인정하고 있는데 어째서 추상적 부합설이 제시하는 추상적 부합의 기준은 배격하는가?

착오란 인식과 사실이 일치하지 않는 심리상태를 말하지만 그것이 객관적인 구성요건요소와 관련한 불일치여야 한다. 다만 경험상 주관면과 객관면이 완전히 일치하는 경우는 거의 없으므로 착오론의 논점은 불일치의 폭이 어느 정도일 때 이를 형법상 특별 취급해야 할 것인지로(고의를 조각시키는) 모아진다. 착오에는 인식한 사실과 실현한 사실이 다르더라도 이들이 동종의 구성요건에 속하는 구체적 사실의 착오와 별개 구성요건에 속하는 추상적 사실의 착오가 있다. 구체적 사실의 착오는 다시 **객체의 착오**와 **방법의 착오** 및 **인과관계의 착오**로 세분된다.

행위자가 인식한 사실과 실현된 사실이 정확히 일치하는 경우란 오히려 예외이며 어딘가 불일치가 있음이 오히려 일반적이다. 그 결과 약간의 불일치가 있더라도 행위자의 고의를 인정하여 고의범으로 처벌하게 된다. 그러나 이 괴리가 현저하다면 고의책임을 추궁할 수 없게 되는데 그렇다면 어떤 틀에 의해 이를 가려내야 할까? 이를 위해 형법이 개발해 낸 도식은 완전한 일치는 아니지만 그럼에도 어느 정도 부합하면 그 정도에 따라 고의기수를 인정하려고 한다. 소위 구체적 부합설과 법정적 부합설 및 추상적 부합설이 이를 위한 도구인데 이들은 적절한 처벌을 끌어내는데 적합한 고의의 폭을 다르게 인정한다. 그 근저에는 고의개념에 대한 상반된 이해가 자리함은 물론이다.

구체적 부합설에 따르면 인식과 실현이 구체적으로 부합해야 고의를 긍정하며 살인죄의 구성요건 상 피해자인 사람은 중요한 구성요건 요소이므로 이것이 구체적으로 일치하지 않으면, 즉 목표했던 사람이 아니면 살인미수와 과실치사의 상상적 경합으로 처리함이 타당하다고 한다. 반면 **법정적 부합설**은 피해대상이 동일한 구성요건적 평가를 받는 이상 구성요건적으로 부합하며 이 사례에서도 구성요건적으로 중요한 사항은 특정인이 아니라 사람이라는 점이라고 본다. 따라서 이 점에 대한 착오가 없는 이상 당연히 살인죄의 기수가 되는 것이다. **추상적 부합설**은 단적으로 뭔가 범죄가 되는 사실을 인식하면 발생한 결과가 이것과 다른 죄명의 범죄라 할지라도 추상적으로 일치하는 한 고의기수를 인정 하지만 고의가 특정사실을 인식해야 한다는 요건을 유명무실하게 만들어 버린다. 그러나 고의란 구성요건적 사실의 실현을 인식하고 의욕하는 것이라면 대상 사실은 특정된 구체적 사실로 한정되는 것이어야 한다.

참고문헌

김영환, "형법상 방법의 착오의 문제점", 형사판례연구 제1권, 1993, 13-39면.

김호기, "타격의 착오를 바라보는 두 가지의 관점: 존재론적 관점과 기능적 관점", 형사법연구 제30호, 2007, 21-42면.

2. 인과관계의 착오

[도입 판례]

대법원 1988.6.28. 선고 88도650 판결

사실관계

갑은 약간 저능인 자기의 부인을 병이 희롱하였다는 말을 듣고 을과 함께 피해자 병을 구타하던 중 순간적으로 살의가 생겨 병의 머리를 돌멩이로 후려쳤다. 병이 정신을 잃고 축 늘어지자 갑은 병이 죽은 줄 알고 증거를 인멸할 목적으로 병을 개울가에 매장하였으나 실제로 병의 사망원인은 매장에 의한 질식이었다.

판결요지

사실관계가 위와 같이 피해자가 피고인들이 살해의 의도로 행한 구타행위에 의하여 직접 사망한 것이 아니라 죄적을 인멸할 목적으로 행한 매장행위에 의하여 사망하게 되었다 하더라도 전 과정을 개괄적으로 보면 피해자의 살해라는 처음에 예견된 사실이 결국은 실현된 것으로서 피고인들은 살인죄의 죄책을 면할 수 없다 할 것이다.

[관련 판례 1]

대법원 1994.11.4. 선고 94도2361 판결【살인, 폭력행위등처벌에관한법률위반(인정된죄명:상해치사), 업무방해】

피고인이 피해자에게 우측 흉골골절 및 늑골골절상과 이로 인한 우측 심장벽좌상과 심낭내출혈 등의 상해를 가함으로써, 피해자가 바닥에 쓰러진 채 정신을 잃고 빈사상태에 빠지자, 피해자가 사망한 것으로 오인하고, 피고인의 행위를 은폐하고 피해자가 자살한 것처럼 가장하기 위하여 피해자를 베란다로 옮긴 후 베란다 밑 약 13m

아래의 바닥으로 떨어뜨려 피해자로 하여금 현장에서 좌측 측두부 분쇄함몰골절에 의한 뇌손상 및 뇌출혈 등으로 사망에 이르게 하였다면, 피고인의 행위는 포괄하여 단일의 상해치사죄에 해당한다.

판례의 검토

* Q 1	베버가 말하는 개괄적 고의는 형법상의 고의가 아니라는 지적이 있다. 그 근거는 무엇인가?
** Q 2	제1행위와 제2행위를 단일한 행위로 묶어주는 연결고리는 무엇인가? 양자를 독립적으로 다루어 제1행위에 대한 고의미수를 인정한다면 이는 결국 인과관계에 착오가 있어도 고의는 긍정한다는 뜻이어서 사망의 결과를 고의행위에 귀속시킬지의 문제만 남는 것이 아닌가?
* Q 3	인과관계의 착오론과 객관적 귀속론의 차이점은 무엇이며 그에 따른 결론의 상이는 어떠한가?

개괄적 고의란 원래 제2행위에 의해 발생한 결과를 제1행위의 고의에 귀속시켜 고의범으로 처리할 수 있다는 베버의 공식에 따라 일반적(개괄적) 고의를 뜻하는 dolus generalis로 명명되었다. 그러나 이처럼 고의를 일반화시켜 최초의 고의가 있으면 이 고의가 일련의 후속 인과과정 전부를 포함한다는 생각은 현실적으로 인식하지 못한 상태를 고의라고 말하는 셈이어서 고의개념과 일치할 수 없다. 그리하여 지금은 개괄적 고의라는 표현을 사용하는 대신 인과관계의 착오의 한 태양으로 취급한다.

인과관계의 착오라고 하면 착오로 잘못 생각하였다는 점이 두드러짐으로써 제2행위 부분에 대해 직접 고의가 있다는(실은 있지 않는데) 원래의 개괄적 고의의 난점을 피할 수 있고 일정 범위내의 착오에 대해 고의를 인정할 수 있는 이점이 있다. 그리하여 제2 행위가 일반 경험칙에 따르면 제1행위 후에 보통 수반되는 행위거나 통상 예견할 수 있는 것일 때는 고의를 인정하게 된다. 그러나 이와는 달리 제1행위와 제2행위를 분리하여 따로 논하는 입장도 있고 인과과정의 착오를 인과관계의 착오가 아닌 개관적 귀속의 문제로 보는 입장도 있다.

참고문헌

이정원, "개괄적 고의", 형사법연구 제15호, 2001, 1-18면.

이용식, "소위 "개괄적 고의"의 형법적 취급", 형사판례연구 제2권, 1994, 18-36면.

조상제, "개괄적 과실(culpa generalis) 사례의 결과귀속", 형사판례연구 제10권, 2002, 62-80면.

위법성론

제3장

[§ 4] 정당방위, 긴급피난

Ⅰ. 서론

죄형법정주의가 관철되고 있는 형법영역에서는 위법이란 형법 등의 실정법규를 위반한 행위이다. 그러나 법규가 이들 행위를 처벌의 대상으로 할 때는 그렇게 해야 할 실질적인 근거가 있어야 한다. 이로부터 위법한 행위로 규정된 소이를 찾게 되는 데 이를 **실질적 위법성**이라고 부른다. 그렇다면 위법성의 실질은 무엇일까? 보통은 법질서 전체의 관점에서 내려진 부정적 가치판단이라거나 법질서 전체와 모순, 충돌하는 관계라고 하지만 그 내용이 선뜻 와 닿지 않고 공허하게 울린다. 법질서란 무엇이며 실정법규와는 어떤 관계인지, 법질서 전체의 관점이란 무슨 뜻이며 민법이나 행정법 등의 영역에서 위법한 행위라면 형법에서도 위법하다고 평가해야 하는 것인지 등의 의문이 바로 나온다. 그리하여 위법이란 규범의 요구에 반하는 행위만이 실질적으로 위법하다고 생각하여 **실질적 위법=행위무가치론, 규범위반설, 주관적 위법성론**으로 파악하기도 한다. 또는 이와 반대로 **실질적 위법을=결과무가치론, 법익침해설, 객관적 위법성론**으로 요약하기도 한다.

한편, 위법과 불법을 구별하여 위법한 행위를 개별 입체적으로 표현했을 때를 불법이라고 부르기도 한데 그렇다면 위법의 상대화 또한 가능하다고 할 것이다. 이점은 특히 형법상의 불법과 민사법 등 다른 법영역에서의 불법판단이 다를 수 있음을 가리킨다. 예컨대 자신의 은행계좌로 잘못 입금된 사실을 알면서도 은행원에게 예금을 청구하여 이를 인출하면 형법상 사기죄가 된다. 그러나 민법상으로는 예금채권의 행사(권리행사)이며 부당이득반환의 의무만 진다. 왜 이 같은 차이가 생길까? 법질서전체의 관점에서 이런 결말은 수용될 수 있을까? 법질서전체의 관점을 엄격히 해석하여 민법상 허용되는 것이라면 형법상 사기죄가 될 수 없다고 보기도 한다. 그러나 사인(私人) 간의 권리의무의 조정을 목적으로 하는 민사법질서로부터 추출된 귀결은 많은 경우 개인 간 이해득실을 고려한 것, 즉 타협적 결말인데 형법질서가 항상 이것과 일치되어야 하는지는 의문이다.

Ⅱ. 정당방위

1. 정당방위의 요건

[도입 판례]

대법원 1992.12.22. 선고 92도2540 판결【살인】

사실관계

피고인 갑은 피고인 을로부터 피해자와의 관계를 고백받고 같이 번민하다가 피해자를 살해하고 강도로 위장하기로 공모한 후 범행 하루 전날 갑이 범행에 사용할 칼, 공업용테이프, 장갑 등을 구입하였다. 약속한 시간인 1992.1.17. 01:30경 갑은 을이 열어준 문을 통해 피해자의 집안으로 들어가 피해자가 술에 취해 자고 있는 방에 들어가 피해자의 머리맡에서 칼을 피해자에 겨눈 채 양 무릎으로 피해자의 양 팔을 눌러 꼼짝 못하게 한 후 피해자를 깨워 그가 저항할 수 없는 상태에서 피고인 을을 더 이상 괴롭히지 말고 놓아주라는 취지의 말을 하다 칼로 피해자의 심장을 1회 찔러 그 자리에서 살해하였다. 이어 강도살인을 당한 것처럼 위장하기 위해 죽은 피해자의 양 발목을 공업용 테이프로 묶은 다음 현금을 찾아 태워 없애고 장롱, 서랍 등을 뒤져 범행현장에 흩어 놓고 나서 갑은 강도에게 당한 것처럼 을의 브레지어 끈을 칼로 끊고 양 손목과 발목을 공업용 테이프로 묶은 다음 달아나고 을은 양 손과 발목이 테이프에 묶인 채 옆집에 가서 강도를 당했다고 허위로 알렸다.

피고인 들은 제1심과 항소심에서 유죄판결을 받자 정당방위를 근거로 대법원에 상고했으나 대법원은 이를 기각하였다.

판결요지

가. 정당방위가 성립하려면 침해행위에 의하여 침해되는 법익의 종류, 정도, 침해의 방법, 침해행위의 완급과 방위행위에 의하여 침해될 법익의 종류, 정도 등 일체의 구체적 사정들을 참작하여 방위행위가 사회적으로 상당한 것이어야 하고, 정당방위의 성립요건으로서의 방어행위에는 순수한 수비적 방어뿐 아니라 적극적 반격을 포함하는 반격방어의 형태도 포함되나, 그 방어행위는 자기 또는 타인의 법익침해를 방위하기 위한 행위로서 상당한 이유가 있어야 한다.

나. 의붓아버지의 강간행위에 의하여 정조를 유린당한 후 계속적으로 성관계를 강요받아 온 피고인이 상피고인과 사전에 공모하여 범행을 준비하고 의붓아버지가 제대로 반항할 수 없는 상태에서 식칼로 심장을 찔러 살해한 행위는 사회통념상 상당성을 결여하여 정당방위가 성립하지 아니한다고 본 사례.

[관련 판례 1]

대법원 1989.8.8. 선고 89도358 판결【폭력행위등처벌에관한법률위반, 강간치상, 강제추행치상】

갑과 을이 공동으로 인적이 드문 심야에 혼자 귀가중인 병녀에게 뒤에서 느닷없이 달려들어 양팔을 붙잡고 어두운 골목길로 끌고 들어가 담벽에 쓰러뜨린 후 갑이 음부를 만지며 반항하는 병녀의 옆구리를 무릎으로 차고 억지로 키스를 함으로 병녀가 정조와 신체를 지키려는 일념에서 엉겁결에 갑의 혀를 깨물어 설절단상을 입혔다면 병녀의 범행은 자기의 신체에 대한 현재의 부당한 침해에서 벗어나려고 한 행위로서 그 행위에 이르게 된 경위와 그 목적 및 수단, 행위자의 의사 등 제반사정에 비추어 위법성이 결여된 행위이다.

[관련 판례 2]

대법원 2007.4.26. 선고 2007도1794 판결【살인】

피고인이 피해자와 말다툼을 하다가 건초더미에 있던 낫을 들고 반항하는 피해자로부터 낫을 빼앗아 그 낫으로 피해자의 가슴, 배, 등, 뒤통수, 목, 왼쪽 허벅지 부위 등을 10여 차례 찔러 피해자로 하여금 다발성 자상에 의한 기흉 등으로 사망하게 하였다는 사실을 인정한 다음, 이에 비추어 보면, 피고인에게는 이 사건 범행 당시 적어도 살인의 미필적 고의는 있었다고 판단하였는바, 기록에 비추어 살펴보면, 위와 같은 원심의 판단은 옳고, 거기에 상고이유의 주장과 같은 채증법칙 위배 또는 심리미진으로 인한 사실오인이나 미필적 고의에 관한 법리오해 등의 위법이 있다고 할 수 없다.

형법 제21조 소정의 정당방위가 성립하려면 침해행위에 의하여 침해되는 법익의 종류, 정도, 침해의 방법, 침해행위의 완급과 방위행위에 의하여 침해될 법익의 종류, 정도 등 일체의 구체적 사정들을 참작하여 방위행위가 사회적으로 상당한 것이어야 한다(대법원 1992.12.22. 선고 92도2540 판결, 2005.9.30. 선고 2005도3940, 2005감도15 판결 등 참조).

원심은 그 채택 증거에 의하여 판시와 같은 사실을 인정한 다음, 피해자가 피고인에게 한 가해의 수단 및 정도, 그에 비교되는 피고인의 행위의 수단, 방법과 행위의 결과 등 제반 사정에 비추어, 피고인의 이 사건 범행행위가 피해자의 피고인에 대한 현재의 부당한 침해를 방위하거나 그러한 침해를 예방하기 위한 행위로 상당한 이유가 있는 경우에 해당한다고 볼 수 없고, 또 피고인의 이 사건 범행행위는 방위행위가 그 정도를 초과한 때에 해당하거나 정도를 초과한 방위행위가 야간 기타 불안스러운 상태 하에서 공포, 경악, 흥분 또는 당황으로 인한 때에 해당한다고 볼 수도 없다고 판단하였는바, 앞서 본 법리와 기록에 비추어 살펴보면, 위와 같은 원심의 조치는 옳은 것으로 수긍이 가고, 거기에 상고이유의 주장과 같은 채증법칙 위배로 인한 사실오인이나 정당방위 및 과잉방위에 관한 법리오해의 위법이 있다고 할 수 없다.

판례의 검토

* Q 1	침해의 현재성을 판례처럼 비교적 넓게 인정했을 때 방위권의 행사가 왜곡되지는 않을까?
* Q 2	정당방위에서는 법익의 비교가 전혀 무용한 일인가?
* Q 3	정당방위에서는 보충성의 원칙을 고수할 필요가 없어 행위자에게 선택의 여지가 크지만 책임무능력자의 공격에 대해서는 이 여지가 대폭 줄어들게 된다. 그 이유는 무엇인가?
** Q 4	객관적으로 불안스러운 상태이기는 하지만 이를 이용하여 과잉방위할 생각으로 몽둥이를 준비하였다가 상대가 재차 침입해 오자 계획대로 이를 휘둘러 과잉방위를 했어도 불가벌이 되는가?

구성요건에 해당한 행위는 대체로 위법하다. 그러나 구체적 사정에 따라서는 구성요건에 해당하여도 법질서는 이를 예외적으로 허용하기도 한다. 이처럼 예외적으로 구성요건적 행위를 허용하는 사정을 **위법성조각사유**라고 하며 구성요건과 위법성의 관계는 실제로는 원칙(금지)과 예외(허용)의 관계이다. 정당방위는 이를 잘 보여주고 있다.

정당방위는 다른 위법성조각사유에 비해 그것이 허용되어야 할 적법한 행위라는 점에 대해서는 시비가 없다. 그러나 왜 그래야 하는지를 둘러싸고는 의론이 갈린다. 정당방위를 통해 보호해야 할 법익이 개인적 법익으로 한정해야 하는지, 초개인적인 법익을 보호하기 위해서도 허용되는지, 아니면 양자 모두를 아우르는 것인지의 문제라 할 수 있다.

법질서수호 또는 법확증의 원리는 법질서 자체(초개인적 이익으로서의)를 보호대상으로 하는 것이어서 장래의 침해에 대한 예방적 방위도 가능하게 된다. 이에 대해서는 기존의 법질서 자체가 독자적으로 보호받을 가치가 있는지, 나아가 책임무능력자의 공격에 대해서는 정당방위가 허용될 수 없게 된다는 지적이 따른다. 그리하여 침해자와 피침해자 간의 개인적인 이익 상황으로부터 정당방위의 특수성을 설명하기도 한다. 부정한 침해자의 이익은 정당한 피침해자의 법익을 보호하기 위한 한도 안에서는 보호를 받을 수 없다거나, 부정한 침해에 대한 정당한 이익은 절대적으로 우위에 선다는 주장 등이 그러하다. 요컨대 **방위행위**가 정당함은 우월한 이익의 보호에 있다고 한다.

정당방위는 위법성이 조각되는 대표적인 사유로서 국가에 의한 보호를 기대할 수 없을 때 예외적으로 허용된다. 따라서 그 요건이 엄격히 지켜져야 하는 데 형법이 생각하는 요건은 보호법익에 대한 현재의 부당한 침해가 있고 이를 방위하기 위한 행위로서 상당해야 한다. 따라서 이들 요건 가운데 어느 하나를 결하면 그 행위는 더 이상 정당방위가 아니게 된다.

대법원은 [도입 판례]의 사안에서 침해행위가 이전에 있었고 그와 같은 침해행위가 이후에도 반복하여 계속될 염려가 있어 침해행위가 진행되지 않는 상태에서도 현재의 부당한 침해를 인정하며 반격방어도 방위행위에 포함되고 방위의사 또한 존재한다고 본다. 이처럼 침해가 반복, 계속될 것이 예상되면 법질서가 먼저 이를 피하고 보라는 의무를 부과할 수는 없기 때문에 예기될 침해가능성을 이유로 바로 침해의 현재성이 없다고 할 수 는 없다. 그러나 위 사례와는 달리 예상되는 침해의 기회를 이용하여 적극적으로 가해행위를 할 의사가 주일 때는 현재성을 부정해야 할 것이다. 다만 여기서는 판결요지 "가"에서 지적한 것처럼 상당성을 결하여 결국 정당방위를 인정하지 않지만 이때도 법익의 보호가능성이나(보충성) 대소를 어느 정도 고려하고 있다. 상당한지 여부를 판단함에 있어 암묵적으로 법익의 비교나 보충성이 작용하지만 그것은 다른 위법성조각사유에서처럼 엄격히 요구되지 않을 뿐이다.

참고문헌

신동운, 신판례백선 형법총론, 2009, 313-317면.
조준현, "정당방위와 긴급피난의 법리에 관한 사례연구", 형사판례연구 제6권, 1998, 87-110면.

2. 싸움과 정당방위

[도입 판례]

대법원 2001.5.15. 선고 2001도1089 판결【상해치사】

사실관계

피고인 이○봉은 제1심 상피고인 이○희, 공소외 윤○복과 함께 윤○복이 경영하는 나이트클럽에서 윤○복은 주먹과 발로 김○문의 전신을, 이○봉은 공사용 삽으로 천○열의 머리를 1회 구타하고 이○회는 주먹으로 김○원의 얼굴을 3회 구타한 다음 봉걸레 자루로 김○수의 가슴부분을 2회 구타하였다. 그리하여 정○만에게 전치 2주일을 요하는 흉부좌상 등을, 천○열에게 전치 10일을 요하는 좌두정부열상 등을, 김○수에게 전치 10일을 요하는 전두부타박상을 입게 하였다.

그런데 위 피해자들 일행은 모두 20여명 가량으로 그 중 일부는 위 나이트클럽에 오기 전에 이미 상당히 취해 있었는데 위 클럽에서 다시 술을 마시고 술값을 외상으로 할 것을 요구한 것이 발단으로 되어 언쟁하다 그 중 1명이 위 윤○복으로부터 뺨을 맞자 일부는 의자와 탁자 또는 벽돌이나 돌을 함부로 집어 던지고, 일부는 주먹이나 봉걸레자루로 피고인을 비롯한 나이트클럽 종업원 등을 구타하여 피고인과 위 이○희 및 공소외 김○훈에게 각 전치 1주일을 요하는 요추염좌상 등을 입게 하고 위 윤○복 소유의 전자 오르간 등 시가 금1,251,000원 상당의 물건을 손괴하였다. 피고인 등도 이에 대항하여 싸우는 과정에서 피해자들에게 상해를 입히거나 폭행을 가하였다.

검사는 이○봉을 상해죄 등으로 기소하였고 원심법원은 피고인의 행위가 과잉방위에 해당한다고 판단하였으나 검사는 과잉방위가 아님을 들어 상고하였다.

판결요지

피해자 일행 중 1명의 뺨을 때린 데서 비롯된 가해자 등의 행위는 피해자 일행의 부당한 공격을 방위하기 위한 것이라기보다는 서로 공격할 의사로 싸우다가 먼저 공격을 받고 이에 대항하여 가해하게 된 것이라고 봄이 상당하고 이와 같은 싸움의 경우 가해행위는 방어행위인 동시에 공격행위의 성격을 가지므로 정당방위 또는 과잉방위 행위라고 볼 수 없다.

[관련 판례 1]

대법원 1996.12.23. 선고 96도2745 판결【폭력행위등처벌에관한법률위반】

원심은 제1심이 들고 있는 증거들에 의하면 피고인은 제1심 공동피고인 과 서로 욕설을 하며 싸우던 중 손으로 위 제1심 공동피고인의 손과 멱살 등을 잡고 밀쳐서 약 10일간의 치료를 요하는 우측슬부좌상 등을 가한 사실을 넉넉히 인정할 수 있고, 위 제1심 공동피고인 이 피고인 등이 가입하여 있는 친목회의 회장을 흉보는 것 때문에 피고인이 위 제1심 공동피고인 과 서로 욕설을 하며 시비하다가 위와 같이 싸운 사실을 인정할 수 있으므로, 피고인의 행위는 정당방위에 해당한다고 볼 수 없다고 판시하였다.

그러나 원심이 유지한 제1심이 들고 있는 증거들을 살펴보면 피고인은 식당에서 위 제1심 공동피고인 과 함께 술을 마시던 중 위 제1심 공동피고인 은 피고인이 자신에게 욕설을 하였다는 이유로 주먹으로 피고인의 얼굴을 수회 때리고, 발로 피고인의 가슴을 걷어찬 후 피고인이 식당 밖으로 피신하자 따라나가 플라스틱 의자로 피고인의 팔 부위를 수회 내리치는 바람에 피고인이 약 4주간의 치료를 요하는 좌제6늑골골절상을 입었고, 그 과정에서 위와 같이 폭행을 가하는 위 제1심 공동피고인 의 손과 멱살 등을 잡고 밀친 사실을 인정할 수 있는바, 그렇다면 이는 상대방의 부당한 공격에서 벗어나거나 이를 방어하려고 한 행위였다고 봄이 상당하고, 그 행위에 이르게 된 경위와 목적 및 수단, 행위자의 의사 등 제반 사정에 비추어 위법성이 결여된 행위라고 할 것이다.

더구나 위 증거들에 의하면 위 제1심 공동피고인 이 입은 상해는 '우측슬부, 좌측제1족지부, 좌수배부의 좌상, 찰과상'인바, 이는 그 상해부위로 보아 손과 멱살 등을 잡고 밀친 피고인의 행위로 생긴 것이라고 선뜻 단정하기 어렵고, 피해자 제1심 공동피고인 의 수사기관 및 원심 법정에서의 진술에 의하더라도 피고인으로부터 직접 맞은 일은 없다고 진술하고 있는바, 그렇다면 위 상처는 오히려 위 제1심 공동피고인 이 피고인을 위와 같이 폭행하는 과정에서 발생하였을 가능성도 배제할 수 없다.

따라서 피고인과 위 제1심 공동피고인 이 서로 욕설을 하던 중에 싸움이 일어났다는 이유만을 들어 피고인의 행위가 정당방위에 해당된다는 주장을 배척하였을 뿐 아니라, 싸우는 과정에서 발생한 상해라 하여 그 구체적인 발생 원인에 관하여는 살펴보지도 아니한 채 별다른 증거 없이 상대방의 행위로 인한 것이라고 단정한 원심판결에는 정당방위에 관한 법리를 오해하고 또 채증법칙을 위배한 위법이 있다고 할 것이다.

[관련 판례 2]

대법원 2000.3.28. 선고 2000도228 판결【폭력행위등처벌에관한법률위반】

가해자의 행위가 피해자의 부당한 공격을 방위하기 위한 것이라기보다는 서로 공격할 의사로 싸우다가 먼저 공격을 받고 이에 대항하여 가해하게 된 것이라고 봄이 상당한 경우, 그 가해행위는 방어행위인 동시에 공격행위의 성격을 가지므로 정당방위 또는 과잉방위행위라고 볼 수 없다.

판례의 검토

* Q 1	나의 도발로 상대가 반격으로 나올 때 이를 과잉방위라고 착각하여 나 또한 반격행위를 했다면 이 경우도 처벌될 수 있는 지 찬반의 논거를 제시해보라.
* Q 2	격투 중에 상대가 칼을 빼어 들자 그를 향해 던진 의자가 빗나가 옆 좌석에 있던 손님에게 상해를 입힌 경우에 어떤 법리구성이 가능한가?

** Q 3 | 상대에 밀려 주차장까지 쫓기자 동료와 차로 도망가려고 시동을 건 순간 아직 차에 오르지 못한 동료를 상대방 두엇이 서 포위, 야구방망이 등으로 구타하자 동료를 구하기 위해 차로 압박(치려고 함)하였으나 동료까지 치고 말았다. 이 경우 법정적 부합설에 의하면 어느 때나 동료의 상해결과에 대한 고의가 긍정되는가?

상대방의 반격행위가 법익을 방위하기 위해 통상 허용되는 정도를 넘는 과잉대응일 때 이에 대한 방위행위가 어느 때나 허용될 수 없는 것은 아니다. 그러나 싸움의 경우 보통은 어느 쪽도 정당방위를 주장하기는 어렵지만 이때도 행위의 수단이나 태양, 법익침해의 정도 등을 고려하여 어느 한 편의 과잉여부를 가릴 수 있음은 물론이다. 또한 [도입 판례]의 사안처럼 다수가 출입하는 나이트클럽과 같은 장소에서 패싸움이 벌어지면 싸움의 당사자가 아닌 다른 손님의 신체나 재물 등이 피해를 당하기도 하고 싸움의 도구로 사용되기도 한다. 그리고 이는 당연히 **과잉방위**의 문제가 아니다.

참고문헌

정현미, "유책한 도발과 정당방위", 형사판례연구 제10권, 2002, 97-113면.

3. 정당방위의 사회윤리적 제한

[도입 판례]

대법원 2001.5.15. 선고 2001도1089 판결【상해치사】

사실관계

피고인은 피해자와 1987.11.21. 혼인하여 두 자녀를 두었으나 피해자가 노동에 종사하여 수입이 변변치 못하였음에도 낭비와 도박의 습벽이 있고 사소한 이유로 피고인을 자주 폭행. 협박을 하였으며 변태적 성행위를 강요하였다. 그리하여 결혼생활이 파탄에 이르게 되어 1999. 11경부터 별거하던 중 2000.1.10경 피고인이 이혼소송을 제기하여 소송이 계속 중이던 같은 해 4.23. 10:40경 피해자가 피고인의 셋방에 찾아오자 칼로 행패를 부릴 것을 우려한 피고인은 부엌칼 두 자루를 침대 밑에 숨긴 다음 피해자에게 문을 열어 주었다. 피해자가 재결합을 요구하였으나 이를 거절한 피고인이 밖으로 도망가려 하자 피해자는 피고인을 붙잡아 방안으로 데려온 후 부엌에 있던 가위를 가져와 피고인의 오른 무릎 아래를 긋고 목에 겨누면서 이혼하면 죽여 버리겠다고 협박하고 계속하여 변태행위를 강요한 후 성교를 요구하였으나 피고인이 불응하자 손바닥으로 뺨을 2-3회 때리고 재차 피고인에게 성교를 요구하면서 말을 듣지 않으면 죽여 버린다고 하였다. 피고인은 계속되는 피해자의 요구와 폭력에 격분, 이 상황에서 벗어나려는 생각에서 침대 밑에 숨겨둔 칼을 꺼내 피해자의 복부 명치 부분을 1회 찔러 자창을 가하고 그 결과 피를 많이 흘린 피해자를 현장에서 죽음에 이르게 하였다.

판결요지

이혼소송중인 남편이 찾아와 가위로 폭행하고 변태적 성행위를 강요하는 데에 격분하여 처가 칼로 남편의 복부를 찔러 사망에 이르게 한 경우, 그 행위는 방위행위로서의 한도를 넘어선 것으로 사회통념상 용인될 수 없어 정당방위나 과잉방위에 해당하지 않는다.

[관련 판례 1]

대법원 1986.11.11. 선고 86도1862 판결【살인】

1. 원심판결 이유에 의하면, 원심은 그 거시 증거들을 종합하여 피고인의 오빠인 이 사건 피해자 (남, 33세)는 고향인 부산에서 고등학교를 졸업한 뒤 아무런 직업없이 지내면서 거의 매일 술에 취하여

집에 들어와서는 어머니인 공소외 1에게 술값을 달라고 요구하며 가재도구를 부수는 등 행패를 계속하므로, 그의 술주정과 그로 인한 생활고 등을 참다못한 공소외 1은 1978.경 그녀의 둘째 아들인 공소외 2와 딸인 피고인을 데리고 피해자 몰래 서울로 이사한 다음, 그녀는 시장에서 노점상등으로 피고인은 목욕탕 또는 미용실의 종업원으로, 동생 공소외 2는 공원으로 각기 열심히 일하여 근근히 생활을 유지해 왔으나, 피해자가 1982.경 그의 가족들이 사는 집을 수소문하여 찾아와 그때부터 함께 살면서 다시 전과 같이 술주정과 행패를 계속해 오다가 1985.1.13경 교통사고를 당하여 머리에 큰 상해를 입어 같은 해 8.7까지 입원치료를 받고 퇴원한 후에는 술에 취하지 않은 상태에서도 정신이상자처럼 욕설을 하거나 흉포한 행동을 할 뿐만 아니라 술에 취하면 행패를 부리는 정도가 더욱 심하여진 사실, 이 사건이 있기 전날인 1985.8.28.21:30경에도 피해자 는 술에 몹시 취하여 그의 가족들이 사는 집에서 집 안팎을 들락날락하면서 퇴근하여 집에 돌아온 피고인에게 갖은 욕설을 퍼붓고 있다가 같은 날 24:00경 시장에서 신발 노점상을 하는 어머니 공소외 1이 장사를 마치고 집에 돌아오자 그녀에게 "씹할년" 등의 심한 욕설을 하면서 술값을 내놓으라고 요구하여 그의 버릇을 잘 아는 공소외 1로부터 "내일 아침에 돈 10,000원을 줄테니 들어가서 자거라"는 대답을 듣고는 일단 수그러진듯 그의 방에 들어갔으나 곧 그의 방에 있는 선풍기를 들고 다시 나오면서 "10,000원이 뭐냐, 100,000원을 줘야지, 이년들, 저희들은 새 선풍기를 쓰고 내게는 헌 선풍기를 줘"라고 소리치며 위 선풍기를 집어던져 부수는 등 난동을 계속하므로 이에 겁을 먹은 어머니 공소외 1과 피고인 및 공소외 2가 모두 안방으로 피해 들어가 문을 잠그고 피해자가 잠들기를 기다렸으나, 잠들기는커녕 오히려 더욱 거칠게 "문을 열라"고 고함치면서 안방 문을 주먹으로 치고 발로 차는가 하면, 문손잡이를 잡아 비틀고 힘을 주어 미는 등의 행패를 5시간가량 계속함으로써 다음날인 같은 달 29.05:00경에는 위 안방 문이 거의 부서질 지경에 이르게 된 사실, 이에 견디다 못한 공소외 1이 방문을 열고 마루로 나가자 피해자는 주방에 있는 싱크대에서 식칼을 찾아 꺼내어 왼손잡이인 그의 왼손에 들고 공소외 1을 향해 "이년, 너부터 찔러 죽이고 식구들을 모두 죽여 버리겠다고" 소리치며 달려들어 칼을 그녀의 얼굴 가까이 갖다 들이대어 그녀가 놀라서 기절한 사실, 그 순간 이를 방안에서 보고 있던 동생 공소외 2가 어머니의 생명이 위험하다고 느끼고 마루로 뛰어나감과 동시에 왼손으로는 어머니 공소외 1을 옆으로 밀치면서 오른손으로는 피해자의 왼 손목을 잡고 칼을 뺏으려 하였으나 피해자가 오히려 오른손으로 공소외 2의 목을 앞에서 움켜쥐고 손아귀에 힘을 줌으로써 공소외 2로 하여금 숨쉬기가 곤란할 지경에 이르게 한 사실, 그때까지 겁에 질려 방안에서 이를 보기만 하고 있던 피고인은 그대로 두면 공소외 2의 생명이 위험하다고 순간적으로 생각하고, 그를 구하기 위하여 마루로 뛰어나가 피해자에게 달려들어 두 손으로 그의 목을 앞에서 감아쥐고 힘껏 조르면서 뒤로 밀자, 그가 뒤로 넘어지므로 피고인도 함께 앞으로 쓰러진 다음, 그의 몸 위에 타고 앉은 채로 정신없이 두 손으로 계속 그의 목을 누르고 있던 중, 피고인의 도움으로 위기에서 풀려난 공소외 2가 기절하여 쓰러져 있는 공소외 1의 상태를 살피는 등 약간 지체한 후에 피고인이 그때까지도 피해자의 몸 위에서 두 손으로 그의 목을 계속 누르고 있는 것을 비로소 알아차리고 "누나, 왜 이래"하고 소리치자 피고인은 그때서야 정신을 차린 듯 피해자의 목에서 손을 떼면서 일어났으나, 그때 이미 피해자는 피고인의 목 졸림으로 말미암아 질식된 채 아무런 움직임이 없었던 사실 등을 인정하고, 위 인정에 어긋나는 증거들을 믿을 수 없다 하여 배척한 다음, 위 인정사실에 의하면, 이 사건 당시 평소 흉포한 성격인데다가 술까지 몹시 취한 피해자 가 심하게 행패를 부리던 끝에 피고인들을 모두 죽여 버리겠다면서 식칼을 들고 공소외 1에게 달려들어 찌를 듯이 면전에 칼을 들이대다가 공소외 2로부터 제지를 받자, 다시 공소외 2의 목을 손으로 졸라 숨쉬기를 어렵게 한 위급한 상황에서 피고인이 순간적으로 공소외 2를 구하기 위하여 피해자에게 달려들어 그의 목을 조르면서 뒤로 넘어뜨린 행위는 공소외 1, 2의 생명, 신체에 대한 현재의 부당한 침해를 방위하기 위한 상당한 행위라 할 것이고, 나아가 위 사건당시 피해자가 피고인의 위와 같은 방위행위로 말미암아 뒤로 넘어져 피고인의 몸아 래 깔려 더 이상 침해행위를 계속하는 것이 불가능하거나 또는 적어도 현저히 곤란한 상태에 빠졌음에도 피고인이 피해자의 몸 위에 타고 앉아 그의 목을 계속하여 졸라 누름으로써 결국 피해자로 하여금 질식하여 사망에 이르게 한 행위는 정당방위의 요건인 상당성을 결여한 행위라고 보아야 할 것이나, 극히 짧은 시간 내에 계속하여 행하여진 피고인의 위와 같은 일련의 행위는 이를 전체로서 하나의 행위로 보아야 할 것이므로, 방위의사에서 비롯된 피고인의 위와 같이 연속된 전후행위는 하나로서 형법 제21조 제2항 소정의 과잉방위에 해당한다 할 것이고, 당시 야간에 흉포한 성격에 술까지 취한 피해자가 식칼을 들고 피고인을 포함한 가족들의 생명, 신체를 위협하는 불의의 행패와 폭행을 하여 온 불안스러운 상태 하에서 공포, 경악, 흥분 또는 당황 등으로 말미암아 저질러진 것이라고 보아야 할 것이라고 판단하고 있다.

2. 살피건대, 원심판결이 들고 있는 증거들을 기록에 비추어 살펴보면, 원심의 위와 같은 사실인정과 판단은 수긍이 가고 거기에 소론이 주장하는 바와 같이 정당방위의 법리를 오해한 위법이 없다. 결국 논지는 모두 이유 없다.

판례의 검토

* Q 1	상당성의 내용을 보다 구체화한다면 어떤 원리를 예상할 수 있는가? 나아가 이 원리대로라면 위 사례에서 대법원 판결과 다른 결론은 가능한가?
* Q 2	법규에 "상당성" 개념의 사용이 불가피하다면 이 제도의 성패는 양질의 법조인을 확보하는데 달려있다고 할 수 있다. 그 방안은 무엇인가?

[도입 판결]의 사안에서 대법원은 법문의 상당함 대신 사회통념이라는 표현을 사용하지만 같은 뜻이다. 상당하지 못한 행위는 정당방위가 되지 않지만 어떤 경우에 상당한지는 쉽게 분간이 가지 않는다. 그럼에도 이 개념을 통해 한편으로는 정당방위의 근거를 다른 한편으로는 방위권을 제한하는 계기로 삼는다. 결국 법문 상으로나 기능에서 상당성의 요건을 간과한 채 정당방위를 논할 수 없음은 자명하지만 그것의 내용이 명확하지 않다는 점이 문제이다. 그리하여 이 내용을 독일형법 정당방위규정이 사용하는 **필요성**(Erforderlichkeit u. Gebotensein)으로 구체화하기도 한다. 물론 이에 대해서는 견해가 갈리지만 상당성의 내용을 좀 더 구체화해야 한다는 주장에 대해서는 별 이의가 없는 듯하다. [도입 판례]의 사안에서 피고인의 행위가 정당방위를 긍정할 만한 상당한 행위인지를 가리기가 쉽지 않음을 잘 보여주고 있다. 이 점은 정당방위의 문제가 단순히 법조문을 둘러 싼 법리논쟁만으로 해결될 수 없고 사회문화적 흐름을 꿰뚫는 혜안을 필요로 하기에 더욱 그러하다.

"상당한 이유" 개념이 명확성의 원칙에 반하지 않는지를 다룬 헌재 결정을 보면(헌법재판소 전원재판부 2001.6.28. 99헌바31 [합헌]) 정당방위 규정도 명확성의 요청을 따라야 하지만 그 정도는 해당 조항의 특성을 고려하여 판단해야 한다고 한다. 이로부터 사회변동에 따른 동태적 성격을 갖는 위법성조각사유에서는 모든 정당화 상황을 구체적, 서술적으로 열거하는 명확성의 산술적 관철은 불가능하므로 사회변화에 대한 법규범의 적응력 확보를 위해 어느 정도 망라적 의미를 가진 내용으로 입법할 수밖에 없고 상당한 이유도 같은 맥락에서 그 사용이 불가피하다. 다만 문제는 이것의 의미를 법규 수범자들이 짐작할 수 있느냐 인데 대법원은 축적된 판례를 통해 그 의미내용에 대한 합리적 해석기준을 제시하고 있으므로 건전한 상식과 통상적인 법 감정을 가진 일반인이라면 그 의미를 어느 정도 쉽게 파악할 수 있어 명확성의 요청은 지켜지고 있다 할 것이다.

참고문헌

김태명, "가정폭력에 대한 정당방위의 사회윤리적 제한", 형사판례의 연구 I(이재상교수 화갑기념논문집), 2003, 321-341면.

박강우, "정당방위의 사회윤리적 제한", 형사판례연구 제10권, 2002, 81-96면.

최석윤, "정당방위의 상당성과 사회윤리적 제한", 비교형사법연구 제4권 제1호, 2002, 417-436면.

Ⅲ. 긴급피난

1. 긴급피난의 성립요건

[도입 판례]

청주지법 2006.5.3. 선고 2005노1200 판결【도로교통법위반(무면허운전)】: 확정

사실관계

한의사인 피고인은 같은 아파트 단지에서 혼자 거주하던 공소외인(68

세)이 이 사건 당일 오전 8시경 피고인에게 심한 두통과 어지러움 증상 등을 호소하였고, 이에 피고인이 급히 공소외인의 아파트로 가서 이 증상을 뇌압상승으로 인한 중풍의 전조증상이라고 판단하고 침을 놓아 사혈을 하였다. 이후 증상이 다소 완화되자 곧장 공소외인을 부축하여 자신이 운전하는 차량으로 약 1km 떨어진 피고인의 한의원으로 이동, 한의원 앞에서 무면허운전으로 경찰의 단속을 받자 간호사를 시켜 우선 소합향원 2개를 복용시키고 약 20여분 후에 피고인이 침술 등의 치료를 하였다. 피고인이 거주하는 지역의 파출소는 피고인이 운영하는 한의원 부근에 있고 택시를 호출할 경우 공소외인의 아파트까지 오는데 소요되는 시간은 약 10분 정도, 직접 택시를 타려면 약 100m 정도 걸어가야 하며 중풍이 의심스러우면 혈액차단에 의한 뇌신경이 손상되기 전에 신속한 치료가 이루어지는 것이 무엇보다 중요하다.
그러므로 뇌압상승으로 인한 중풍 발병의 우려가 높아 공소외인을 신속히 병원으로 옮길 필요가 있고 따라서 현재의 위난을 피하여야 할 긴급상태에 있다고 보여진다.

판결요지

한의사인 피고인이 같은 아파트에 거주하는 응급환자를 자신의 한의원으로 옮기기 위하여 무면허운전을 한 사안에서, 현재의 위난을 피하여야 할 긴급상태에 있었지만 대체 이동수단을 이용할 수 있었기 때문에 긴급피난의 성립요건인 보충성의 원칙을 충족시키지 못하여 긴급피난에 해당하지 않는다.

[관련 판례 1]

대법원 2004.11.12. 선고 2003다52227 판결【손해배상(기)】

시민단체의 특정 후보자에 대한 낙선운동이 시민불복종운동으로서 정당행위 또는 긴급피난에 해당한다고 볼 수 없다.

[관련 판례 2]

대법원 2006.4.13. 선고 2005도9396 판결【업무방해】

아파트 입주자대표회의 회장이 다수 입주민들의 민원에 따라 위성방송 수신을 방해하는 케이블TV방송의 시험방송 송출을 중단시키기 위하여 위 케이블TV방송의 방송안테나를 절단하도록 지시한 행위를 긴급피난 내지는 정당행위에 해당한다고 볼 수 없다.

판례의 검토

* Q 1	보충성의 원칙은 다른 선택의 여지가 없어야 한다는 뜻이지만 이 다른 선택이 보호법익을 지키기에 충분치 못해도 긴급피난은 불허되는가?
* Q 2	법익의 비교가 실질적으로 이루어져야 한다는 당연한 요청에 숨어있는 위험은 무엇인가? 더욱이 법익의 실질적 비교를 강조할 때 면책적 긴급피난을 인정함과 같은 효과는 없는 것일까?

타인의 정당한 법익을 침해하는 **긴급피난**이 정당하기 위해서는 우월한 이익의 보호가 필수적이다. 또한 이익의 비교가 형식적, 기계적으로 행해짐으로써 제3자 보호에 소홀하지 않도록 **이익형량**을 실질적, 종합적으로 해하며 이익비교 외에 추가적인 제약조건을 설정하고 있다. [도입 판례]의 사안에서도 긴급한 상황이 출현했음은 인정하면서도 무면허운전 대신 다른 수단을 선택할 수 있었다는 점에서 긴급피난을 부정한다. 그러나 그 위반내용이 사소한 것이라면 이를 빌미로 긴급피난을 어느 때나 부정할 수는 없지 않을까?

[도입 판례]의 내용을 보면 이 아파트는 인근에 택시 등 대중교통수단이나 119 등의 구급차량을 이용할 수 있는 지역에 있고, 차량호출에 소요되는 시간이나 도로까지의 거리, 응급조치로 부축을 받으

면 거동이 가능한 상태인 점 등으로 미루어 무면허상태로 피고인이 직접 차량을 운행해야 할 상황은 아니라고 한다. 그렇다면 한편으로는 치료를 위해 신속히 병원으로 옮겨야 할 긴급상황이라고 하면서 무면허운전을 허용할 정도로 급박하지 않다는 판단인데 과연 이런 상황에서 어떤 선택이 타당할까? 양자 다 같이 미실현 위험에 직면해 있지만 환자의 경우 위험이 구체적으로 증대되어 가는 상태이고 무면허운전이 안는 위험은 추상적이라면 이 점도 이익비교에서 고려되어야 함직하다.

참고문헌

박광민, "긴급피난의 정당화원리", 형사법연구 제7호, 1994, 51-73면.
윤용규, "긴급피난 규정의 이해와 입법론적 검토", 형사법연구 제22호 특집호, 2004, 141-156면.

2. 자초위난과 긴급피난

[도입 판례]

대법원 1987.1.20. 선고 85도221판결【재물손괴, 공유수면관리법위반】

사실관계

피고인들이 휴지선인 금성호를 공유수면점용허가없이 정박시키자 같은 해상에 점용허가를 얻어서 피조개양식장을 설치한 피해자가 양식장의 피해를 염려하여 다른 해상으로 이동해 줄 것을 요구하였다. 그러나 피고인들은 선박이동에 필요한 관련 허가와 예인선에 소요되는 비용 때문에 선박을 옮기지 못하고 다만 피해예방을 위해 7샤클(175미터)이던 닻줄을 5샤클(125미터)로 감아 피조개양식장까지 30미터 정도 떨어지게 하였다. 그러나 갑자기 태풍이 내습하게 되어 피고인들은

7,8명의 선원이 타고 있던 선박의 전복을 막기 위해 닻줄을 7샤클로 늘여놓았고 그 결과 이 닻줄이 피해자의 양식장 바다 밑을 쓸고 가면서 양식장에 막대한 피해를 발생시켰다.

판결요지

선박의 이동에도 새로운 공유수면점용허가가 있어야 하고 휴지선을 이동하는 데는 예인선이 따로 필요한 관계로 비용이 많이 들어 다른 해상으로 이동을 하지 못하고 있는 사이에 태풍을 만나게 되고 그와 같은 위급한 상황에서 선박과 선원들의 안전을 위하여 사회통념상 가장 적절하고 필요불가결하다고 인정되는 조치를 취하였다면 형법상 긴급피난으로서 위법성이 없어서 범죄가 성립되지 아니한다고 보아야 하고 미리 선박을 이동시켜 놓아야 할 책임을 다하지 아니함으로써 위와 같은 긴급한 위난을 당하였다는 점만으로는 긴급피난을 인정하는 데 아무런 방해가 되지 아니한다.

[관련 판례 1]

대법원 1995.1.12. 선고 94도2781 판결【폭력행위등처벌에관한법률위반, 강간치상】

강간 등에 의한 치사상죄에 있어서 사상의 결과는 간음행위 그 자체로부터 발생한 경우나 강간의 수단으로 사용한 폭행으로부터 발생한 경우는 물론 강간에 수반하는 행위에서 발생한 경우도 포함한다. 피고인이 스스로 야기한 강간범행의 와중에서 피해자가 피고인의 손가락을 깨물며 반항하자 물린 손가락을 비틀며 잡아 뽑다가 피해자에게 치아결손의 상해를 입힌 소위를 가리켜 법에 의하여 용인되는 피난행위라 할 수 없다.

판례의 검토

** Q 1	긴급피난의 요건에 비추어 [도입 판례]와 [관련 판례 1]의 두 사안을 검토했을 때 어디에서 그와 같은 차이가 빚어지는 것일까? 그리고 이 차별적 처리는 온당한가?
* Q 2	[관련 판례 1]의 사안에서 긴급피난이 부정된다면 피고인의 행위는 어떻게 평가되는가?
** Q 3	강요된 긴급피난(재물을 훔쳐오지 않으면 인질로 잡고 있는 당신 아들을 영원히 볼 수 없을 것이라는 협박 때문에 할 수 없이 절도죄를 범한 경우처럼)도 긴급피난이 된다고 하면 절도피해자는 협박자가 직접 절도를 한 경우에 비해 현저히 재산을 보호받지 못하게 된다. 그렇다면 이 경우에는 긴급피난을 불허해야 하는가?
* Q 4	지진과 같은 대재앙지역에서 아사를 면할 수 있는 유일한 방도인 절취를 경찰이 저지할 수 있는가? 있다면 그 근거는 무엇인가?

위난을 자초한 경우라면 법익을 비교할 때 자초사실이 어떤 영향을 미치게 되는지가 문제된다. 보통은 자초위난자라고 하여 어느 때나 긴급피난을 할 수 없는 것은 아니고 다만 정당성의 요건이 더 강화된다. 그리하여 보호하려는 법익이 월등히 우월할 때만 긴급피난을 할 수 있게 되는 것이다. [도입 판례]는 자초책임이 긴급피난의 요건을 얼마나 강화시킬지를 사회통념에 맡기지만 사전에 피해자가 선박의 이동을 요구했고 피고인들도 양식장과 너무 가깝게 정박하고 있음을 충분히 인식하고 있는데도 별다른 설명없이 긴급피난을 바로 긍정하는 근거가 궁금하다. 선원들의 생명보호라면 육지로 대피시킬 여유가 있었을 것이고 배를 보호하는 것이라면 이익의 비교는 비교적 손쉬울 것이다.

자초위난은 [관련 판례 1]의 사안처럼 고의로 초래될 수도 있고 위난의 원인이 과실행위일 수도 있다. 그리고 자초위난일 때도 적법한 피난행위가 가능한지는 오히려 과실로 위난이 초래될 때 오히려 더 어려운 문제가 발생한다. 과실자초위난의 예로는 과속으로 횡단보도 앞에 정지되어 있는 트럭을 추월하던 중 마침 횡단보도를 건너던 초등학생을 뒤늦게 발견하고 급히 우측으로 핸들을 꺾었으나 인도에 서 있던 행인을 친 경우를 들 수 있다. 이 경우에 긴급피난을 수긍하는 쪽은 과실범구성요건에 해당하는 지를 판단함에 있어 일단 위난상태는 도외시하므로 주의의무에 위반하여 구성요건에는 해당해도 위법성판단에서 긴급상황이라는 예외적 사정을 고려함으로써 피난행위가 성립할 수 있다고 한다.

반면에 과실범구성요건의 해당여부를 결정하는 주의의무를 특정하기 위해서는 당해 상황에서 요구되는 최소한의 수준이 어떤 것인지를 고려할 수밖에 없고 이때 긴급한 사정은 해야 할 행위가 무엇인지를 판단함에 있어 중요한 고려사항이므로 구성요건 단계에서 이미 사용되고 있다. 즉 과실범의 경우에는 주의의무위반이 확인되면 위법성을 조각하는 긴급피난은 성립할 여지가 없게 된다. 그러나 과실에 의한 자초위난의 경우에도 긴급피난은 가능하다고 해야 한다. 법익침해를 최소화하려는 노력을 법질서가 원천봉쇄해서는 안 되기 때문이다.

참고문헌

신동운, 신판례백선 형법총론, 2009, 335-339면.

[§ 5] 자구행위, 피해자의 승낙, 정당행위

Ⅰ. 자구행위

[도입 판례]

대법원 2007.3.15. 선고 2006도9418 판결【일반교통방해】

사실관계

이 사건 피고인 소유의 도로가 주민들이 농기계 등으로 그 주변의 농경지나 임야에 통행하는 데 이용하여 사실상 일반 공중의 왕래에 공용되는 육상의 통로에 해당함에도, 피고인은 육로인 이 사건 도로에 깊이 1m 정도의 구덩이를 파는 등의 방법으로 위 도로의 통행을 방해하였다.

판결요지

형법상 자구행위라 함은 법정절차에 의하여 청구권을 보전하기 불능한 경우에 그 청구권의 실행불능 또는 현저한 실행곤란을 피하기 위한 상당한 행위를 말하는 것인바, 이 사건 도로는 피고인 소유 토지상에 무단으로 확장 개설되어 그대로 방치할 경우 불특정 다수인이 통행할 우려가 있다는 사정만으로는 피고인이 법정절차에 의하여 자신의 청구권을 보전하는 것이 불가능한 경우에 해당한다고 볼 수 없을 뿐 아니라, 이미 불특정 다수인이 통행하고 있는 육상의 통로에 구덩이를 판 행위가 피고인의 청구권의 실행불능이나 현저한 실행곤란을 피하기 위한 상당한 이유가 있는 행위라고도 할 수 없으므로, 이 점에 관한 상고이유의 주장도 받아들일 수 없다.

[관련 판례 1]

대법원 2006.3.24. 선고 2005도8081 판결【특수절도】

형법상 자구행위라 함은 법정절차에 의하여 청구권을 보전하기 불능한 경우에 그 청구권의 실행불능 또는 현저한 실행곤란을 피하기 위한 상당한 행위를 말하는 것인바, 이 사건에서 피고인들에 대한 채무자인 피해자가 부도를 낸 후 도피하였고 다른 채권자들이 채권확보를 위하여 피해자의 물건들을 취거해 갈 수도 있다는 사정만으로는 피고인들이 법정절차에 의하여 자신들의 피해자에 대한 청구권을 보전하는 것이 불가능한 경우에 해당한다고 볼 수 없을 뿐만 아니라, 또한 피해자 소유의 가구점에 관리종업원이 있음에도 불구하고 위 가구점의 시정장치를 쇠톱으로 절단하고 들어가 가구들을 무단으로 취거한 행위가 피고인들의 피해자에 대한 청구권의 실행불능이나 현저한 실행곤란을 피하기 위한 상당한 이유가 있는 행위라고도 할 수 없다. 원심이 같은 취지에서 피고인들의 자구행위 내지 과잉자구행위 주장을 배척한 조치는 정당한 것으로 수긍이 가고, 거기에 상고이유로 주장하는 바와 같이 자구행위 내지 과잉자구행위에 관한 법리를 오해하는 등의 위법이 있다고 할 수 없다.

판례의 검토

* Q 1	정당방위, 긴급피난 및 자구행위의 공통점과 차이점을 설명하시오.
* Q 2	자구행위의 성립요건으로 요구되는 법정절차에는 각종의 권리보전제도 및 민사소송법상의 가압류·가처분 등의 보전절차뿐만 아니라 국가기관 또는 경찰관 등 모든 공권력에 구제수단도 포함될 수 있는가?
** Q 3	광주 상무지구에서 술집을 경영하는 甲은 단골 고객이었던 A에게 200만원의 외상 술값을 받을 것이 있었다. 어느 날 甲은 충장로 거리에서 A를 우연히 만났다. 甲이 A에게 채무변제를 요구하였으나 거부하면서 도망하려고 하자, 甲은 A의 멱살을 잡고 주머니를 뒤져 그가 갖고 있던 현금 50만원을 꺼내어 갔다. 이 경우 甲에게 자구행위가 성립할 수 있는가?

[도입 판례]와 [관련 판례 1]의 사안에서는 피고인의 일반교통방해 행위와 특수절도 행위가 자구행위가 성립하여 정당화될 수 있는지가 문제된다.

자구행위란 일정한 권리를 침해당한 자가 국가의 공권력의 발동에 의해 보호를 받는 것이 불가능하거나 대단히 곤란한 경우에 자력에 의하여 그 권리를 구제, 보전 및 실현하는 행위를 말한다. 형법은 제23조에서 자구행위란 제목 하에 "법정절차에 의하여 청구권을 보전하기 불가능한 경우에 그 청구권의 실행불능 또는 현저한 실행곤란을 피하기 위한 행위는 상당한 이유가 있는 때에는 벌하지 아니한다"는 일반규정을 두고 있다. 민법에서는 형법상의 자구행위와 유사하게 점유자의 **자력방위**와 **자력탈환권**을 인정하는 자력구제를 규정하고 있다(민법 제209조). 자구행위는 예컨대 채무자가 비행기를 타고 도주하려는 찰나에 공항에서 체포하는 경우, 음식값을 지불하지 않고 도주하는 손님을 붙잡아 대금을 받는 경우, 절도범을 길에서 우연히 발견하여 장물을 탈취하는 경우 등과 같이 국가가 개인의 청구권을 보호해줄 수 없거나 보호하기 곤란한 긴급한 상황에서 개인이 국가를 대행하여 권리를 실현하는 행위라고 할 수 있다.

자구행위는 정당방위와 긴급피난과 함께 상당한 이유를 요건으로 하는 긴급행위에 해당한다. 또 부정 대 정의 관계를 전제로 하고 있는 점에서 자구행위는 정당방위와 유사한 성격을 갖는다. 그러나 정당방위와 긴급피난은 현재의 침해 또는 위난에 대한 '사전적 긴급행위'이지만, 자구행위는 이미 침해된 청구권을 실현하기 위한 '사후적 긴급행위'라는 점에서 차이가 있다. 또한 정당방위와 긴급피난은 자기 또는 타인의 법익을 보호하기 위해서 인정되나, 자구행위는 자신의 청구권을 실현하기 위하여만 행사될 수 있을 뿐이다.

<정당방위, 긴급피난, 자구행위의 비교>

	정 당 방 위	긴 급 피 난	자 구 행 위
행 위	자기 또는 타인의 법익에 대한 현재의 부당한 침해를 방위하기 위한 행위	자기 또는 타인의 법익에 대한 현재의 위난을 피하기 위한 행위	법정절차에 의하여 청구권을 보전하기 불가능한 경우 청구권의 실행불능 또는 현저한 실행곤란을 피하기 위한 행위
위법성 조각근거	자기보호의 원리, 법질서 보호의 원리	목적설, 이익교량원칙	자기보호의 원리
성 격	부정 대 정의 관계	정 대 정의 관계	부정 대 정의 관계(多)
	사전적 긴급행위	사전적 긴급행위	사후적 긴급행위
대 상	자기 또는 타인의 법익	자기 또는 타인의 법익	자기의 청구권
	개인적 법익에 한함(多)	국가적·사회적 법익도 포함(多)	
현재성	要	要	不 要
침해원인	사람의 행위	제한 없음 (사람, 동물, 자연재해 등)	타인의 침해(多)
예외규정 (특칙)	·과잉방위(§21②) ·불가벌적 과잉방위(§21③)	·과잉피난(§22③) ·불가벌적 과잉피난(§22③) ·위난을 피하지 못할 책임이 있는 자에 대한 예외(§22②)	·과잉자구행위(§23②)
긴급행위의 허용범위	넓 음	중 간	엄 격
공 통 점	·긴급상황에서 행해지는 긴급행위 ·주관적 정당화요소(방위의사, 피난의사, 자구의사) 필요 ·상당한 이유 있는 행위		

[도입 판례]와 [관련 판례 1]의 사안에서 피고인의 일반교통방해 행위와 특수절도 행위가 정당화되기 위해서는 자구행위의 성립요건을 충족해야 한다. 청구권 보호가 필요한 상황, 즉 법정절차에 의해서 청구권을 보전할 수 없는 경우에 이를 인식하고 자력구제의 의사로 자구행위, 즉 청구권의 실행불능 또는 현저한 실행곤란을 피하기 위한 행위를 해야 하며, 이는 상당한 이유가 있어야 한다.

[도입 판례]의 사안에서 피고인 소유의 도로가 주민들이 농기계 등으로 그 주변의 농경지나 임야에 통행하는 데 무단으로 이용됨으로써 도로에 대한 소유권이 침해되고 이에 따라 소유권에 기한 방해배제청구권(민법 제214조)이 발생하나 이 사건 도로가 피고인 소유 토지상에 무단으로 확장 개설되어 그대로 방치할 경우 불특정 다수인이 통행할 우려가 있다는 사정만으로는 피고인이 법정절차에 의하여 자신의 소유권에 기한 방해배제청구권을 보전하는 것이 불가능한 경우에 해당한다고 볼 수 없다. 그리고 자구행위가 정당화되기 위해서는 청구권의 실행불능이나 현저한 실행곤란을 피하기 위한 상당한 이유가 있는 행위라 평가되어야 한다. 상당한 이유는 사회상규에 비추어 당연히 허용될 수 있는 이유를 말한다. 자구행위는 청구권자가 청구권의 보전을 위하여 피청구권자에게 최소한의 피해를 주는 보전방법을 선택한 경우에 인정될 수 있다. 또한 청구권보전행위가 그 자체로 사회윤리적으로 허용될 수 없거나 권리의 남용에 해당한다면 자구행위로 인정될 수 없다. 이러한 상당한 이유의 요건에 비추어 보면 피고인 이미 불특정 다수인이 통행하고 있는 육상의 통로에 1m 정도의 구덩이를 판 행위는 상당한 이유의 요건을 충족시키지 못하고 있다. 따라서 [도입 판례]에서 대법원이 자구행위로 인정하지 않은 것은 타당하다.

마찬가지로 [관련 판례 1]의 사안에서도 피고인들은 피해자에게 채무변제를 요구할 수 있는 채권적 청구권이 있으며, 이미 부도를 내고 도피하였기 때문에 청구권에 대한 불법한 침해상태가 존재한다. 그러나 피고인들의 특수절도 행위, 즉 피해자 소유의 가구점에 관리종업원이 있음에도 불구하고 위 가구점의 시정장치를 쇠톱으로 절단하고 들어가 가구들을 무단으로 취거한 행위가 자구행위로서 정당화되기 위해서는 불법하게 침해된 청구권이 법정절차에 의해서 보전이 불가능하여야 한다. 하지만 사안에서 피해자가 비록 부도를 낸 후 도피하였다고 하나 피해자의 주소나 행방을 전혀 알 수 없는 채무자도 아니고 법정절차를 밟더라도 권리보전의 실효성이 없어지는 경우와 같은 급박한 상황도 아니며, 더욱이 가구점에 관리종업원이 있음에도 불구하고 위 가구점의 시정장치를 쇠톱으로 절단하고 들어가 가구들을 무단으로 취거한 행위가 상당한 이유가 있는 행위라 평가될 수 없다. 따라서 [관련 판례 1]의 사안에서 대법원이 피고인의 행위에 대해 위법성조각사유인 자구행위로 인정하지 않은 것은 타당하다.

참고문헌

신동운, "형법 제23조 자구행위규정의 성립경위", 한국형법학의 새로운 지평(김일수교수 화갑기념논문집), 2006, 41-58면.

윤종행, "자구행위에 관한 판례의 동향과 입법론", 법학연구 제19권 제1호, 2008, 147-160면.

전지연, "자구행위의 해석상 몇 가지 문제점", 영남법학 제28호, 2009, 51-72면.

Ⅱ. 피해자의 승낙

[도입 판례]

대법원 1993.7.27. 선고 92도2345 판결【업무상과실치상】

사실관계

피고인 甲은 조선대학교 의과대학 산부인과 전문의 수련과정 2년차의 의사로서 광주적십자병원에 파견근무중 환자인 피해자 A(여 38세)의 복부에서 만져지는 혹을 제거하기 위한 개복수술을 하려고 하였으면 진료경험이나 산부인과적 전문지식이 비교적 부족한 상태이므로 산부인과 전문의 지도를 받는다든지 자문을 구하고, 위 환자의 진료에 필요한 모든 검사를 면밀히 실시하여 병명을 확인하고 수술에 착수하여야 하고 개복 후에도 개복 전의 진단병명은 정확하며 혹시 다른 질환은 아닌지를 세밀히 검토하여 필요한 범위 내에서 수술을 시행하여야 함에도 불구하고 당초 위 환자를 진찰한 결과 복부에 혹이 만져지고 하혈을 하고 있어 자궁외 임신일 가능성도 생각하였으나 피해자 A가 10년 간 임신경험이 없고 경유병원에서의 진단소견이 자궁근종 또는 자궁체부암으로 되어 있자 자궁외 임신인지를 판별하기 위한 수술전 검사법인 특수호르몬검사, 초음파검사, 복강경검사, 소변임신반응검사 등을 전혀 실시하지 않고 자궁근종을 확인하는 의미에서의 촉진 및 시진을 통하여 자궁외 임신환자인 피해자의 병명을 자궁근종으로 오진하였고 수술단계에서도 냉동절편에 의한 조직검사 등을 거치지 아니한 상태에서 자궁근종으로 속단하고 일반외과 전문의인 乙과 함께 병명조차 정확히 확인하지 못한 채 자궁적출술을 시행하였다.

판결요지

가. 산부인과 전문의 수련과정 2년차인 의사가 자신의 시진, 촉진결과 등을 과신한 나머지 초음파검사 등 피해자의 병증이 자궁외 임신인지, 자궁근종인지를 판별하기 위한 정밀한 진단방법을 실시하지 아니한 채 피해자의 병명을 자궁근종으로 오진하고 이에 근거하여 의학에 대한 전문지식이 없는 피해자에게 자궁적출술의 불가피성만을 강조하였을 뿐 위와 같은 진단상의 과오가 없었으면 당연히 설명받았을 자궁외 임신에 관한 내용을 설명받지 못한 피해자로부터 수술승낙을 받았다면 위 승낙은 부정확 또는 불충분한 설명을 근거로 이루어진 것으로서 수술의 위법성을 조각할 유효한 승낙이라고 볼 수 없다.

나. 난소의 제거로 이미 임신불능 상태에 있는 피해자의 자궁을 적출했다 하더라도 그 경우 자궁을 제거한 것이 신체의 완전성을 해한 것이 아니라거나 생활기능에 아무런 장애를 주는 것이 아니라거나 건강상태를 불량하게 변경한 것이 아니라고 할 수 없고 이는 업무상 과실치상죄에 있어서의 상해에 해당한다.

[관련 판례 1]

대법원 1989.11.28. 선고 89도201 판결【폭행치사】

각종의 장기와 신경이 밀집되어 있어 인체의 가장 중요한 부위를 점하고 있는 흉부에 대한 강도의 타격은 생리적으로 중대한 영향을 줄 뿐만 아니라 신경에 자극을 줌으로써 이에 따른 쇼크로 인해 피해자를 사망에 이르게 할 수 있고, 더욱이 그 가격으로 급소를 맞을 때는 더욱 그러할 것인데, 피할만한 여유도 없는 좁은 장소와 상급자인 피고인이 하급자인 피해자로부터 아프게 반격을 받을 정도의 상황에서 신체가 보다 더 건강한 피고인이 피해자에게 약 1분 이상 가슴과 배를 때렸다면 사망의 결과에 대한 예견가능성을 부정할 수도 없을 것이며 위와 같은 상황에서 이루어진 폭행이 장난권투로서 피해자의 승낙에 의한 사회상규에 어긋나지 않는 것이라고도 볼 수 없다.

판례의 검토

* Q 1	피해자의 승낙이 유효하기 위한 요건은 무엇인가?
* Q 2	피해자의 승낙과 양해는 어떻게 구별될 수 있는가?
** Q 3	[도입 판례]에서 의사의 치료행위를 업무로 인한 행위로 파악하지 않고 피해자의 승낙이란 관점에서 파악하는 실익은 어디에 있는가?

* Q 4 | [관련 판례 1]에서 장난을 가장하여 승낙을 얻은 후 폭행의 고의로 때렸다면 폭행죄가 성립하는가?

[도입 판례]의 사안에서 자궁외 임신환자의 병명을 자궁근종으로 오진한 피고인 甲이 병명조차 정확히 확인하지 않고 자궁적출 수술을 시행한 경우에 자궁적출 수술에 대한 환자 A의 수술동의서가 있으므로 유효한 피해자의 승낙에 해당하여 업무상과실치상죄가 정당화될 수 있는지가, [관련 판례 1]의 사안에서도 피고인이 제대가 임박한 고참 사병인 피고인이 하급자인 피해자와 좁은 실내에서 장난권투를 하다가 피해자에게 가한 상해가 위법성을 조각시키는 피해자의 승낙에 해당하는지가 문제된다.

피해자의 승낙이란 법익의 주체가 타인에 대하여 자기의 법익을 침해할 것을 허용한 경우 일정한 요건 하에서 구성요건에 해당하는 행위의 위법성이 조각되는 것을 말한다(제24조). 예컨대 상해죄의 경우 의사의 수술행위에 의한 상해는 피해자의 승낙에 의하여 구성요건에 해당하는 상해의 위법성이 조각되고, 손괴죄의 경우도 재물에 유형력을 행사하여 변형시키면 손괴에 해당하지만 피해자의 승낙으로 위법성이 조각된다. 이와 같이 위법성조각사유로서의 피해자의 승낙은 구성요건해당성을 조각하는 **'양해'**와 구별된다. 양해는 범죄의 구성요건해당성 자체를 조각하는 피해자의 동의를 말한다. 즉 이는 피해자의 의사에 반하여만 실현될 수 있도록 규정되어 있는 구성요건을 가진 범죄에 있어서 법익침해에 대한 피해자의 동의를 뜻한다. 예컨대 **주거침입죄**의 불법내용인 '침입'은 피해자인 주거권자의 의사에 반하여 사실상의 평온을 해하는 데 본질이 있으므로, 주거권자의 동의는 주거침입죄의 '침입'이라는 구성요건적 행위의 실질을 충족할 수 없고, 따라서 구성요건해당성이 조각되는 양해로 평가된다.

피해자의 승낙이 유효하기 위해서는 (ⅰ) 처분할 수 있는 자(처분권자)의 자유로운 의사에 기초한 승낙이 있을 것, (ⅱ) 처분할 수 있는 법익에 대한 승낙일 것, (iii) 행위자가 승낙사실을 알고 있을 것, (iv) 법익침해행위를 처벌하는 특별한 규정이 없을 것, (ⅴ) 승낙에 의한 행위가 사회상규에 위배되지 않은 것이라는 요건을 충족해야 한다. 이와 같은 피해자의 승낙의 성립요건과 관련하여 [도입 판례]에서는 피해자의 자유롭고 진지한 승낙의사에 의한 것인지가 핵심쟁점이 된다. 이 사안에서 피해자 A가 자궁적출 수술에 대한 승낙 여부를 자신의 자연적인 판단능력으로 결정할 수 있는 상황이 아니기 때문에 전문가인 의사 甲의 충분하고 정확한 설명이 필요하다. 그러나 의사 甲이 자신에게 책임 있는 오진으로 인해 설명의무를 부정확하고 불충분하게 이행하였기 때문에 피해자 A는 승낙능력이 없는 상태가 되었다. 또한 승낙은 자유로운 의사에 의하여야 하는데, 이 사안에서 피해자의 승낙은 의사 甲의 부정확 또는 불충분한 설명을 근거로 이루어진 것으로서 착오에 의한 의사표시에 해당한다. 위법성조각사유인 피해자의 승낙은 구성요건해당성 배제사유인 양해와는 달리 하자 있는 의사에 기인하는 경우에는 그 유효성이 부정된다. 즉 피해자 A의 자궁적출 수술에 대한 승낙은 유효하지 못하다. 따라서 [도입 판례]의 사안에서 대법원이 의사 甲의 자궁적출 수술행위는 상해죄의 구성요건에 해당하고 위법성이 조각되지 않는다고 판시한 것은 타당하다.

[관련 판례 1]의 사안에서도 장난권투라 하더라도 권투란 상대 신체의 중요부위를 가격하는 운동으로, 더욱이 피할 여유가 없는 좁은 공간에서 상호 가격을 하다보면 점차 타격의 강도가 세질 가능성이 농후하다. 그럼에도 신체가 더 건강한 상급자인 피고인이 하급자를 1분 이상 가슴을 때렸다면 사망의 결과를 예견할 수 있을 것이고 피해자가 여기까지 승낙했다고 볼 수는 없다고 보아야 한다. 사실 장

난으로 가격을 하는 일은 일상에서 흔하며 약간의 신체상해 정도는 피해자의 승낙이 있는 행위로 보아도 무방할 것이다. 따라서 [관련판례 1]의 사안에서 대법원이 좁은 공간과 신체 건강의 차이, 상·하급자 관계를 강조하는 것은 보통의 장난권투와 다름을 표현하기 위해서인 듯하다. 즉 승낙이 없었거나 승낙이 있더라도 강요, 강제 등 자연스럽지 않는 승낙이었음을 드러내기 위한 것이다. 따라서 유효한 피해자의 승낙이 아니라면 승낙이 없는 행위가 되고 당연히 불법한 타격이 될 수밖에 없다. 그리고 이렇게 판단하면 쉽게 폭행치사의 결론에 이르게 된다. 그러나 각도를 약간 틀어 통상의 장난권투－여기서도 결과에 대한 위험을 알지만 이를 승낙하는 것이고 이 승낙은 사회상규에 반하지 않는다－이였다면 논점은 오히려 승낙의 효력이 미치는 범위가 어디까지인가의 문제로 변형된다. 그리하여 행위와 결과를 분리하여 타격에 대해서는 승낙하였지만 그로부터 발생한 사망의 결과까지를 피해자가 승낙하는 것은 아니므로 폭행치사라거나, 반대로 치사의 위험이 있는 행위에 대해 승낙했다면 그 효과는 치사에도 미치는 것이라고 볼 수도 있다. 사실 위험하지만 그에 대한 승낙이 사회상규에 반하지 않는 행위도 드물지 않는 현실에서 결과에 대한 승낙을 별도로 요구하는 것이 지나칠 때도 있다(장기적출에 대한 동의에서처럼). 그러므로 원칙적으로 행위에 대한 동의여부에 따라 판단할 수밖에 없다. 이 사안에서 대법원도 이처럼 위험이 실현될 가능성이 높고 이를 피할 방법이 없는 상황이라면 그 행위에 대한 동의는 유효한 동의가 아니라고 함으로써 행위를 중심으로 사고하고 있는 것으로 보인다.

참고문헌

김성규, “피해자의 승낙에 관한 법리로서 자기결정권”, 비교형사법연구 제8권 제1호, 2006, 23-44면.

김혁돈, "추정적 의사의 확정과 절차적 정당화", 비교형사법연구 제10권 제1호, 2008, 1-26면.
이기헌, "추정적 승낙", 형사판례연구 제6권, 1998, 111-136면.
최호진, "치료행위에 있어서 환자동의의 형법적 의의", 비교형사법연구 제10권 제2호, 2008, 71-92면.

Ⅲ. 정당행위

1. 법령에 의한 행위

[도입 판례]

대법원 2004.6.10. 선고 2001도5380 판결【폭행, 모욕】

사실관계

여자중학교 체육교사 겸 태권도 지도교사인 피고인은 자신이 체육교사로 근무하는 여중학교 운동장에서 피해여학생들이 "무질서하게 구보한다"는 이유로 손이나 주먹으로 두 차례 머리 부분을 때리고, 자신이 신고 있는 슬리퍼로 피해여학생의 양손을 때렸으며, 같은 달 태권도대회출전과 관련해 질문하는 유모양 등 2명에서 낯선 학생들이 보는 가운데 "싸가지 없는 년"이라고 욕설해 폭행·모욕혐의로 기소됐다.
제1심과 항소심은 유죄를 인정하고 벌금 100만원을 선고했다. 피고인은 "자신의 행위가 교육목적상 정당한 징계행위이므로 정당행위"임을 주장하며 상고했다. 이에 대법원은 피고인이 행한 체벌이 정당행위에 해당하지 않는다며 상고를 기각했다.

판결요지

[1] 사회상규에 위반되지 아니하는 행위라 함은 법질서 전체의 정신이나 그의 배후에 놓여 있는 사회윤리 도의적 감정 내지 사회통념에 비

추어 용인될 수 있는 행위를 말하는 것이어서 어떠한 행위가 사회상규에 위배되지 아니하는가는 구체적 사정아래에서 합목적적 합리적으로 고찰하여 개별적으로 판단되어야 한다.

[2] 초·중등교육법령에 따르면 교사는 학교장의 위임을 받아 교육상 필요하다고 인정할 때에는 징계를 할 수 있고 징계를 하지 않는 경우에는 그 밖의 방법으로 지도를 할 수 있는데 그 지도에 있어서는 교육상 불가피한 경우에만 신체적 고통을 가하는 방법인 이른바 체벌로 할 수 있고 그 외의 경우에는 훈육, 훈계의 방법만이 허용되어 있는바, 교사가 학생을 징계 아닌 방법으로 지도하는 경우에도 징계하는 경우와 마찬가지로 교육상의 필요가 있어야 될 뿐만 아니라 특히 학생에게 신체적, 정신적 고통을 가하는 체벌, 비하(卑下)하는 말 등의 언행은 교육상 불가피한 때에만 허용되는 것이어서, 학생에 대한 폭행, 욕설에 해당되는 지도행위는 학생의 잘못된 언행을 교정하려는 목적에서 나온 것이었으며 다른 교육적 수단으로는 교정이 불가능하였던 경우로서 그 방법과 정도에서 사회통념상 용인될 수 있을 만한 객관적 타당성을 갖추었던 경우에만 법령에 의한 정당행위로 볼 수 있을 것이고, 교정의 목적에서 나온 지도행위가 아니어서 학생에게 체벌, 훈계 등의 교육적 의미를 알리지도 않은 채 지도교사의 성격 또는 감정에서 비롯된 지도행위라든가, 다른 사람이 없는 곳에서 개별적으로 훈계, 훈육의 방법으로 지도·교정될 수 있는 상황이었음에도 낯 모르는 사람들이 있는 데서 공개적으로 학생에게 체벌·모욕을 가하는 지도행위라든가, 학생의 신체나 정신건강에 위험한 물건 또는 지도교사의 신체를 이용하여 학생의 신체 중 부상의 위험성이 있는 부위를 때리거나 학생의 성별, 연령, 개인적 사정에서 견디기 어려운 모욕감을 주어 방법·정도가 지나치게 된 지도행위 등은 특별한 사정이 없는 한 사회통념상 객관적 타당성을 갖추었다고 보기 어렵다.

[3] 여자중학교 교사의 학생에 대한 지도행위가 당시의 상황, 동기, 그 수단, 방법 등에 비추어 사회통념상 객관적 타당성을 갖추지 못하여 정당행위로 볼 수 없다고 한 사례.

[관련 판례 1]

대법원 1990.10.30. 선고 90도1456 판결【폭행치사(예비적죄명:과실상해)】

교사가 국민학교 5학년생을 징계하기 위하여 양손으로 교탁을 잡게 하고 길이 50cm, 직경 3cm 가량 되는 나무 지휘봉으로 엉덩이를 두 번 때리고, 학생이 아파서 무릎을 굽히며 허리를 옆으로 틀자 다시 허리부분을 때려 6주간의 치료를 받아야 할 상해를 입힌 경우 위 징계행위는 그 방법 및 정도가 교사의 징계권행사의 허용한도를 넘어선 것으로서 정당한 행위로 볼 수 없다.

판례의 검토

* Q 1	교사의 체벌행위는 법령에 의한 행위라고 하는 것과 사회상규에 위배되지 않는 행위라고 하는 것의 차이는 무엇인가?
* Q 2	학교에서 이루어지는 처벌의 법규적 근거는 무엇인가? 학교의 장이 아닌 교사의 체벌도 정당화될 수 있는가? 있다면 그 근거는 무엇인가?
** Q 3	근로자의 노동쟁의행위는 법령에 의한 행위로서 위법성이 조각된다. 그런데 독재정권 시절에는 판례가 노동쟁의의 위법성조작을 제한적으로 인정하였지만, 이후 위법성조각의 범위를 넓히고 있다. 이러한 노동쟁의행위와 관련된 판례의 경향을 분석하시오.

[도입 판례]와 [관련 판례 1]의 사안에서는 교사의 징계행위가 형법 제20조의 법령에 의한 행위로서 정당한 행위로 볼 수 있는지가 문제된다.

징계행위란 법령상의 징계권을 정당하게 행사하는 행위를 말한다. 징계행위는 정당행위로서 위법성이 조각된다. 법령상 인정되는 징계권으로는 소년원장·소년분류심사원장의 징계행위(소년법 제15조),

친권자·후견인의 징계행위(민법 제915조, 제945조), 학교장의 징계 또는 지도(교육기본법 제9조, 초·중등교육법 제18조, 고등교육법 제13조) 등이 그 예이다. 그러나 징계대상자인 학교장 또는 교사에 의한 체벌이 징계행위로서 위법성이 조각될 수 있는지에 대해서는 무조건 불허설과 제한적 허용설의 견해가 대립한다. 초·중등교육법 및 동법 시행령에 의하면 '학교의 장'은 교육상 불가피한 경우 학생에게 체벌을 할 수 있으나, 학교의 장 이외에 '교사'도 교육상 불가피한 경우 체벌을 할 수 있는지가 문제되기 때문이다. 실제로 학생을 직접 대면하고 교육하는 주체는 학교의 장이 아니라 교사이기 때문에 위 초·중등교육법상의 예외적인 체벌권의 주체에 교사도 포함되는 것으로 해석할 여지가 있기 때문이다. 뿐만 아니라 2002년 6월 교육인적자원부가 일선학교에 보낸 '학교생활규정예시안'에는 교사의 체벌을 허용하고 있는 내용이 포함되어 있어 교사의 체벌을 징계권의 일환으로 인정할 수 있는지가 논란이 될 수 있다.

무조건적 불허설은 초·중등교육법 제18조에는 학교장의 징계권만 규정되어 있고, 이를 구체화한 동법 시행령 제31조는 학교 내의 봉사, 사회봉사, 특별이수, 퇴학처분만을 인정하고 있어 교사의 체벌을 징계권의 내용으로 인정할 수 없다는 견해이다. 이 견해는 교사의 체벌은 인간의 존엄과 가치를 존중하는 헌법정신과 교육의 목적에 비추어 볼 때 폭행죄 또는 상해죄에 해당한다고 본다.

제한적 허용설은 초·중등교육법 시행령 제31조에 규정된 학교장의 징계권에 체벌권도 포함되어 있기 때문에 교사의 체벌도 법령에 의한 행위의 일종으로서 엄격한 요건 하에서 위법성이 조각될 수 있다고 하거나, 법령에 의한 행위로 인정되지는 않지만 형법 제20조의 사회상규에 위배되지 아니하는 행위의 한 종류로서 위법성이 조각될 수 있다고 보는 견해이다.

헌법재판소와 대법원은 **제한적 허용설의 입장**을 따른다. 즉 헌법재판소는 “초·중등교육법 제20조 제3항, 제18조 제1항, 동법시행령 제31조 제7항 등의 규정들의 취지에 의하면 비록 체벌이 교육적으로 효과가 있는지에 관하여는 별론으로 하더라도 교사가 학교장이 정하는 학칙에 따라 불가피한 경우 체벌을 가하는 것이 금지되어 있지는 않다고 보인다. 그러나 어떤 경우에 어떤 방법으로 체벌을 가할 수 있는 지에 관한 기준은 명확하지 않지만 대법원은 징계행위는 그 방법 및 정도가 교사의 징계권행사의 허용한도를 넘어선 것이라면 정당한 행위로 볼 수 없다고 판시(대법원 1990.10.30. 선고 90도1456 판결)함으로써 그 기준을 일응 제시하고 있다. 따라서 피청구인으로서는 체벌의 수단과 그 정도 및 피해자의 피해정도를 면밀하게 수사하여 만약 청구인들의 행위가 체벌로서 허용되는 범위 내의 것이라면 형법 제20조 소정의 정당행위에 해당하므로 ‘죄가 안됨’ 처분을 하였어야 함에도 수사를 미진하여 일부 인정되는 폭행사실만으로 청구인들의 범죄혐의를 인정하여 각 기소유예처분을 하였다면 이는 수사를 다하지 아니함으로써 청구인들의 평등권을 침해하였다고 할 것이다(헌법재판소 2000.1.27. 선고 99헌마481 전원재판부).”고 판시하였다. 대법원도 [도입 판례]의 사안에서 같은 입장을 취하고 있다.

생각건대, 현행 교육관련법에 학교의 장이 아닌 ‘교사’의 체벌을 정면으로 인정하고 있는 근거규정은 존재하지 않는다. 교사의 체벌의 허용요건을 정하고 있는 학교생활규정예시안도 강행규정이 아니며, 그에 근거하여 일선학교에서 교사의 체벌을 인정하는 교칙을 제정하더라도 그 내용상 정당성을 부여받기 어렵다. 왜냐하면 처벌의 효과는 통제와 권위에 순응하는 수동적인 인간을 양성하는 효과밖에 없고, 통제대상인 당사자들에게 불안감, 우울증, 학교강박증 등 부정적 감정만 양산하는 결과를 초래하기 때문이다. 그러나 교사가 교육목적을 가지고 신체상행에 이르지 않을 정도로 징계목적을 달성하는

데 필요한 적정수준에 머는 경우(이른바 '사랑의 매')에도 이를 무조건 범죄시할 경우에는 사회의 건전한 법 감정에 어긋나고 교육목적을 달성할 수 없는 경우도 있다. 따라서 교사의 체벌도 보충적인 수단으로서 부득이한 경우에는 사회상규에 위배되지 아니하는 행위로서 위법성이 조각될 수 있다고 볼 수 있다.

그렇다면 징계권의 행사가 정당행위로서 위법성을 조각하기 위해서는 ① 객관적으로 징계사유가 존재하고, ② 그 징계수단이 징계라는 교육목적 달성에 적절하고 상당한 정도여야 하고, ③ 주관적으로 철저히 교육의 목적에 의해 기대된 징계권의 행사여야 한다. 따라서 징계권의 행사라도 징계사유가 존재하지 않거나, 그 방법이 지나치게 가혹하거나, 징계행위로 인해 상해를 입힌 정도에 이른 때에는 위법성이 조각될 수 없다. 또한 징계권자의 성욕을 만족하기 위한 행위는 징계권의 행사라 할 수 없다. 따라서 [도입 판례]의 사안에서 여자중학교 체육교사 겸 태권도 지도교사인 피고인은 자신의 감정을 자제하지 못하고 다른 학생이 있는 교실 밖 공개된 장소에서, 자신의 손이나 주목 또는 신고 있던 슬리퍼로 피해학생을 폭행하고 감수성이 예민한 피해여학생에게 모욕감을 느낄 지나친 욕설을 한 행위는 징계권 행사의 객관적 및 주관적 요건과 수단의 상당성을 잃은 지도행위이므로 정당행위로 볼 수 없다는 대법원의 판단은 정당하다. 나아가 [관련 판례 1]의 사안에서도 교사가 초등학생을 징계하기 위하여 나무 지휘봉으로 엉덩이를 두 번 때리고 학생 아파서 무릎을 굽히며 허리를 옆으로 틀자 다시 허리부분을 때려 6주간의 치료를 받아야 할 상해를 입힌 경우 위 징계행위는 그 방법 및 정도가 교사의 징계권행사의 허용한도를 넘어선 것으로서 정당한 행위로 볼 수 없다는 대법원의 판단 역시 타당하다.

참고문헌

심희기, "체벌이 정당행위로 인정될 수 있는지 여부와 그 요인", 고시연구(2004/9), 216-230면.

조 국, "교사의 체벌과 정당행위", 서울대학교 법학 제48권 제4호, 2007, 314-330면.

윤용규, "교사의 학생체벌에 대한 형법적 고찰", 형사법연구 제21호, 2004, 128-157면.

2. 업무로 인한 행위 및 기타 사회상규에 위배되지 아니하는 행위

[도입 판례]

대법원 2004.4.25. 선고 98도2389 판결【의료법위반】

사실관계

피고인은 수지침 전문가로서 고려수지요법학회 춘천시지회를 운영하면서 일반인들에게 수지침요법을 보급하고, 수지침을 통한 무료의료봉사활동을 펼쳐온 바 어느 날 피해자가 스스로 수지침 한 봉지를 사가지고 피고인을 찾아와 수지침 시술을 부탁하므로 피고인은 아무런 대가를 받지 않고 수지침 시술을 하였다.

이에 검사는 피고인을 의료법위반죄(무면허의료행위)로 기소하고 1심법원은 유죄를 선고하였다. 그러나 항소심법원은 수지침 시술행위가 사회상규에 반하지 않는 정당행위로 보고 무죄를 선고하였으며 대법원 또한 검사의 상고를 기각하였다.

판결요지

[1] 형법 제20조 소정의 '사회상규에 위배되지 아니하는 행위'라 함은 법질서 전체의 정신이나 그 배후에 놓여 있는 사회윤리 내지 사회통념에 비추어 용인될 수 있는 행위를 말하고, 어떠한 행위가 사회상규에

위배되지 아니하는 정당한 행위로서 위법성이 조각되는 것인지는 구체적인 사정 아래서 합목적적, 합리적으로 고찰하여 개별적으로 판단되어야 할 것인바, 이와 같은 정당행위를 인정하려면 첫째 그 행위의 동기나 목적의 정당성, 둘째 행위의 수단이나 방법의 상당성, 셋째 보호이익과 침해이익과의 법익권형성, 넷째 긴급성, 다섯째 그 행위 외에 다른 수단이나 방법이 없다는 보충성 등의 요건을 갖추어야 한다.

[2] 일반적으로 면허 또는 자격 없이 침술행위를 하는 것은 의료법 제25조의 무면허 의료행위(한방의료행위)에 해당되어 같은 법 제66조에 의하여 처벌되어야 하고, 수지침 시술행위도 위와 같은 침술행위의 일종으로서 의료법에서 금지하고 있는 의료행위에 해당하며, 이러한 수지침 시술행위가 광범위하고 보편화된 민간요법이고, 그 시술로 인한 위험성이 적다는 사정만으로 그것이 바로 사회상규에 위배되지 아니하는 행위에 해당한다고 보기는 어렵다고 할 것이나, 수지침은 시술부위나 시술방법 등에 있어서 예로부터 동양의학으로 전래되어 내려오는 체침의 경우와 현저한 차이가 있고, 일반인들의 인식도 이에 대한 관용의 입장에 기울어져 있으므로, 이러한 사정과 함께 시술자의 시술의 동기, 목적, 방법, 횟수, 시술에 대한 지식수준, 시술경력, 피시술자의 나이, 체질, 건강상태, 시술행위로 인한 부작용 내지 위험발생 가능성 등을 종합적으로 고려하여 구체적인 경우에 있어서 개별적으로 보아 법질서 전체의 정신이나 그 배후에 놓여 있는 사회윤리 내지 사회통념에 비추어 용인될 수 있는 행위에 해당한다고 인정되는 경우에는 형법 제20조 소정의 사회상규에 위배되지 아니하는 행위로서 위법성이 조각된다고 할 것이다.

[관련 판례 1]

대법원 1978.11.14. 선고 78도2388 판결【업무상과실치상】

의사가 인공분만기인 "샥숀"을 사용하면 통상 약간의 상해정도가 있을 수 있으므로 그 상해가 있다하여 "샥숀"을 거칠고 험하게 사용한 결과라고는 보기 어려워 의사의 정당업무의 범위를 넘은 위법행위라고 할 수 없다.

판례의 검토

* Q 1	의료행위의 가벌성 조각의 근거로 업무로 인한 행위로서의 위법성조각설, 피해자의 승낙에 의한 위법성조각설, 구성요건해당성배제설이 제시되고 있다. 각 학설의 차이점은 무엇인가?
** Q 2	형법 제20조의 사회상규라는 용어의 내용이 지나치게 모호하고 추상적이어서 법원의 자의적 적용에 대한 우려를 갖게 하며, 사회상규를 포함한 정당행위 규정이 위법성조각사유의 체계에 관하여 논리적 모순을 일으킨다는 등의 이유를 들어 이 조항의 폐지를 주장하는 견해가 있다. 이 견해에 대해 찬성, 반대의 입장을 선택하고 그 논거를 제시하시오.
** Q 3	전래의 민간요법을 의료법이 엄격히 금지함으로써 환자의 의료선택의 자유가 침해되어도 괜찮은가? 합리적 해결책을 형법의 관점에서 도출해보시오.

[도입 판례]와 [관련 판례 1]의 사안에서는 의료행위가 무엇이며, 그 법적 성질을 어떻게 파악해야 하는지, 그리고 [도입 판례]에서는 무면허 대체의료행위가 기타 사회상규에 위배되지 아니하는 행위로서 위법성이 조각되기 위해서는 어떠한 요건을 갖추어야 하는지가 문제된다.

의료행위라 함은 질병의 예방과 치료행위뿐만 아니라 의학적 전문지식이 있는 의료인이 행하지 아니하면 사람의 생명, 신체나 공중위생에 위해를 발생시킬 우려가 있는 행위를 포함하므로 수지침 시술이나 부항시술행위, 나아가 질병의 치료와 관계없는 미용성형술도

의료행위에 포함된다.

의사의 의료행위가 치료의 목적을 갖고 있지 않으며 의료행위 결과 신체에 상해를 초래한 경우라면 당연히 형법상 상해죄의 구성요건에 해당하나, 주관적으로 치료의 목적을 갖고 객관적으로는 의술의 법칙에 따라 행하여진 경우에는 가벌성이 부정된다는 데 견해가 일치하고 있다. 그러나 가벌성 조각의 근거에 대해서는 업무로 인한 행위로서의 위법성조각설, 피해자의 승낙에 의한 위법성조각설, 구성요건해당성배제설의 견해대립이 있다.

업무로 인한 행위로서의 위법성조각설은 치료행위로 인하여 환자의 신체에 상해의 결과가 발생하여 상해죄의 보호법익이 침해되었기 때문에 상해죄의 구성요건이 충족되었지만 형법 제20조의 업무로 인한 행위로서 정당행위에 해당하여 위법성이 조각된다는 견해이다(종래의 통설적 견해와 판례). 이 견해에 따르면 의료침습에 의료기술의 정당성과 의학적 적응성이 인정되면 환자의 동의가 없더라도 그것이 주관적으로 치료의 목적을 가지고 객관적으로 의술의 법칙에 따라 행하여지는 한 의료행위는 적법하다고 한다. 그러나 이러한 종래의 통설·판례에 대해서는 치료행위의 목적은 밝혔으나 방법이나 치료행위의 대상이 되는 환자의 의사를 고려하지 않았으며, 이에 따라 어떤 방법으로 치료해야 하는가를 문제 삼지 않았고, 환자의 동의가 없는 치료행위도 위법하지 않다고 보게 되어 환자의 신체를 단지 행위의 객체로만 보는 문제점이 있다는 비판이 제기된다.

피해자의 승낙에 의한 위법성조각설은 치료행위는 상해죄나 업무상과실치사상죄의 구성요건에 해당하지만 피해자의 승낙 또는 추정적 승낙에 의하여 위법성이 조각된다고 보는 견해이다. 이 견해는 환자의 **자기결정권**(Selbstbestimmungsrecht)을 중심으로 의사의 치료행위를 형법적으로 파악하려는 것이기 때문에 환자의 명시적인 반대의사에도 불구하고 치료행위를 하였다면 위법성이 조각되지 않으나(소위 '**전단적인 치료행위**'), 환자에게 승낙능력이 없는 상태였다면 추정적 승낙 또는 긴급피난에 해당하는지 여부를 검토할 수 있다고 한다. 대법원도 자궁적출 수술 사안에서 이 견해를 지지하였다(대판 1993.7.27, 92도2345). 그러나 이 견해는 의료에 있어서 환자의 주체성과 관련한 자기결정권의 보호라는 측면에서 타당하지만 환자의 승낙을 결여한 전단적 치료행위라도 성공하여 건강이 유지되거나 증진된 경우에도 상해죄 등이 성립하게 된다는 난점이 있다.

구성요건해당성배제설은 앞의 두 견해와는 달리 의사의 치료행위는 의학적 적응이 있고 치료의 목적으로 의술의 법칙에 따라 행해지는 한 환자의 승낙의 유무를 불문하고 생리적 기능을 침해하는 행위인 상해죄의 구성요건해당행위는 없다고 하는 견해이다. 현재 독일의 통설적 입장이며, 우리나라에서도 오늘날 점차 많은 학자들의 지지를 받고 있다. 이 견해의 근저에는 상해는 사람의 생리적 기능을 훼손하려는 것으로서 치료는 본래 건강의 회복·유지에 적합한 행위인 점에서 양자는 본래 사회적·법적 의미를 달리한다고 하는 인식에 근거하고 있다.

생각건대, 오늘날 의사의 치료행위는 다음과 같은 두 가지 관점이 고려되어야 한다. 한편으로, 의사와 환자의 관계에 있어 환자는 더 이상 의료행위의 객체로서가 아닌 주체로서 평가되어야 하며, 치료행위도 의사의 일방적인 행위가 아닌 환자와의 협력관계에서 이루어지는 공동행위라는 점이다. 이러한 관계를 고려할 때 환자의 자기결정권을 보호하는 법익이 강조되어야 함은 부인할 수 없다. 다른 한편으로, 의사의 치료행위에 대한 형법적 통제는 가장 최후수단으로 기능해야 한다는 점이다. 지나치게 사전단계에서 의사의 치료행위를 형법적 수단으로 통제했을 경우 의사의 치료행위는 위축되고 소극적·방어적 치료만을 할 것이므로 궁극적으로는 환자의 권리를 침해할 가능성이 높기 때문이다. 따라서 현행 형법처럼 환자의 자기결정권을 침해한 전단적 치료행위에 관한 독자적인 구성요건이 없는 상황에서 형법 해석론상 의사의 치료행위는 원칙적으로 다음과 같이 사례를 나누어 해결하는 방식이 타당하고 여겨진다. 첫째, 본질적인 신체나 건강의 침해가 없는 성공한 치료행위는 이미 결과불법이 없으므로 상해죄의 구성요건에서 배제된다. 다만 행위불법이 극단적으로 문제되는 예외적인 경우, 즉 '의술의 법칙'과의 합치성이나 '피해자의 양해'가 없는 경우는 각각의 문제되는 구성요건해당성의 여부부터 검토한다. 둘째, 본질적인 신체나 건강의 침해가 있는 경우, 즉 실패한 의료행위에는 ① 의학적 적응사유에 합당한 치료의 필요성, ② 의술의 법칙과의 합치성, ③ 의사의 '**설명의무**'(Aufklärungspflicht)를 전제한 환자의 유효한 승낙, ④ 의사의 치료목적이나 치료경향이라고 하는 네 가지 요건이 동시에 충족되는 경우에만 상해죄의 구성요건에서 배제할 수 있다. 이상과 같은 요건들을 충족하는 의료행위는 그 근거가 무엇이 되었건 형사처벌의 대상이 되지 않는다고 보는 것이 타당하다. 이에 반해 네 가지 요건중 하나의 요건이라도 충족되지 않는 경우에는 일단은 상해죄 내지 업무상과실치사상죄의 구성요건해당성을 인정하고 그 위법성조각여부를 판단하면 될 것이다. 이와 같은 입장은 [도입 판례]의 사안과 무면허 대체의료행위에도 동일하게 적용될 수 있다. 다만 대체의료행위의 경우에는 사람의 생명·신체에 대한 위험이 더욱 높고 보건위생상 중대한 부작용이 발생할 수 있으므로 상해죄 내지 업무상과실치사상죄의 가벌성 심사에 있어 엄격한 기준이 요구된다. 따라서 현재 대체의료행위에 대한 통일적인 규제입법이 없고 충분한 과학적·객관적 임상실험이 담보되지 않은 상황에서 대체의료행위의 위법성조각은 엄격하여야 할 것이다.

[도입 판례]에서 대법원은 피고인의 수지침 시술행위를 무면허 대체의료행위로 파악하면서도 형법 제20조 소정의 사회상규에 위배되

지 아니하는 행위로서 위법성이 조각된다고 판시하고 있다. 형법 제20조의 '사회상규에 위배되지 아니하는 행위'라는 위법성조각사유는 다른 위법성조각사유와는 달리 독일형법이나 일본형법에서 찾아볼 수 없는 우리나라 형법에 특유한 것으로 평가된다. 이 규정의 실질적 의의는 한편으로 "사회상규라고 하는 초실정법적 정당성 기준을 법규화 함으로써 법관이 실정법 이외에 사회윤리나 선량한 풍속 등 일련의 도덕적 가치들에 의해 구성요건에 해당하는 행위의 위법성 실질을 판단할 수 있는 근거를 마련한 데 있고, 다른 한편으로 "비록 행위 유형상 구성요건에 해당될 수 있는 행위일지라도 사회적으로 용납되는 행위를 대폭 허용함으로써 형식적 범죄개념으로 인해 야기될 수 있는 전 국민의 전과자화를 막고 형법의 근본원리인 관용주의 내지 보충성의 원리를 심화"시킨 데 있다.

[도입 판례]에서 대법원은 사회상규위배 여부의 구체적 판단기준으로 ① 그 행위의 동기나 목적의 정당성, ② 행위의 수단이나 방법의 상당성, ③ 보호이익과 침해이익과의 법익권형성, ④ 긴급성, ⑤ 그 행위 외에 다른 수단이나 방법이 없다는 보충성 등 을 제시하고 있다. 학설도 이러한 기준을 받아들이고 있다. 그러나 이러한 기준은 정당행위의 성립여부를 판단하기 위한 독자적 기준이라기보다는 이론적 논증을 생략한 채 긴급피난의 성립요건중 일부(②:실질적 상당성의 원리, ③:우월성의 원리, ⑤:보충성의 원리 등)와 범죄성립요소와 관련 없는 양형조건 중 일부(①:범행의 동기ㆍ수단과 결과)를 혼합ㆍ차용하고 있다는 점을 발견할 수 있다. 더 나아가 이러한 5가지 요건을 바탕으로 '사회상규에 위배되지 아니하는 행위'의 유형으로 제시되고 있는 소극적 저항행위, 경미한 법익침해 내지 법익충돌행위, 일반인의 간단한 치료행위, 허용된 위험행위, 동가치적 이익충돌 내지 의무충돌의 경우, 국가 및 공공기관이나 회사 등에서 수년에 걸쳐 내려온 관행(관례)적 행위, 의례적인 선물제공 내지 기부행

위와 같은 경미한 선거법위반행위 등의 사회상규 위배여부를 판단할 수도 없다. 이에 대법원은 [도입 판례]의 사안과 같은 무면허 대체의료행위라는 행위유형의 사회상규 위배여부를 판단하기 위해 다시 "시술자의 시술의 동기, 목적, 방법, 횟수, 시술에 대한 지식수준, 시술경력, 피시술자의 나이, 체질, 건강상태, 시술행위로 인한 부작용 내지 위험발생 가능성 등을 종합적으로 고려"라는 기준을 제시하고 있다. 그러나 이러한 기준은 대체의료행위에 있어 과실인정을 위한 일반적·객관적 기준을 수평적으로 나열한 것에 지나지 않는다. 따라서 이러한 기준보다는 무면허 대체의료행위의 엄격한 제한이라는 측면에서 상해를 수반하는 '좁은 의미의 대체의료행위'는 물론이고, 보건위생상 위해를 발생시킬 우려가 있는 '넓은 의미의 대체의료행위'까지도 ① 의료면허나 자격의 소지여부, ② 의학적 적응사유에 합당한 치료의 필요성, ③ 의술의 법칙과의 합치성, ④ 설명의무를 전제한 환자의 유효한 승낙, ⑤ 치료의 목적 등과 같은 (대체)의료행위의 적법요건으로 해결하는 것이 보다 바람직하다고 본다. 이런 관점을 [도입 판례]의 사안에 적용하면 비록 피고인은 면허 또는 자격 없이 침술행위를 하였으나 시술행위로 인한 부작용과 위험발생 가능성이 높은 체침과 달리 수지침은 광범위하고 보편화된 민간요법으로 피고인은 이미 수지침 전문가로서 고려수지요법학회 춘천시지회를 운영하고 있는 자이고, 피해자가 스스로 수지침 한 봉지를 사가지고 피고인을 찾아와 수지침 시술을 부탁하여 무료의료봉사활동의 차원에서 시술행위를 하였으므로 ② 내지 ⑤의 기준을 충족했다고 판단된다. 따라서 [도입 판례]에서 대법원이 피고인의 수치침 시술행위에 대해 형법 제20조 소정의 사회상규에 위배되지 아니하는 행위로서 위법성이 조각된다고 판단한 것은 타당하다.

참고문헌

김재윤, "무면허 대체의료행위의 형사법적 책임", 비교형사법연구 제8권 제1호, 2006, 355-379면.

범경철, "의료행위개념의 확대", 의료법학 5권 1호, 2004/7, 661-678면.

석희태, "보완대체의료의 법적 평가", 의료법학 6권 1호, 2005/6, 153-166면.

천진호, "'사회상규에 위배되지 아니하는 행위'에 대한 비판적 고찰", 비교형사법연구 제3권 제2호, 2001, 146-185면.

책임론

제4장

[§ 6] 책임능력, 위법성의 인식, 법률의 착오, 기대가능성

Ⅰ. 책임능력과 심신장애

[도입 판례]

대법원 2007.2.8. 선고 2006도7900 판결【성폭력범죄의처벌및피해자보호등에관한법률위반(강간등치상), 강간상해, 강도, 성폭력범죄의처벌및피해자보호등에관한법률위반(13세미만미성년자강간등)】

사실관계

甲은 2000.4.28. 서울고등법원에서 성폭력범죄의처벌및피해자보호등에관한법률위반(13세미만미성년자강간등)죄로 징역 5년을 선고받아 2004.11.8. 그 형의 집행을 종료한 자인바, 2005.2.11. 14:30경 ○○시 ○○구 ○○동 소재 상호불상의 문구점 앞길에서, 그곳을 지나가는 A(11세)를 발견하고, 욕정을 일으켜 위 피해자를 강간하기로 마음먹고, A에게 다가가 1,000원을 주면서 아파트 단지 안에 있는 김기사를 찾아 달라고 하고는 위 피해자와 함께 같은 동 소재 제1 아파트 401동 엘리베이터를 타고 15층 옥상 물탱크로 올라가, 갑자기 손바닥으로 피해자의 얼굴을 1회 때리고 머리카락을 잡아당기고, 문구용 칼을 꺼내어 피해자의 얼굴에 들이대며 '이것 봤지'라고 겁을 주어 피해자의 반항을 억압한 후 강제로 피해자의 옷을 벗기고 1회 간음하여 피해자를 강간하고, 이로 인하여 피해자로 하여금 치료일수 미상의 처녀막파열상 등을 입게 하고, 위와 같이 항거불능상태인 피해자에게 욕을 하면서 돈 내놓으라고 하여 피해자로부터 현금 6,000원을 빼앗아가 이를 강취하였다. 그 밖에도 같은 수법으로 2006년 1월 달 까지 13세 미만의 여아들만을 대상으로 하여 10여 차례에 걸쳐 강간 및 강도 행각을 벌여왔다. 한편 이러한 甲의 비정상적인 행위는 소아기호증이라는 질환에서 유발되었다고 판단되었다.

판결요지

[1] 형법 제10조에 규정된 심신장애는 생물학적 요소로서 정신병 또는 비정상적 정신상태와 같은 정신적 장애가 있는 외에 심리학적 요소로서 이와 같은 정신적 장애로 말미암아 사물에 대한 변별능력과 그에 따른 행위통제능력이 결여되거나 감소되었음을 요하므로, 정신적 장애가 있는 자라고 하여도 범행 당시 정상적인 사물변별능력이나 행위통제능력이 있었다면 심신장애로 볼 수 없다.

[2] 특단의 사정이 없는 한 성격적 결함을 가진 자에 대하여 자신의 충동을 억제하고 법을 준수하도록 요구하는 것이 기대할 수 없는 행위를 요구하는 것이라고는 할 수 없으므로, 사춘기 이전의 소아들을 상대로 한 성행위를 중심으로 성적 흥분을 강하게 일으키는 공상, 성적 충동, 성적 행동이 반복되어 나타나는 소아기호증은 성적인 측면에서의 성격적 결함으로 인하여 나타나는 것으로서, 소아기호증과 같은 질환이 있다는 사정은 그 자체만으로는 형의 감면사유인 심신장애에 해당하지 아니한다고 봄이 상당하고, 다만 그 증상이 매우 심각하여 원래의 의미의 정신병이 있는 사람과 동등하다고 평가할 수 있거나, 다른 심신장애사유와 경합된 경우 등에는 심신장애를 인정할 여지가 있으며, 이 경우 심신장애의 인정 여부는 소아기호증의 정도, 범행의 동기 및 원인, 범행의 경위 및 수단과 태양, 범행 전후의 피고인의 행동, 증거인멸 공작의 유무, 범행 및 그 전후의 상황에 관한 기억의 유무 및 정도,

반성의 빛의 유무, 수사 및 공판정에서의 방어 및 변소의 방법과 태도, 소아기호증 발병 전의 피고인의 성격과 그 범죄와의 관련성 유무 및 정도 등을 종합하여 법원이 독자적으로 판단할 수 있다.

[3] 범행 당시 소아기호증의 정도 및 내용 등 여러 사정에 관하여 구체적으로 심리·검토하지 않은 상태에서 심신미약의 상태에 있었다고 판단한 원심판결을 파기한 사례.

사건의 경과

제1심 법원은 피고인은이 범죄경력과 범행수법 그리고 피해자의 범죄피해 등을 근거로 무기징역을 선고하였다. 이에 피고인은 사실오인과 심신미약상태를 고려하지 않은 부분을 들어 항소하였다. 특히 심신미약과 관련한 항소이유로서 '피고인은 이 사건 범행 당시 청소년때부터 앓아 온 피해망상증, 정신분열증 등 정신질환으로 인하여 사물을 변별하거나 의사를 결정할 능력이 미약해진 상태에서 아동에 관한 성적욕구(아동성도착증)를 참지 못하고 이 사건 범행을 저지르게 된 것임에도 원심은 피고인의 심신미약 상태를 간과한 잘못이 있다.'는 점이 주목할 만한 점이다.

원심법원은 심신미약 부분에 대한 항소이유에 대해서 '당심에서의 정신감정결과에 의하면, 피고인이 중학생이던 1983.경 9세의 여아를 강간하여 학교를 더 다니지 못하게 된 점, 피고인에 대한 누범전과의 내용도 어린 나이의 여아를 강간한 것인 점, 피고인에 대한 임상심리검사 결과 피고인은 초등학교 6학년 때 아버지로부터 성적 폭행을 당하였다고 주장하는데, 그 후부터 지속적으로 나이 어린 여아에 대하여만 성욕을 느끼고, 소녀와의 성행위 내지 성적 공상에 탐닉하여 왔고, 피고인의 자아 이미지가 매우 부정적이고 기능이 매우 손상되어 있으며 불안정, 우울, 충동성 등 정서적 문제가 발견되는 점 등을 종합하여 볼 때 피고인에게 변태성욕의 일종인 소아기호증(사춘기 이전의 소아들을 상대로 한 성행위를 중심으로 성적 흥분을 강하게 일으키는 공상, 성적 충동, 성적 행동이 반복되어 나타나고 그로 인하여 심각한 고통이나 사회적·직업적 기능의 장해를 초래하는 증상)이 존재하는 것으로 진단되고, 이 사건 범행 당시에도 피고인은 소아기호증이라는 정신질환으로 인하여 심신미약의 상태에 있었던 것으로 추정하고 있다. 위와 같은 정신감정결과, 피고인의 범행 전력, 이 사건 범행 내용 및 횟수 등에 비추어 볼 때, 피고인은 이 사건 범행 당시 소아기호증으로 인하여 범행의 충동을 억제하지 못하고 범행에 이르게 된 것으로서 의사를 결정하거나 사물을 변별할 능력이 미약한 상태에 있었던 사실이 인정되므로 피고인의 심신미약 주장은 이유 있다'고 판시하고 파기자판하였다.

[관련판례 1]

대법원 1992.8.18. 선고 92도1425 판결【상해치사】

형법 제10조에 규정된 심신장애는 생물학적 요소로서 정신병, 정신박약 또는 비정상적 정신상태와 같은 정신적 장애가 있는 외에 심리학적 요소로서 이와 같은 정신적 장애로 말미암아 사물에 대한 판별능력과 그에 따른 행위통제능력이 결여되거나 감소되었음을 요하므로, 정신적 장애가 있는 자라고 하여도 범행 당시 정상적인 사물판별능력이나 행위통제능력이 있었다면 심신장애로 볼 수 없음은 물론이나, 정신적 장애가 정신분열증과 같은 고정적 정신질환의 경우에는 범행의 충동을 느끼고 범행에 이르게 된 과정에 있어서의 범인의 의식상태가 정상인과 같아 보이는 경우에도 범행의 충동을 억제하지 못한 것이 흔히 정신질환과 연관이 있을 수 있고, 이러한 경우에는 정신질환으로 말미암아 행위통제능력이 저하된 것이어서 심신미약이라고 볼 여지가 있다.

[관련판례 2]

대법원 2002.5.24. 선고 2002도1541 판결【특정범죄가중처벌등에관한법률위반(절도)】

[1] 자신의 충동을 억제하지 못하여 범죄를 저지르게 되는 현상은 정상인에게서도 얼마든지 찾아볼 수 있는 일로서, 특단의 사정이 없는 한 위와 같은 성격적 결함을 가진 자에 대하여 자신의 충동을 억제하고 법을 준수하도록 요구하는 것이 기대할 수 없는 행위를 요구하는 것이라고는 할 수 없으므로, 원칙적으로 충동조절장애와 같은 성격적 결함은 형의 감면사유인 심신장애에 해당하지 아니한다고 봄이 상당하지만, 그 이상으로 사물을 변별할 수 있는 능력에 장애를 가져오는 원래의 의미의 정신병이 도벽의 원인이라거나 혹은 도벽의 원인이 충동조절장애와 같은 성격적 결함이라 할지라도 그것이 매우 심각하여 원래의 의미의 정신병을 가진 사람과 동등하다고 평가할 수 있는 경우에는 그로 인한 절도 범행은 심신장애로 인한 범행으로 보아야 한다.

[2] 피고인이 생리기간 중에 심각한 충동조절장애에 빠져 절도 범행을 저지른 것으로 의심이 되는데도 전문가에게 피고인의 정신상태를 감정시키는 등의 방법으로 심신장애 여부를 심리하지 아니한 원심판결을 심리미진과 심신장애에 관한 법리오해의 위법이 있다는 이유로 파기한 사례.

[관련판례 3]

대법원 1990.8.14. 선고 90도1328 판결【살인】

범행당시 정신분열증으로 심신장애의 상태에 있었던 피고인이 피해자를 살해한다는 명확한 의식이 있었고 범행의 경위를 소상하게 기억하고 있다고 하여 범행당시 사물의 변별능력이나 의사결정능력이 결여된 정도가 아니라 미약한 상태에 있었다고 단정할 수는 없는 것인바, 피고인이 피해자를 살해할 만한 다른 동기가 전혀 없고, 오직 피해자를 "사탄"이라고 생각하고 피해자를 죽여야만 피고인. 자신이 천당에 갈 수 있다고 믿어 살해하기에 이른 것이라면, 피고인은 범행당시 정신분열증에 의한 망상에 지배되어 사물의 선악과 시비를 구별할 만한 판단능력이 결여된 상태에 있었던 것으로 볼 여지가 없지 않다.

판례의 검토

* Q 1	형법 제10조 제1항의 심신장애 판단기준은 무엇인가?
* Q 2	대법원의 책임능력의 판단기준은 무엇인가?
* Q 3	정신적 장애와 심신장애와의 관계는?
* Q 4	치료감호법상 소아기호증의 규정과 책임능력판단의 상호관계를 설명해 보시오.
** Q 5	갑의 행위를 소아기호증을 앓고 있음으로 인해 벌인 행위로 본다면, 이것을 심신장애 상태로의 행위로 볼 수 있는가?

1. 책임능력의 개념

책임능력이란 행위자가 자기의 행위가 법에 의하여 허용 또는 금지되어 있는가를 알고(사물변별능력), 이에 따라 자기의 의사를 자유로이 결정할 수 있는 능력(의사결정능력)을 말한다. 행위자에게 이 능력이 없으면 비난가능성이 없으므로 책임은 책임능력을 전제로 한다. 또한 행위와 책임의 동시존재의 원칙에 의해 책임능력은 원칙적으로 행위시에 있어야 한다.

2. 심신상실의 판단기준

(1) 생물학적 요소

생물학적 요소로서 심신장애의 원인으로 정신장애를 들 수 있는데 그 예로는 정신병, 정신박약, 심한 의식장애, 이에 버금갈만한 **정신장애**를 들 수 있다.

- Durham Rule은 행위가 정신질환의 산물일 때 바로 책임능력 부정한다. 즉, 대상행위의 정서적 부분(정말로 그 행위가 나쁘다고)까지를 인식하지 못하면 정신장애가 있다(책임무능력)고 본다.
- Durham Rule의 장·단점

이 Rule은 정신의학의 성과를 충실히 형법에 반영하려 했던 것으로 복합적 인격체인 인간의 행위가 이성으로만 결정된다는 선악테스트의 편협성을 극복하고자 함. 그러나 책임능력의 문제는 법적 정신장애의 문제(병적 상태를 테스트하는 것이 아니라 정신장애자가 어떤 조건에서 면책될 수 있는지 그 조건을 찾는 문제임)임을 간과하고 있다.

(2) 심리적 또는 규범적 요소

법관은 이를 판단함에 있어 감정인의 감정결과에 구속되지 않음

a. 사물을 변별할 능력

- 선악판단능력(불법판단능력)

심리적 요인 중 지적 요소만을 의미한다. 다만 여기서의 선악은 개인의 도덕성이 아닌 사회적 도덕규범을 의미하므로 이 규범이 범

죄와 관련되면 형법상의 불법의 문제로 된다.

– M'Naghten Rule은 정신질환 때문에 자기 행위의 성질을 모른다거나 또는 이를 알더라도 악을 행한다는 사실을 모를 정도로 판단력이 결여되면 책임능력이 없다고 보므로 변별능력만을 기준으로 책임능력을 판단한다.

이때의 변별은 선악을 그저 안다, 혹은 기억한다는 뜻(knowledge) 정도로 만족하므로 이 점에서 의미를 아는 능력으로 이해하는(appreciate or understanding) Durham Rule과는 다르다.

– M'Naghten Rule(=선악테스트)에 대해서는

단순한 지적 능력은 모든 사람이 어느 정도는 다 갖고 있으므로 정신장애의 범위가 불확실하고 행동을 이해함에 있어 의지적 요소를 무시했다고 한다. 그러나 이에 대한 반론은 법은 모든 사람에게 어느 정도의 제어능력이 있다고 가정하면서 따라서 지적 능력이 결여되면 바로 책임능력도 없는 것이라고 한다.

b. 의사를 결정할 능력(제어능력)

이 능력은 사물을 변별한 후 이에 따라 행위할 수 있는 조종능력 또는 제어능력을 말한다. 즉 의지적 요소를 말하며, 영미법상 저항불능의 충동테스트가 여기에 해당한다. 단 제어능력 탈락을 저항불능의 충동으로 한정함은 너무 협소하고, 정신질환 가운데는 병적으로 너무 꼼꼼히 생각해서 책임을 물을 수 없는 경우도 있기 때문이다. 또한 저항할 수 없는 충동과 저항하지 않았던 충동을 정확히 구별하기도 쉽지 않은 점이 문제가 된다.

사물을 변별할 능력과 의사를 결정할 능력은 행위시를 기준으로 판단한다. 이 판단은 법관이 자유롭게 한다. 책임무능력자에게도 보안처분은 가능하다(치료감호법 참조).

(3) 판례는 혼합적 방법 선택

참고문헌

김혜정, "소아성기호증과 책임판단문제", 형사판례연구 제16권, 2008, 36-57면.
신양균, "책임능력과 감정", 형사판례연구 제5권, 1997, 41-69면.
한정환, "심신장애와 책임능력", 형사법연구 제15호, 2001. 6, 92-94면.

Ⅱ. 원인에 있어서 자유로운 행위

[도입 판례]

대법원 1992.7.28. 선고 92도999 판결【특정범죄가중처벌등에관한법률위반(도주차량), 도로교통법위반】

사실관계

갑은 자동차를 가지고 술집에 가서 술을 마시고, 만취한 상태에서 자동차를 운전하여 귀가하다가 행인 A를 치였다. 갑은 의식을 잃고 쓰러진 A를 길 옆 하수구에 옮겨서 버리고 도주하였다. 사고로 심한 상처를 입은 A는 계속된 출혈로 사망하였다.

판결요지

형법 제10조 제3항은 "위험의 발생을 예견하고 자의로 심신장애를 야기한 자의 행위에는 전2항의 규정을 적용하지 아니한다"고 규정하고 있는 바, 이 규정은 고의에 의한 원인에 있어서의 자유로운 행위만이 아니라 과실에 의한 원인에 있어서의 자유로운 행위까지도 포함하는 것으로서 위험의 발생을 예견할 수 있었는데도 자의로 심신장애를 야기한 경우도 그 적용 대상이 된다고 할 것이어서, 피고인이 음주운전을 할 의사를 가지고 음주만취한 후 운전을 결행하여 교통사고를 일으켰다면 피고인은 음주시에 교통사고를 일으킬 위험성을 예견하였는데도 자의로 심신장애를 야기한 경우에 해당하므로 위 법조항에 의하여 심신장애로 인한 감경 등을 할 수 없다.

[관련 판례 1]

대법원 1968.4.30. 선고 68도400 판결【살인, 살인미수】

본조에서 말하는 사물을 판별할 능력 또는 의사를 결정할 능력은 자유의사를 전제로 한 의사결정의 능력에 관한 것으로서, 그 능력의 유무와 정도는 감정사항에 속하는 사실문제라 할지라도 그 능력에 관한 확정된 사실이 심신상실 또는 심신미약에 해당하는 여부는 법률문제에 속하는 것인바 피고인의 범행 당시 정신상태가 심신미약인 상태에 해당되는 것으로 사료된다는 취지의 감정서의 기재 및 이에 대한 감정인의 증언은 감정결과인 인격해리상태에 대한 자신의 법률적 평가를 개진하였음에 불과하므로 그 정신상태에 관한 판단의 자료가 될 수 없다.

… 제1심 판결이 인정설시한 본건범행 수개월 전의 동리 사람들에 대한 피고인의 전술한 바와 같은 비정상적인 행패의 사태나 피고인이 상고이유 중 에서 자진하는 그의 뇌막염의 기왕증에 관한 사항에 비추어 본건 범행 당시의 피고인은 심신을 자극할 염려가 있는 음주 같은 일을 엄금하여야 할 처지에 있었음을 알 수 있는 바인즉, 원심으로서는 의당 피고인이 본건 범행당일 제1심판결이 인정 설시한 바와 같이 음주함에 있어 주취 후, 그의 정신상태에 이상적인 변화가 생길 것을 예견하였다거나 또는 예견할 수 있었던 것인가의 여부를 심리하여 본건 범행에 대한 형법 제10조 제3항의 적응 여부를 결정하여야 할 것이었음에도 불구하고 원판결 중에서는 위 사실에 관한

아무런 심리와 판단의 흔적을 찾아 볼 수 없는 바이니, 이점에 있어 그 판결은 심리미진의 위법을 면치 못할 것이다.

[관련 판례 2]

대법원 1994.2.8. 선고 93도2400 판결【특정범죄가중처벌등에관한법률위반(도주차량), 도로교통법위반】

형법 제10조 3항에 의하면 "위험의 발생을 예견하고 자의로 심신장애를 야기한 자의 행위에는 전 2항의 규정을 적용하지 아니한다"고 규정하고 있는 바, 피고인이 자신의 승용차를 운전하여 술집에 가서 술을 마신 후 운전을 하여 교통사고를 일으킨 것이라면 음주할 때 교통사고를 일으킬 수 있다는 위험성을 예견하면서 자의로 심신장애를 야기한 경우에 해당한다 할 것이므로 심신미약으로 인한 형의 감경을 할 수 없다.

판례의 검토

* Q 1	원인에 있어서 자유로운 행위에 있어서 "원인에 있어서 자유롭다"함은 무슨 의미인가?
* Q 2	행위와 책임의 동시존재의 원칙이란 무엇이며 왜 필요한가?
** Q 3	원인행위는 고의로 실행행위는 과실로 행한 경우와 원인행위는 과실로 실행행위를 고의로 수행한 경우를 동일하게 처벌해야 한다면 그 근거는 무엇인가?

판결요지에서 드러난 바와 같이 본 판례의 핵심은 판결이유에서 드러난 두 번째 논점, 즉 대법원이 원인에 있어서 자유로운 행위의

법리를 구체적으로 해석하여 적용시킨 점과 나아가 이에는 '과실'의 경우도 포함되는 것이라고 하여 형법 제10조 제3항의 문언과 관련한 논란에 명시적인 태도를 밝히고 있다는 점이다. 특히 본 판례는 과실에 의한 원인에 있어서 자유로운 행위에 대하여 내린 해석은 앞으로도 중요한 先例로서의 의미를 지닌다.

1. 원인에 있어서 자유로운 행위의 개념

원인에 있어서 자유로운 행위란 행위자가 결과 발생의 위험을 알거나 알 수 있었으면서 스스로 자신을 심신장애 상태에 빠지게 한 후 이 상태에서 범죄를 실현한 경우이다. 즉 불법의 실현은 자유롭지 않았지만, 그 원인설정은 자유로운 행위는 처음부터 책임능력이 결여된 자의 행위와는 다르기 때문에 이를 처벌하게 된다.

입법자도 원인에 있어서 자유로운 행위의 이론은 형법 제10조 제1항 및 제2항이 전제로 하고 있는 행위와 책임의 동시존재의 원칙을 고집할 경우에 발생하게 되는 형사처벌불비의 흠결을 보완하기 위하여 형법 제10조 제3항에서 이를 실정법의 규범으로 편입해 두고 있다.

2. 원인에 있어서 자유로운 행위의 종류

원인에 있어서 자유로운 행위는 고의에 의한 경우와 과실에 의한 경우로 나눌 수 있지만, 가벌성의 근거를 어디에서 찾는가에 따라 결론이 달라진다.

(1) 고의에 의한 원인에 있어서 자유로운 행위

행위자가 결과 발생을 예견하면서도 의식적으로 심신장애상태를 야기시켜 이 상태하에서 작위 또는 부작위의 형태로 구성요건을 실현하는 경우이다.

가벌성의 근거에 관하여 **구성요건모델설을 취하는 경우**에는 고의에 의한 원인에 있어서 자유로운 행위가 성립되기 위하여는 원인행위시와 실행행위시에 범죄의 고의가 있어야 한다. 즉 원인행위시에 실행행위가 시작되므로 고의가 있어야 하고 실행행위도 그것이 그저 기계적인 인과의 흐름이 아니라면 고의가 있어야 한다. 따라서 원인행위시에 고의가 없고 실행행위시에만 고의가 있어도 과실에 의한 원인에 있어서 자유로운 행위가 된다.

가벌성의 근거에 관하여 **예외모델설을 취하는 경우**에는 실행행위시에 고의가 있기만 하면 된다. 범죄는 실행에 착수할 때 시작되므로 고의범이 되려면 행위자는 실행행위시에 고의가 있어야 한다. 원인행위는 제한적 의미를 가질 뿐이므로 이 시점에서 행위자는 장래의 실행행위와 결과부분에 대해 예견할 수 있었거나 예견하는 정도로 충분하다.

(2) 과실에 의한 원인에 있어서 자유로운 행위

결과발생이 예견가능함에도 불구하고 이를 부주의로 예견하지 못해 과실로 심신장애상태를 야기하고 그 상태 하에서 작위 또는 부작위의 형태로 구성요건을 실현하는 경우이다. 따라서 행위자가 심신장애를 고의로 초래했느냐 과실이었느냐는 별 의미가 없고 실행행위가 과실로 수행되었는지가 중요하다.

그러나 이중의 고의를 필요로 하는 입장에서는 실행행위시에 고의가 있더라도 원인행위시에 과실이 있으면 과실에 의한 원인에 있어서 자유로운 행위가 되지만 납득하기 어렵다.

(3) 형법의 규정

제10조 제③항에 따라 원인에 있어서 자유로운 행위로 처벌하려

면 위험발생에 대한 예견과 자의로 심신장애를 야기하여 이 상태에서 실행행위를 하여야 한다.

위험발생에 대한 예견은 심신장애 상태에서 특정범죄를 실현하거나 실현할 가능성이 있음을 예견하는 것이며 당해 원인행위에 전형적인 위험을 예견하는 것은 아니다. 후자처럼 생각하면 이 위험이 실현된 심신장애상태에서 어떤 행위가 행해지든 원인에 있어서 자유로운 행위가 성립하고 실행행위는 처벌조건에 불과하게 되기 때문이다. 또한 전형적 위험을 법익에 대한 침해위험이라면 이미 실행행위와 관련짓고 있다.

한편 심신장애를 자의로 야기했다는 의미는 이를 통해 그에게 형사책임을 물을 수 있는 단서가 제공되어다는 뜻이다. 위험발생을 예견하고 혹은 예견할 수 있었다면 이를 회피할 계기가 주어졌는데도 이 계기를 약화시키는 행위를 통해 스스로 심신장애를 유발하고 있기 때문이다. 그리하여 자의의 의미에는 의적 요소를 읽을 수 있다.

참고문헌

조상제, "과실의 원인에 있어서 자유로운 행위", 형사판례연구 제4권, 1996, 56-73면.

한상훈, "고의의 원인에 있어서 자유로운 행위", 형사판례연구 제10권, 2002, 137-171면.

Ⅲ. 위법성의 인식

[도입 판례]

대법원 1987.3.24. 선고 86도2673 판결【허위공문서작성, 허위공문서작성행사, 폭행, 폭력행위등처벌에관한법률위반】

사실관계

P면사무소 호병계장인 갑은 동거 여인인 A와의 사이에 출생한 B를 자신의 법률상 처인 C와의 사이에 출생한 것처럼 호적부에 허위의 기재를 한 후 그 정을 모르는 면장 D로 하여금 이에 날인하게 하였다.

판결요지

범죄의 성립에 있어서 위법의 인식은 그 범죄사실이 사회정의와 조리에 어긋난다는 것을 인식하는 것으로서 족하고 구체적인 해당 법조문까지 인식할 것을 요하는 것은 아니므로 설사 형법상의 허위공문서작성죄에 해당되는 줄 몰랐다고 가정하더라도 그와 같은 사유만으로는 위법성의 인식이 없었다고 할 수 없다.

[관련 판례 1]

대법원 2006.3.24. 선고 2005도3717 판결【공직선거및선거부정방지법위반】

형법 제16조에서 자기가 행한 행위가 법령에 의하여 죄가 되지 아니한 것으로 오인한 행위는 그 오인에 정당한 이유가 있는 때에 한하여 벌하지 아니한다고 규정하고 있는 것은 일반적으로 범죄가 되는 경우이지만 자기의 특수한 경우에는 법령에 의하여 허용된 행위로서 죄가 되지 아니한다고 그릇 인식하고 그와 같이 그릇 인식함에 정당한 이유가 있는 경우에는 벌하지 아니한다는 취지이고, 이러한 정당한 이유가 있는지 여부는 행위자에게 자기 행위의 위법의 가능성에 대해 심사숙고하거나 조회할 수 있는 계기가 있어 자신의 지적능력을 다하여 이를 회피하기 위한 진지한 노력을 다하였더라면 스스로의 행위에 대하여 위법성을 인식할 수 있는 가능성이 있었음에도 이를 다하지 못한 결과 자기 행위의 위법성을 인식하지 못한 것인지 여부에 따라 판단하여야 할 것이고, 이러한 위법성의 인식에 필요한 노력의 정도는 구체적인 행위정황과 행위자 개인의 인식능력 그리고 행위자가 속한 사회집단에 따라 달리 평가되어야 한다.

판례의 검토

* Q 1	위법성의 인식의 범위는 어디까지 인가?
* Q 2	범죄체계론상 위법성의 인식이 차지하는 위치를 설명하시오.

본 대법원판결은 **위법성의 인식**에 관한 착오에 대해서 **법률의 부지**와 **법률의 착오**라는 두 가지 종류의 착오를 구별하고 있다. 법률의 부지는 행위자가 자기행위가 법으로 금지되어 있다는 것을 소극적으로 모른 경우로서 대법원은 1955년부터(대판 1955.2.8, 1954형상37) 법률의 부지를 범죄의 성립에 전혀 영향을 주지 않는 위법성의 착오로 보고 있다. 이에 반해 법률의 착오는 어느 행위가 법으로 금지된 사실을 행위자는 알고 있으나 자기의 특수한 경우에는 법령에 의하여 그 행위가 적극적으로 허용된다고 오인한 경우로 그 오인에 정당한 이유가 있으면 불가벌이 된다는 착오이고, 형법 제16조의 착오가 바로 그런 착오라고 본다. 따라서 법률의 부지는 형법 제16조가 규율하고 있는 법률의 착오가 아니므로 비록 법률의 부지에 이르게 된 사정에 정당한 이유가 있어도 범죄의 성립에는 지장이 없다는 것이다.

이러한 논지에는 다음과 같은 문제점이 지적될 수 있다.

첫째, 법률의 부지를 형법 제16조의 법률의 착오와 그 효과가 전혀 다른 착오로 구별하고 있는 대법원판례는 그와 같은 구별을 해야 할 합리적인 근거와 기준이 있는지, 그 근거와 기준은 무엇인지 그리고 본 사안도 그에 따른 합리적인 근거와 기준에 따라 해결된 것인지를 규명해야 할 것이다.

둘째, 법률의 부지의 경우에도 역시 위법성의 인식이 없거나 인식가능성이 없을 수 있는데, 위법성의 인식이 없는 법률의 부지를 형법 제16조의 착오와 구별하여 범죄의 성립에 영향을 없게 해야 할 형법 이론적 내지 형사정책적 정당성이 있는가도 의문시된다. 즉 현행 형법상 범죄성립에 있어서 위법성의 인식이 불필요한 경우를 예외적으로 인정할 수 있는가?

셋째, 범죄성립에 있어서 위법성의 인식 내지 인식가능성이 불가피하게 요구된다면, 법률의 부지도 형법 제16조의 법률의 착오의 일종일 수밖에 없을 것이다. 이 경우 행위자가 법률의 부지를 할 수밖에 없는 정당한 이유가 있는 때에는 위법성의 인식가능성조차도 없기 때문에 형법 제16조에 의해 그는 처벌을 면하게 된다. 지금까지 판례는 법률의 부지의 경우에는 그 착오를 피할 가능성여부에 관계없이 범죄가 성립한다고 보고 있기 때문에 법률의 부지를 할 수밖에 없게 한 정당한 사유가 무엇인지에 대한 기준을 제시하고 있지 않다. 그런데 법률의 부지는 위법성의 인식이 없는 경우를 말하기 때문에 법률의 부지를 할 수밖에 없게 한 정당한 사유라는 것도 위법성을 인식할 수 없게 한 정당한 사유를 말하는 것이다. 그러므로 위법성의 인식을 할 수 없게 한 정당한 사유가 무엇인가에 대한 규명이 필요하다.

넷째, 법률의 부지를 형법 제16조의 법률의 착오로 본다면, 법률의 부지의 효과는 무엇인가 하는 점이다. 이에 관해 법률의 착오가 정당한 이유가 있으면 "벌하지 아니한다"는 형법 제16조의 규정은 행위자의 고의를 조각하는 것인지, 아니면 책임을 조각하는 것인지를 불분명한 채로 두고 있다. 종래의 판례도 일부는 고의를 조각한다고 보거나, 아니면 처벌하지 아니한다고만 하고 있어 그 기준을 논리 일관되게 제시하지 않고 있는 실정이다. 따라서 이 점에 대해 해명이 필요하다.

1. 위법성 인식의 체계적 지위

위법성의 인식이 책임요소라는 데 대해서는 이론이 없지만 종래 고의와의 관계를 둘러싸고 논의가 무성하였다.

(1) 고의설

이 견해는 위법성의 인식을 고의의 구성요소로 보는 입장이다. 따라서 범죄사실을 인식했다고 하여 그것만으로 고의가 성립하는 것은 아니다. 고의를 자신의 행위가 금지규범에 반한다는 사실을 알면서도 이를 결행하는 것으로 보기 때문에 고의책임은 불법의 인식을 전제로 하게 된다. 위법성을 인식하지 못하면 과실범으로 처리한다. 그러나 고의범에 상응하는 과실범이 항상 있는 것도 아니고 위법의 인식이 없는 자를 항상 과실범으로 처리하는 것은 처벌의 흠결을 가져오게 된다.

고의설은 다시 위법의 인식 정도에 따라 **엄격고의설**과 **제한적 고의설**로 나누어진다. **엄격고의설**에 따르면 고의란 현실적 인식이므로 고의의 요소인 위법성의 인식도 현실로 있어야 한다. 따라서 사실의 착오와 법률의 착오를 구별할 필요가 없다. 그러나 이 요구는 너무 엄격하여 비현실적 임. 곧 법에 무관심하거나 적대적인 자, 확신범이나 격정범은 위법성의 현실적 인식이 없어 고의범처벌이 불가능하게 되는 문제가 있다. **제한적 고의설**에 따르면 위법성인식가능성 있으면 고의가 인정된다. 위법성의 인식은 구성요건적 사실의 인식에 수반되는 정도의 인식이므로 전자에 대한 인식이 있으면 일반적으로 후자도 인식할 수 있기 때문이다. 그러나 고의의 구성요소를 현실적

인식이 필요한 것과 인식이 가능한 것(현실적 인식이 결여된)으로 구분한다면 결국 인식이 없어도 고의가 성립하게 되어 과도한 책임 추궁으로 이어진다.

이로부터 고의성립과 위법성의 인식은 무관하다는 쪽으로 방향을 전환하기에 이르렀다.

(2) 책임설

위법성의 인식은 고의의 구성요소가 아니라 독자적인 책임요소라는 입장이다. 고의란 현재적 인식이어야 한데 위법성에 대해서도 이러한 인식을 요구하는 것은 형사정책적 결함을 초래하게 된다. 이를 피하기 위해 위법성의 인식에 등급을 매겨 현실적 인식이 있으면

가장 무겁게, 다음으로 인식이 가능했으면 가볍게, 그 불인식이 불가피하면 책임을 조각하는 등으로 위법성의 인식을 책임에 영향을 미치는 요소로 본다.

책임설은 다시 **위법성조각사유의 전제사실에 대한 착오**의 해결을 둘러싸고 **엄격책임설**과 **제한적 책임설**로 나뉘어 진다. **엄격책임설**은 주로 목적적 행위론자들이 취한다. 이 견해에 의하면 위법성과 관련한 일체의 착오는 고의성립과는 무관하다는 것이다. 따라서 그것이 위법성조각사유에 대한 것이든 위법성조각사유의 전제가 되는 객관적 사정에 관한 것이든 상관없이 위법성과 관련한 착오는 모두 법률의 착오로 보게 된다. 즉 고의를 오직 구성요건적 요소로 보고 싶어 하므로 고의를 조각시킬 수 있는 착오 또한 오로지 구성요건적 사실 그 자체에 대해 착오를 일으키는 것이어야 한다고 한다. **제한적 책임설**은 엄격책임설과 같은 기조이나 위법성과 관련한 착오 가운데서 제3유형의 착오(위법성조각 전제사실에 관한 착오 유형)에 대해서만 고의를 부정한다. 즉 제3유형의 착오는 구성요건적 사실이 아니라 정당화 상황을 연출하는 사실에 관한 착오이므로 순수한 사실의 착

오는 아니지만 이와 유사하며 그 간격은 법률의 착오보다 사실의 착오 쪽에 가깝다고 본다.

참고문헌

송광섭, “책임설의 문제점에 관한 소고”, 형사법연구 제11호, 1999, 19-39면.

Ⅳ. 법률의 착오

1. 법률의 착오의 의의

[도입 판례]

대법원 1985.4.9. 선고 85도25 판결【미성년자보호법위반】

사실관계

갑은 “천지창조”라는 디스코클럽을 경영하는 사람이다. 유흥업소 업주들은 미성년자의 업소출입이 주요한 관심사였으므로 관할 경찰당국에 청소년 유해업소 출입단속대상자의 기준에 대하여 질의를 하였으나 뚜렷한 대답을 얻지 못하고 있었다. 그러던 중 경찰당국은 단속대상자가 18세 미만자와 고등학생이라는 공문을 하급경찰관서에 시달하였고 그 내용을 업주들도 알게 되었다.
이와 같은 사정하에서 “천지창조”의 경영주 갑은 위 기준을 종업원에게 알려주고 연말 무렵 만 18세 이상자이고 고등학생이 아닌 청소년(20세 미만인 재수생 또는 대학생들로 생각됨) A 등 10여명을 출입시켜 주류를 판매하였다.

판결요지

가. 형법 제16조에 자기의 행위가 법령에 의하여 죄가 되지 아니한 것으로 오인한 행위는 그 오인에 정당한 이유가 있는 때에 한하여 벌하지 아니한다고 규정하고 있는 것은 단순한 법률의 부지의 경우를 말하는 것이 아니고 일반적으로 범죄가 되는 행위이지만 자기의 특수한 경우에는 법령에 의하여 허용된 행위로서 죄가 되지 아니한다고 그릇 인식하고 그와 같이 그릇 인식함에 있어 정당한 이유가 있는 경우에는 벌하지 아니한다는 취지이다.

나. 유흥접객업소의 업주가 경찰당국의 단속대상에서 제외되어 있는 만 18세 이상의 고등학생이 아닌 미성년자는 출입이 허용되는 것으로 알고 있었더라도 이는 미성년자보호법 규정을 알지 못한 단순한 법률의 부지에 해당하고 특히 법령에 의하여 허용된 행위로서 죄가 되지 않는다고 적극적으로 그릇 인정한 경우는 아니므로 비록 경찰당국이 단속대상에서 제외하였다 하여 이를 법률의 착오에 기인한 행위라고 할 수는 없다.

사건의 경과

제1심 법원은 피고인이 행위를 하게 된 경위를 고려하면 법령에 의하여 죄가 되지 아니한 것으로 오인하여 미성년자를 출입시키고 주류를 판매한 것이라고 할 것이고 한편 그러한 오인이 직접적인 단속기관인 경찰의 단속지침을 신뢰한 것에서 비롯된 것이라면 그와 같은 오인을 하게 된 데에 대하여 형법 제16조 소정의 정당한 이유가 있다고 인정하여 무죄를 선고하였다. 검사는 다음과 같은 **항소이유**로써 항소하였다. 첫째, 유흥접객업주들에게 "18세 미만자와 고등학생의 접객업소 출입한계"에 관한 교양을 실시한 사실이 전혀 없을 뿐만 아니라 더욱이 고등학생이 아닌 18세 이상 20세 미만자에 대해 접객업소의 출입을 시켜도 좋다는 취지의 교육을 하거나 공문을 발송한 사실도 전혀 없다는 것이다. 둘째, 민법상 미성년자보호법의 적용대상은 20세 미만의 미성년자임이 명백하므로 경찰의 중점대상이 18세 미만자와 고등학생이라는 내용의 행정규칙이나 지시가 있었다고 하더라도 이것은 경찰 자체의 일시적인 내부지침에 불과할 뿐이라는 것이다. 셋째, 피고인은 이전부터 유흥업소에 종사하고 있어 위 법의 적용대상이 20세 미만의 미성년자인 사실을 익히 알고 있었다고 봄이 경험칙상 합당하며, 더 나아가 자기의 행위가 위법하다는 인식은 그 범죄사실이 사회정의와 조리에 어긋난다는 점에 대한 인식정도로써 족하다고 할 것이므로 유죄의 죄책을 면할 수 없다는 것이다. 이에 대해 **원심법원**은 피고인은 유흥접객업소를 운영함에 있어서 미성년자보호법에 의하여 출입을 시키거나 주류를 판매하여서는 아니 되는 대상은 일률적으로 20세 미만인 미성년자 전부가 아니라 18세 미만인 자 또는 고등학생에 한정되는 것으로 알고, 고등학생이 아니거나 18세 이상인 자라면 위 유흥접객업소 내에 출입시키거나 주류를 판매하더라도 미성년자보호법에 저촉되지 아니하는 것으로 오인하게 되었다는 사실을 확정한 다음 피고인이 그와 같은 오인에 이르게 된 전후사정을 감안하여 볼 때 그 오인에는 정당한 이유가 있다고 본 조치는 충분히 수긍할 수 있고 거기에 판결에 영향을 미친 사실오인의 위법이 있거나 법률의 착오에 관한 법리오해의 위법이 있다고 할 수 없다고 하여 역시 무죄를 선고하였다. 이러한 원심판결에 대해 검사는 항소이유와 똑같은 논거를 가지고 상고를 했고, 이에 대하여 **대법원**은 검사의 항고를 받아들이는 판결을 다음과 같은 이유로 하였다. “형법 제16조에 자기의 행위가 법령에 의하여 죄가 되지 아니하는 것으로 오인한 행위는 그 오인에 정당한 이유가 있는 때에 한하여 벌하지 아니한다고 규정하고 있는바, 이는 단순한 법률의 부지의 경우를 말하는 것이 아니고, 일반적으로는 범죄가 되는 행위이지만 자기의 특수한 경우에는 법령에 의하여 허용된 행위로서 죄가 되지 아니한다고 그릇 인식하고 그와 같이 그릇 인식함에 있어서 정당한 이유가 있는 경우에는 벌하지 아니한다는 취지로 풀이할 것이다. 이 사건에 있어서 위에서 본 바와 같이 피고인은 유흥접객업소 내에 출입시키거나 주류를 판매해서는 아니 되는 대상이 18세 미만자 또는 고등학생에 한정되고, 20세 미만의 미성년자 전부가 이에 해당된다는 미성년자보호법의 규정을 알지 못하였다는 것이므로 이는 단순한 법률의 부지에 해당한다 할 것이고 피고인의 소위가 특히 법령에 의하여 허용된 행위로서 죄가 되지 아니한다고 적극적으로 그릇 인정한 경우는 아니므로 범죄의 성립에 아무런 지장이 될 바 아니고 또 미성년자보호법 제4조 제1항, 제2항에 위반되는 이상 경찰당국이 당시 미성년자의 유흥접객업소 출입단속대상에서 고등학생이 아닌 18세 이상의 미성년자를 제외하였다 하여 그로 인하여 그 범죄의 성립에 어떠한 영향을 미친다고는 할 수 없으므로 피고인이 이를 믿었다고 하여 법령에 저촉되지 않는 것으로 오인함에 정당한 이유가 있는 경우에 해당한다고도 할 수 없을 것이다."고 원심판결을 파기환송하였다.

[관련 판례 1]

대법원 2006.3.24. 선고 2005도3717 판결【공직선거및선거부정방지법위반】

형법 제16조에서 자기가 행한 행위가 법령에 의하여 죄가 되지 아니한 것으로 오인한 행위는 그 오인에 정당한 이유가 있는 때에 한하여 벌하지 아니한다고 규정하고 있는 것은 일반적으로 범죄가 되는 경우이지만 자기의 특수한 경우에는 법령에 의하여 허용된 행위로서 죄가 되지 아니한다고 그릇 인식하고 그와 같이 그릇 인식함에 정당한 이유가 있는 경우에는 벌하지 아니한다는 취지이고, 이러한 정당한 이유가 있는지 여부는 행위자에게 자기 행위의 위법의 가능성에 대해 심사숙고하거나 조회할 수 있는 계기가 있어 자신의 지적 능력을 다하여 이를 회피하기 위한 진지한 노력을 다하였더라면 스스로의 행위에 대하여 위법성을 인식할 수 있는 가능성이 있었음에도 이를 다하지 못한 결과 자기 행위의 위법성을 인식하지 못한 것인지 여부에 따라 판단하여야 할 것이고, 이러한 위법성의 인식에 필요한 노력의 정도는 구체적인 행위정황과 행위자 개인의 인식능력 그리고 행위자가 속한 사회집단에 따라 달리 평가되어야 한다.

[관련 판례 2]

대법원 2000.8.18. 선고 2000도2943 판결【사문서위조(일부인정된 죄명 : 자격모용에의한사문서작성), 위조사문서행사, 부동산등기특별조치법위반, 부동산중개업법위반】

형법 제16조에 자기의 행위가 법령에 의하여 죄가 되지 아니하는 것으로 오인한 행위는 그 오인에 정당한 이유가 있는 때에 한하여 벌하지 아니한다고 규정하고 있는 것은 단순한 법률의 부지의 경우를 말하는 것이 아니고, 일반적으로 범죄가 되는 경우이지만 자기의 특수한 경우에는 법령에 의하여 허용된 행위로서 죄가 되지 아니한다고 그릇 인식하고 그와 같은 그릇 인식함에 정당한 이유가 있는 경우에는 벌하지 아니한다는 취지이므로, 부동산중개업자가 부동산중개업협회의 자문을 통하여 인원수의 제한 없이 중개보조원을 채용하는 것이 허용되는 것으로 믿고서 제한인원을 초과하여 중개보조원을 채용함으로써 부동산중개업법 위반행위에 이르게 되었다고 하더라도 그러한 사정만으로 자신의 행위가 법령에 저촉되지 않는 것으로 오인함에 정당한 이유가 있는 경우에 해당한다거나 범의가 없었다고 볼 수는 없다.

판례의 검토

* Q 1	[도입판례]에서 대법원이 '정당한 이유'가 없다고 판시한 근거는 무엇인가?
* Q 2	행정기관의 법해석을 신뢰한 경우, '정당한 이유'가 있다고 판단할 수 있는가?
* Q 3	행위자가 관할 관청에 조회하지는 않았지만 조회를 했더라도 잘못된 회신을 받았을 것이라면 법률의 착오를 적용할 수 있는가?
* Q 4	[관련 판례 1]에서 피고인의 행위는 어떠한 죄책의 가능성이 있는가?
** Q 5	[관련 판례 1]에서 피고인에게 법률의 위반이 존재하는 경우 갑이 자신의 의정보고서의 제작과 배포는 국회의원으로서 정당한 의정활동이므로 해당 법률에 대한 착오가 존재한다고 볼 수 있는가?
* Q 6	[관련 판례 1]에서 피고인이 행한 법률의 착오에는 정당한 이유가 있다고 볼 수 있는가?
* Q 7	대법원이 요구하는 정당한 이유의 판단기준을 설명하시오.
** Q 8	조회의무와 그 대상에 따라 법원의 판단이 달라지는 이유를 설명해보시오.
* Q 9	변호사 및 변리사에 조회한 경우의 정당한 이유인정 여부를 설명해보시오.
** Q 10	'회피가능성'을 인정할 수 있는 구체적인 전제와 요건을 설명하시오.

금지착오에 있어 정당한 이유의 구체적인 판단척도는 예방적·규범적 책임개념에 따라 먼저 행위자가 처한 객관적 사정과 주관적 능력에 비추어 행위자에게 자기행위의 위법성에 대하여 인식할 수 있는 실질적인 가능성이 존재하였는가, 그리고 행위자가 자기행위의 법적 성질에 대하여 심사숙고하거나 그에 따라 조회할 수 있는 구체적인 계기를 가졌는가, 나아가 주어진 위법성인식가능성을 이용할 수 있다는 것이 행위자에게 기대가능한가 이다. 또한 계기가 현존하는 경우 행위자가 충분한 확인노력을 기울였는가도 그 판단기준으로 검토되어야 한다. 즉 형법 제16조에서 규정하고 있는 '정당한 이유가 있는 때'란 행위자에게 착오가 불가피한 경우를 말한다. 따라서 위법성의 인식가능성이 전혀 없는 경우에는 당연히 '정당한 이유'에 해당하며, 위법성의 인식가능성이 있더라도 그것을 회피할 수 없었을 때에는 '정당한 이유'에 해당하게 된다. 그리고 회피가능성의 판단기준에 대해서는 양심의 긴장설과 지적 인식능력 기준설의 견해가 대립한다. **양심의 긴장설**은 행위자가 행위시에 양심을 긴장하여 심사숙고하거나 조회를 하였다면 행위의 위법성을 알 수 있었던 경우에는 착오가 회피가능하므로 정당한 이유가 없다는 견해이다. 반면에 **지적 인식능력 기준설**은 위법성을 인식할 능력이 행위자에게 있었음에도 불구하고 그 능력을 발휘하지 못하여 위법성을 인식하지 못한 경우에는 착오는 회피가능하므로 정당한 이유가 없다는 견해이다. **[판례]**는 '오인에 과실이 없는 때'를 정당한 이유의 기준으로 보고 있다.

이와 같이 정당한 이유에 대한 판단은 행위자의 생활관계와 그가 처한 상황을 근거로 하여 그의 개인적 능력과 그에게서 기대할 수 있는 모든 상황으로 볼 때 자신의 행위의 불법을 합리적으로 변별할 수 있으며 이러한 행위자가 심사숙고를 하였을 때 자기행위의 위법성을 인식할 수 있었느냐가 그 기준이 된다. 따라서 사전에 알고 있는 직업영역에서 요구되는 준수사항이나 법률의 효력, 법원의 판결 또는 제3자의 견해 등에 대하여 그 타당성을 신뢰하였고, 자기행위의 올바른 법적 판단에 필요한 전문지식과 객관성을 가지고 심사숙고를 통하여 행위의 법적 성질을 충분히 알 수 있을 때에는 정당한 이유가 인정된다.

또한 이러한 심사숙고를 통하여 행위자가 자기행위의 위법성에 대하여 의문을 가졌다면 권한 있는 관계기관이나 법률전문가 또는 판결 등을 조회·확인하여야 할 의무가 있다는 점에서 확인 및 조회의무의 이행여부도 정당한 이유의 판단척도가 된다. 다만 여기서는 문의를 하였더라면 정보를 얻을 수 있었느냐 라는 사실판단의 문제가 아니라 수집된 정보가 어떠한 내용을 가지고 있는가가 중요한 고려대상이 된다.

이러한 구체적인 판단척도에 따라 대법원 판례를 중심으로 정당한 이유의 판단척도를 유형화하면 법률의 효력에 대하여 신뢰한 경우, 공적 기관의 법해석을 신뢰한 경우, 제3자로부터 수집한 정보를 신뢰한 경우, 법원의 판례를 신뢰한 경우, 공적 기관의 지시나 지침을 신뢰한 경우, 직무수행이나 직무범위내의 행위로 신뢰한 경우 등이다.

일반적으로 행위자가 수집한 정보를 신뢰하는 것은 보호가치가 있으므로 형법적으로 중요한 책임비난이 배제될 수 있다. 따라서 개별사례에 있어서 구체적으로 판단되어야 할 문제는 어떠한 전제조건하에서 수집된 정보가 신뢰보호를 위한 충분한 기초를 제공하느냐 이다. 이와 관련해서는 신뢰가치 있는 정보를 전달하여 주는 자의 범위를 어디까지로 볼 것이며, 정보가 신뢰가치성을 가지기 위해서는 어떠한 내용의 요구조건이 충족되어야 할 것인가가 논의될 수 있다.

특히 [관련 판례 2]의 경우 피고인은 1999.3.31. 법률 제5957호로 개정되어 1999.7.1.부터 시행되기 전의 부동산중개업법 제6조 제2항과 1999.6.30. 대통령령 제16462호로 개정되기 전의 같은 법 시행령

제8조 제1항에 의하여 공인중개사인 중개업자는 4인 이내의 중개보조원만을 둘 수 있음에도 불구하고, 부동산중개업협회의 자문을 통하여 인원수의 제한 없이 중개보조원을 채용하는 것이 허용되는 것으로 믿고 1999.5. 초순경 위 금강컨설팅에서 29명을 중개보조원으로 고용하였다고 하나 비록 부동산중개업법에 근거를 둔 단체라 하더라도 자신이 속한 이익집단의 성격을 가진 부동산중개업협회에 자문을 의뢰하여 그 답변을 신뢰한 것으로는 정당한 이유가 있었다고 볼 수 없다. 즉 피고인이 속한 협회가 피고인의 자문에 대하여 유리한 법적 견해를 표명했지만 이와 대립되는 판례나 문헌 또는 해당관청의 태도를 언급했거나, 또는 자문에 대한 답변과는 다른 견해가 또 다른 정보를 통하여 알려져 있다면 문제는 다르며 이 경우에는 대부분 불법의심이 여전히 존재한다고 볼 수 있다. 따라서 그 이상의 조사나 주의를 기울이는 것이 기대불가능하지 않다면 금지착오에는 정당한 이유가 없을 뿐만 아니라, 피고인 자신이 수행하는 직업과 관련된 법지식을 가진 자라면 그는 자신의 직업영역에 관한 법률문제에 대하여 직업 동료 내지 소속 집단의 판단을 전적으로 신뢰해서는 안 되며, 스스로 해당되는 판결이나 문헌을 조사해 보아야 할 것이다.

또한 신뢰할 만한 정보를 제공해 줄 수 있는 제공자의 범위와 관련하여 부동산중개업협회라는 이익집단 또는 그 대표자에게 일반적으로 제공하는 정보에 대한 객관성이 없다고 볼 수는 없지만, 이익집단의 대표자가 구체적인 개별사례에 있어서 그의 전문적 지식과 그 정보의 객관성을 충족하는 조건하에서만 신뢰가치 있는 정보제공자로 인정된다 할 것이다. 본 사안에서 문제되는 형법 제1조 제2항의 해석과 관련하여 대법원 판결은 일관되게 "법령의 개정이 법률이념의 변천으로 종래의 규정에 따른 처벌 자체가 부당하다는 반성적 고려에서 비롯된 것이라기보다는 사회·경제상황의 변화에 따른 특수한 정책적인 필요 등에 대처하기 위하여 취하여진 조치에 불과한 것인 경우에는 그 법령 시행 전의 범죄에 대한 벌칙 적용경과규정을 두지 않았다 하더라도 법령 개정 이전에 범하여진 위법행위에 대한 가벌성이 소멸되는 아니다"라고 판시하고 있으며, 이러한 판례의 입장은 그 직업수행에 있어 구체적인 법적 지식을 요하는 영역에 알려져 있다고 보아야 한다. 따라서 피고인 甲은 채용인원수를 제한하고 있는 관련법령을 확인하였으나 그 해석에 의문을 가진 구체적인 상황에서는 자신에게 유리한 협회의 판단 만을 신뢰해서는 안 되며, 스스로 해당되는 판결이나 문헌을 조사해 보거나 객관적이고 신뢰할 수 있는 정보를 제공해 줄 수 있는 법전문가에게 문의하였어야 한다는 점에서 정당한 이유가 인정되지 않는다는 판례의 입장은 타당하다.

참고문헌

김영환, "법률의 부지의 형법해석학적 문제점", 형사판례의 연구 I(이재상교수 화갑기념논문집), 2003, 47-80면.

이재상, "법률의 착오에 있어서 정당한 이유의 판단기준", 형사정책연구 제18권 제3호, 2007, 269-290면.

정현미, "법률의 착오에서 정당한 이유의 판단기준", 형사판례연구 제8권, 2000, 1-26면.

2. 위법성조각사유의 전제사실의 착오

[도입 판례]

대법원 1968.5.7. 선고 68도370 판결 【살인】

사실관계

피고인(상병)은 소속대의 경비병으로 복무를 하고 있는 자로서 1967.7.28. 오후 10시부터 동일 오후 12시까지 소속 연대장숙소 부근에서 초소근무를 하라는 명령받고 근무 중, 그 이튿날인 1967.7.27. 오전 1시30분 경 동소에서 다음번 초소로 근무를 하여야 할 상병 A(배희칠랑)과 교대시간이 늦었다는 이유로 언쟁을 하다가 피고인이 A를 구타하자 A는 흥분하여 "월남에서는 사람 하나 죽인 것은 파리를 죽이는 것이나 같았다. 너 하나 못 죽일 줄 아느냐"하면서, 소지하고 있던 카빙소총을 피고인의 등 뒤에 겨누며 실탄을 장전하는 등 발사할 듯이 위협을 하자 피고인은 당황하여 먼저 A를 사살치 않으면 위험하다고 느낀 피고인은 뒤로 돌아서면서 소지하고 있던 카빙소총을 A의 복부를 향하여 발사하여 그를 사망케 하였다.

판결요지

피해자인 공소외인에게 피고인을 상해할 의사가 없고 객관적으로 급박하고 부당한 침해가 없었다고 가정하더라도 원심이 인정한 사실자체로 보아도 피고인으로서는 현재의 급박하고도 부당한 침해가 있는 것으로 오인하는데 대한 정당한 사유가 있는 경우(기록에 의하면 공소외인은 술에 취하여 초소를 교대하여야 할 시간보다 한시간 반 늦게 왔었고, 피고인의 구타로 동인은 코피를 흘렸다는 것이며, 동인은 코피를 닦으며 흥분하여 "월남에서는 사람하나 죽인 것은 파리를 죽인 것이나 같았다. 너 하나 못 죽일 줄 아느냐"라고 하면서 피고인의 등 뒤에 카빙총을 겨누었다고 한다)에 해당된다고 아니할 수 없음에도 불구하고, 원심이 위와 같은 이유로서 피고인의 정당방위의 주장을 배척하였음은 역시 오상방위에 관한 법리를 오해한 위법이 있다.

[관련 판례 1]

대법원 1986.10.28. 선고 86도1406 판결【무단이탈】

소속 중대장의 당번병이 근무시간 중은 물론 근무시간 후에도 밤늦게 까지 수시로 영외에 있는 중대장의 관사에 머물면서 집안일을 도와주고 그 자녀들을 보살피며 중대장 또는 그 처의 심부름을 관사를 떠나서까지 시키는 일을 해오던 중 사건당일 중대장의 지시에 따라 관사를 지키고 있던 중 중대장과 함께 외출나간 그 처로부터 24:00경 비가 오고 밤이 늦어 혼자 귀가할 수 없으니 관사로부터 1.5킬로미터 가량 떨어진 지점까지 우산을 들고 마중을 나오라는 연락을 받고 당번병으로서 당연히 해야 할 일로 생각하고 그 지점까지 나가 동인을 마중하여 그 다음날 01:00경 귀가하였다면 위와 같은 당번병의 관사이탈 행위는 중대장의 직접적인 허가를 받지 아니 하였다 하더라도 당번병으로서의 그 임무범위 내에 속하는 일로 오인하고 한 행위로서 그 오인에 정당한 이유가 있어 위법성이 없다고 볼 것이다.

[관련 판례 2]

대법원 1996.8.23. 선고 94도3191 판결【출판물에의한명예훼손(명예훼손)】

원심은 피고인의 위 취재보도를 형법 제307조 제2항의 허위사실적시명예훼손죄로 의율한 예비적 공소사실에 대하여 피고인이 위 기사내용을 허위라고 인식하였음을 인정할 증거가 없으므로 피고인을 허위사실 적시로 인한 명예훼손죄로 처벌할 수는 없고 다만 형법 제307조 제1항의 죄로 처벌할 여지가 있을 뿐이라고 전제한 다음, 명예훼손죄에 있어서는 개인의 명예보호와 정당한 표현의 자유보장이라는 상충되는 두 법익의 조화를 꾀하기 위하여 형법 제310조를 규정하고 있으므로 적시된 사실이 공공의 이익에 관한 것이면 진실한 것이라는 증명이 없다 할지라도 행위자가 진실한 것으로 믿었고 또 그렇게 믿을 만한 상당한 이유가 있는 경우에는 위법성이 없다고 보아야 할 것 인데, 위 기사는 당시 평양에서 벌어진 세계청년학생축전에 학생운동권 대표가 비밀리에 참가한 것을 계기로 정부수사기관과 학생운동권 간의 긴장이 고조되고 있던 시점에서 중앙대 안성캠퍼스 총학생회장인 이내창이 거문도의 외딴 해수욕장에서 의문의 변사체로 발견된 것과 관련하여 제기된 의혹들을 취재하여 보도하는 과정에서 작성된 것으로 그 주요 목적이 공공의 이익에 관한 것으로 볼 수 있고, '이내창이 사망 직전에 마지막으로 동행한 사람은 백승희와 안기부 요원인 공소외 1이였다.'라는 취지의 이 사건 기사내용이 진실이라는 것을 입증할 증거가 없고 나아가 그것이 결국에는 사실과 다른 것으로 밝혀졌다 하더라도 안기부의 추적대상이었을 것으로 추정되는 이내창이 거문도에까지 와서 사망하게 된 경위와 그 사망 원인에 의혹이 제기되고 있던 터에 안기부 직원인 공소외 1이 여수에서 거문도까지 가는 배에 위 이내창과 동승하였던 것으로 밝혀지고 나아가 이내창과 공소외 1의 일행이 거문도에서 함께 동행하고 있는 것을 보았다는 목격자까지 나왔으나 그들이 석연치 않은 이유로 그 진술을 번복하였던 까닭에 피고인이 위 기사내용을 진실이라고 믿고 보도하게 되었던 것이므로 피고인이 그와 같이 믿은 데에는 객관적으로 그럴 만한 상당한 이유가 있었다 할 것이어서 피고인의 행위는 형법 제310조에 따라 처벌할 수 없다고 봄이 상당하다고 판시하였다.

원심판결 이유를 기록과 대조하여 검토하면, 원심의 이와 같은 인정 판단은 모두 정당하고, 거기에 소론과 같은 채증법칙 위반이나 법리 오해의 잘못이 없다. 논지는 이유 없다.

판례의 검토

* Q 1	오상방위와 과잉방위를 공통점과 차이점을 설명하시오.
** Q 2	위법성조각사유의 전제사실의 착오에 관한 학설에는 어떠한 것들이 있으며, 이러한 학설에 의할 때 [도입 판례]에서 피고인의 형사책임은 어떻게 되는가?

* Q 3	위법성조각사유의 전제사실의 착오에 빠진 제3자를 이용한 자의 형사책임은 어떻게 되는가?

위법성조각사유의 전제사실에 대한 착오란 객관적인 위법성조각사유의 상황이 존재하지 않음에도 불구하고 존재한다고 오신하고 위법성조각사유에 해당하는 행위를 하는 것을 말한다. [도입 판례]의 사안과 같이 위법성조각사유의 (객관적) 전제사실이 현실적으로 존재하지 아니함 에도 불구하고(피해자 A에게는 피고인을 살해할 의사가 없고 객관적으로 급박하고 부당한 침해가 없었으므로 정당방위의 객관적 정당화 상황인 '현재의 부당한 침해'가 없음) 이것이 존재하는 것으로, 착오로 오인하여(피고인은 A가 자신의 등 뒤에서 카빙총을 겨누면서 실탄을 장전하는 등 발사할 듯 위협하므로 자신을 살해하려 의도로 오인하였으므로 '현재의 부당한 침해'가 있는 것으로 착오를 일으켰음) 위법성조각사유에 해당하는 행위(정당방위를 행함)를 한 경우를 말한다. 이는 사실의 착오[구성요건적 착오 : 사안에서 인식사실(살인)≠발생사실(단순 위협)]와 법률의 착오(위법성의 착오 : 사안 행위자는 살인에 대한 방위행위를 한다고 생각하였으므로 위법성의 인식이 없음)의 양자에 걸려 있는 문제로 학설이 대립한다.

위법성조각사유의 전제사실의 착오에 대한 학설을 정확히 이해한다는 것은 범죄체계론을 정확히 이해하고 있다는 것과 같을 정도로 범죄체계론과 밀접한 관련이 있다. 즉 기본적으로는 위법성조각사유의 전제사실의 착오는 위법성조각사유로 주관적 정당화요소를 필요로 하는 목적적 범죄체계이후에서부터 그 의미가 있으며, 따라서 엄격책임설부터 본격적인 위법성조각사유의 전제사실의 착오가 논의된다. 상세한 학설의 대립은 이미 위법성의 인식 부분에서 언급하였다. 주의할 것은 하나의 견해가 새로이 나올 때마다 이전의 학설의 단점을 보완하려고 한다는 점을 염두에 두어야 한다. 각 견해의 중요쟁점은, ⓐ 구체적 타당성 ⓑ 논리적 우수성 ⓒ 체계적합성 등이므로 이 부분에 주목하면서 각 학설을 이해하여야 한다는 것이다.

참고문헌

김경락, "오상방위의 형사책임", 비교형사법연구 제8권 제1호, 2006, 95-124면.

손동권, "오상(과잉)방위의 효과", 형사법연구 제12호, 1999, 115-136면.

정현미, "과잉방위와 오상과잉방위", 형사판례연구 제16권, 2008, 1-35면.

Ⅴ. 기대가능성

[도입 판례]

대법원 1987.7.7. 선고, 86도1724 전원합의체 판결【모해위증】

사실관계

A의 사업이 도산하자 A의 채권자들은 A소유의 P건물을 처분하여 채권을 회수하기로 하고, P건물에 대한 소유권이전등기 소요서류를 확보하여 채권자단 대표 B에게 맡겨 두었다.

어느날 갑은 B에게 접근하여 P건물의 등기관계서류를 구비해 주면 C사장에게 보이고 자금을 지원받아 채무를 정리해주겠다고 말하여 B로부터 등기서류를 교부받은 후 자기 부인 D의 이름으로 P건물의 소유권이전등기를 마쳐버렸다.

P건물의 소유권명의가 D 앞으로 넘어가자 A의 채권자들은 채권자단 대표 B를 배임죄로 고소하였고, B는 자신의 결백을 주장하기 위하여 갑을 사기죄로 고소하였다. 검사는 B와 갑을 각각 배임죄와 사기죄로 기소하였다.

이후의 사건진행과정에서 갑은 B에 대한 배임죄 피고사건을 심리하는 법정에서 증인으로 소환받아 선서를 한 다음, 그 당시 B가 P건물을 다른 채권자들이 압류할지 모르고 인감시효도 말료되어 가니 빨리 자기 앞으로 명의를 이전해 가라고 독촉하기 때문에 자기 처 D 앞으로 소유권을 이전한 것이라고 진술하였다. 그런데 이 진술은 허위임이 판명되었다.

판결요지

가. 위증죄는 선서를 한 증인이 허위진술을 함으로써 성립하는 죄이며 국가의 재판권, 징계권을 적정하게 행사하기 위한 것이 그 주된 입법 이유이다.

나. 증인으로 선서한 이상 진실대로 진술한다고 하면 자신의 범죄를 시인하는 진술을 하는 것이 되고 증언을 거부하는 것은 자기의 범죄를 암시하는 것이 되어 증인에게 사실대로의 진술을 기대할 수 없다고 하더라도 형사소송법상 이러한 처지의 증인에게는 증언을 거부할 수 있는 권리를 인정하여 위증죄로부터의 탈출구를 마련하고 있는 만큼 적법행위의 기대 가능성이 없다고 할 수 없으므로 선서한 증인이 증언거부권을 포기하고 허위의 진술을 하였다면 위증죄의 처벌을 면할 수 없다.

[관련 판례 1]

대법원 2008.10.23. 선고 2005도10101 판결【위증】

피고인에게 적법행위를 기대할 가능성이 있는지 여부를 판단하기 위하여는 행위 당시의 구체적인 상황 하에 행위자 대신에 사회적 평균인을 두고 이 평균인의 관점에서 그 기대가능성 유무를 판단하여야 한다. 또한, 자기에게 형사상 불리한 진술을 강요당하지 아니할 권리가 결코 적극적으로 허위의 진술을 할 권리를 보장하는 취지는 아니며, 이미 유죄의 확정판결을 받은 경우에는 일사부재리의 원칙에 의해 다시 처벌되지 아니하므로 증언을 거부할 수 없는바, 이는 사실대로의 진술 즉 자신의 범행을 시인하는 진술을 기대할 수 있기 때문이다. 이러한 점 등에 비추어 보면, 이미 유죄의 확정판결을 받은 피고인은 공범의 형사사건에서 그 범행에 대한 증언을 거부할 수 없을 뿐만 아니라 나아가 사실대로 증언하여야 하고, 설사 피고인이 자신의 형사사건에서 시종일관 그 범행을 부인하였다 하더라도 이러한 사정은 위증죄에 관한 양형참작사유로 볼 수 있음은 별론으로 하고 이를 이유로 피고인에게 사실대로 진술할 것을 기대할 가능성이 없다고 볼 수는 없다.

[관련 판례 2]

대법원 1966.3.22. 선고 65도1164 판결【업무방해】

입학시험에 응시한 수험생으로서 자기 자신이 부정한 방법으로 탐지한 것이 아니고 우연한 기회에 미리 출제될 시험문제를 알게 되어 그에 대한 답을 암기하였을 경우 그 암기한 답에 해당된 문제가 출제되었다 하여도 위와 같은 경위로서 암기한 답을 그 입학시험 답안지에 기재하여서는 아니된다는 것을 그 일반 수험생에게 기대한다는 것은 보통의 경우 도저히 불가능하다 할 것이다.

[관련 판례 3]

대법원 2008.10.9. 선고 2008도5984 판결【근로기준법위반】

기업이 불황이라는 사유만으로 사용자가 근로자에 대한 임금 등을 체불하는 것은 허용되지 아니한다. 그러나 모든 성의와 노력을 다했어도 임금의 체불이나 미불을 방지할 수 없었다는 것이 사회통념상 긍정할 정도가 되어 사용자에게 더 이상의 적법행위를 기대할 수 없거나 불가피한 사정이었음이 인정되는 경우, 그러한 사유는 구 근로기준법(2007.4.11. 법률 제8372호로 전부 개정되기 전의 것) 제36조 위반죄의 책임조각사유가 된다.

판례의 검토

* Q 1 | 기대가능하다 또는 기대불가능하다고 할 때 과연 "무엇"이 기대가능하거나 불가능하다는 것인가?

** Q 2 | 기대가능성의 주장이 실무상 잘 받아들여지지 아니하는 이유와 그에 대한 개선책을 검토하라.

* Q 3 | 확신범이나 양심범과 같이 자신의 종교적 · 윤리적 내지 정치적 신념에 따라 저가치의 의무를 이행한 경우에 기대불가능성을 주장할 수 있는가?

기대가능성이란 행위시의 구체적인 사정으로 보아 행위자가 범죄행위를 하지 않고 적법행위를 할 것을 기대할 수 있는 가능성을 말한다. 형법상 기대가능성이란 행위 당시의 구체적 사정으로 보아 행위자가 범죄행위를 하지 않고 적법행위를 할 것을 기대할 수 있는 가능성을 말한다. 문제는 이러한 기대가능성이 없을 때, 즉 기대불가능성을 이유로 책임이 조각된다는 점에 형법상 중요한 의의가 있다. 책임의 본질이 비난가능성에 있다는 규범적 책임론(통설)에 의할 때, 적법행위의 기대가능성이 있어야 행위자를 비난할 수 있고 기대가능성이 없으면 행위자를 비난할 수 없게 된다. 따라서 기대가능성은 비난가능성의 본질적 요소가 된다.

독일의 Leinenfänger사건(1897)이 기대가능성 법리의 발단이 되었다. 이 판결은 마차업자에게 고용되고 있던 피고인이 말고삐를 그 꼬리로 감으면서 마부(피고인)의 통제를 듣지 않는 나쁜 버릇이 있는 말을 몰다가 통행인에게 부상을 입힌 사건인 바, 마부가 악습있는 말이라는 것을 알고서 사고를 두려워하여 사용주에게 몇 번이나 다른 안전한 말과 교환해 달라고 요청하였지만 그때마다 사용주는 해고로서 위협하므로 할 수 없이 그 말을 끌고 영업을 하지 않을 수 없었던 구체적 사정을 고려하여 그 지위와 빵을 잃어가면서 주인의 명령에 거부할 것을 피고인에게 기대할 수 없다는 이유로 무죄로 하였다(과실치상죄로 기소된 사건이다). 이러한 마부사건을 계기로 Frank의 「책임개념의 기초에 관하여(1907)」라는 논문을 통해 형법이론으로 도입되기 시작한다. 이러한 기대가능성은 종래의 심리적 책임론에 대해 규범적 책임론을 전개하는 바탕이 되고 규범적 책임론의 핵심개념으로 자리 잡는다. 우리나라에서는 기대불가능성을 일반적인 **초법규적 책임조각사유**로 이해하는 것이 다수설·판례의 태도이다.

참고문헌

윤종행, "부작위범에 있어서 기대가능성의 체계적 지위", 형사법연구 제18호, 2002, 211-232면.

이정원, "기대가능성과 책임조각사유", 형사법연구 제26호, 2006.12, 25-46면.

특수한 범죄형태

제5장

[§ 7] 과실범, 결과적 가중범, 부작위범

Ⅰ. 과실범

1. 주의의무

[도입 판례]

대법원 2003.1.10. 선고 2001도3292 판결【업무상과실치상】

사실관계

피고인 1은 서울 동작구에 있는 종합병원내과 전문의로 근무하던 자이고, 피고인 2는 같은 병원 내과 레지던트로 근무하던 자인바, 같은 병원 신경과 공소외 1과 순차로 상호 공모하여, 1992.8.1.경 위 종합병원에서, 피해자(43세)가 격심한 두통과 분출성 구토 등으로 입원을 하게 되었는바, 피해자는 같은 해 6.23.경부터 1주일간 도끼로 머리를 찍는 듯한 격심한 두통과 분출성 구토 증세를 보였고, 같은 해 7.12.경 같은 증세와 함께 머리를 두 손으로 감싸고 "아이구, 아이구"하는 비명까지 지르는 등 분출성 구토를 동반한 심한 두통증세를 보여 같은 해 7.20.경 위 병원 내과에서 공소외 최상운으로부터 외래진료를 받고, 고혈압이라는 진단 하에 혈압강하제를 복용하였으나, 여전히 위 병세가 낫지 아니하여, 위와 같은 두통과 구토에 관한 전문적인 진찰과 치료를 받기 위하여, 같은 해 8.1.부터 15일간 입원을 하게 되었으면, 그 주치의인 피고인 2, 담당과장인 피고인 1으로서는 피해자에 대한 자세한 병력과 증세, 건강상태 등에 관하여 정확히 문진하여 위와 같은 증상을 파악함과 동시에, 초진시 피해자의 측정혈압 수치가 130-110mmHg으로 최저혈압이 정상인보다 많이 높았었기 때문에, 피해자가 단순 고혈압이 아닌 뇌압 상승에 의한 2차성 고혈압, 즉 뇌동맥류 파열에 의한 뇌지주막하출혈 등 병인성 고혈압일 가능성이 충분하였으므로, 그 원인에 대한 정확한 진단을 위하여 뇌전산화단층촬영, 척수액검사 등의 정밀검사조치를 취하여, 피해자의 두뇌에 있는 뇌동맥류 파열 여부를 조기발견하고, 뇌동맥류 제거수술을 함으로써 뇌동맥류의 대파열을 사전에 방지할 수 있었음에도, 공소외 1에게 신경과 협의진료를 보내어 회신받은 내용인 "뇌신경에 이상이 없다."는 취지의 공소외 1의 소견을 경솔히 오신한 나머지, 피해자에 대한 병세를 제대로 관찰 내지 진단을 하지 아니하고, 혈압강하제만 계속 투여하면서 피해자의 위와 같은 병세 및 입원동기와는 무관한 복부전산화단층촬영, 간초음파 검사를 실시하는 등 오진을 하여, 입원기간 동안 계속적으로 진행되어 온 뇌동맥류 파열에 의한 지주막하출혈을 발견하지 못하고, 공소외 1은, 같은 해 8.3.경 위 병원 신경과에서 피고인 2, 1의 협의진료 요청을 받았으면, 피해자의 두통과 구토증세에 관한 정확한 병력, 두통의 초발시기, 두통의 부위와 강도 및 지속성 여부, 분사성 구토의 동반 여부 등에 대한 상세하고 정확한 문진과 아울러 안구운동 및 안저검사, 대광반사, 구역반사 등을 포함한 뇌신경검사, 경부항직검사 등을 실시하여, 두통과 분사성 구토로 인하여 입원한 피해자의 뇌동맥류 파열에 의한 지주막하출혈 가능성 여부를 면밀히 검토하여 진단하여야 함에도, 형식적인 문답과 무릎을 두드려 보는 타전검사만을 한 채, 위와 같은 기본적인 필수 검사조차 실시하지도 아니함으로써, 위 증세를 발견하지 못한 채 정상인과 다름없다는 취지인 "이상소견 없다."고 오진을 하는 등 피고인들과 공소외 1의 위와 같은 순차적 업무상 과실로 인하여 피해자에게 혈압강하제만 투여하였을 뿐, 뇌지주막하출혈에 대한 근본적 치료를 하지 못함으로써, 피해자로 하여금 입원기간 내인 같은 해 8.10.경 뇌동맥류 소파열에 의한 1차 지주막하출혈을 야기시키고, 같은 해 11.10. 2차 출혈을 야기시키고, 같은 해 11. 19.경 뇌동맥류 대파열에 의한 지주막하출혈로 인하여 같은 해 12.4.경 연세대학교 세브란스 병원에서 뇌동맥류 결찰 수술을 받았으나, 회복되지 못하고 의식불명상태인 이른바 식물인간의 상태에 이르게 하는 상해를 입게 하였다.

판결요지

[1] 의료사고에 있어서 의사의 과실을 인정하기 위해서는 의사가 결과 발생을 예견할 수 있었음에도 불구하고 그 결과 발생을 예견하지 못하였고, 그 결과 발생을 회피할 수 있었음에도 불구하고 그 결과 발생을 회피하지 못한 과실이 검토되어야 하고, 그 과실의 유무를 판단함에는 같은 업무와 직무에 종사하는 일반적 보통인의 주의 정도를 표준으로 하여야 하며, 이에는 사고 당시의 일반적인 의학의 수준과 의료환경 및 조건, 의료행위의 특수성 등이 고려되어야 한다.

[2] 내과의사가 신경과 전문의에 대한 협의진료 결과 피해자의 증세와 관련하여 신경과 영역에서 이상이 없다는 회신을 받았고, 그 회신 전후의 진료 경과에 비추어 그 회신 내용에 의문을 품을 만한 사정이 있다고 보이지 않자 그 회신을 신뢰하여 뇌혈관계통 질환의 가능성을 염두에 두지 않고 내과 영역의 진료 행위를 계속하다가 피해자의 증세가 호전되기에 이르자 퇴원하도록 조치한 경우, 피해자의 지주막하출혈을 발견하지 못한 데 대하여 내과의사의 업무상과실을 부정한 사례.

[관련 판례 1]

대법원 1999.12.10. 선고 99도3711 판결【업무상과실치상】

[1] 의료사고에 있어서 의사의 과실을 인정하기 위해서는 의사가 결과발생을 예견할 수 있었음에도 불구하고 그 결과발생을 예견하지

못하였고 그 결과발생을 회피할 수 있었음에도 불구하고 그 결과발생을 회피하지 못한 과실이 검토되어야 하고, 그 과실의 유무를 판단함에는 같은 업무와 직무에 종사하는 일반적 보통인의 주의정도를 표준으로 하여야 하며, 이에는 사고 당시의 일반적인 의학의 수준과 의료환경 및 조건, 의료행위의 특수성 등이 고려되어야 한다.

[2] 요추 척추후궁절제 수술도중에 수술용 메스가 부러지자 담당의사가 부러진 메스조각(3×5㎜)을 찾아 제거하기 위한 최선의 노력을 다하였으나 찾지 못하여 부러진 메스조각을 그대로 둔 채 수술부위를 봉합한 경우, 같은 수술과정에서 메스 끝이 부러지는 일이 흔히 있고, 부러진 메스가 쉽게 발견되지 않을 경우 수술과정에서 무리하게 제거하려고 하면 부가적인 손상을 줄 우려가 있어 일단 봉합한 후에 재수술을 통하여 제거하거나 그대로 두는 경우가 있는 점에 비추어 담당의사의 과실을 인정할 수 없다.

[관련 판례 2]

대법원 2000.1.14. 선고 99도3621 판결【업무상과실치사】

산부인과 의사가 산모의 태반조기박리에 대한 대응조치로서 응급 제왕절개 수술을 시행하기로 결정하였다면 이러한 경우에는 적어도 제왕절개 수술 시행 결정과 아울러 산모에게 수혈을 할 필요가 있을 것이라고 예상되는 특별한 사정이 있어 미리 혈액을 준비하여야 할 업무상 주의의무가 있다고 보아야 한다고

판례의 검토

* Q 1 | 과실범에서 주의의무의 내용은 무엇이며, [도입 판례]에서 피고인의 주의의무위반을 인정하는 논거는 무엇인가?

** Q 2 | 평균인을 능가하는 특수한 능력을 가진 행위자가 평균인에게 객관적으로 요구되는 주의는 다했지만 부주의로 자신의 특수한 능력을 발휘하지 않아 사고를 낸 경우, 행위자에게 주의의무위반을 인정할 수 있는가?

형법 제14조는 **과실**이라는 제목으로 "정상의 주의를 태만함으로 인하여 죄의 성립요소인 사실을 인식하지 못한 행위는 법률에 특별한 규정이 있는 경우에 한하여 처벌한다."고 규정하고 있다. 형법은 고의는 죄의 성립요소인 사실을 인식한 행위임에 반하여 과실은 정상의 주의를 태만히 하여 죄의 성립요소인 사실을 인식하지 못한 행위라고 보고 있는 것이다. 고의의 본질을 인용설에 입각하여 본다면, 고의범은 사실을 인식하고, 인용한데 반하여 과실범은 정상의 주의를 태만히 하여 사실을 인식하지 못하였거나 사실을 인식하였더라도 정상의 주의를 태만히 하여 결과를 회피하지 못한 행위라고 말할 수 있다.

과실의 범죄체계상의 지위에 관하여는 **책임요소설, 위법성요소설, 구성요건요소설, 이중적기능설** 등의 견해가 있다. 우리나라 대부분의 학자들은 과실도 고의와 마찬가지로 구성요건요소로 파악하되 구성요건요소로서 뿐만 아니라 책임요소로서도 기능한다는 이중적기능설을 취하고 있다. 이중적기능설은 주의의무위반을 객관적 주의의무위반과 주관적 주의의무위반으로 구분하고, 객관적 주의의무위반은 구성요건적 요소로, 주관적 주의의무 위반은 책임요소로 파악한다. 객관적 주의의무위반은 일반인의 기준에서 고려되는 주의의무위반을 말하고, 주관적 주의의무위반은 행위자의 측면에서 고려되는 주의의무위반을 말한다.

과실에 있어서 일반인의 기준에서 요구되는 객관적 주의의무위반이 구성요건요소로서의 기능을 하는 것에 관하여는 오늘날 널리 인정되고 있다. 그러나 행위자의 구체적인 능력이나 상황에 비추어 보아 주의의무위반이 행위자의 비난가능성을 증대시키거나 감소시키는 기능을 하고 있음을 부인할 수 없다. 이러한 점에서 이와 같은 주관적 주의의무위반은 책임요소로서 평가되어야 할 것이다. 따라서 주의의무를 객관적 주의의무와 주관적 주의의무로 나누고 전자는 구성요건적요소로, 후자는 책임요소로 파악하는 이중적기능설이 합리적이다.

객관적 주의의무는 운전자의 주의의무를 규정한 도로교통법의 경우와 같이 법령에 규정되어 있거나 판례나 생활경험에 의하여 형성되기 때문에 비교적 용이하게 판단할 수 있다. 그러나 주관적 주의의무는 행위자가 행위시에 가지고 있던 정신적, 신체적 능력을 기준으로 하기 때문에 개개 사건에 있어서 주관적 주의의무위반 여부를 확정한다는 것은 쉬운 일이 아니다. 실무에서는 일반적으로 객관적 주의의무위반이 인정되면 행위자가 정신적 또는 신체적인 능력이 평균인보다 떨어진다는 등의 특별한 사정이나 당사자의 주장이 없는 한 주관적 주의의무위반 여부를 별도로 검토하지는 않는다.

주의의무는 **결과예견의무**와 **결과회피의무**이다. 판례도 1984년도부터 "의료과실사건에 있어 의사의 과실은 결과발생을 예견할 수 있었음에도 불구하고 그 결과발생을 예견하지 못하였고, 그 결과발생을 회피할 수 있었음에도 불구하고 결과발생을 회피하지 못한 과실이 검토되어야 한다"고 판시하여 주의의무의 내용으로 결과예견의무와 결과회피의무 2가지가 있음을 명백히 하고 있다. 예견의무는 법익침해(결과발생)의 위험성을 예견하여야 할 의무를 말하고, 회피의무는 위험성을 예견하였으면 법익이 침해되지 않도록 적절한 조치를 취할 의무를 말한다. 예를 들어 눈길이나 빗길에서 자동차를 운전하는 경우에 제동거리가 길어지거나 미끄러짐으로 인하여 사고가 발생할 위험성이 있다는 사실을 인식하는 것은 예견의무라고 할 수 있고, 위와 같은 경우에 사고발생을 방지하기 위하여 바퀴에 체인을 감거나 감속을 하고, 선행하는 차량과 충분한 거리를 두고 운행하여야 할 의무는 회피의무라고 할 수 있다.

주의의무위반을 **판단**하는 **기준**에 관하여는 일반인을 기준으로 할 것인지 아니면 행위자를 기준으로 할 것인지에 관하여 견해가 나뉘고 있다. 일반인을 기준으로 판단하여야 한다는 견해를 **객관설**, 행위자를 기준으로 판단하여야 한다는 견해를 **주관설**이라고 한다. 그러나 이 같은 논의는 결국 주의의무위반을 구성요건적 요소로 볼 것인지 아니면 책임요소로 볼 것인지 아니면 이중적기능설에 입각하여 객관적 주의의무위반과 주관적 주의의무위반으로 구분하여 볼 것인지 따라 그 입장이 다르게 나타날 것이므로 논의의 실익은 없어 보인다. 실제 이중적기능설이 다수설인 우리나라의 경우 구성요건요소로서 객관적 주의의무위반을 파악함에 있어서 일반인을 기준으로 판단한다는 점에 관하여는 견해가 대부분 일치하고 있다. 여기서 말하는 일반인의 주의의무는 통상적인 의미의 일반인의 주의의무를 말하는 것이 아니라 행위 당시의 구체적 상황과 행위자가 속한 업무상의 생활권에서의 요구되는 주의의무를 말한다. 즉, 의사의 의료과실과 관련한 주의의무는 의사, 만일 행위자가 전문의라면 해당 전공분야의 일반적인 전문의로서 요구되는 주의의무를 말한다. 판례도 의료과실사건에서 "의료사고에 있어서 의료종사원의 과실의 유무를 판단함에는 같은 업무와 직무에 종사하는 일반적 보통인의 주의정도를 표준으로 하여야 하며, 이에는 사고 당시의 일반적인 의학의 수준과 의료환경 및 조건, 의료행위의 특수성 등이 고려되어야 한다"고 판시하여 위와 같은 태도를 취하고 있다.

다만 부작위에 의한 과실범의 경우에는 달리 고려하여야 한다. **부작위범**에 있어서는 작위의무가 행위자의 능력이나 행위시의 상황에 의하여 결정되기 때문에 작위범과 같이 일반인의 주의의무를 표준으로 결정할 수 없기 때문이다.

참고문헌

조상제, "과실범론 체계의 재구성", 영남법학 2권 1·2호(95.11), 453-479면.

이용식, "과실범에 있어서 주의의무의 객관적 척도와 개인적 척도", 서울대학교 법학 제39권 제3호, 1999, 29-63면.

2. 도로교통과 신뢰의 원칙

[도입 판례]

대법원 1986.2.25. 선고 85도2651 판결【교통사고처리특례법위반】

사실관계

피고인 A는 광화문 네거리에서 직진신호에 따라 서서히 자기 승용차로 직진하던 중, 교통신호를 무시하고 좌회전하면서 달려오는 피해자 B가 운전하는 오토바이와 충돌하여 피해자가 중상을 입었다.

판결요지

침범금지의 황색중앙선이 설치된 도로에서 자기차선을 따라 운행하는 자동차운전수는 반대방향에서 오는 차량도 그쪽 차선에 따라 운행하리라고 신뢰하는 것이 보통이고 중앙선을 침범하여 이쪽 차선에 돌입할 경우까지 예견하여 운전할 주의의무는 없으나, 다만 반대방향에서 오는 차량이 이미 중앙선을 침범하여 비정상적인 운행을 하고 있음을 목격한 경우에는 자기의 진행전방에 돌입할 가능성을 예견하여 그 차량의 동태를 주의깊게 살피면서 속도를 줄여 피행하는 등 적절한 조치를 취함으로써 사고발생을 미연에 방지할 업무상 주의의무가 있다.

[관련 판례 1]

대법원 1996.5.28. 선고 95도1200 판결【특정범죄가중처벌등에관한법률위반(도주차량), 도로교통법위반】

피고인이 좌회전 금지구역에서 좌회전한 것은 잘못이나 이러한 경우에도 피고인으로서는 50여 미터 후방에서 따라오던 후행차량이 중앙선을 넘어 피고인 운전차량의 좌측으로 돌진하는 등 극히 비정상적인 방법으로 진행할 것까지를 예상하여 사고발생 방지조치를 취하여야 할 업무상 주의의무가 있다고 할 수는 없고, 따라서 좌회전 금지구역에서 좌회전한 행위와 사고발생 사이에 상당인과관계가 인정되지 아니한다는 이유로 피고인의 과실로 사고가 발생하였음을 전제로 하는 특정범죄가중처벌등에관한법률위반(도주차량)의 점에 관하여 무죄를 선고한 원심판결을 수긍한 사례.

[관련 판례 2]

대법원 2003.10.23. 선고 2003도3529 판결【교통사고처리특례법위반】

횡단보도에 보행자를 위한 보행등이 설치되어 있지 않다고 하더라도 횡단보도표시가 되어 있는 이상 그 횡단보도는 도로교통법에서 말하는 횡단보도에 해당하므로, 이러한 횡단보도를 진행하는 차량의 운전자가 도로교통법 제24조 제1항의 규정에 의한 횡단보도에서의 보행자 보호의무를 위반하여 교통사고를 낸 경우에는 교통사고처리특례법 제3조 제2항 단서 제6호 소정의 횡단보도에서의 보행자보호의무 위반의 책임을 지게 되는 것이며, 비록 그 횡단보도가 교차로에 인접하여 설치되어 있고 그 교차로의 차량신호등이 차량진행신호였다고 하더라도 이러한 경우 그 차량신호등은 교차로를 진행할 수 있다는 것에 불과하지, 보행등이 설치되어 있지 아니한 횡단보도를 통행하는 보행자에 대한 보행자보호의무를 다하지 아니하여도 된다는 것을 의미하는 것은 아니므로 달리 볼 것은 아니다.

판례의 검토

* Q 1	과실범에서 신뢰의 원칙이 적용되게 된 배경을 설명하시오.
** Q 2	신뢰의 원칙이 배제되는 경우를 예를 들어 설명하시오.

신뢰의 원칙(Vertrauensgrundsatz)이라 함은 교통규칙을 준수하면서 도로교통에 참여하는 자는 다른 교통관여자도 교통규칙을 지키리라는 것을 신뢰하면 족하고, 타인의 교통규칙 위반사실을 인식할 수 있는 특별한 사정이 없는 한, 그 타인이 교통규칙을 위반하여 운전할 것을 예견하고 주의의무를 다할 필요는 없다는 원칙을 의미한다. 예를 들면 선순위의 통행권을 가진 자동차 운전자는 대기의무가 있는 후순위통행권자가 이러한 선순위·후순위에 관한 교통규칙을 지키리라는 것을 신뢰하여도 좋으며, 교통규칙을 준수하는 운전자는 대향차선에서 오는 차량이 자기의 차도로 진입하지 않으리라는 것을 신뢰하여도 좋다. 또 네거리의 교차로를 신호에 따라 직진하는 경우 운전자는 다른 특별한 사정이 없는 한 다른 차량도 교통규칙을 준수하리라는 것을 신뢰하여도 좋으며, 다른 차량이 교통법규를 위반하여 충돌할 것까지 예상하여 이를 방지할 주의의무까지는 없다.

[도입 판례]의 사안에서 A는 직진신호에 따라 서서히 자기 승용차를 직진시켰으므로 교통규칙을 준수하면서 도로교통에 참여하였다. 따라서 A는 특별한 사정이 없는 한 B가 교통규칙을 준수하리라는 것을 신뢰하여도 좋다. 그러나 B는 교통신호를 무시하고 좌회전함으로써 중상을 입었으며 이러한 구성요건적 결과(상해)에 대하여 A에

게 책임을 귀속시킬 수 없다. 판례가 「신호등에 의하여 교통정리가 이루어지고 있는 사거리 교차로를 녹색신호등에 따라 직진하는 차량의 운전자는 특별한 사정이 없는 한, 다른 차량들도 교통법규를 준수하고 충돌을 피하기 위하여 적절한 조치를 취할 것으로 믿고 운전하면 족하고, 다른 차량이 신호를 위반하고 직진하는 차량의 앞을 가로질러 직진할 경우까지 예상하여 그에 따른 사고를 미연에 방지할 특별한 조치까지 강구할 업무상의 주의의무까지는 없다」는 것도 그러한 의미에서 이해가 간다 할 수 있다.

참고문헌

조상제, "교통사고에서 신뢰의 원칙의 적용제한사례 해석", 비교형사법연구 제4권 제1호, 2002, 437-456면.

3. 분업적 의료행위와 신뢰의 원칙

[도입 판례]

대법원 1994.4.26. 선고 92도3283 판결【업무상과실치상】

사실관계

A환자는 P병원에서 마취된 상태로 수술을 받았다. 수술 후 A는 마취환자의 마취회복업무를 담당하고 있던 갑으로부터 처치를 받고 회복실로 이송되었다. 갑은 환자 A에게 자발호흡이 있는 것만 확인하고는 의식이 회복되었는지 아직 분명하지 않은 환자를 두고 그 장소를 떠났다. 그런데 어느 간호사가 갑이 환자 A에게 부착해 둔 심전도기를 떼어버리는 일이 발생하였다(누구의 소행인지는 불명). 이 때 회복실 내에는 원래 회복실 담당은 아니지만 자기가 맡은 환자의 회복처치에 임하고 있던 간호사 을이 있었다. 회복실로 이송된 지 30분이 경과할 무렵 마

취담당 의사 B가 환자 A에게 호흡중단의 생리장애가 일어난 것을 발견하고 응급처치를 하였으나 환자 A는 의식을 회복하지 못하였다. 결국 A는 무산소성 또는 저산소증으로 인한 뇌손상으로 2개월 후 사망하였다.

판결요지

가. 마취환자의 마취회복업무를 담당한 의사로서는 마취환자가 수술 도중특별한 이상이 있었는지를 확인하여 특별한 이상이 있었던 경우에는 보통 환자보다 더욱 감시를 철저히 하고, 또한 마취환자가 의식이 회복되기 전에는 호흡이 정지될 가능성이 적지 않으므로 피해자의 의식이 완전히 회복될 때까지 주위에서 관찰하거나 적어도 환자를 떠날 때는 피해자를 담당하는 간호사를 특정하여 그로 하여금 환자의 상태를 계속 주시하도록 하여 만일 이상이 발생한 경우에는 즉시 응급조치가 가능하도록 할 의무가 있다.

나. 피해자를 감시하도록 업무를 인계받지 않은 간호사가 자기 환자의 회복처치에 전념하고 있었다면 회복실에 다른 간호사가 남아있지 않은 경우에도 다른 환자의 이상증세가 인식될 수 있는 상황에서라야 이에 대한 조치를 할 의무가 있다고 보일 뿐 회복실 내의 모든 환자에 대하여 적극적, 계속적으로 주시, 점검을 할 의무가 있다고 할 수 없다.

[관련 판례 1]

대법원 1998.2.27. 선고 97도2812 판결【업무상과실치사】

[1] 수혈은 종종 그 과정에서 부작용을 수반하는 의료행위이므로, 수혈을 담당하는 의사는 혈액형의 일치 여부는 물론 수혈의 완성 여부를 확인하고, 수혈 도중에도 세심하게 환자의 반응을 주시하여 부작용이 있을 경우 필요한 조치를 취할 준비를 갖추는 등의 주의의무가 있다. 그리고 의사는 전문적 지식과 기능을 가지고 환자의 전적인

신뢰하에서 환자의 생명과 건강을 보호하는 것을 업으로 하는 자로서, 그 의료행위를 시술하는 기회에 환자에게 위해가 미치는 것을 방지하기 위하여 최선의 조치를 취할 의무를 지고 있고, 간호사로 하여금 의료행위에 관여하게 하는 경우에도 그 의료행위는 의사의 책임하에 이루어지는 것이고 간호사는 그 보조자에 불과하므로, 의사는 당해 의료행위가 환자에게 위해가 미칠 위험이 있는 이상 간호사가 과오를 범하지 않도록 충분히 지도·감독을 하여 사고의 발생을 미연에 방지하여야 할 주의의무가 있고, 이를 소홀히 한 채 만연히 간호사를 신뢰하여 간호사에게 당해 의료행위를 일임함으로써 간호사의 과오로 환자에게 위해가 발생하였다면 의사는 그에 대한 과실책임을 면할 수 없다.

[2] 피고인이 근무하는 병원에서는 인턴의 수가 부족하여 수혈의 경우 두 번째 이후의 혈액봉지는 인턴 대신 간호사가 교체하는 관행이 있었다고 하더라도, 위와 같이 혈액봉지가 바뀔 위험이 있는 상황에서 피고인이 그에 대한 아무런 조치도 취함이 없이 간호사에게 혈액봉지의 교체를 일임한 것이 관행에 따른 것이라는 이유만으로 정당화될 수는 없다.

[관련 판례 2]

대법원 2003.1.10. 선고 2001도3292 판결【업무상과실치상】

[1] 의료사고에 있어서 의사의 과실을 인정하기 위해서는 의사가 결과 발생을 예견할 수 있었음에도 불구하고 그 결과 발생을 예견하지 못하였고, 그 결과 발생을 회피할 수 있었음에도 불구하고 그 결과 발생을 회피하지 못한 과실이 검토되어야 하고, 그 과실의 유무를 판단함에는 같은 업무와 직무에 종사하는 일반적 보통인의 주의 정도를 표준으로 하여야 하며, 이에는 사고 당시의 일반적인 의학의

수준과 의료환경 및 조건, 의료행위의 특수성 등이 고려되어야 한다.

[2] 내과의사가 신경과 전문의에 대한 협의진료 결과 피해자의 증세와 관련하여 신경과 영역에서 이상이 없다는 회신을 받았고, 그 회신 전후의 진료 경과에 비추어 그 회신 내용에 의문을 품을 만한 사정이 있다고 보이지 않자 그 회신을 신뢰하여 뇌혈관계통 질환의 가능성을 염두에 두지 않고 내과 영역의 진료 행위를 계속하다가 피해자의 증세가 호전되기에 이르자 퇴원하도록 조치한 경우, 피해자의 지주막하출혈을 발견하지 못한 데 대하여 내과의사의 업무상과실을 부정한 사례.

판례의 검토

* Q 1	분업적 의료행위에 있어서 신뢰의 원칙의 적용범위에 대해 설명해 보시오.
* Q 2	수직적 분업관계와 수평적 분업관계에 따른 법적용의 차이를 설명해 보시오.

마취환자의 마취회복업무를 담당하던 피고인으로서는 마취환자가 수술 도중 특별한 이상이 있었는지를 확인하여 특별한 이상이 있었던 경우에는 보통 환자보다 더욱 감시를 철저히 하고 또한 마취환자가 의식이 회복되기 전에는 호흡이 정지될 가능성이 적지 않으므로 피해자의 의식이 완전히 회복될 때까지 주위에서 관찰하거나 적어도 환자를 떠날 때는 피해자를 담당하는 간호사를 특정하여 그로 하여금 환자의 상태를 계속 주시하도록 하여 만일 이상이 발생한 경우에는 즉시 응급조치가 가능하도록 할 의무가 있다고 할 것이라고 전제하고서, 위 피고인이 피해자가 어떤 이상증세가 일어났는지에 대하

여 확인하여 회복처치에 참고하지도 않았으며 피해자에게 자발호흡이 있는 것만 확인하고는 의식이 회복되었는지 분명하지도 않은 상태에서 특정 간호사에게 확실한 인계조치나 구체적인 지시도 하지 않은 채 환자를 떠난 점을 마취의사로서의 업무상 주의의무를 해태한 것이다.

마취 회복시 환자에 대한 관찰의무를 위반하였다는 것이다. 이 사건에서 쟁점이 되었던 부분은 회복실 간호사가 아닌 간호사에게도 책임이 인정되느냐는 부분이었는데 여기에 대하여는 범죄의 증명이 없는 경우에 해당한다고 판시하였다. 즉, 피해자를 감시하도록 업무를 인계받지 않은 간호사는 회복실 환자에 대한 적극적이고 계속적인 관찰의무가 없다는 것이다.

참고문헌

정웅석, "의료사고에 따른 의료종사자 사이의 형사책임관계: 수평적·수직적 의료종사자 사이의 신뢰의 원칙을 중심으로", 의료법학 5권 2호(2004.12), 52-110면.

전지연, "의사와 간호사의 분업적 의료행위에서의 형사상 과실책임", 의료법학 창간호(2000.5), 235-259면.

최호진, "분업적 의료행위에 따른 형사책임의 분배 : 특히 수직적 의료분업을 중심으로", 형사법연구 제30호, 2007, 1-20면.

Ⅱ. 결과적 가중범

1. 결과적 가중범의 의의와 종류

[도입 판례]

대법원 1985.4.3. 선고 85도303 판결 【폭행치사】

사실관계

갑은 A와 시비하다가 상대방을 떠밀었다. A는 엉덩방아를 찧으면서 땅에 넘어지더니 곧 이어 심장마비로 사망하였다. 평소에 A는 외관상 건강하고 병약한 흔적이 없었으나 사실은 관상동맥경화 및 협착증세를 가지고 있었다. 이와 같은 특수체질은 A의 처 C도 알지 못하는 것이었다.

판결요지

피고인의 폭행정도가 서로 시비하다가 피해자를 떠밀어 땅에 엉덩방아를 찧고 주저앉게 한 정도에 지나지 않은 것이었고 또 피해자는 외관상 건강하여 전혀 병약한 흔적이 없는 자인데 사실은 관상동맥경화 및 협착증세를 가진 특수체질자이었기 때문에 위와 같은 정도의 폭행에 의한 충격에도 심장마비를 일으켜 사망하게 된 것이라면 피고인에게 사망의 결과에 대한 예견가능성이 있었다고 보기 어려원 결과적 가중범인 폭행치사죄로 의율할 수는 없다.

[관련 판례 1]

대법원 1988.4.12. 선고 88도178 판결【강제추행치사, 강제추행】

형법 제15조 제2항이 규정하고 있는 이른바 결과적 가중범은 행위자가 행위시에 그 결과의 발생을 예견할 수 없을 때에는 비록 그 행위와 결과 사이에 인과관계가 있다 하더라도 중한 죄로 벌할 수 없다.
피고인은 피해자가 피고인의 추행행위를 피하기 위하여 달리는 차에서 뛰어내려 사망에 이르게 될 것이라고 예견할 수 없고 달리 이를 인정할 만한 증거가 없다고 하여 피고인에게 그 사망의 결과에 대하여 책임을 묻지 아니하고 다만 강제추행으로 다스리고 있다. 기록에 비추어 원심의 사실인정과 위와 같은 상황에서 피고인에게 피해자가 사망에 이르게 된 결과에 대한 예측가능성이 없다고 판단한 조치는 옳게 수긍이 가고 거기에 주장하는 바와 같은 채증법칙을 어겼거나 결과적 가중범에 관한 법리를 오해한 위법이 없다.

판례의 검토

* Q 1	결과적 가중범의 개념과 문제점을 분석해 보시오.
* Q 2	부진정결과적 가중범의 인정여부를 설명하시오.
* Q 3	중한 결과에 대한 예견가능성의 판단기준은 무엇인가?
** Q 4	결과적 가중범의 적용을 제한하기 위한 이론적 시도들을 설명해 보시오.

결과적 가중범이란 고의에 의한 기본범죄에 의하여 행위자가 예견하지 못한 중한 결과가 발생한 경우에 그 중한 결과로 인해 형이 가중되는 범죄를 말한다. 결과적 가중범은 중한 결과가 고의적인 기본범죄에 전형적으로 내포된 잠재적 위험성의 실현이라는 점에서 단순한 과실범보다 행위반가치가 크기 때문에 같은 결과를 발생시킨 과실범보다는 가중 처벌하는 것이다. 우리 형법은 제15조 제2항에서 중한 결과발생에 대한 예견가능성, 즉 과실이 있으면 결과적 가중범이 된다고 규정하고 있다.

행위자가 예견하지 못한 중한 결과에 대해 가중처벌하는 것은 책임주의에 반하지 않는가에 대해 종래에는 결과적 가중범을 책임주의의 예외로 파악하였다. 그러나 이는 결과 책임을 인정하는 것이 되어 책임주의에 반하므로 중한 결과발생에 대한 과실(예견가능성)이 있어야 결과적 가중범이 성립한다고 하여(고의·과실의 결합설) 책임주의와 조화될 수 있다는 것이 오늘날의 통설이다. 우리 형법은 제15조 제2항에서 결과에 대한 예견가능성(과실)을 요하므로 고의와 과실의 결합형태가 결과적 가중범이라고 입법적으로 해결하였다.

이 규정을 근거로 형법은 중한 결과 발생에 과실(=예견가능성)을 요구한다고 해석하고 있다. 기본범죄를 고의적으로 범한 점에서 '회피가능성' 등 과실범의 다른 요건은 이미 갖추어져 있다고 보기 때문이다. 그러나 위 예견가능성의 내용에 대하여는 '통상적인 과실'이라는 일반적인 견해에 대하여, 독일에서 논의되고 있는 '경솔성'이라는 개념으로 나타나는 '중대한 과실'로 제한하여 해석하여야 한다는 견해가 최근에 주장되고 있다. 또한, 중한 결과의 발생에 대하여 고의가 있는 경우에도 결과적 가중범 규정이 적용될 수 있는 경우가 있다(이른바 부진정 결과적 가중범). 결과적 가중범은 진정결과적 가중범과 부진정 결과적 가중범으로 나누어진다.

진정 결과적 가중범은 고의에 의한 기본범죄에 의하여 과실로 중한 결과를 발생하게 한 경우로 대부분의 결과적 가중범이 이에 해당한다. 예를 들어 상해치사죄, 폭행치사죄, 낙태치사상죄, 유기치사상죄, 체포감금치사상죄, 강도치사상죄, 강간치사상죄 등이다. **부진정 결과적 가중범**은 고의에 의한 기본범죄에 의하여 중한 결과의 발생을 과실에 의하여 발생시킨 경우뿐만 아니라 고의에 의하여 발생시킨 경우를 포함하는 결과적 가중범을 말한다. 이러한 부진정 결과적 가중범은 결과적 가중범의 형량이 중한 결과부분의 고의범죄와 형량이 더 무거운 경우에 성립하게 된다. 부진정 결과적 가중범의 인정여부에 대해서 논란이 있다. 부정설은 처음부터 중한 결과에 대하여 고의가 있으면 고의범이 성립될 뿐이므로 부진정결과적 가중범을 인정할 수 없다는 견해이다. 이에 대해 긍정설은 중한 결과에 대하여 고의가 있음에도 불구하고 과실이 있는 경우보다 가볍게 처벌하는 형의 불균형을 시정하기 위하여 부진정결과적 가중범을 인정해야 한다는 견해이다(다수설 · 판례).

이러한 부진정 결과적 가중범과 관련하여 우리나라에서는 어떤 구성요건이 결과적 가중범인지를 묻는 것이 일반적이다. 그러나 이는 결과적 가중범이 인정된 이유를 간과한 질문 형식이다. 오히려 어떤 경우에 고의-고의 결합에도 결과적 가중구성요건을 적용할 수 있는가로 고쳐 물어야 할 것이다. 그 이유는 어떤 구성요건이 그 자체로서 부진정 결과적 가중범이기 때문에 고의-고의 결합에도 적용되는 것이 아니라 반대로 고의-고의 결합에도 적용되지 않으면 형벌의 부당함이 초래되기 때문에 비로소 부진정 결과적 가중범이라고 부를 수 있게 되기 때문이다.

[도입 판례]의 사안에서 원심판결 이유에 의하면, 원심은 피고인이 피해자와 시비가 되어 서로 멱살을 잡고 다투다가 피해자의 앞가슴 부분 상의를 잡아끌어 당기면서 뒤로 미는 등 폭행을 가하여 그를 땅바닥에 넘어지게 하여 그로 하여금 관상동맥경화 및 협착에 의한 심부전으로 사망에 이르게 한 사실을 인정하고 피고인을 폭행치사죄로 의율처단 한 1심판결을 유지하고 있다. 이에 대해 폭행치사죄는 결과적 가중범이므로 폭행의 범의 외에 사망의 결과에 대한 예견가능성이 있음을 요하며 이러한 예견가능성이 전혀 없는 경우에는 폭행과 사망의 결과 사이에 조건적인 인과관계가 인정된다고 하여도 폭행치사죄로 의율할 수는 없다고 피고인과 변호인은 상고하였다.

[도입 판례]의 사안에서 대법원은 피고인은 검찰에서 피해자와 시비하다가 떠 밀으니까 피해자가 엉덩방아를 찧으면서 땅에 넘어지더니 바로 땅바닥에 주저앉아 두 손으로 얼굴을 감싸고 앉아 있다가 숨을 크게 두세 번 쉬더니 일어나 두 세 발자욱 가서 목판에 앉는 순간 옆으로 쓰러졌다는 취지로 진술하고 있고 위 진술을 좌우할 증거가 없는바, 국립과학수사연구소장 작성의 감정서와 검사의 윤순응에 대한 진술조서기재에 의하면 위 피해자의 직접적 사망원인은 관

상동맥경화 및 협착에 의한 심부전(심장마비)으로서 위 피해자는 생전에 관상동맥경화 및 협착증세를 가지고 있었으며 한번 떠밀린 충격에도 심장마비로 사망할 가능성이 충분히 있었던 사실이 인정되고, 한편 위 피해자의 처 황복례에 대한 검사의 진술조서 기재에 의하면 위 피해자는 생전에 외관상 건강하여 위와 같은 심장질환이 있음을 전혀 알지 못하였던 사실이 인정된다. 위와 같이 피고인의 폭행정도가 서로 시비하다가 피해자를 떠밀어 땅에 엉덩방아를 찧고 주저앉게 한 정도에 지나지 않은 것이었고 또 피해자는 외관상 건강하여 전혀 병약한 흔적이 없던 자인데 사실은 관상동맥경화 및 협착증세를 가진 특수체질자이었기 때문에 위와 같은 정도의 폭행에 의한 충격에도 심장마비를 일으켜 사망하게 된 것이라면, 피고인에게 사망의 결과에 대한 예견가능성이 있었다고는 보기 어려울 것이라고 하면서 원심으로서는 피고인의 폭행의 정도와 사망의 결과에 대한 예견가능성에 관하여 좀 더 면밀히 살펴본 연후에 폭행치사죄의 성립여부를 판단하였어야함에도 불구하고 이에 이르지 아니한 것은 심리를 다하지 아니하였거나 결과적 가중범의 법리를 오해하여 판결에 영향을 미친 위법을 저지른 것이라고 판시하였다.

참고문헌

박광민, "결과적 가중범의 본질과 직접성의 원칙", 저스티스 제94호, 2006, 128-147면.

조상제, "결과적 가중범의 문제점", 형사법연구 제5호, 1993, 82-106면.

2. 부진정 결과적 가중범

[도입 판례]

대법원 1983.1.18. 선고 82도2341 판결【살인, 현주건조물등에의방화, 군무이탈】

사실관계

피고인은 그 의 부 공소 외 김수용이가 안정사의 주지인 피해자 송한태 때문에 피고인과 위 김수용 등 가족이 거주하여 오던 은봉암에서 쫓겨난데 대하여 원한을 품고 동인을 살해하기로 결의하고, 1982.3.31 소속대로부터 외박허가를 얻고 외출하여 동년 4.1. 00:30 경 안면에 마스크를 하고 위 피해자 송한태의 집에 침입하여 그 집 부엌의 석유곤로 석유를 플라스틱 바가지에 따라 마루에 놓아두고 큰 방에 들어가자 위 송한태는 없고 동인의 처 박복순과 딸 송미정(19세), 송현미(11세), 송미순(8세) 등이 깨어 딸 송미정이가 피고인을 알아보기 때문에 마당에 있던 절구방망이를 가져와 위 박복순과 송미정의 머리를 각 2회씩 강타하여 실신시킨 후 이불로 뒤집어씌우고 위 바가지의 석유를 뿌리고 성냥불을 켜 대어 위 송한태 및 동인가족들이 현존하는 집을 전소케하고 불이 붙은 동가에서 빠져 나오려는 위 송현미와 송미순이가 탈출하지 못하도록 방문 앞에 버티에 서서 지킨 결과 실신하였던 위 박복순과 탈출하지 못한 송현미와 송미순을 현장에서 소사케 하고, 탈출한 위 송미정이는 3도 화상을 입고 입원가료 중 동년 4.10. 사망에 이르게 하여 동인들을 살해하고, 위 범행 후 자살을 기도하다가 귀대일시인 동년 4.1. 17:00에 귀대치 아니하고 이튿날인 4.2. 03:00경 검거됨으로써 10시간 동안 부대를 이탈하였다.

판결요지

가. 형법 제164조 후단이 규정하는 현주건조물 방화치사상죄는 그 전단에 규정하는 죄에 대한 일종의 가중처벌규정으로서 불을 놓아 사람의 주거에 사용하거나 사람이 현존하는 건조물을 소훼함으로 인하여 사람을 사상에 이르게 한 때에 성립되며 동 조항이 사형, 무기 또는 7년 이상의 징역의 무거운 법정형을 정하고 있는 취의에 비추어 보면 과실이 있는 경우 뿐만 아니라 고의가 있는 경우도 포함된다고 볼 것이므로, 현주건조물내에 있는 사람을 강타하여 실신케 한 후 동건조물에 방화하여 소사케 한 피고인을 현주건조물에의 방화죄와 살인죄의 상상적 경합으로 의율할 것은 아니다.

나. 형법 제164조 전단의 현주건조물에의 방화죄는 공중의 생명, 신체, 재산 등에 대한 위험을 예방하기 위하여 공공의 안전을 그 제1차적인 보호법익으로 하고 제2차적으로는 개인의 재산권을 보호하는 것이라고 할 것이나, 여기서 공공에 대한 위험은 구체적으로 그 결과가 발생됨을 요하지 아니하는 것이고 이미 현주건조물에의 점화가 독립연소의 정도에 이르면 동 죄는 기수에 이르러 완료되는 것인 한편, 살인죄는 일신전속적인 개인적 법익을 보호하는 범죄이므로, 이 사건에서와 같이 불을 놓은 집에서 빠져 나오려는 피해자들을 막아 소사케 한 행위는 1개의 행위가 수개의 죄명에 해당하는 경우라고 볼 수 없고, 위 방화행위와 살인행위는 법률상 별개의 범의에 의하여 별개의 법익을 해하는 별개의 행위라고 할 것이니, 현주건조물방화죄와 살인죄는 실체적 경합관계에 있다.

[관련 판례 1]

대법원 1996.4.26. 선고 96도485 판결【존속살인, 살인, 현주건조물방화치사】

형법 제164조 후단이 규정하는 현주건조물방화치사상죄는 그 전단이 규정하는 죄에 대한 일종의 가중처벌 규정으로서 과실이 있는 경우뿐만 아니라, 고의가 있는 경우에도 포함된다고 볼 것이므로 사람을 살해할 목적으로 현주건조물에 방화하여 사망에 이르게 한 경우에는 현주건조물방화치사죄로 의율하여야 하고 이와 더불어 살인죄와의 상상적경합범으로 의율할 것은 아니며, 다만 존속살인죄와 현주건조물방화치사죄는 상상적경합범 관계에 있으므로, 법정형이 중한 존속살인죄로 의율함이 타당하다.

[관련 판례 2]

대법원 2008.11.27. 선고 2008도7311 판결【특수공무집행방해치상, 폭력행위등처벌에관한법률위반(집단·흉기등상해), 도로교통법위반(무면허운전)】

[1] 기본범죄를 통하여 고의로 중한 결과를 발생하게 한 경우에 가중처벌하는 부진정결과적가중범에서, 고의로 중한 결과를 발생하게 한 행위가 별도의 구성요건에 해당하고 그 고의범에 대하여 결과적가중범에 정한 형보다 더 무겁게 처벌하는 규정이 있는 경우에는 그 고의범과 결과적가중범이 상상적 경합관계에 있지만, 위와 같이 고의범에 대하여 더 무겁게 처벌하는 규정이 없는 경우에는 결과적가중범이 고의범에 대하여 특별관계에 있으므로 결과적가중범만 성립하고 이와 법조경합의 관계에 있는 고의범에 대하여는 별도로 죄를 구성하지 않는다.

[2] 직무를 집행하는 공무원에 대하여 위험한 물건을 휴대하여 고의로 상해를 가한 경우에는 특수공무집행방해치상죄만 성립할 뿐, 이와는 별도로 폭력행위 등 처벌에 관한 법률 위반(집단·흉기 등 상해)죄를 구성하지 않는다.

판례의 검토

* Q 1	부진정 결과적 가중범을 인정하는 실익을 설명하시오.
** Q 2	부진정 결과적 가중범의 형과 중한 결과부분에 대한 고의범의 형이 동일한 경우에 대해 대법원이 제시한 처리기준을 설명해 보시오.

형법 제164조 제1항의 **현주건조물방화죄**가 중하게 처벌되는 이유는 이와 같이 일반인의 생명, 신체 또는 재산에 대하여 예측할 수 없는 손해를 야기할 수 있기 때문이다. 판례가 현주건조물방화치사죄를 결과적 가중범, 특히 부진정결과적 가중범으로 간주하는 것은 타당하다. 그 이유는 본 죄의 법정형은 사형, 무기 또는 7년이상의

징역으로서 사형, 무기 또는 5년 이상의 징역인 살인죄의 그것보다 중하고, 또 본 죄는 똑같이 공공위험죄이지만 진정결과적 가중범으로 간주되는 현주건조물일수치사죄(형법 제177조)에 비하여 훨씬 무겁게 처벌되기 때문이다. 따라서 본 죄는 고의의 기본범죄인 현주건조물방화죄를 범하여 사망이라는 중한 결과를 과실로 야기할 뿐 아니라 고의로 발생케 하는 경우에 성립한다.

참고문헌

김선복, "현주건조물방화죄의 성립요건", 비교형사법연구 제7권 제1호, 2005, 369-394면.

신동운, 신판례백선 형법총론, 2009, 294-300면.

3. 결과적 가중범의 미수

[도입 판례]

대법원 2008.4.24. 선고 2007도10058 판결【성폭력범죄의처벌및피해자보호등에관한법률위반(강간등치상), 성폭력범죄의처벌및피해자보호등에관한법률위반(카메라등이용촬영), 총포, 도검, 화약류등단속법위반】

사실관계

피고인의 배낭 안에 위 전자충격기와 삼성디지털카메라를 넣어 가지고 위 대학교 교정을 배회하다 적당한 부녀자가 있으면 위 전자충격기로 위협하여 알몸 사진을 찍고 강간할 것을 마음먹고, 2007. 5. 26. 17:00경 위 대학교 제4강의동 앞 도로에서 혼자 걸어가는 같은 대학교 3학년에 재학중인 피해자 공소외 1(여, 20세)을 발견하고 "리포트를 작성해야 하는데 필요하니 모델이 되어달라"며 위 강의동 4층 호실미상의 강의실로 유인한 뒤, 공부하는 모습 등을 피고인 소유의 위 디지털카메라로 촬영하다 순간 욕정을 일으켜, 오른팔로 피해자의 목을 조르고 위험한 물건인 전자충격기를 피해자의 허리에 대면서 "소리치면 죽여 버리겠다. 옷을 벗어라"고 말하고 피해자가 도망가려 하자 왼쪽 주먹으로 피해자의 안면, 옆구리 등을 수차 폭행하는 등 반항을 억압한 후, 위 카메라로 피해자가 옷을 모두 벗고 알몸으로 다리를 벌려 누워있는 사진 등 7매를 촬영한 뒤, 피해자의 입술과 귓볼 및 음부를 혀로 핥은 다음 피해자를 간음하려 하였으나 미수에 그치고, 이로 인하여 피해자로 하여금 약 2주간의 치료를 요하는 안면부 좌상 등을 입게 하고, 카메라를 이용하여 성적 수치심을 유발할 수 있는 타인의 신체를 그 의사에 반하여 촬영하였다.

판결요지

성폭력범죄의 처벌 및 피해자보호 등에 관한 법률 제9조 제1항에 의하면 같은 법 제6조 제1항에서 규정하는 특수강간의 죄를 범한 자뿐만 아니라 특수강간이 미수에 그쳤다고 하더라도 그로 인하여 피해자가 상해를 입었으면 특수강간치상죄가 성립하는 것이고, 같은 법 제12조에서 규정한 위 제9조 제1항에 대한 미수범처벌규정은 제9조 제1항에서 특수강간치상죄와 함께 규정된 특수강간상해죄의 미수에 그친 경우, 즉 특수강간의 죄를 범하거나 미수에 그친 자가 피해자에 대하여 상해의 고의를 가지고 피해자에게 상해를 입히려다가 미수에 그친 경우 등에 적용된다.

원심이 그 판시의 증거를 종합하여 피고인이 위험한 물건인 전자충격기를 피해자의 허리에 대고 피해자를 폭행하여 강간하려다가 미수에 그치고 피해자에게 약 2주간의 치료를 요하는 안면부 좌상 등의 상해를 입힌 사실을 인정하고, 이에 대하여 성폭력범죄의 처벌 및 피해자보호 등에 관한 법률 소정의 특수강간치상죄의 기수에 해당한다고 인정한 것은 기록과 앞서 본 법리에 비추어 정당하고, 상고이유에서 주장하는 바와 같은 결과적 가중범의 미수범에 관한 법리오해 등의 위법은 없다.

[관련 판례 1]

대법원 1986.9.23. 선고 86도1526 판결【강도상해】

형법 제337조의 강도상해, 치상죄는 재물강취의 기수와 미수를 불문하고 범인이 강도범행의 기회에 사람을 상해하거나 치상하게 되면 성립하는 것이다.

판례의 검토

* Q 1	결과적 가중범의 미수인정의 실익은 어디서 찾을 수 있는가?
** Q 2	기본범죄가 미수에 그친 경우라도 중한 결과가 발생한 경우에는 결과적 가중범이 성립한다는 일반적 이해와 결과적 가중범의 미수규정의 합리적 해석방안은 무엇인가?

개정 형법은 인질강요죄와 강도죄에서 치상·치사부분에 대하여도 미수를 처벌하는 것처럼 규정되어 있어 **진정결과적 가중범의 미수**를 인정할 것인지에 대하여 논의가 있다.

미수부정설은 진정결과적 가중범의 미수를 인정할 수 없다는 견해이다. 이러한 견해는 ⓐ 결과적 가중범은 그 본질상 미수를 인정할 수 없으며 ⓑ 결과적 가중범의 미수를 둔 조항은 결합범과 결과적 가중범을 같이 규정하고 있는 바 이는 입법의 과오이며 미수는 결합범의 경우에만 가능하다는 점을 그 논거로 한다.

미수긍정설은 진정결과적 가중범의 미수도 인정할 수 있다는 견해이다. 이러한 견해는 ⓐ 현행법상 강요죄와 강도죄에서 미수처벌규정을 두고 있으며 ⓑ 이러한 미수규정은 가벌성의 범위를 시정하여 책임원칙을 지키기 위한 입법적 개선이라는 점을 논거로 한다. 이러한 긍정설에 의한 경우에는 일반적인 미수의 경우에는 결과부분에 대한 미수를 의미하지만 결과적 가중범의 미수는 기본범죄는 미수이지만 중한 결과가 발생한 경우를 결과적 가중범의 미수로 보는 점에서 차이점이 있다.

진정결과적 가중범은 고의와 과실의 결합형태이므로 과실범에 미수가 인정되지 않는 것과 마찬가지로 진정결과적 가중범에는 미수가 인정되지 않는다는 것이 통설이 입장이다. 그러나 현행형법은 결과적 가중범의 미수에 관한 규정을 두고 있다. 예를 들어 현주건조물 일수치상·치사죄(제182조), 인질치상·치사죄(재324조의 5), 강도치상·치사죄(제342조), 해상강도치상·치상죄(제342조)를 들 수 있다.

부진정 결과적 가중범의 미수를 인정할지 여부와 관련하여 이론상 고의와 고의의 결합인 경우에는 미수의 성립이 가능하지만, 실정법상 부진정결과적 가중범의 미수를 처벌하는 규정이 거의 없다는 점에서 논의의 실익은 크지 않다고 하겠다. 다만 현행법 제177조의 일수치사상죄에 대하여는 제182조에서 미수를 처벌하고 있어 논의의 여지는 있지만 방화죄의 경우에도 제164조 제2항의 미수를 처벌하지 않는 것과 비교하여 볼 때 입법의 과오라고 보는 것이 일반적인 견해이다.

참고문헌

박강우, "결과적 가중범의 인과관계와 미수범처벌", 저스티스 제34권 제5호, 2001, 183-195면.

변종필, "결과적 가중범에서 기본범죄가 미수인 경우의 법해석", 비교형사법연구 제6권 제1호, 2004, 347-365면.

천진호, "결과적 가중범의 중지미수", 형사법연구 제26호, 2006, 47-72면.

Ⅲ. 부작위범

1. 부작위범의 종류: 부진정 부작위범

[도입 판례]

대법원 2004.6.24. 선고 2002도995 판결 【살인(인정된 죄명: 살인방조), 살인】

사실관계

갑녀의 남편 A는 술에 취해 쓰러지면서 머리를 다쳐 혼수상태에 빠졌다. 이웃사람의 신고에 의하여 "보라매 병원(이하 P 병원으로 약칭함)에 이송된 A는 긴급하게 뇌수술을 받았다. 뒤늦게 소식을 받고 온 갑녀는 병원비 부담을 이유로 A의 퇴원을 강력히 요구하였다. 담당 신경외과 과장 을과 주치의 병은 갑녀를 말렸으나 갑녀의 강력한 요구에 마지못해 퇴원을 허가하였다. A의 퇴원에는 1년차 수련의 정이 동행하였다. A는 아직 의식을 회복하지 못한 상태로 집에 도착하였다. 주치의 병이 지시한 데에 따라 수련의 정이 호흡기를 떼어내자 A는 5분후에 사망하였다.

판결요지

[1] 살인죄에 있어서의 고의는 반드시 살해의 목적이나 계획적인 살해의 의도가 있어야 하는 것은 아니고 자기의 행위로 인하여 타인의 사망의 결과를 발생시킬 만한 가능 또는 위험이 있음을 인식하거나 예견하면 족한 것이고 그 인식 또는 예견은 확정적인 것은 물론 불확정적인 것이더라도 소위 미필적 고의로서 살인의 범의가 인정된다.

[2] 형법 제30조의 공동정범이 성립하기 위하여는 주관적 요건인 공동가공의 의사와 객관적 요건으로서 그 공동의사에 기한 기능적 행위지배를 통하여 범죄를 실행하였을 것이 필요하고, 여기서 공동가공의 의사란 타인의 범행을 인식하면서도 이를 제지함이 없이 용인하는 것만으로는 부족하고 공동의 의사로 특정한 범죄행위를 하기 위하여 일체

가 되어 서로 다른 사람의 행위를 이용하여 자기의 의사를 실행에 옮기는 것을 내용으로 하는 것이어야 한다.

[3] 보호자가 의학적 권고에도 불구하고 치료를 요하는 환자의 퇴원을 강청하여 담당 전문의와 주치의가 치료중단 및 퇴원을 허용하는 조치를 취함으로써 환자를 사망에 이르게 한 행위에 대하여 보호자, 담당 전문의 및 주치의가 부작위에 의한 살인죄의 공동정범으로 기소된 사안에서, 담당 전문의와 주치의에게 환자의 사망이라는 결과 발생에 대한 정범의 고의는 인정되나 환자의 사망이라는 결과나 그에 이르는 사태의 핵심적 경과를 계획적으로 조종하거나 저지·촉진하는 등으로 지배하고 있었다고 보기는 어려워 공동정범의 객관적 요건인 이른바 기능적 행위지배가 흠결되어 있다는 이유로 작위에 의한 살인방조죄만 성립한다고 한 사례.

[4] 어떠한 범죄가 적극적 작위에 의하여 이루어질 수 있음은 물론 결과의 발생을 방지하지 아니하는 소극적 부작위에 의하여도 실현될 수 있는 경우에, 행위자가 자신의 신체적 활동이나 물리적·화학적 작용을 통하여 적극적으로 타인의 법익 상황을 악화시킴으로써 결국 그 타인의 법익을 침해하기에 이르렀다면, 이는 작위에 의한 범죄로 봄이 원칙이고, 작위에 의하여 악화된 법익 상황을 다시 되돌이키지 아니한 점에 주목하여 이를 부작위범으로 볼 것은 아니며, 나아가 악화되기 이전의 법익 상황이, 그 행위자가 과거에 행한 또 다른 작위의 결과에 의하여 유지되고 있었다 하여 이와 달리 볼 이유가 없다.

[5] 종범은 정범의 실행행위 중에 이를 방조하는 경우뿐만 아니라, 실행 착수 전에 장래의 실행행위를 예상하고 이를 용이하게 하는 행위를 하여 방조한 경우에도 성립한다.

[6] 법원은 공소사실의 동일성이 인정되는 범위 내에서 공소가 제기된 범죄사실보다 가벼운 범죄사실이 인정되는 경우에 있어서, 그 심리의 경과 등에 비추어 볼 때 피고인의 방어에 실질적인 불이익을 주는 것이 아니라면 공소장 변경 없이 직권으로 가벼운 범죄사실을 인정할 수

있다고 할 것이므로 공동정범으로 기소된 범죄사실을 방조사실로 인정할 수 있다.

[관련 판례 1]

대법원 1980.9.24. 선고 79도1387 판결【유기치사, 의료법위반(예비적 · 업무방해)】

피고인이 질병으로 인하여 이와 같이 보호를 요하는 딸을 병원에 입원시켜 놓고 의사가 그 당시 국내의 의료 기술상 최선의 치료 방법이라는 수혈을 하려 하여도 이를 완강하게 거부하고 방해하였다면 이는 결과적으로 요부조자(要扶助者)를 위험한 장소에 두고 떠난 것이나 다름이 없다고 할 것이어서, 이는 치거(置去)에 해당된다고 할 것이고 비록 그 환자의 증세로 보아 회복의 가망성이 희박한 상태(그렇다고 하여 처음부터 회복의 전망이 전혀 없다고 단정하기에 족한 증거 자료도 없다)이어서 의사가 권하는 최선의 치료 방법인 수혈이라도 하지 않으면 그 환자가 사망할 것이라는 위험이 예견 가능한 경우에 아무리 생모라고 할지라도 자신의 종교적 신념이나 후유증 발생의 염려만을 이유로 환자에 대하여 의사가 하고자 하는 위의 수혈을 거부하여 결과적으로 그 환자로 하여금 의학상 필요한 치료도 제대로 받지 못한 채 사망에 이르게 할 수 있는 정당한 권리가 있다고는 할 수 없는 것이며, 그 때에 사리를 변식할 지능이 없다고 보아야 마땅할 11세 남짓의 환자 본인이 가사 그 생모와 마찬가지로 위의 수혈을 거부한 일이 있다고 하여도 이것이 피고인의 위와 같은 수혈 거부 행위가 위법한 것이라고 판단하는 데 어떠한 영향을 미칠만한 사유가 된다고 볼 수는 없으므로 유기치사죄에 대한 법리 오해, 치료 방법을 선택할 수 있는 자유권의 행사인 정당행위에 관한 법리 오해와 종교의 자유를 보장한 헌법 위반 등의 위법 사유가 있다고 할 수 없다.

판례의 검토

* Q 1	작위와 부작위를 구별해야 하는 실익은 어디에 있는가?
* Q 2	작위와 부작위를 구별하는 대법원의 기준은 무엇인가?
** Q 3	의무이행의 중지의 경우 언제부터 작위범이 가능한지 설명해 보시오.
* Q 4	의사의 치료중단에 대한 적절한 형법적 평가의 한계는 어디인가?
** Q 5	[도입 판례]에서 대법원이 판시한 작위·부작위 구별기준에 따라 [관련 판례 1]의 사안에서 수혈을 거부한 생모의 행위를 평가해 보시오

[도입 판례]의 사안에서 항소심 법원은 "의사들은 피해자를 퇴원시킬 당시 피해자의 처가 피해자에 대한 보호의무를 저버려서 그를 사망에 이르게 하리라는 사정을 인식하고 있었을 뿐, 나아가 그러한 결과의 발생을 용인하는 내심의 의사까지는 없었다 할 것이어서 정범의 고의를 인정할 수 없으므로 의사들의 행위는 부작위에 의한 살해행위가 아니라 피해자의 처의 부작위에 의한 살인행위의 실행을 용이하게 한 작위의 방조행위로 봄이 상당하다"고 판시하였다. 이에 반하여 대법원은 "의사들이 비록 피해자의 처의 요청에 의하여 마지못해 치료를 중단하였다고 하더라도 그 당시 피해자의 사망이라는 결과 발생에 대한 미필적 인식 내지 예견마저 없었다고 보기는 어려우므로 의사들에게 정범의 고의가 있다고 본 원심의 판단은 잘못된

것이다"고 판시하여 정범고의를 인정하였다.

산소호흡기를 제거한 의사의 행위가 작위인지 부작위인지 여부가 쟁점이 된다. 의무이행의 중지가 있는 경우에는 원칙적으로 부작위를 인정될 수 있다. 왜냐하면 행위자가 자신의 구조행위를 도중에 철회하는 것은 처음부터 부작위 한 것과 같이 결과실현을 위한 특별한 에너지 투입으로서 평가될 수 없기 때문이다. 따라서 그의 작위의무가 비록 형식적 작위를 통하여 이행되지 않았다 하더라도 그는 부작위범으로 처벌될 수 있을 뿐이다. 그러나 의무이행의 중지는 경우에 따라 작위범이 될 수도 있다. 언제부터 작위범으로 볼 수 있는가에 대해서는 견해의 대립이 있다.

제1심 법원과 같이 의사들의 치료중단조치를 부작위로 파악하게 되면 의사에게 보증지위 내지 보증의무가 있는지가 범죄성립에서 특별히 심사되어야 한다. 그러나 의사의 행위를 작위로 보더라도 의사의 보증지위 내지 보증의무의 유무는 동일하게 중요하다. 왜냐하면 보증의무가 부정된다면 업무로 인한 행위 또는 기타 사회상규에 반하지 아니하는 정당행위로서의 위법성조각의 여부가 결정될 수 있기 때문이다. 의사의 보증의무에 대하여는 부정설도 있지만, 전술한 바와 같이 긍정하는 것이 타당하다. 결국, 의사의 행위를 작위 또는 부작위의 어느 것으로 이해하든 범죄성립의 결과에 있어서는 아무런 차이가 없는 것으로 판단된다. 즉, 이 사례의 경우에는 큰 구별의 실익이 없다.

참고문헌

김재윤, "안락사 허용론에 대한 고찰", 형사법연구 제26호 특집호, 2006, 597-614면.

김성룡, "치료행위중단에 있어서 작위와 부작위의 구별", 형사판례연구 제13권, 2005, 138-168면.

이정원, "의학적 권고에 반한 퇴원으로 사망한 환자에 대한 형사책임", 비교형사법연구 제6권 제2호, 2004.12, 361-388면.
한상훈, "치료중단과 작위, 부작위의 구별", 연세대학교 법학연구 15권 1·2호(2005.06), 249-274면.

2. 부진정 부작위범의 성립요건

[도입 판례]

대법원 1992.2.11. 선고 91도2951 판결【살인】

사실관계

갑은 조카인 피해자 1(10세)과 2(8세)를 살해할 것을 마음먹고, 피해자들을 불러내어 미리 물색하여 둔 저수지로 데리고 가서 인적이 드물고 경사가 급하여 미끄러지기 쉬운 제방 쪽으로 유인하여 함께 걷다가, 피해자 1로 하여금 위와 같이 가파른 물가에서 미끄러져 수심이 약 2미터나 되는 저수지 물속으로 빠지게 하고, 그를 구호하지 아니한 채 앞에 걸어가고 있던 피해자 2의 소매를 잡아당겨 저수지에 빠뜨림으로써 그 자리에서 피해자들을 익사하게 하였다.

판결요지

가. 형법이 금지하고 있는 법익침해의 결과발생을 방지할 법적인 작위의무를 지고 있는 자가 그 의무를 이행함으로써 결과발생을 쉽게 방지할 수 있었음에도 불구하고 그 결과의 발생을 용인하고 이를 방관한 채 그 의무를 이행하지 아니한 경우에, 그 불작위가 작위에 의한 법익침해와 동등한 형법적 가치가 있는 것이어서 그 범죄의 실행행위로 평가될 만한 것이라면, 작위에 의한 실행행위와 동일하게 부작위범으로 처벌할 수 있다고 할 것이다.

나. 피고인이 조카인 피해자(10세)를 살해할 것을 마음먹고 저수지로

데리고 가서 미끄러지기 쉬운 제방 쪽으로 유인하여 함께 걷다가 피해자가 물에 빠지자 그를 구호하지 아니하여 피해자를 익사하게 한 것이라면 피해자가 스스로 미끄러져서 물에 빠진 것이고, 그 당시는 피고인이 살인죄의 예비 단계에 있었을 뿐 아직 실행의 착수에는 이르지 아니하였다고 하더라도, 피해자의 숙부로서 익사의 위험에 대처할 보호능력이 없는 나이 어린 피해자를 익사의 위험이 있는 저수지로 데리고 갔던 피고인으로서는 피해자가 물에 빠져 익사할 위험을 방지하고 피해자가 물에 빠지는 경우 그를 구호하여 주어야 할 법적인 작위의무가 있다고 보아야 할 것이고, 피해자가 물에 빠진 후에 피고인이 살해의 범의를 가지고 그를 구호하지 아니한 채 그가 익사하는 것을 용인하고 방관한 행위(부작위)는 피고인이 그를 직접 물에 빠뜨려 익사시키는 행위와 다름없다고 형법상 평가될 만한 살인의 실행행위라고 보는 것이 상당하다.

[관련 판례 1]

대법원 1997.3.14. 선고 96도1639 판결【상표법위반, 부정경쟁방지법위반】

[1] 형법상 방조행위는 정범의 실행행위를 용이하게 하는 직접, 간접의 모든 행위를 가리키는 것으로서 작위에 의한 경우뿐만 아니라 부작위에 의하여도 성립된다.

[2] 형법상 부작위범이 인정되기 위하여는 형법이 금지하고 있는 법익침해의 결과발생을 방지할 법적인 작위의무를 지고 있는 자가 그 의무를 이행함으로써 결과발생을 쉽게 방지할 수 있었음에도 불구하고 그 결과의 발생을 용인하고 이를 방관한 채 그 의무를 이행하지 아니한 경우에, 그 부작위가 작위에 의한 법익침해와 동등한 형법적 가치가 있는 것이어서 그 범죄의 실행행위로 평가될 만한 것이라면, 작위에 의한 실행행위와 동일하게 부작위범으로 처벌할 수 있다.

[3] 백화점에서 바이어를 보조하여 특정매장에 관한 상품관리 및 고객들의 불만사항 확인 등의 업무를 담당하는 직원은 자신이 관리하는 특정매장의 점포에 가짜 상표가 새겨진 상품이 진열·판매되고 있는 사실을 발견하였다면 고객들이 이를 구매하도록 방치하여서는 아니되고 점주나 그 종업원에게 즉시 그 시정을 요구하고 바이어 등 상급자에게 보고하여 이를 시정하도록 할 근로계약상·조리상의 의무가 있다고 할 것임에도 불구하고 이러한 사실을 알고서도 점주 등에게 시정조치를 요구하거나 상급자에게 이를 보고하지 아니함으로써 점주로 하여금 가짜 상표가 새겨진 상품들을 고객들에게 계속 판매하도록 방치한 것은 작위에 의하여 점주의 상표법위반 및 부정경쟁방지법위반 행위의 실행을 용이하게 하는 경우와 동등한 형법적 가치가 있는 것으로 볼 수 있으므로, 백화점 직원인 피고인은 부작위에 의하여 공동피고인인 점주의 상표법위반 및 부정경쟁방지법위반 행위를 방조하였다고 인정할 수 있다.

판례의 검토

* Q 1	부진정부작위범의 개념을 본문 [도입 판례]의 사실관계에 대입하여 재구성해 보시오.
* Q 2	선행행위로 인한 보증인적 지위의 무제한적 확장을 방지하는 방안을 설명해 보시오.
** Q 3	보증인 지위의 개념은 무엇이며, 그 발생근거는 무엇인가?
* Q 4	행위정형의 동가치성의 개념은 무엇이며, 이를 요구하는 범죄형태는 무엇인가?

[도입 판례]는 일반론으로서 "형법이 금지하고 있는 법익침해의 결과발생을 방지할 법적인 작위의무를 지고 있는 자가 그 의무를 이행함으로써 결과발생을 쉽게 방지할 수 있었음에도 불구하고 그 결과의 발생을 용인하고 이를 방관한 채 그 의무를 이행하지 아니한 경우에, 그 부작위가 작위에 의한 법익침해와 동등한 형법적 가치가 있는 것이어서 그 범죄의 실행행위로 평가할 만한 것이라면, 작위에 의한 실행행위와 동일하게 부작위범으로 처벌할 수 있다고 할 것"이라 판시하여 보증인적 지위와 별도로 **행위의 동가치성**에 관하여 언급하고 있다. 아울러 결론적으로 "이와 같은 상황에서 피해자가 물에 빠진 후에 피고인이 살해의 범의를 가지고 그를 구호하지 아니한 채 그가 익사하는 것을 용인하고 방관한 행위(부작위)는 피고인이 그를 직접 물에 빠뜨려 익사시키는 행위와 다름없다고 형법상 평가될 만한 살인의 실행행위라고 보는 것이 상당하다."고 판시하고 있다.

참고문헌

장영민, "부진정부작위범의 성립요건", 형사판례연구 제2권, 1994, 37-45면.

전지연, "부작위에 의한 정범과 공범", 저스티스 76호(2003.12), 292-315면.

미수범론

제6장

[§ 8] 장애미수, 중지미수, 불능미수, 예비죄

Ⅰ. 미수범과 실행의 착수

[도입 판례]

대법원 1985.4.23. 선고 85도464 판결【절도미수】

사실관계

갑은 노상에 세워져 있는 A의 자동차 안에 있는 물건(예컨대 밍크코트)을 훔칠 생각으로 자동차의 유리창을 통하여 그 내부를 손전등으로 비추어보다가 경찰관에게 검거되었다. 이 때 A는 자동차의 유리창을 따기 위하여 면장갑을 끼고 있었고 컬을 소지하고 있었다.

판결요지

노상에 세워 놓은 자동차 안에 있는 물건을 훔칠 생각으로 자동차의 유리창을 통하여 그 내부를 손전등으로 비추어 본 것에 불과하다면 비록 유리창을 따기 위해 면장갑을 끼고 있었고 칼을 소지하고 있었다 하더라도 절도의 예비행위로 볼 수는 있겠으나 타인의 재물에 대한 지배를 침해하는데 밀접한 행위를 한 것이라고는 볼 수 없어 절취행위의 착수에 이른 것이었다고 볼 수 없다.

[관련 판례 1]

대법원 2006.9.14. 선고 2006도2824 판결【야간주거침입절도미수】

주거침입죄의 실행의 착수는 주거자, 관리자, 점유자 등의 의사에 반하여 주거나 관리하는 건조물 등에 들어가는 행위, 즉 구성요건의 일부를 실현하는 행위까지 요구하는 것은 아니고 범죄구성요건의 실현에 이르는 현실적 위험성을 포함하는 행위를 개시하는 것으로 족하므로, 출입문이 열려 있으면 안으로 들어가겠다는 의사 아래 출입문을 당겨보는 행위는 바로 주거의 사실상의 평온을 침해할 객관적인 위험성을 포함하는 행위를 한 것으로 볼 수 있어 그것으로 주거침입의 실행에 착수한 것으로 보아야 한다.

[관련 판례 2]

대법원 1984.9.11. 선고 84도1381 판결【국가보안법위반, 간첩, 간첩미수】

간첩의 목적으로 외국 또는 북한에서 국내에 침투 또는 월남하는 경우에는 기밀탐지가 가능한 국내에 침투 상륙함으로써 간첩죄의 실행의 착수가 있다고 할 것이다.

판례의 검토

* Q 1	실행의 착수에 대하여 객관설, 주관설, 절충설 등이 제시되고 있다. 이들 학설의 내용을 소개해 보시오.
* Q 2	밀접행위설이란 무엇인가?
** Q 3	미수의 가벌성은 어디서 찾을 수 있으며, 미수와 기수를 구별하는 기준은 무엇인가?
** Q 4	실행의 착수에 대한 기준을 개별범죄의 특성에 비추어 판단해야만 하는 이유를 설명하시오.

범죄의 실행에 착수하여 행위를 종료하지 못하거나 결과가 발생하지 아니한 범죄실현단계는 **미수**로서 원칙적으로 처벌가능하다(형법 제25조 이하). 다만 미수범을 처벌하는 규정이 있는 경우에 한한다(제29조). 미수는 원칙적으로 처벌되므로 언제 실행의 착수가 있다고 볼 것인가는 가벌성을 결정하는 중요한 기준이 된다.

실행의 착수라 함은 행위자의 범행결의가 지향하는 구성요건실현에 대한 직접적인 개시를 의미한다. 불가벌적인 예비와 가벌적인 미수를 구별하는 한계선인 실행의 착수라는 시간적 구별기준에 관하여 미수의 처벌근거에 관한 이론대립의 반영인 객관설과 주관설 사이에 오랜 논란이 있어 왔으며, 절충적 입장은 양 관점의 결합의 산물이다.

형식적 객관설은 엄격한 의미에서의 구성요건에 해당하는 전형적인 행위 또는 그 일부를 개시한 때에 실행의 착수가 있다고 보는 견해이다. **실질적 객관설**은 두 가지 견해로 나뉘는데, **Frank의 공식**에 따르면 "자연적으로 보아 구성요건적 행위와 필연적으로 결합되어 있어 그 구성요소로 보이는" 거동이 있으면 구성요건실행의 전단계의 행위라 하더라도 실행의 착수가 있다고 보는 견해이며, 소위 **밀접행위설**은 행위가 보호법익에 대하여 직접적인 위험을 야기시킨 때, 또는 법익침해에 밀접한 행위가 있을 때 실행의 착수를 인정하는 견해이다. **주관설**은 범죄의사를 명백하게 인정할 수 있는 외부적 행위가 있는 때에 실행의 착수가 있다는 견해이다. **절충설**은 개별적 객관설 또는 주관적 객관설이라 불리는데, 행위자의 주관적인 범죄계획에 비추어(주관적 기준) 구성요건실현에 대한 직접적 행위(객관적 기준)가 있을 때 실행의 착수가 있다고 보는 견해이며 우리나라의 **다수설**이라고 할 수 있다.

우리 형법 제25조 제1항에는 단순히 "범죄의 실행에 착수하여…" 라고만 규정하고 독일 형법의 경우처럼 정의규정을 두고 있지 아니하기 때문에 이론적 입장이 나타나 있지 않고 따라서 어느 학설에 입각해서도 해석이 가능하겠지만, 우리 형법의 전반적 맥락 특히 제25조 제2항과 같은 미수범규정의 입법태도 에 비추어 볼 때 **절충설에 입각해서 해석함이 타당**하다고 생각한다.

참고문헌

이경렬, "실행의 착수의 실질적 기준", 성균관 법학 제8호, 1997, 45-67면.

정영일, "절도죄에 있어서 실행의 착수시기", 형사판례연구 제2권, 1996, 177-190면.

한정환, "형법 제25조 제1항 범죄실행의 착수", 비교형사법연구 제8권 제1호, 2006, 125-152면.

Ⅱ. 중지미수

[도입 판례]

대법원 1999.4.13. 선고 99도640 판결【살인미수, 폭력행위등처벌에관한법률위반】

사실관계

피고인 甲은 피해자 乙이 경영하는 주점에 출입하면서 乙과 성관계를 가지게 된 것을 기화로 수차례에 걸쳐 乙에게 폭력을 행사하여 오던 중 1998.5.25. 오후에 위 주점에 찾아갔으나 이러한 폭력행사에 지친 乙이 더 이상 甲을 만나지 않으려고 주점의 출입문을 열어 주지 않자 이에 앙심을 품고서 칼날길이 약 5cm 가량의 칼을 등산복 안에 숨긴 채 같은 날 19:30경 주점의 종업원인 丙이 주점의 출입문을 열고 들어가는 순간 丙을 따라 주점에 들어간 다음, 그 안에 있던 乙에게 자신을 용서하여 달라고 말하였으나 乙이 말로만 잘못했다 하지 말라는 취지로 대답을 하자 이에 격분하여, 주점의 간판 불을 끄고 전화선 코드를 뽑아버린 후 소지하고 있던 칼로 乙의 목 부위와 가슴 부위를 수 회 찌르고, 丙이 피고인 甲을 만류하자 丙에게 "너도 칼로 찔러버리기 전에 저 구석에 가 있어. 너도 죽고 싶으냐. 나오면 죽여 버리겠다"라고 말하여 丙으로 하여금 피고인을 만류하지 못하게 한 다음, 계속하여 위 칼로 乙의 머리 부위를 향하여 내리찍었으나 乙이 이를 피하는 바람에 맞지 아니하자 乙에게 "밤새도록 너를 죽이려고 칼을 갈았다. 오늘은 너도 죽고 나도 죽고 종업원 丙도 죽고 3명이 다 죽는다"라고 말하면서 등산화를 신은 발로 乙의 허벅지와 발을 걷어차다가 乙의 가슴 부위에서 많은 피가 흘러내리는 것을 발견하고는 겁을 먹고 폭력행사를 그만두었다. 이로 인하여 乙은 약 3주간의 치료를 요하는 다발성 경부 및 흉부자상을 입었다. 피고인 甲은 1995.8.30. 서울 고등법원에서 강간치상죄 등으로 징역 2년 6월, 집행유예 4년을 선고받아 그 유예기간중에 이 사건 각 범행을 저질렀고, 특히 1998.3.25. 피해자 乙을 상해하여 수사기관에서 조사를 받고 폭력행위등처벌에관한법률위반죄로 약식명령이 청구되어 재판을 받고 있는 중에 다시 이 건의 범죄를 저질렀다.

사실관계

범죄의 실행행위에 착수하고 그 범죄가 완수되기 전에 자기의 자유로운 의사에 따라 범죄의 실행행위를 중지한 경우에 그 중지가 일반 사회통념상 범죄를 완수함에 장애가 되는 사정에 의한 것이 아니라면 이는 중지미수에 해당한다고 할 것이지만, 피고인이 피해자를 살해하려고 그의 목 부위와 왼쪽 가슴 부위를 칼로 수 회 찔렀으나 피해자의 가슴 부위에서 많은 피가 흘러나오는 것을 발견하고 겁을 먹고 그만두는 바람에 미수에 그친 것이라면, 위와 같은 경우 많은 피가 흘러나오는 것에 놀라거나 두려움을 느끼는 것은 일반 사회통념상 범죄를 완수함에 장애가 되는 사정에 해당한다고 보아야 할 것이므로, 이를 자의에 의한 중지미수라고 볼 수 없다.

[관련 판례 1]

대법원 1992.7.28. 선고 92도917 판결【강도상해, 특수강도[인정된죄명:특정범죄가중처벌등에관한법률위반(강도)], 공무집행방해, 폭력행위등처벌에관한법률위반, 강도, 특정범죄가중처벌등에관한법률위반(강도, 특수강도강간)】

피고인 갑, 을, 병이 강도행위를 하던 중 피고인 갑, 을은 피해자를 강간하려고 작은 방으로 끌고가 팬티를 강제로 벗기고 음부를 만지던 중 피해자가 수술한 지 얼마 안되어 배가 아프다면서 애원하는 바람에 그 뜻을 이루지 못하였다면, 강도행위의 계속 중 이미 공포상태에 빠진 피해자를 강간하려고 한 이상 강간의 실행에 착수한 것이고, 피고인들이 간음행위를 중단한 것은 피해자를 불쌍히 여겨서가 아니라 피해자의 신체조건상 강간을 하기에 지장이 있다고 본 데에 기인한 것이므로, 이는 일반의 경험상 강간행위를 수행함에 장애가 되는 외부적 사정에 의하여 범행을 중지한 것에 지나지 않는 것으로서 중지범의 요건인 자의성을 결여하였다.

[관련 판례 2]

대법원 1993.10.12. 선고 93도1851 판결【강간미수】

가. 범죄의 실행행위에 착수하고 그 범죄가 완수되기 전에 자기의 자유로운 의사에 따라 범죄의 실행행위를 중지한 경우 자의에 의한 중지가 일반 사회통념상 장애에 의한 미수라고 보여지는 경우가 아니면 이는 중지미수에 해당한다.

나. 피고인이 피해자를 강간하려다가 피해자의 다음 번에 만나 친해지면 응해 주겠다는 취지의 간곡한 부탁으로 인하여 그 목적을 이루지 못한 후 피해자를 자신의 차에 태워 집에까지 데려다 주었다면 피고인은 자의로 피해자에 대한 강간행위를 중지한 것이고 피해자의

다음에 만나 친해지면 응해 주겠다는 취지의 간곡한 부탁은 사회통념상 범죄실행에 대한 장애라고 여겨지지는 아니하므로 피고인의 행위는 중지미수에 해당한다.

판례의 검토

* Q 1	대법원이 판시한 바에 따라 자의성의 개념을 정의해 보시오.
* Q 2	자의성 판단의 기준을 설명하시오.
* Q 3	아직 범죄에 실행하기 전에 자의로 그만 둔 경우에도 중지미수에 해당하는가?
** Q 4	피해자의 입장에서 중지범의 특례인정을 비판할 경우에 그에 대한 반론을 제시해 보시오.
* Q 5	중지미수에 관한 형법규정은 착수미수와 실행미수의 구별을 당위적으로 요구하고 있는가?
** Q 6	착수미수와 실행미수의 구별기준에 관한 학설을 설명하고 문제점을 지적하시오.

[도입 판례]와 [관련 판례 1]에서는 **중지미수**의 인정여부에 초점이 있고 중지의 자의성이 인정되지 않는다는 이유로 살인의 중지미수와 특수강도강간의 중지미수를 부정하고 있다. 그러나 이 경우 중지의 **자의성**을 인정할 수 있는가에 대해서도 논란이 있을 수 있고, 자의적 중지미수를 인정할 수 있다는 견해도 있다. 자의성의 판단기준에 대해서는 다음과 같이 견해가 대립한다.

객관설은 외부사정으로 인한 범죄미완성은 장애미수이고 내부사정에 의한 범죄미완성은 중지미수라는 견해이다. **주관설**은 후회·동정 등 윤리적 동기에 의해 중지한 경우는 중지미수이고, 그 이외의 동기로 인해 중지한 경우는 장애미수라는 견해이다. **Frank의 공식**에 의하면 '할 수 있었음에도 불구하고 하기를 원하지 않아서 중지한 경우'는 중지미수이고, '하려 했지만 할 수 없어 중지한 경우'는 장애미수라는 한다. **절충설**은 일반사회관념상 범죄수행에 장애가 될 만한 사유가 있는 경우는 장애미수이지만, 그런 사유가 없는데도 자의로 중지한 경우에 자의성을 인정한다. 이 견해가 다수설이자 판례의 입장이다. **규범설**은 자의성을 순수한 형법상의 평가문제로 보고 범인이 범행을 중지하게 된 내심의 동기를 규범적으로 평가하여 자의성여부를 결정한다는 견해라고 할 수 있다.

[관련 판례 2]의 사안에서 피고인은 경찰에서부터 계속해서 범행사실을 부인하여 오다가 검사의 제2회 피의자신문조서에서 이를 자백하였고 공판정에서는 다시 범행사실을 부인하였던 탓으로 하급심에서는 사실인정 자체가 주로 문제되었을 뿐 이 사안이 중지미수냐 장애미수냐 하는 점은 고려의 대상도 되지 아니하였다. 변호인은 상고이유서에서도 사실오인에 역점을 주어 다투면서 여기에서 비로소 피고인의 위 범행이 인정되더라도 이는 중지미수에 해당하는 것으로 보아야 한다고 주장한 것이지만 이 사안은 공소사실 자체만에 의하더라도 중지미수에 해당되는 것으로 볼 여지가 있으며, 피고인이 위와 같이 범행을 완수하지 아니한 후 피해자를 자기의 차에 태워 집에까지 데려다 준 사정까지 있다면 이 사건은 중지미수라고 보는 데 무리가 없다 하겠다. 피해자의 간곡한 부탁은 사회통념상 간음을 함에 있어서 장애라고 볼 수 없기 때문이다.

그런데 중지미수의 자의성을 인정하더라도 **착수미수(미종료미수)**가 아니라 **실행미수(종료미수)**라면 결과방지행위가 없는 한 중지미수는 인정되지 않는다. 그렇다면 살해의 고의로 칼로 목 부위와 가슴 부위를 수 회 찌르고도 계속 폭행을 가하다 가슴 부위에서 피가 많이 흘러내리자 겁을 먹고 폭력행사를 그만 둘 경우에 착수미수인가, 실행미수인가의 구별이 신행되어야 한다. 만약 행위자가 상대방이 죽을 때까지 행위하려고 의도하였다가 그만두었다면 행위계획설에 의하면 착수미수가 된다. 그러나 중지시 피가 많이 나는 것을 보고 이 정도로 죽을 것 같다는 생각에 그만두었다면 전체고찰설에 의하면 실행미수이며, 중지미수가 인정되기 위해서는 결과방지행위라는 성립요건이 필요하다. 결국 어디에 기준을 두고 판단할 것인가에 따라 착수미수인가 실행미수인가가 결정 된다. 착수미수와 실행미수의 구별기준에 대해서는 다음과 같이 견해가 대립한다.

객관설은 객관적으로 결과발생의 가능성이 있는 한 실행미수가 된다는 견해이며, **주관설**은 착수시 또는 중지시의 행위자의 의사에 의해 결정하여야 한다는 견해이다. 이에 대해 **절충설**은 행위자의 주관적 범죄계획과 행위당시의 모든 객관적 사정을 종합하여, 결과발생에 필요한 행위가 종료되었다고 인정되면 실행행위는 종료된 것으로 보는 견해이며 다수설이라고 할 수 있다.

참고문헌

오영근, "중지미수의 자의성", 형사판례의 연구 I(이재상교수 화갑기념논문집), 2003, 550-566면.

정현미, "착수미수와 실행미수의 구별", 형사판례연구 제14권, 2006, 1-24면.

하태훈, "중지미수의 성립요건", 형사판례연구 제7권, 1999, 60-80면.

Ⅲ. 불능미수

1. 불능미수의 위험성판단

[도입 판례]

대법원 1978.3.28. 선고 77도4049 판결【습관성의약품관리법위반, 사기미수】

사실관계

갑은 염산메칠에페트린 1.5킬로그람을 소지하고 있다가 검거되었다. 이 염산메칠에페트린은 감기약, 해열제 등 일반의약품으로 쓰이는 것이지만, 만일 그로부터 메칠기를 빼낼 수만 있다면 히로뽕 제조원료인 염산에페트린이 된다. 염산에페트린은 메스암페타민(속칭 히로뽕)의 전단계에 위치하는 것이기 때문이다. 갑은 수가과정에서 소지중이던 염산메칠에페트린 1.5킬로그람은 30만원을 주고 매입한 것이라고 주장하였다.

판결요지

불능범의 판단기준으로서 위험성 판단은 피고인이 행위 당시에 인식한 사정을 놓고 이것이 객관적으로 일반인의 판단으로 보아 결과발생의 가능성이 있느냐를 따져야 하므로 히로뽕제조를 위하여 에페트린에 빙초산을 혼합한 행위가 불능범이 아니라고 인정하려면 위와같은 사정을 놓고 객관적으로 제약방법을 아는 과학적 일반인의 판단으로 보아 결과발생의 가능성이 있어야 한다.

[관련 판례 1]

대법원 1984.2.28. 선고 83도3331 판결【살인미수, 촉탁살인】

이 사건 농약의 치사추정량이 쥐에 대한 것을 인체에 대하여 추정하는 극히 일반적 추상적인 것이어서 마시는 사람의 연령, 체질, 영양 기타의 신체의 상황여하에 따라 상당한 차이가 있을 수 있는 것이라면 피고인이 요구르트 한병마다 섞은 농약 1.6씨씨가 그 치사량에 약간 미달한다 하더라도 이를 마시는 경우 사망의 결과발생 가능성을 배제할 수는 없다고 할 것이다.

[관련 판례 2]

대법원 2007.7.26. 선고 2007도3687 판결【살인, 살인미수, 살인음모】

[1] 불능범은 범죄행위의 성질상 결과발생 또는 법익침해의 가능성이 절대로 있을 수 없는 경우를 말한다.

[2] 일정량 이상을 먹으면 사람이 죽을 수도 있는 '초우뿌리'나 '부자' 달인 물을 마시게 하여 피해자를 살해하려다 미수에 그친 행위가 불능범이 아닌 살인미수죄에 해당한다고 본 사례.

판례의 검토

* Q 1	불능범과 불능미수의 개념을 각각 정의해 보시오.
* Q 2	불능범의 법적 효과와 불능미수의 법적 효과를 비교해 보시오.
** Q 3	위험성 판단에 대하여 구체적 위험설과 추상적 위험설을 비교·검토해 보시오.
* Q 4	[관련 판례 1]의 사안에서 대법원의 위험성판단 기준은 무엇이었는가?

[도입 판례]는 **불능미수**를 규정한 형법 제27조의 운용에 있어서

핵심적 요소라고 할 수 있는 위험성의 판단기준을 제시하고 있다. 판례분석 부분에서 소개한 바와 같이 대법원은 제1심법원과 원심법원이 인정한 사실관계가 그대로 인정된다고 가정할 때 불능범을 인정할 수 있는가 하는 문제를 논하고 있다. 원심법원은 피고인 김○수가 에페트린과 빙초산 등 화공약품을 혼합하고 섭씨 80~90도로 가열하여 메스암페타민(속칭 히로뽕) 1킬로그람을 제조했으나 그의 제조기술과 경험부족으로 뜻밖에 히로뽕 완제품 아닌 염산메칠에페트린을 생성시켰다는 점을 인정하면서, 피고인이 생성시킨 염산메칠에페트린은 화학작용을 일으키면 메칠기를 뺄 수 있고 그렇게 되면 염산에페트린이 될 수 있어 히로뽕의 제조원료가 되니 위험성이 있어 불능범이 아니라고 판단하여 형법 제27조를 적용, 피고인을 처벌하고 있다. 이에 대하여 대법원은 ① 과연 원심판결이 제시한 증거를 가지고 염산메칠에페트린으로부터 메칠기("염산기"는 "메칠기"의 오기로 생각됨) 빼낼 수 있다는 점을 인정할 수 있겠는가 하는 비판과, ② 원심은 염산메칠에페트린이 히로뽕제조원료가 되어 위험성이 있다고 판시하고 있지만, 위험성이 있다고 하는지 그 이유를 밝히지 아니한 이유불비의 점을 들어 원심판결을 파기하고 있다.

대법원은 위험성의 판단기준에 대하여 "피고인이 행위 당시에 인식한… 사정을 놓고 이것이 일반인(과학적 일반인)의 판단으로 보아 결과발생의 가능성이 있느냐를 [따져야 한다]"고 판시하고 있다. 이 기준을 적용하면 다음의 소결론들을 얻을 수 있다. 첫째로 행위자가 인식한 사정만 가지고 위험성 판단을 할 수는 없다. 본 사안에서 설사 김○수가 에페트린과 빙초산 등 화공약품을 80~90도로 가열하면 히로뽕을 제조할 수 있다고 생각하여 제조행위에 착수하였다고 하더라도 그것만으로는 위험성을 인정할 수 없다. 만일 이때에도 위험성을 인정한다면 불능범으로 범죄불성립이 될 가능성은 거의 없게 될 것이다. 두 번째로 행위자가 인식한 사정을 도외시하고 위험성

판단을 행하여서는 안 된다. 원심법원은 화학적으로 볼 때 염산메칠에페트린이 화학작용을 일으키면 메칠기를 뗄 수 있으므로 위험성이 있다는 결론에 이르고 있다. 물론 여러 가지 화학약품이나 복잡한 공정을 이용하면 메칠기를 제거할 가능성은 있다. 그러나 원심법원은 위험성이 있다는 결론에 이르는 과정에서 행위자가 인식한 사정, 즉 에페트린에 빙초산을 혼합하여 80~90도로 가열하는 상황을 고려에 넣고 있지 않다. 만일 행위자가 인식한 사정을 고려하지 않고 세상에 존재할 수 있는 모든 가능성을 동원한다면 형법 제27조의 위험성은 언제나 긍정되지 않을 수 없게 될 것이다.

학계에서는 불능미수의 위험성의 판단기준으로 다음과 같은 견해가 제시되고 있다. **구객관설**은 결과발생이 개념적으로 불가능한 절대적 불능은 불벌인 불능범, 구체적인 특수한 경우에만 불가능한 상대적 불능은 가벌적인 불능미수범이 된다는 견해이다. 이 견해는 절대적 불능과 상대적 불능의 구별 자체가 "상대적"이어서 실제문제의 해결에 혼동을 준다고 비판을 받는다. **법률적 불능·사실적 불능설**은 법률적 불능(절대적 불능 또는 구성요건의 흠결과 같은 의미)은 불능범, 사실적 불능(상대적 불능 또는 단순히 사실상의 범죄요건이 결여된 경우)은 불능미수가 된다는 견해이다. 그러나 상대적 불능과 절대적 불능을 구별하는 구객관설과 큰 차이가 없다는 점이 문제이다. **구체적 위험설(신객관설; 다수설)**은 행위 당시에 행위자가 인식한 주관적 사정과 일반인이 인식할 수 있었던 객관적 사정을 기초로 일반경험법칙에 비추어 결과발생의 개연성이 있는 경우 불능미수가 되고, 개연성이 없는 경우 불능범이 된다는 견해이다. 이 견해에 대해서는 행위자의 인식사정과 일반인의 인식사정이 다를 때 어떻게 할 것인지의 문제가 제기된다. **추상적 위험설(주관적 위험설)**은 행위자가 행위시에 인식한 사정만을 기초로 하여 행위자가 생각한 대로의 사정이 존재하였으면 일반인의 판단에서 결과발생의 위험성이 있는 경우를 불능미수, 위험성이 없는 경우를 불능범이라고 하는 견해이다. 그러나 행위자가 경솔하게 잘못 안 경우에도 그 사실만을 기초로 하여 위험성을 판단해야 한다는 것은 부당하다. **주관설**은 주관적으로 범죄의사가 확실하게 표현된 이상 그것이 객관적으로 불가능한 경우에도 미수로 처벌하여야 한다는 견해이다. 이에 대해서는 미신범을 불능미수로 포섭하지 않는 이유를 합리적으로 설명해 줄 수 없을 뿐만 아니라, 법적대적인 의사 내지 심정이라는 불법없는 책임(Schuld ohne Unrecht)만을 근거로하여 처벌하는 것이라는 비판이 제기된다. **인상설**은 행위자의 법적대적인 의사의 실행이 일반인에게 법질서의 효력에 대한 신뢰와 안정감을 동요시킬 때 위험성을 인정할 수 있고 따라서 불능미수가 된다는 견해이다. 이 견해는 미수범 일반에 대한 이론으로서는 타당하지만 불능미수의 특수 전제로서는 적절치 하지 않다고 할 수 있다.

참고문헌

김태명, "형법 제27조(불능범)의 위험성 요건의 독자성과 구체적 의미", 형사법연구 제26호, 2006, 223-252면.

문채규, "형법 제27조(불능범)의 '위험성' 표지", 비교형사법연구 제8권 제2호, 2006, 31-58면.

천진호, "불능미수의 위험성 판단 -해석상의 오류를 중심으로", 비교형사법연구 창간호, 1999, 67-92면.

2. 환각범

[도입 판례]

대법원 2002.1.11. 선고 2000도1881 판결【사기】

사실관계

P토지는 등기부에 A 등의 소유로 등기되어 있다. 그런데 A 등은 오래 전에 사망하였고, A의 상속인은 B 등이다. 갑은 P토지에 대한 종합토지세가 자기 앞으로 계속 나오자 P토지를 차지하기로 마음을 먹었다. 갑은 Q지방법원에 갑을 원고로, A 등을 피고로 하여 "피고는 원고에게 P토지에 대해 매매를 원인으로 한 소유권이전등기절차를 이행하라."는 청구취지의 소유권이전등기청구의 소를 제기하였다. 한편 갑은 피고 A 등의 주소를 자기 집 주소로 거짓 기재하여 Q지방법원이 송달하는 소환장 등 관련서류를 중간에서 가로채버렸다. Q지방법원은 원고 갑에게 승소판결을 내렸고, 갑은 이 승소판결을 근거로 갑 명의로 P토지에 대한 소유권이전등기를 경료하였다.

판결요지

소송사기에 있어서 피기망자인 법원의 재판은 피해자의 처분행위에 갈음하는 내용과 효력이 있는 것이어야 하고, 그렇지 아니하는 경우에는 착오에 의한 재물의 교부행위가 있다고 할 수 없어서 사기죄는 성립되지 아니한다고 할 것이므로, 피고인의 제소가 사망한 자를 상대로 한 것이라면 이와 같은 사망한 자에 대한 판결은 그 내용에 따른 효력이 생기지 아니하여 상속인에게 그 효력이 미치지 아니하고 따라서 사기죄를 구성한다고 할 수 없다.

판례의 검토

* Q 1	불능미수와 불능범의 구별에 대해 설명해 보시오.
* Q 2	미수범 영역에서 불능범이 특히 주목받는 이유는 무엇인가?
* Q 3	판단의 기초와 판단자의 구별은 어떻게 다른가?

** Q 4	형법 제27조에서 '결과발생이 불가능' 한 경우인지는 무엇을 기준으로 판단해야 하는가?
** Q 5	불능미수와 불능범의 구별을 위한 결정적인 기준은 '위험성' 여부인가, '결과발생의 가능성' 인가?

삼각사기의 전형인 **소송사기**가 사기죄에 해당하기 위한 성립요건과 관련하여 사자를 상대로 한 허위 내용의 소송에 대하여 판례는 사망한 자 또는 사망한 자에 대한 판결의 처분행위효력에 대한 행위자의 인식내용을 고려하지 아니하고 위 판결과 같이 결과적으로 피고인의 제소가 사망한 자를 상대로 한 것이라면 이와 같은 사망한 자에 대한 판결은 그 내용에 따른 효력이 생기지 아니하고 상속인에게도 그 효력이 미치지 아니하므로 법원의 처분행위가 있다고 할 수 없어 사기죄가 성립하지 않는다고 한다. 즉 사망한 자를 상대로 한 소승사기의 경우에는 비록 승소판결이 확정되더라도 판결의 효력이 무효이기 때문에 따라서 이 경우 법원의 판결은 소송사기죄의 성립에서 요구되는 피해자의 재산을 처분할 수 있는 재산적 처분행위라고 할 수 없다는 것이다.

그리고 소송사기죄의 주관적 구성요건표지인 고의의 내용과 관련하여 사망한 자 또는 사망한 자에 대한 판결의 처분행위효력에 대하여 행위자가 어떻게 인식하고 의욕했느냐에 따라 사기죄의 성립 여부에 대한 법해석이 달라질 수 있는 바, 소송사기에 있어 행위자의 인식내용에 따라 사자를 상대로 한 허위 내용의 소송을 1) 생존자로 오인하고 기망행위로 소송을 제기하였으나 소 제기시 사망한 자인 경우와 2) 사망한 자인 줄 알았으나 사망한 자에게도 판결효력이 미친다고 생각하고 소송을 제기한 경우 및 3) 사망한 자인 줄 알고 사망한 자에게는 판결의 효력이 미치지 아니한다는 것도 알면서 사망한 자를 상대로 소송을 제기한 경우와 같은 세 가지 유형으로 나누어 볼 수 있다.

[도입 판례]의 사안처럼 사망한 자인 줄 알았으나 사망한 자에게도 판결효력이 미친다고 생각하고 허위 내용의 소송을 제기한 경우에는 판결의 처분행위효력에 관한 착오로 **반전된 포섭착오**의 유형으로 **환각범**에 해당하여 사기죄가 성립하지 않는다고 보아야 할 것이다.

참고문헌

김호기, "불능미수에서의 착오, 결과발생의 불가능, 위험성", 비교형사법연구 제9권 제1호, 2007, 73-96면.

한상훈, "형법 제27조(불능범)에서 '결과발생의 불가능'과 '위험성'표지의 구별기준", 형사법연구 제20권 제3호, 2008, 79-108면.

천진호, "사자를 상대로 한 소송사기의 형사책임", 저스티스 67호(2002. 6), 202-227면.

Ⅳ. 예비죄

[도입 판례]

대법원 1986.6.24. 선고 86도437 판결【밀항단속법위반】

사실관계

갑은 일본에 밀항하기 위하여 을에게 도항비로 일화 100만엔을 주기로 약속하였으나 그 후 이 밀항을 포기하였다.

판결요지

일본으로 밀항하고자 공소외인에게 도항비로 일화 100만엔을 주기로 약속한 바 있었으나 그 후 이 밀항을 포기하였다면 이는 밀항의 음모에 지나지 않는 것으로 밀항의 예비정도에는 이르지 아니한 것이다.

판례의 검토

* Q 1	예비죄와 음모죄를 형법에 규정함으로써 얻는 실익은 무엇인가?
* Q 2	예비와 음모를 구별하여 설명해 보시오.

형법 제28조는 범죄의 음모 또는 준비행위가 실행의 착수에 이르지 아니한 때에는 법률에 특별한 규정이 없는 한 벌하지 아니한다고 규정하고 있다. **예비(음모)죄**는 예비행위 그 자체, 즉 범죄실행의 착수 이전의 준비행위를 처벌하는 범죄의 유형으로서, 실행의 착수 이전의 관념이고, 만일 예비행위가 실행의 착수에 이르게 되면 적어도 미수에 흡수되어 예비죄로 처벌되지 않는다.

예비(음모)죄의 법적 성질에 관하여는 예비는 기본범죄의 발현형태에 지나지 않고, 예비죄는 기본적 구성요건의 수정형식이라고 하는 견해(**발현형태설**)와 독립된 구성요건을 실현하는 독립된 범죄형태라는 견해(**독립범죄설**)의 대립이 있으나 통설인 발현형태설의 입장이 타당하다고 본다.

참고문헌

문채규, "예비죄의 공범과 중지" 비교형사법연구 제4권 제1호, 2002, 29-60면.

정원태, "절도죄에 있어서 점유와 실행의 착수, 강도음모가 성립하기 위한 요건 및 음모와 예비와의 관계", 형사재판의 제 문제 제3권, 2000, 70-78면.

공범론

제7장

[§ 9] 공동정범, 간접정범

Ⅰ. 공동정범

1. 주관적 성립요건: 공동의 범행결의

(1) 공모의 시점

[도입 판례]

대법원 1987.10.13. 선고 87도1240 판결【살인, 폭력행위등처벌에관한법률위반, 강도상해, 총포·도검·화약류단속법위반, 범인도피】

사실관계

甲은 강력한 폭력조직을 형성하여 암흑가를 지배하여 보겠다고 망상을 품고 유도학교 후배인 A등을 포섭하여 세칭 '진석이파'를 구성하고, 甲은 위 폭력조직의 두목으로서 절대적인 권위와 철저한 상명하복의 통솔체제를 확립하고 어떠한 폭력범행도 가능하도록 위 조직을 훈련시켜 甲의 명령이라면 그 조직원들이 물불을 가리지 않을 정도에 이르렀다. 사건 당일 甲은 싸움이 진행 중일 때에 현장에 모습을 나타내어 싸움을 말려줄 것을 당부하는 룸살롱 서진회관 상무의 간청을 뿌리치고 甲이 능히 살해행위를 미연에 방지할 위치에 있음에도 불구하고 생선회칼 등을 소지한 원섭이파 행동대원들을 향하여 "야, 전부 죽여버려"라고 고함을 질렀다. 그 결과 피해자 C와 D는 진석이파 대원들에 의해 룸살롱 17호실 안에서 흉기로 살해당하였고, 피해자 A와 B는 甲이 소리를 지른 시점에 진석이파 소속원에 의해 룸살롱 화장실에서 칼에 찔려 사망하였다.

판결요지

형법상 공모라 함은 반드시 사전에 이루어질 필요는 없고, 사전모의가 없었더라도 우연히 모인 장소에서 수인이 각자 상호간의 행위를 인식하고 암묵적으로 의사의 투합, 연락 하에 범행에 공동가공하면 수인은 각자 공동정범의 책임을 면할 수 없다. 부하들이 흉기를 들고 싸움을 하고 있는 도중에 폭력단체의 두목급 수괴의 지위에 있는 피고인이 그 현장에 모습을 나타내고 더욱이 부하들이 흉기들을 소지하고 있어 살상의 결과를 초래할 것을 예견하면서도 전부 죽이라는 고함을 친 행위는 부하들의 행위에 큰 영향을 미치는 것으로서 피고인은 이로써 위 싸움에 가세한 것이라고 보지 아니할 수 없고, 나아가 부하들이 칼, 야구방망이 등으로 피해자들을 난타, 난자하여 사망케 한 것이라면 피고인은 살인죄의 공동정범으로서의 죄책을 면할 수 없다.

[관련 판례 1]

대법원 2000.4.7. 선고 2000도576 판결【특정범죄가중처벌등에관한법률위반(관세)(인정된 죄명 : 관세법위반)·관세법위반】

[1] 공동정범이 성립하기 위하여는 주관적 요건으로서의 공동가공의 의사와 객관적 요건으로서의 공동의사에 의한 기능적 행위지배를 통한 범죄의 실행사실이 필요한바, 주관적 요건으로서의 공동가공의 의사는 타인의 범행을 인식하면서도 이를 제지하지 아니하고 용인하는 것만으로는 부족하고, 공동의 의사로 특정한 범죄행위를 하기 위

하여 일체가 되어 서로 다른 사람의 행위를 이용하여 자기의 의사를 실행에 옮기는 것을 내용으로 하는 것이어야 한다.

[2] 전자제품 등을 밀수입해 올 테니 이를 팔아달라는 제의를 받고 승낙한 경우, 그 승낙은 물품을 밀수입해 오면 이를 취득하거나 그 매각알선을 하겠다는 의사표시로 볼 수 있을 뿐 밀수입 범행을 공동으로 하겠다는 공모의 의사를 표시한 것으로는 볼 수 없다고 한 사례.

[관련 판례 2]

대법원 2003.3.28. 선고 2002도7477 판결【성폭력범죄의처벌및피해자보호등에관한법률위반(강간등치상)(인정된 죄명 : 강간상해 · 강간)】

[1] 형법 제30조의 공동정범은 2인 이상이 공동하여 죄를 범하는 것으로서, 공동정범이 성립하기 위하여는 주관적 요건으로서 공동가공의 의사와 객관적 요건으로서 공동의사에 기한 기능적 행위지배를 통한 범죄의 실행사실이 필요하고, 공동가공의 의사는 타인의 범행을 인식하면서도 이를 제지하지 아니하고 용인하는 것만으로는 부족하고 공동의 의사로 특정한 범죄행위를 하기 위하여 일체가 되어 서로 다른 사람의 행위를 이용하여 자기의 의사를 실행에 옮기는 것을 내용으로 하는 것이어야 한다.

[2] 피해자 일행을 한 사람씩 나누어 강간하자는 피고인 일행의 제의에 아무런 대답도 하지 않고 따라 다니다가 자신의 강간 상대방으로 남겨진 공소외인에게 일체의 신체적 접촉도 시도하지 않은 채 다른 일행이 인근 숲 속에서 강간을 마칠 때까지 공소외인과 함께 이야기만 나눈 경우, 피고인에게 다른 일행의 강간 범행에 공동으로 가공할 의사가 있었다고 볼 수 없다고 한 사례.

판례의 검토

* Q 1	공동정범에 있어서 공동가공의 의사는 무엇이고, 의사연락은 어떠한 방법에 의해 이루어지며, 그것이 요구되는 시점의 시기와 종기는 언제인가?
* Q 2	'예모적 공동정범'과 '우연적 공동정범'은 공동정범에 해당하나, '편면적 공동정범'은 공동정범에 해당하지 않는 이유는 무엇인가?
** Q 3	본 판례에서 피해자 A, B에 대한 살인죄의 공동정범이 갑에 대해여 부정된 이유는 무엇인가?
** Q 4	실제로 살인행위에는 가담하지 않고 "야, 전부 죽여버려"라고 고함치는 행위가 "사람을 살해"하는 행위를 분담하는 것이라고 볼 수 있는가? 찬성, 반대의 입장 가운데 하나를 선택하고 그 논거를 제시해 보시오.
** Q 5	오토바이 상점을 경영하는 乙은 후배 甲이 길거리나 남의 상점에서 오토바이를 절취하려는 것을 알고 오토바이를 절취하여 오면 그 물건을 사 주겠다고 하였다. 甲은 절취의 의도로 야간에 A 오토바이 상점에 들어가서 오토바이를 한 대 훔쳐다가 乙에게 인도하였다. 이 때 甲에게 야간주거침입절도죄가 성립함은 명백하다. 그렇다면 乙에게 야간주검침입절도죄의 공동정범이 성립하는가? (대판 1997.9.30, 97도1940 참조)

공동정범이 성립하기 위해서는 범인들 사이에 공동으로 죄를 범한다는 공동가공의 의사, 즉 범인들 사이에 의사연락이 있어야 한다. 공동가공의 의사는 특정한 범죄행위를 하기 위하여 일체가 되어 서로 다른 사람의 행위를 이용하여 자기의 범행의사를 실현하는 의사를 말한다. 이 점에서 공동정범은 의사연락이 없는 동시범과 구별되고, 이에 따라 '**일부실행 전부책임**'이 인정될 수 있다.

통설과 판례에 의하면 의사연락은 법률상 어떤 정형을 요구하는 것이 아니고 2인 이상이 공동으로 범죄를 실현하려는 의사의 결합만 있으면 족하다. 따라서 전체적인 모의과정이 없었다고 하더라도 수인 사이에 연쇄적·간접적·순차적으로 또는 명시적·묵시적으로 상통하여 그 의사의 결합이 이루어져도 의사연락이 인정된다. 공범자 사이에 서로 면식이 있을 필요도 없으며, 다른 공동자의 행위내용을 세부적으로 알고 있을 필요도 없다. 그러나 의사연락은 공범 상호간에 있어야 하고, 범인 중 일방에게만 공동가공의 의사가 있는 **편면적 공동정범**은 인정되지 않고, 동시범이나 종범이 문제될 뿐이다.

의사연락은 실행의 착수 전후를 묻지 않으나 실행행위가 종료되기 이전에는 존재해야 한다. 실행의 착수 이전에 의사연락이 있는 경우를 **예모적 공동정범**, 실행행위시에 의사연락이 있는 경우를 **우연적 공동정범**이라고 한다.

[도입 판례]의 사안에 대해 대법원은 "우연히 모인 장소에서 수인이 각자 상호간의 행위를 인식하고 암묵적으로 의사의 투입·연락"이 있다고 보아 공동실행의 의사를 인정하고, 부하들이 흉기를 들고 싸움을 하고 있는 도중에 살상의 결과를 초래할 것을 예견하면서도 "야, 전부 죽여버려"라고 고함을 친 행위는 부하들의 행위에 큰 영향을 미치는 것이므로 공동실행의 사실로서 역할분담의 실행을 인정하여 甲을 살인죄의 공동정범으로 처벌하고 있다. 그러나 대법원의 판단과 달리 사안에서 甲은 폭력조직의 두목으로서 사건당일 이미 싸움이 진행 중일 때에 현장에 모습을 나타내어 "야, 전부 죽여버려"라고 고함을 쳤는데, 이러한 경우에도 甲에게 공동실행의 의사와 공동실행의 사실을 인정할 수 있는지가 문제된다.

우선, 공동정범의 주관적 성립요건인 의사연락과 관련하여 검사는 甲이 "야, 전부 죽여버려"라고 고함을 지르는 무렵에 피해자 C, D 이외에 A, B도 살해되고 있었으므로 甲과 진석이파 소속원들 사이에 원섭이파에 속하는 피해자들을 살해하려는 의사연락이 있다고 보고 피해자 C, D는 물론이고 A, B의 사망에 대해서도 甲을 살인죄의 공동정범으로 처벌해야 한다고 주장하였다. 이에 대하여 대법원은 "공모라고 함은 반드시 사전에 이루어질 필요는 없고, 사전 모의가 없었더라도 우연히 모인 장소에서 수인이 각자 상호간의 행위를 인식하고 암묵적으로 의사의 투합, 연락 하에 범행에 공동가공하면 수인은 각자 공동정범의 책임을 면할 수 없다."고 판시하여 피해자 C, D에 대한 의사연락을 긍정하였다. 이처럼 대법원은 의사연락의 방법에 대하여 매우 관대한 입장을 취하고 있으나, 이와 같은 확대적용을 견제하기 위해 실행행위와 공모시점과의 관련성을 요구한다. 즉 대법원은 ① 甲이 자신이 술을 마시던 20호실에서 콜라병을 들고 나왔을 당시("야, 전부 죽여버려"라고 고함치기 이전의 시점)에는 이미 그의 부하들이 피해자 A, B에 대해 가해행위를 끝냈다는 점, ② 甲은 그러한 가해행위가 저질저진 사실을 전혀 모르고 있었다는 점, ③ 甲이 개입한 이후에 아무런 추가 가해행위가 없다는 점 등을 들어서 甲에게 피해자 A, B의 살해에 대한 의사연락을 부정하고 있다. 그러나 공동정범에 있어서 의사연락은 역할분담과 공동실행에 대한 서로간의 양해가 있어야 한다. 본 사안의 경우 부하들이 살해의 고의 없이 싸움을 하고 있을 때에 두목급인 甲이 나타나 일방적으로 "야, 전부 죽여버려"라고 고함을 치고 있을 뿐 살인행위에 대한 역할분담이나 공동실행에 대한 상호양해를 인정할 수 없다고 본다. 따라서 피해자 A, B에 대해서는 물론이고 피해자 C, D에 대해서도 살해에 대한 의사연락이 있다고 보기 어렵다.

다음으로, 공동정범의 객관적인 성립요건인 실행행위의 분담과 관련하여 단순히 "야, 전부 죽여버려"라고 고함치는 행위가 과연 살인의 실행행위를 분담한 것이라고 평가할 수 있는지 의문이다. 이에 대해 대법원은 "공동피고인들이 판시와 같이 흉기를 들고 위 싸움을 하고 있는 도중에 이 사건 폭력단체의 두목급 수괴의 지위에 있는 피고인 甲이 그 현장에 모습을 나타내고 더욱이나 부하들이 판시 흉기들을 소지하고 있어 살상의 결과를 초래할 것을 예견하면서도 판시와 같이 전부 죽이라는 고함을 친 것이므로 이는 부하들의 행위에 큰 영향을 미치는 것으로서 피고인 甲은 이로써 위 싸움에 가세한 것이라고 보지 아니할 수 없고, ……"고 판시하여 공동정범의 객관적 성립요건을 긍정하였다. 이는 직접적으로 피해자 C와 D에 대한 살해행위라고 볼 수 없는 甲의 고함지르는 행위를 살해행위와 마찬가지로 취급함을 의미한다. 대법원은 이와 같은 확장해석의 근거로 두목급 수괴의 지위에 있는 甲이 부하들에 대하여 강력한 영향력을 가지고 있으므로 "야, 전부 죽여버려"라고 고함을 질러서 살인의 범행을 계속하거나 또는 "야, 그만 두어"라고 말하여 살해행위의 진행을 중단시킬 수 있다는 점을 들고 있다. 이렇게 보면 甲은 부하들의 피해자 C, D에 대한 살해의 점에 대하여 행위지배를 가지고 있다고 판단할 수 있다. 그러나 공동정범에 있어서 실행행위의 분담이라 함은 구성요건을 충족시키는 행위의 일부를 수행하는 것을 말한다. 그런데 甲이 "야, 전부 죽여버려"라고 고함을 지르는 것을 가리켜 "사람을 살해"하는 행위의 일부를 분담했다고 말할 수 없다.

따라서, 대법원의 판단과 달리 甲은 피해자 A, B, C, D의 사망에 대해 살인죄의 공동정범으로 볼 수 없다고 해야 한다. 오히려 부하들은 상해 내지 상해치사 정도의 미필적 고의로 싸움을 하다 甲의 "야, 전부 죽여버려"라는 살인지시에 의해 살인을 결의하여 이를 실행했다고 평가하는 것이 옳다고 본다. 그렇다면 甲은 피해자 C와 D에 대한 살인죄의 교사범이 되고, 실행행위를 한 부하들은 甲의 지휘 또는 감독을 받는 관계에 있으므로 甲은 특수교사범으로 가중처벌되어야 한다. 특수교사의 지휘 또는 감독관계는 사실상 관계로 충분하며(통설), 또 그 관계가 반드시 적법한 관계일 필요는 없기 때문이다. 이러한 결론이야말로 조직범죄의 배후인물에 대한 적절한 형사정책적 대책이 될 수 있을 것이다.

참고문헌

김성룡, "공동정범의 주관적 구성요건요소", 비교형사법연구 제3권 제1호, 2001, 89면 이하.

박상기, "형법 제정 50년과 공범론의 전개", 형사법연구 제18호, 157면 이하.

신동운, "공동정범과 공모의 시점", 고시연구 22권 3호(252호)(95.02) 140-148면.

신동운, 신판례백선 형법총론, 2009, 566-567면.

하태훈, "기능적 범행지배의 범위", 형사판례연구 제12권, 2004, 62-83면.

(2) 승계적 공동정범

[도입 판례]

대법원 1982.11.23. 선고 82도2024 판결【특정범죄가중처벌등에관한법률위반, 사체유기, 자살교사미수, 도박】

사실관계

체육교사 甲은 중학생 A를 자기 아파트로 유인, 감금하던 중 부작위로 A를 살해하였다. 甲은 여고생 乙을 불러내어 A의 유괴 및 사망사실을 말하고 A의 부모에게 거액의 금품을 요구하는 협박장을 써서 보내고 협박전화도 하도록 부탁하였다. 을은 이를 승낙한 후 시키는 대로 금품을 요구하는 협박전화도 하고 협박편지도 보냈다.

판결요지

특정범죄가중처벌등에 관한 법률 제5조의2 제2항 제1호 소정의 죄는 형법 제287조의 미성년자 약취, 유인행위와 약취 또는 유인한 미성년자의 부모 기타 그 미성년자의 안전을 염려하는 자의 우려를 이용하여 재물이나 재산상의 이익을 취득하거나 이를 요구하는 행위가 결합된 단순일죄의 범죄라고 봄이 상당하므로 비록 타인이 미성년자를 약취. 유인한 행위에는 가담한 바 없다 하더라도 사후에 그 사실을 알면서 약취 · 유인한 미성년자를 부모 기타 그 미성년자의 안전을 염려하는 자의 우려를 이용하여 재물이나 재산상의 이익을 취득하거나 요구하는 타인의 행위에 가담하여 이를 방조한 때에는 단순히 재물등 요구행위의 종범이 되는데 그치는 것이 아니라 종합범인 위 특정범죄가중처벌등에 관한 법률 제5조의2 제2항 제1호 위반죄의 종범에 해당한다.

[관련 판례 1]

대법원 1982.6.8. 선고 82도884 판결【향정산성의약품관리법위반, 변호사법위반】

포괄적 일죄의 일부에 공동정범으로 가담한 자는 비록 그가 그때에 이미 이루어진 종전의 범행을 알았다 하여도 그 가담 이후의 범행에 대해서만 공동정범으로서 책임을 진다.

[관련 판례 2]

대법원 1994.12.2. 선고 94도2510 판결【배임수재(인정된죄명:업무방해), 무고, 위증】

대학교 입시에서 수험생의 학부모들로부터 합격시켜 달라는 청탁을 받은 갑교수가 그 수험생으로 하여금 답안지에 비밀표시를 하도록 해 놓고 채점위원이 될 것으로 예상되는 을 교수에게 비밀표시된 답안지 채점을 부정하게 높게 하는 등 위계의 방법으로 부정합격시키도록 하자고 부탁하여 을이 이를 승락하는 방법으로 갑과 공모하였는데 그 후 을이 채점위원이 되지 아니하자 채점위원이 된 병 교수에게 그와 같은 부정채점을 청탁한 경우, 병이 을의 부정채점 제의를 거절하고 즉시 그 대학교 교무처장에게 신고함으로써 더 이상 입시부정행위를 할 수 없게 되었고 달리 그 이후 을이 갑이나 수험생들 및 그 대학교 총장으로 하여금 부정한 행위나 처분을 하게 할 만한 행위를 한 바 없다면, 을의 범행 가담 이후 그 대학교 총장의 입시관리업무가 방해될 만한 행위가 없다 할 것이니 업무방해죄의 기수로 논할 수 없음이 명백하므로 병에게 부정청탁을 하였으나 뜻을 못 이룬 을의 행위를 형법 제314조를 적용하여 업무방해죄의 죄책을 지울 수 없다고 한 사례.

판례의 검토

** Q 1 [도입 판례]에서 대법원은 종범으로 범행에 가담한 자는 그가 범행에 가담할 때에 이미 이루어진 종전의 범행을 알았다면 그 가담 이전의 범행을 포함하여 전체 범행에 대해 종범으로 처벌된다는 입장을 취하고 있다. 이러한 태도는 가담 이전의 범행에 대해서는 공동정범으로서의 죄책을 지지 않는다고 판단한 [관련 판례 1]의 대법원 입장과 대비된다. 그렇다면 [도입 판례]와 [관련 판례 1]은 상호 모순되는 것인가? 찬성, 반대의 입장을 취하고 그 논거를 제시하시오.

* Q 2 [관련 판례 1]에서 대법원은 "이와 같이 연속된 제조행위 도중에 공동정범으로 범행에 가담한 자는 비록 그가 그 범행에 가담할 때에 이미 이루어진 종전의 범행을 알았다 하더라도 그 가담 이후의 범행에 대하여만 공동정범으로 책임을 지는 것"이라고 판시하여 승계적 공동정범의 개념을 부정하고 있다. 그런데 대법원은 자신의 결론을 뒷받침할 논거를 제시하고 있지 않다. 대법원의 결론을 지지하면 지지 논거를, 반대하면 반대 논거를 제시하시오.

**
Q 3 승계적 공동정범에 있어서 후행자의 책임범위와 관련한 세 가지 학설의 내용을 설명하고, 이러한 세 가지 학설에 따라 [도입 판례]의 형량을 계산해 보시오.

**
Q 4 골동품 전문 털이범 甲은 A의 아파트에 고가의 고려청자가 있다는 소문을 듣고 이를 훔칠 계획을 세웠다. 여름 휴가철 A가 휴가를 떠났다고 생각한 甲은 야간에 A의 아파트에 들어가 훔칠 고려청자를 물색하였다. 그런데 甲은 휴가에서 일찍 돌아와 수면 중이던 A에게 발각되어 체포를 면하려고 격투 끝에 A를 혼절시켰다. 이 때 甲은 격투 중에 오른쪽 다리에 커다란 부상을 입어 훔치고자 하는 고려청자를 옮길 수가 없었다. 고민 끝에 甲은 친구 乙에게 전화를 하여 지금까지 사정을 이야기하고 A의 아파트로 와 줄 것을 부탁하였다. 마침 경제적 사정이 어렸던 乙은 甲의 제안을 받아들여 A의 아파트로 가서 甲과 함께 1억원 상당의 고려청자 2개를 집 밖으로 반출하였다.
甲에게 준강도죄가 성립한다고 할 때 乙에게는 어떤 죄책이 성립할 수 있는지를 간략히 설명하시오.

승계적 공동정범이란 어느 행위자(갑)가 범죄의 실행행위에 이미 착수한 이후의 시점에서 다른 공범자(을)가 의사연락이 있는 경우에 나중에 의사연락이 된 공범자(을)와 공모 이전의 시점에 발생한 범행부분을 이어 받아, 즉 "승계하여" 전체범죄의 공동정범으로 파악되는 형태를 말한다. 이 경우에 ① 선행자 갑과 후행자 을은 공동정범이 되는가, 아니면 방조범이 되는가, ② 공동정범이 된다면 후행자 을은 그 참가 이후의 행위에 대하여서만 책임을 질 것인가, 아니면 참가 이전의 선행자의 행위에 대하여서도 책임을 질 것인가 하는 것이 승계적 공동정범의 문제점이다.

승계적 공동정범의 문제와 관련하여 우선, 승계적 공동정범을 인정할 것인가 하는 문제에 대하여 견해가 대립되고 있다. 즉 ① **부정설**은 공동정범이 성립되려면 공동의 실행의사와 공동실행의 사실이 있어야 하는 바, 전자의 공동의 실행의사는 실행행위 이전 또는 실행착수시에 존재하여야 하므로 그 이후에 관여하여 공동정범이 된다는 승계적 공동정범의 관념은 인정할 수 없다는 견해로, 이 견해에 의하면 후행자는 방조범이 될 수 있을 뿐이라고 한다. 반면에 ② **긍정설**은 공동정범의 성립에 필요한 의사의 연락은 반드시 공동행위 이전 또는 실행착수시에 존재할 필요는 없고, 실행행위의 도중에, 그러나 범죄의 완료 이전에 존재하면 족하므로 승계적 공동정범의 관념을 인정하여야 한다는 견해로, 이 견해에 의하면 후행자도 당연히 공동정범이 된다고 한다. 이에 대하여 판례는 승계적 공동점범의 개념을 부정하고 선행자의 실행행위에 후행자가 가담한 경우를 공동정범의 일반례에 의하여 해결한다고 보는 견해(통설)와 판례는 승계적 공동정범의 개념을 인정하면서 후행자의 귀책범위만 한정책임설의 입장을 취하고 있다는 견해로 나뉘고 있다. 어느 견해를 취하든 후행자의 죄책에 있어서는 차이가 없다. 생각건대, 공동정범의 주관적 요건인 공동의 실행의사는 범죄가 완료되지 않은 한 그 시기에 아무런 제한이 없으므로, 범죄완료 이전에 참가한 후행자에게도 그 참가시점부터 공동정범의 성립요건인 공동실행의 의사와 공동실행의 사실이 모두 존재한다고 보아야 한다.

한편, 승계적 공동정범의 개념을 인정하더라도 후행자는 개입 이전의 선행자의 행위에 대해서도 책임을 지는가에 대하여 견해가 대립된다. 즉, 크게는 선행행위를 포함한 전부책임을 인정하는 견해(**전부책임설**)와 개입부분에 한정하여 책임을 인정하는 견해의 대립(**한정책임설**)이 있다. 전자는 후행자는 개입 이전의 선행자의 행위에 대하여서도 공동정범의 책임을 져야 한다는 견해이다. 그 논거는 (i) 공동정범에 있어서의 공동의 의사는 반드시 실행행위 이전에 존재할 필요는 없고 범죄가 완료되지 않은 한 실행행위 도중에 존재하면 족하다는 점, (ii) 후행자가 선행자와의 양해 하에 선행자가 형성한 기존의 정황을 인용하고 이용한 이상 행위 전체에 대하여 공동정범의 성립을 인정하여야 한다는 점 등을 들 수 있다. 반면에, 한정책임설은 후행자는 개입 이후의 실행부분에 대하여서만 공동정범으로서의 책임을 진다는 견해(다수설)이다. 다만 이 견해는 다시 실행부분에 한정된 공동정범만을 인정하려는 견해와 전체범죄에 대한 방조범도 인정하면서 양 범죄의 상상적 경합으로 처리하려는 견해(**전체방조범설**)로 나누어져 있다. 특히 전자의 논거는 (i) 후행자의 행위는 이미 완료된 선행자의 행위에 대한 원인이 될 수 없다는, 즉 양자 사이에 인과관계가 없다는 점, (ii) 민법과는 달리 형법상 추인 또는 소급은 인정되지 않으므로 공동의사도 소급될 수 없다는 점, (iii) 고의는 단순한 이해로 족한 것이 아니라 실현의사가 있어야 하는 바, 후행자는 선행자가 완료한 행위에 대하여 관여하지도 않았고 실현의사도 없었다는 점, (iv) 후행자는 개입전의 선행자의 행위를 전혀 지배할 수 없었으므로 그에 대하여 공동정범의 표지인 기능적 행위지배를 인정할 수 없다는 점 등을 들 수 있다. 전체방조범설의 논거로는 (i) 방조행위가 정범에 의한 실행행위의 착수가 있기 전부터도 가능할 뿐만 아니라 실행행위가 개시된 이후의 시점에서도 이루어질 수 있다는 점, (ii) 종범이 정범의 전체범행에 종속하여 처벌된다는 점을 제시할 수 있다. 후행자의 책임범위와 관련하여 판례의 태도는 일정하지가 않다. 예컨대, [관련 판례 1]에서는 연속된 히로뽕 제조행위 도중에 관여한 자에게는 비록 그가 선행행위를 인식하였다 하더라도 개입행위 이후에 대해서만 공동정범을 인정하였고, [관련 판례 2]에서 대법원은 포괄일죄의 범행 도중에 공동정범으로 범행에 가담한 자는 비록 그가 그 범행에 가담할 때에 이미 이루어진 종전의 범행을 알았다 하더라도 그 가담 이후의 범행에 대하여만 공동정범으로 책임을 진다고 판시하였다. 그러나 [도입판례]인 소위 "이윤상군 유괴사건"에서는 후행개입자에게 자신이 개입한 공갈에 대해서만 책임을 부여하는 것이 아니라 선행자의 행위까지 포함된 범죄(유괴후 금품요구라는 특가법위반)의 방조범을 인정하였다.

생각건대, 단순한 일행위범이 아닌 결합범, 포괄일죄, 과형상의 일죄 또는 실체적 경합범의 경우에 있어서는 후행자에게 그가 가공한 부분만에 대하여 책임을 지우는 것이 개인책임의 원칙에 합치하는 견해이다. 따라서 한정책임설이 타당하다. 그러므로 [도입판례]에서 대법원의 결론과 달리 후행자가 협박장과 협박전화를 통하여 금품을 요구하는 행위 부분에 대한 승계적 공동정범을 인정하여 공갈미수의 (공동)정범이 성립하는 것으로 보아야 한다. [도입판례]에서 대법원이 취한 전체범죄에 대해 방조범을 인정하려는 견해는 타인의 선행행위에 대해서 후행자가 방조하였다는 인과연관이 부정될 뿐만 아니라 정범은 공범에 우선하므로 명백한 정범행위가 있음에도 필요한 형량확보를 위해 공범으로 처리하는 것은 일정에 편법에 지나지 않기 때문에 설득력을 가질 수 없다고 본다.

참고문헌

이용식, "승계적 종범의 성립범위", 형사판례연구 제15권, 2007, 101-125면.

정진연, "승계적 공동정범", 숭실대 법학논총 9집(96.02), 89-118면.

정장오, "승계적 공동정범의 성립범위", 대법원판례해설 22호(94년 하반기)(95.05), 595-605면.

(3) 과실범의 공동정범

[도입 판례]

대법원 1997.11.28. 선고 97도1740 판결【업무상과실치사, 업무상과실치상, 업무상과실일반교통방해, 업무상과실자동차추락】

사실관계

이 사건 교량의 시공을 맡은 D주식회사 부평공장의 당시 기술담당 상무이사인 甲과 같은 공장의 철구부장인 乙은, 이 사건 트러스를 설계도대로 정밀하게 제작하도록 지휘·감독할 직접적이고 구체적인 업무상의 주의의무가 있음에도 불구하고 무리하게 트러스제작 공기단축을 독려하고 감독을 소홀히 하여 부실용접을 방치했으며, D건설의 현장소장인 丙은 교량의 공법과 구조 등을 숙지하여 공사를 지휘하고 시공에 사용되는 자재의 재질이나 규격이 설계도대로 제작되어 정확한지 여부 등을 최종적으로 확인·점검할 의무가 있고 또한 현장소장에게 요구되는 통상의 주의를 기울였다면 이 사건 트러스의 제작상의 잘못을 발견할 수 있었음에도 불구하고, 핀플레이트 강판을 설계도대로 절삭하지 아니하고 급경사를 이루도록 제작된 것을 발견하지 못하고 이를 교량가설에 사용토록 하는 등의 시공상의 잘못을 방치하게 하였다. 한편 당시 이 사건 교량건설에 대한 발주청인 서울특별시의 현장감독공무원이었던 丁 등은 현장감독을 철저히 할 구체적인 주의의무가 있음에도 불구하고 용접공의 자격확인, 방사선검사 등을 통한 용접공사, 가조립공사, 시공과정에서의 철저한 현장확인 등을 하지 아니하였다. 이들의 과실과 동부건설사업소 및 서울특별시 도로국 공무원들의 유지·관리상의 과실 그리고 설계상의 잘못이 겹쳐져서, 상판 일체가 한강으로 떨어지면서 때마침 그 곳을 지나던 자동차 6대도 한강으로 떨어졌다.

판결요지

성수대교와 같은 교량이 그 수명을 유지하기 위하여는 건설업자의 완벽한 시공, 감독공무원들의 철저한 제작시공상의 감독 및 유지·관리를 담당하고 있는 공무원들의 철저한 유지·관리라는 조건이 합치되어야 하는 것이므로, 위 각 단계에서의 과실 그것만으로 붕괴원인이 되지 못한다고 하더라도, 그것이 합쳐지면 교량이 붕괴될 수 있다는 점은 쉽게 예상할 수 있고, 따라서 위 각 단계에 관여한 자는 전혀 과실이 없다거나 과실이 있다고 하여도 교량붕괴의 원인이 되지 않았다는 등의 특별한 사정이 있는 경우를 제외하고는 붕괴에 대한 공동책임을 면할 수 없다. 이 사건의 경우 피고인들에게는 트러스 제작상 시공 및 감독의 과실이 인정되고, 감독공무원들의 감독상 과실이 합쳐져서 이 사건사고의 한 원인이 되었으며, 한편 피고인들은 이 사건 성수대교를 안전하게 건축되도록 한다는 공동의 목표와 의사연락이 있었다고 보아야 할 것이므로, 피고인들 사이에는 이 사건 업무상과실치사상 등 죄에 대하여 형법 제30조 소정의 공동정범의 관계가 성립된다고 보아야 할 것이다.

[관련 판례 1]

대법원 1996.8.23. 선고 96도1231 판결【특정경제범죄가중처벌등에관한법률위반(업무상횡령), 업무상과실치사, 업무상과실치상, 수뢰후부정처사, 뇌물수수, 부정처사후수뢰, 특정범죄가중처벌등에관한법률위반(뇌물), 뇌물공여, 허위공문서작성, 허위작성공문서행사】

건물(삼풍백화점) 붕괴의 원인이 건축계획의 수립, 건축설계, 건축공사공정, 건물 완공 후의 유지관리 등에 있어서의 과실이 복합적으로 작용한 데에 있다고 보아 각 단계별 관련자들을 업무상과실치사상죄의 공동정범으로 처단한 사례.

판례의 검토

* Q 1	[도입 판례]와 [관련 판례 1]에서 대법원은 과실범의 공동정범을 인정하고 있다. 대법원이 과실범의 공동정범을 인정한 근거는 무엇이며, 그 밖의 다른 논거들은 어떠한 것들이 있는가?
* Q 2	[도입 판례]에서 대법원은 트러스 제작책임자, 공사장의 현장소장, 고사장의 현장감독공무원 등 세 분야의 피고인들에게 모두 업무상과실

을 인정하고 있다. 또한 다리가 붕괴된 결과와 피고인들의 개별적인 업무상과실 사이에 인과관계를 인정하고 있다. 그렇다면 굳이 과실범의 공동정범 이론을 긍정하지 않더라도 피고인들을 각각의 업무상과실치사상죄 등으로 처벌할 수 있다는 주장이 제기될 수 있다. 이러한 주장에 대하여 찬성, 반대의 입장을 선택하여 그 논거를 제시하시오.

** Q 3 판례와 같이 과실범의 공동정범을 인정한다고 할 때 공동정범의 성립범위가 문제된다. [도입 판례]에서 문제된 시공사의 대표이사 또는 감독관청인 서울특별시 시장을 업무상교통방해죄의 공동정범으로 처벌할 수 있는지 여부에 대해 찬성, 반대의 입장을 선택하여 그 논거를 제시하시오.

** Q 4 [도입 판례]에서 피고인들은 공장에서의 트러스 제작행위, 현장에서의 교량시공행위, 공무원의 현장감독행위가 서로 독립행위의 관계에 있다고 주장하고 있다. 이와 관련하여 독립행위의 개념은 무엇이고 독립행위의 경합을 주장하는 실익은 어디에 있는가?

** Q 5 건강을 훼손할 수 있는 피혁분무기를 제조 판매하는 회사의 중역회의에서 간부 甲, 乙, 丙은 건강을 해한 결과들을 보고받았음에도 불구하고 제품의 회수를 결정하지 않았다. 그 결과 제품을 사용한 소비자들은 건강이 훼손되었다. 이 경우 甲, 乙, 丙의 죄책은?

[도입 판례]와 [관련 판례 1]은 **과실범의 공동정범**이 성립하는가에 관한 사안이다. 형법 제30조는 "2인 이상이 공동하여 죄를 범한 때에는 각자를 그 죄의 정범으로 처벌한다."고 규정하고 있다. 이 형법의 규정이 고의범의 공동정범에 적용된다는데 대하여는 이론이 없으나, 과실범의 공동정범이 인정되는지 여부가 명백하지 않다. 다만 판례는 행위공동설의 입장에서 "형법 제30조의 공동하여 죄를 범한 때"의 "죄"라 함은 고의범과 과실범을 불문하므로 두 사람 이상이 어떠한 서로의 의사연락 하에 과실행위를 하여 범죄가 되는 결과를 발

생케 한 것이라면 과실범의 공동정범이 성립한다고 하여 과실범의 공동정범을 일관되게 긍정하고 있다.

그러나 이러한 판례의 태도와 달리 과실범의 공동정범에 대하여 학설은 **인정설**과 **부정설**로 대립한다. 그 논의의 실익은 과실범의 공동정범을 부정하면 결국 동시범으로 되어 원인행위가 판명되지 않을 경우 미수로서 처벌하여야 하는데, 과실범의 미수는 인정되지 아니하므로 결국 불가벌로 되는데 반하여, 과실범의 공동정범을 인정한다면 원인행위가 판명되지 않더라도 공범자 모두에게 전체에 대한 공동책임을 물을 수 있다는 점에 있다. **과실범의 공동정범을 인정하는 입장으로는** ① 공동정범의 본질을 전구성요건적·전법률적 자연적 의미의 행위의 공동으로 파악하여 행위를 공동으로 하는 이상 과실범의 공동정범 및 고의범 과실범 사이의 공동정범도 인정하는 **행위공동설**, ② 공동행위를 하겠다는 의사의 합치가 있으면 적어도 공동행위주체가 생기며, 각자가 실행행위를 분담하는 이상 과실에 의한 결과를 낼 때에도 공동적인 과실의 책임을 져야 한다는 **공동행위주체설**, ③ 과실범의 공동정범에는 과실행위를 함께한다는 의사의 연락은 불필요하고, 과실의 공동과 구성요건적 결과를 야기하는 행위의 공동이 있으면 과실의 공동정범을 인정할 수 있다는 **과실공동·행위공동설**, ④ 공동자 사이에 주의의무를 공동으로 위반하고 결과발생에 대한 기능적 행위지배가 있으면 과실범의 공동정범이 성립한다는 **주의의무위반공동·기능적 행위지배설** 등이 있다. 그러나 행위공동설에 대해서는 행위공동설 자체가 공동정범의 본질에서 벗어난 이론이고, 형법상 무의미한 사실행위를 공동으로 하는 것으로써 공동정범을 인정한다는 문제가, 공동행위주체설에 대해서는 과실범의 경우에 어떻게 공동행위주체가 성립하는가를 설명하지 못할 뿐만 아니라 공동행위주체라는 행위자의 행위와 직접 관계없는 범죄주체를 인정하게 되면 단체책임을 인정하여 책임주의에 반할 위험성이 크다는 문제가, 과실공동·행위공동설에 대해서는 고의범과 과실범 사이에서 왜 공동정범의 요건을 달리해야 하는지 그 논거가 분명하지 않고 주의의무의 공동위반을 공동정범의 주관적 요소로 대치하는 것은 형사처벌의 범위를 확대할 위험성이 있다는 문제가, 주의의무위반공동·기능적 행위지배설에 대해서는 행위지배는 고의범을 전제로 하는 개념이므로 과실범에 있어서 기능적 행위지배를 인정할 수 없고, 주의의무의 공동을 공동의 범행결의로 볼 수 없다는 문제가 있다.

반면에 **과실범의 공동정범을 부정하는 입장으로는 범죄공동설과 범행지배설**이 있다. **범죄공동설**은 공동정범의 본질을 특정의 범죄를 수인이 공동하여 실현하는 것으로 파악하여 동일한 고의범의 범의 내에서만 공동정범을 인정한다. 그러나 이 견해는 범죄공동설 자체가 공동정범의 본질에 관한 타당한 이론이라고 할 수 없으므로 그 전제가 잘못되었다는 비판이 제기된다. 반면에 범행지배설은 다실 과실범에서는 고의범에 상응하는 목적적 범행지배가 있을 수 없으므로 공동정범이 인정될 수 없다는 **목적적 범행지배설**과 기능적 범행지배는 공동의 범행결의에 기초한 공동의 역할분담을 의미하는 것으로 공동의 가공행위라는 객관적 요소 이외에 공동의 범행결의라는 주관적 요소가 있어야 하는데, 과실범에서는 공동의 주의의무위반행위는 가능하나 공동의 범행결의는 불가능하므로 공동정범이 인정될 수 없다는 **기능적 범행지배설(다수설)**로 나뉜다.

생각건대, 과실의 공동정범은 적어도 과실의 공동과 구성요건적 결과를 야기하는 행위의 공동이 있어야 논의될 수 있다. 따라서 긍정설의 입장 중에서는 과실공동·행위공동설이 상대적으로 나은 견해라고 평가할 수 있으나, 근본적으로 과실범의 공동정범은 부정되는 것이 타당하다고 본다. 그 논거는 다음과 같다. 공동정범은 의사공동이 있는 부분 내에서는 타공범자의 실행행위에 대해서도 연대책임을 부담한다. 이러한 연대책임은 범죄를 공동으로 하자는 상호결속을 통하여 근거 지어지는 것이다. 그런데 과실범에서는 공동의 주의의무위반행위는 가능하나 공동의 범행결의는 불가능하다. 그리고 과실의 공동정범을 부정하더라도 인정설과 비교하여 큰 실익은 없다. 왜냐하면 부정하더라도 각자에 대해 동시정범으로 처벌하는 것이 가능하기 때문이다. 특히, 각자의 행위가 결과발생에 중첩적으로 작용한 것이 소송상 밝혀진다면 각자의 행위와 결과 사이에 인과관계를 인정할 수 있기 때문에 아무런 처벌상 차이가 없게 된다.

차이가 있는 부분은 각자의 행위 중에서 하나만 결과발생에 작용한 경우에 발생한다. 예컨대 사냥꾼 갑과 을이 각자 쏜 2발 중에서 한 발만 맞고 의외로 사람이 죽은 경우이다. 이 경우 과실의 공동정범에 대한 긍정설은 결과의 원인된 행위가 밝혀지지 않은 경우는 물론이고 그것이 밝혀지더라도 양자 모두를 과실범의 공동정범으로 처벌하여야 한다. 반면에 과실의 공동정범에 대한 부정설은 원인된 행위가 밝혀지면 결과발생에 작용한 행위를 한 자에게는 과실범이 성립되고 작용시키지 못한 자에게는 과실범 성립이 부정될 것이다. 그리고 원인행위가 밝혀지지 않으면 양자 모두 과실범의 성립이 부정되어야 할 것이다. 이렇게 차이가 나는 부분에서도 부정설에 따라 피고인에게 유리하게 처리하는 것이 타당할 것이다.

[도입 판례]와 [관련 판례 1]에서 대법원이 성수대교의 건축에 필요한 시설물의 제작·감독 및 유지·관리에 관여하는 행위자들에 대해, 그리고 삼풍백화점의 건축계획의 수립, 건축설계, 건축공사공정, 건물 완공 후의 유지관리 등의 각 단계별 관련자에 대해 과실범의 공동정범을 인정한 것은 타당하지 않다고 본다. 소속사업체를 달리하는 이들에게는 각자 자기가 맡은 분야의 행위만을 담당하려는 의사만 있었지 다른 관련자와 공동으로 행위 하려는 의사가 있었다고 보기는 어려우므로 공동의 범행결의가 부정되어 공동정범은 성립할

수 없기 때문이다. 따라서 두 사안에서는 각자의 과실행위가 결과발생에 인과적으로 작용하였는지를 판단하여 **각자에게 과실범의 성립 여부를 결정하는 동시범으로 파악하는 것이 더욱 타당**할 것이다. 이렇게 평가하면 각자에게 업무상 과실치사상죄가 성립하는 것으로 귀결될 확률이 크다. 그렇게 되면 공동정범을 인정하는 것과 차이가 없게 된다.

참고문헌

이용식, "과실범의 공동정범", 형사판례연구 제7권, 1999, 81-108면.

이재상, "과실범의 공동정범", 형사법연구 제14호, 2000, 215-232면.

이정원, "과실범에서의 정범과 공범 -과실범의 범죄구조를 중심으로", 형사법연구 제16호, 2001, 105-126면.

전지연, "과실범의 공동정범", 형사법연구 제13호, 2000, 27-54면.

2. 객관적 성립요건: 기능적 행위지배

(1) 공모공동정범

[도입 판례]

대법원 1980.5.20. 선고 80도306 판결【(가)내란목적살인, (나)내란수괴미수, (다)내란중요임무종사미수, (라)증거은닉, (마)살인(변경된죄명)】[전원합의체판결]

사실관계

중앙정보부장 김재규는 대통령 경호실장 차지철과 여러 가지 관계로 반목상태에 있었다. 1979.10.26. 대통령과 함께 하는 만찬이 열리기로 되어 있었는데, 김재규는 만찬회장 앞의 정원석에 걸터앉아서 대통령 경호실장 김계원에게 차지철을 지칭하면서 "그 친구 해치워 버릴까"하자, 김계원은 고개를 끄떡끄떡 하였다. 이어서 열린 만찬석상에서 김재규는 차지철을 권총으로 살해하였다.

피고인 김계원은 자신이 김재규와 공모한 일이 없음을 주장하면서, 차지철에 대한 살인죄의 공동정범으로 유죄판결을 선고한 계엄고등군법회의의 판결은 위법하다고 주장하여 대법원에 상고하였다.

판결요지

[다수의견] 공동정범에 있어서 범죄행위를 공모한 후 그 실행행위에 직접 가담하지 아니하더라도 다른 공모자가 분담, 실행한 행위에 대하여 공동정범의 죄책을 면할 수 없고, 공모공동정범에 있어서 공모는 2인 이상의 자가 협력해서 공동의 범의를 실현시키는 의사에 대한 연락을 말하는 것으로서 실행행위를 담당하지 아니하는 공모자에게 그 실행자를 통하여 자기의 범죄를 실현시킨다는 주관적 의사가 있어야 함은 물론이나, 반드시 배후에서 범죄를 기획하고 그 실행행위를 부하 또는 자기가 지배할 수 있는 사람에게 실행하게 하는 실질상의 괴수의 위치에 있어야 할 필요는 없다고 할 것이다.

[소수의견1] 피고인이 설사 피고인 김재규로부터 "그 친구 오늘 해치워 버리겠다"는 말을 듣고 묵묵히 고개만 끄덕였다는 사실만으로 사람을 살해하는 모의가 이루어졌다고 본다는 것은 우리의 경험 및 논리칙에 어긋나는 일이라고 아니할 수 없고 실행자인 상피고인을 통하여 피고인 자신의 범죄를 실현시킨다는 의사 있는 경우의 것으로 볼 자료도 없다.

[소수의견2] 실행공동범죄의 경우에는 "공동범해의 인식"이라든가 "의사의 연락"과 같은 넓은 의미의 합의만 있으면 공모관계가 있다고 할 수 있으나 공모공동정범이 인정되려면 간접정범에 가까울 정도의 고도의 합의가 있어야만 한다.

[소수의견3] 공모공동정범이라는 것은 실행정범에 대한 개념으로서 사회의 실정으로 보아 다수인에 의한 범죄 가운데는 실질상 주범이 배후에서 범죄를 계획하고 그 실행행위는 부하 또는 주범의 지배를 받는

사람으로 하여금 실행케 하는 경우에 단순한 교사나 방조만으로써는 처리될 수 없는 경우가 있다는 재판상 필요에서 나온 이론일 뿐이고 그러한 경우에도 주범에게는 자기의 범죄를 행한다는 주체적 의사가 있어야 하고 단지 타인의 범의를 유발하거나 타인의 범행을 용인 내지 이용하는 경우에는 이에 해당하지 않는다고 봄이 상당하다.

[관련 판례 1]

대법원 1983.3.8. 선고 82도3248 판결【국가보안법위반, 현주건조물방화치상, 현주건조물방화예비, 계엄법위반, 집회및시위에관한법률위반, 특수공무집행방해, 범인은닉, 범인도피】

공동정범의 성립에 있어서 공동자간의 공모와 범죄의 실행에 관하여는 범인 전원의 동일 일시, 동일 장소에서 모의하지 아니하고 순차적으로 범의의 연락이 이루어짐으로써 그 범의내용에 대하여 포괄적 또는 개별적 의사의 연락이나 인식이 있었으면 범인 전원의 공모관계가 있다 할 것이다.
공모공동정범은 공동범행의 인식으로 범죄를 실행하는 것으로 공동의 사주체로서의 집단 전체의 하나의 범죄행위의 실행이 있음으로써 성립하고 공모자 모두가 그 실행행위를 분담하여 이를 실행할 필요가 없고 실행행위를 분담하지 않아도 공모에 의하여 수인 간에 공동의사주체가 형성되어 범죄의 실행행위가 있으면 실행행위를 분담하지 않았다고 하더라도 공동의사주체로서 정범의 죄책을 면할 수 없다.

[관련 판례 2]

대법원 1988.4.12. 선고 87도2368 판결【사기】

공모공동정범이 성립되려면 두 사람 이상이 공동의 의사로 특정한 범죄행위를 하기 위하여 일체가 되어 서로가 다른 사람의 행위를 이용하여 각자 자기의 의사를 실행에 옮기는 것을 내용으로 하는 모의를 하여 그에 따라 범죄를 실행한 사실이 인정되어야 하고, 이와 같이 공모에 참여한 사실이 인정되는 이상 직접 실행행위에 관여하지 않았더라도 다른 사람의 행위를 자기의사의 수단으로 하여 범죄를 하였다는 점에서 자기가 직접 실행행위를 분담한 경우와 형사책임의 성립에 차이를 둘 이유가 없다.

[관련 판례 3]

대법원 2007.11.15. 선고 2007도6075 판결【특정경제범죄가중처벌등에관한법률위반(배임)(일부인정된죄명:업무상배임), 정치자금에관한법률위반】

형법 제30조의 공동정범은 공동가공의 의사와 그 공동의사에 기한 기능적 행위지배를 통한 범죄 실행이라는 주관적·객관적 요건을 충족함으로써 성립하는바, 공모자 중 구성요건 행위 일부를 직접 분담하여 실행하지 않은 자라도 경우에 따라 이른바 공모공동정범으로서의 죄책을 질 수도 있는 것이기는 하나, 이를 위해서는 전체 범죄에서 그가 차지하는 지위, 역할이나 범죄 경과에 대한 지배 내지 장악력 등을 종합해 볼 때, 단순한 공모자에 그치는 것이 아니라 범죄에 대한 본질적 기여를 통한 기능적 행위지배가 존재하는 것으로 인정되는 경우여야 한다.

이와 같은 법리에 터잡아 원심판결 이유를 기록에 비추어 살펴보면, 원심이 ① 피고인 1이 대통령 러시아 방문 의제 포함, 외국석유회사·국내대기업·공기업 등과 컨소시엄 구성, 근거 없는 영업이익 산출 등 부실하거나 확인되지 않거나 거짓된 내용으로 피고인 4, 피고인 5에게 보고한 내용, ② 피고인 4, 피고인 5이 그 보고 이후 행한 지시 내용과 회의석상 결정의 추상성, ③ 한 번도 이루어지지 않은 정식 결재, ④ 사업추진 당시 철도청장으로 재임하던 피고인 4의 계속 재임 여부 불투명성과 위 피고인이 이 사건 유전개발사업 추진에 대하여 보인 관심의 정도, ⑤ 위 피고인의 철도청장 이임 후 철도청 내부에서 이루어진 이 사건 사업 추진 진행 정도와 코리아크루드오일 주식 사실상 전부 인수라는 철도청·철도재단 내 중대한 사정 변경, ⑥ 피고인 4, 피고인 5이 코리아크루드오일 주식인수와 관련하여 보고와 문의를 받은 내용과 이에 대해 그들이 지시한 내용의 추상성, ⑦ 피고인 1이 주도한 이 사건 사업 추진 과정 등을 근거로 하여, 피고인 4, 피고인 5에 대하여 사업 추진에 대하여 감독을 제대로 하지 못한 점에 대하여 과실 내지 중과실 존재 여부는 별론으로 하고, 그들에게 고의로 공소사실과 같은 배임행위를 저질렀다거나 이를 공모하였다고 인정하기 부족하다고 판단한 것은 정당하다. 원심판결에는 이에 관하여 상고이유에서 주장하는 바와 같이 배임의 공모 여부에 관한 법리오해 등의 위법이 없다.

판례의 검토

* Q 1 [도입 판례]에서 추론되는 공모공동정범의 개념은 무엇인가, 공모공동정범의 인정 여부와 관련하여 [도입 판례]는 이를 긍정하는 다수의견과 부정하는 소수의견으로 구분되는 데 각각의 논거는 무엇이고, 그에 따른 결론은 어떻게 달라지는가?

* Q 2 [관련 판례 2]의 판시 내용 중 "공모에 참여한 사실이 인정되는 이상 직접 실행행위에 관여하지 않았더라도 다른 사람의 행위를 자기의사의 수단으로 하여 범죄를 하였다는 점"을 강조하여 대법원이 간접정범유사설에 입각하고 있다고 평가하는 견해가 있다. 그렇다면 이러한 판례의 태도와 간접정범과는 어떠한 면에서 유사하고 차이가 있는 가를 설명하시오.

** Q 3 [관련 판례 3]과 같이 최근 대법원은 기능적 행위지배설에 입각하여 공모공동정범을 긍정하고 있다. 이러한 대법원의 태도에 대해 찬성, 반대의 입장을 취하고 그 논거를 제시하시오.

* Q 4 대법원은 실무상 운용의 편의성을 이유로 일관되게 공모공동정범을 긍정하고 있다. 그렇다면 보다 구체적으로 어떠한 실무상 운용의 편의성이 있다는 것인가, 이러한 실무상 운용의 편의성을 이유로 공모공동정범을 긍정할 때 초래되는 문제점은 무엇인가?

* Q 5 공모공동정범의 형태는 구시대의 잔재로서 하루빨리 청산되어야 한다는 견해가 있다. 이처럼 공모공동정범의 개념을 부정할 경우 집단범죄에 대한 형사정책적 대응이 불가능하다는 비판이 제기될 수 있다. 이러한 문제를 해결할 수 있는 이론적 해결책은 무엇인가?

공모공동정범이란 공모자 가운데 일부만 범죄의 실행에 나아간 때에 단지 공모에만 참여한 자에게도 공동정범을 인정하면서 보통의 공동정범과 구별하는 뜻으로 특별히 공모공동정범이라 불리는 정범형태를 말한다. 공동가담의 의사가 사전모의의 형태로 나타나는 경우에는 특히 조직적인 역할분담을 하여 배후자가 외부로 드러나지 않은 경우가 많아 그 배후자에게 공동정범의 객관적 요건인 실행행위의 분담이 있었음을 입증하기 어려운 문제가 발생한다. 이러한 경우에도 그 배후자를 공동정범으로 처벌해야 할 형사정책적 필요성에 따라 인정된 이론이 공모공동정범이론이다. 그러나 공모라는 공동정범의 주관적 요건만 있고 공동의 실행행위의 분담이라는 객관적 요건이 없는 경우에도 공동정범의 성립을 긍정하는 공모공동정범을 인정할 것인지 여부에 대해서는 [도입 판례]를 비롯하여 판례는 일관하여 공모공동정범의 성립을 인정하고 있지만 학계에서는 다양한 견해가 제시되고 있다.

공모공동정범을 긍정하는 견해로는 공동의사주체설, 간접정범유사설, 적극이용설 및 확장된 기능적 행위지배설이 있다. **공동의사주체설**은 2인 이상이 사전에 범죄를 실현하려는 공동목적 하에 일심동체를 이루면 여기에 공동의사주체가 형성되어 그 중의 일부가 범죄를 실행해도 그 실행행위는 공동의사주체의 행위가 되어 직접 실행행위를 분담하지 아니한 단순공모자도 실행자에 종속하여 공동정범이 된다는 견해이다. [관련 판례 1]은 이와 같은 취지로 판시한 것이나, 우리나라 학자 중 이 설은 취하는 입장은 없다. 그러나 이 견해는 단체책임의 원리에 따라 책임전가가 이루어지기 때문에 개인책임의 원칙에 반하며, 공동정범의 본질을 기능적 행위지배에서 찾는다면 의사의 공동만으로 공동정범의 성립을 인정할 수 없다는 비판이 제기된다.

간접정범유사설은 실행행위를 분담하지 아니한 단순한 공모자라 하더라도 타인과 공동하여 타인의 행위를 이용하여 자기의 범죄의사를 실현한 점에서 간접정범에 유사한 정범성을 가진 공동정범의 한 형태가 된다는 견해이다. 간접정범은 피이용자를 일방적으로 이용하지만 공모공동정범에서는 공모자와 실행자 사이의 상호 지원관계에 의하여 범죄가 실행되므로 여기에 간접정범과는 다른 공동정범성의 근거가 발견된다는 것이다. [도입 판례]에서 [소수의견 2]와 [관련 판례 2]의 입장은 이 견해와 유사한 것이다. 그러나 단순히 공모하였다는 것만으로는 간접정범과 유사성을 인정하기 어렵고, 책임능력자의 행위를 서로 이용하는 공동정범과 책임무능력자 등의 행위를 의사지배를 정범표지로 하여 이용하는 경우인 간접정범은 실제 내용에서 서로 다른 법형상이기 때문에 취하기 어렵다.

적극이용설은 공모자의 이용행위를 실행행위와 가치적으로 동일시할 수 있는 적극적 이용행위에 국한시켜 이를 실행행위의 형태로 인정하려는 견해이다. 즉 공모자는 단순한 의사연락의 정도여서는 안 되고 공모자 사이에 자타구속적인 정도의 것이어야 하는데, 이는 공모자가 실행자의 실행행위를 적극 이용하였다고 볼 수 있는 경우이므로 공모자의 공동정범성을 인정할 수 있다고 한다. [도입 판례]에서 [소수의견 3]의 입장이다. 그러나 이 견해가 제시하는 공모공동정범의 인정요건으로서 '적극이용'이라는 요소는 오늘날 기능적 행위지배의 한 요소로 발전되었다는 학설사적 의미를 가짐에 불과하다는 비판이 제기된다.

기능적 행위지배설에 기초한 인정설은 공동정범의 표지를 기능적 범행지배에서 바라보는 견해는 대부분 단순히 공모에만 개입한 자에 대한 공동정범의 성립을 부정하지만, 기능적 행위지배설을 척도로 삼고서도 공모공동정범을 긍정하려는 견해를 말한다. 즉, 공모자가 실행행위시 전체의 범죄계획에 비추어 구성요건적 결과의 실현에 불가결의 요건이 되는 기능을 분담했다고 볼 수 있는 경우에는 그 기여행위가 실행행위가 아니더라도 공모공동정범이 인정될 수 있다는 것이다. [관련 판례 3]의 입장이다. 특히 이 견해는 (ⅰ) 공모공동정범이론이 집단범죄의 실체를 정확히 파악하고 대처하기 위한 이론이라는 점에서 합리성이 인정되고, (ⅱ) 집단범죄의 배후에서 범행을 지휘하거나 중요한 역할을 하고 있는 두목이나 간부는 정범으로 처벌할 수 없어 집단범죄의 본질과 사회실정에 맞지 않고, (ⅲ) 판례가 확고하게 유지하고 포기할 가능성이 없는 공모공동정범을 정면으로 부인하기 보다는 이를 인정하면서 공모의 개념을 제한함으로써 공모공동정범을 제한하는 것이 오히려 현실적이라는 이유를 제시하면 일정한 범위에서 공모공동정범을 인정한다. 그러나 이 견해는 기능적 범행지배라는 객관적 요건을 요구하기 때문에 단순히 공모에만 개입한 자를 공동정범으로 처벌하려는 공모공동정범이론과는 거리가 멀다. 오히려 이 견해는 공모공동정범에 대한 부정설의 범주에 넣어야 할 것이다.

반면에 **통설은 공모공동정범에 대하여 공동정범이 될 수 없다**고

한다. 그 논거로는 (i) 형법의 해석상 실행행위를 분담한 때에만 공동정범이 될 수 있으므로 실행행위를 분담하지 않는 공모자를 공동정범으로 처벌하는 것은 책임주의원칙에 반하고, (ii) 공모공동정범은 범죄조직의 수괴를 처벌하기 위해 고안된 이론이라고 하지만 이 이론에 의해 않고도 수괴에 대해서는 범죄단체조직죄(제114조)나 절도목적단체조직죄(특가법 제5조의8) 등으로 처벌할 수 있고, (iii) 수괴를 교사범 또는 제34조 제2항의 특수교사범으로 벌하더라도 정범의 형과 같이, 또는 정범보다 중하게 처벌할 수 있으므로 수괴를 처벌하는 데 문제가 없다는 등이 제시된다.

이와 같이 공모공동정범의 인정 여부와 관련하여 부정설이 통설임에도 불구하고 우리 대법원은 일관된 태도로 공모공동정범을 긍정해오고 있다. 특히 [관련 판례 3]과 같이 대법원은 공동정범의 객관적 요건으로 "범죄에 대한 본질적 기여를 통한 기능적 행위지배가 존재하는 것으로 인정되는 경우"를 요구하면서도 공모공동정범의 개념을 긍정하고 있다. 이처럼 대법원이 공모공동정범에 대한 학계의 지속적인 비판에도 불구하고 이에 집착하는 주된 이유는 실무상 운용의 편의성에 있다고 본다. 즉 만일 [도입 판례]와 같은 사안을 교사나 방조범으로 처리한다면 법원은 공범종속성의 원칙에 따라 정범인 김재규의 범죄성립 여부를 설시하고 이어서 공범인 김계원의 범죄성립 여부를 검토하는 2단계 작업을 수행하여야 한다. 따라서 범죄사실을 두 번 적어야 한다. 그러나 김재규와 김계원을 공모공동정범으로 처리한다면 "김재규와 김계원이 공모하여"라는 표현을 통하여 단일한 주체를 표시하고 발생된 범죄사실을 하나로 묶어 표현하면 그것으로 족하다고 한다. 더 나아가 공모라는 주관적 표지는 피고인의 자백이나 공범자의 자백만으로 입증이 가능하여 공모공동정범으로 사건을 구성하면 재판진행에 매우 편리하다는 장점이 있다고 한다.

그러나 이와 같은 실무편의를 이유로 공모공동정범을 긍정하는 태도는 국민의 기본적 인권을 보장하기 위하여 재고되어야 한다. 단순히 의사의 연락만 있다는 이유로 공동정범의 성립을 인정하는 것은 무엇보다 공동정범의 객관적 요건인 공동의 실행행위의 분담자로 해석하는 것은 죄형법정주의에 반할 뿐만 아니라 형사사법의 주관화 내지 자백 편중의 형사실무를 초래하게 되며, 외부적이고 객관적인 범죄성립요건의 검토를 포기하고 "공모"라는 주관적 요건의 입증에만 집중함으로써 국민의 생명, 자유, 재산에 중대한 제약을 가할 위험성이 있기 때문이다. 따라서 공모공동정범의 개념은 부정하는 하는 타당하다.

공모공동정범을 부정하더라도 집단범죄에 대한 형사정책적 대응의 문제는 기능적 행위지배설에 의해서 충분히 해결될 수 있다고 본다. 왜냐하면 공동의 실행행위는 반드시 구성요건에 해당하는 행위일 것을 요하는 것이 아니라 각 가담자가 분업적으로 기능적 역할을 분담하여 공동으로 작용함으로써 범죄의 전체적 계획의 실현에 중요한 기여를 하는 행위이면 공동정범의 정범성표지인 기능적 행위지배를 인정할 수 있기 때문이다. 따라서 절도를 공모하고 공모자를 범죄현장으로 이송하는 행위, 망을 보는 행위나 절취한 재물을 운반하는 행위도 절도라는 범죄의 전체적인 과정상 성공을 위해 본질적인 것이므로 절도죄의 공동정범이 성립하게 된다. 나아가 범행 현장 이외의 장소에서 전화기나 무전기 등으로 범죄의 실행행위를 지휘·협력하는 것도 공동의 실행행위로 평가할 수 있다. 이와 달리 범죄의 전체적인 과정상 성공을 위해 본질적인 것이기 때문에 기능적 행위지배를 인정할 수 있는 경우가 아니면 그 가공의 정도에 따라 교사범 또는 방조범의 책임을 물을 수 있을 뿐이다.

[도입 판례]의 사안에서 대법원의 다수의견은 김계원이 고개를 끄덕끄덕하였다는 점을 이유로 차지철의 살해에 대한 의사연락을 긍정

하고 있다. 반면에 소수의견은 공모라는 사실 자체가 인정되지 않는다고 하거나, 간접정범에 가까울 정도의 고도의 합의가 없다거나, 자기의 범죄를 행한다는 주체적 의사가 없다고 하여 공동정범의 성립을 부인하고 있다. 그러나 이러한 대법원의 대수의견과 소수의견에 찬성하기 어렵다고 본다. 우선 다수의견은 단순히 '고개를 끄덕끄덕하였다'는 점을 가지고 공모를 인정하고 있으나 공동정범의 주관적 성립요건으로서의 공모는 단순한 의사연락 정도를 의미하는 것이 아니라, 역할 분담, 범행계획, 또는 범죄수행에 관한 구체적 합의를 말하는 것으로 공모라 평가할 수 없다. 그리고 소수의견에 대해서도 자신의 범죄를 실현한다는 '의사', 간접정범에 가까운 고도의 '합의', 자신의 범죄를 행한다는 주체적 '의사'라는 표지는 지나치게 추상적이고 주관적이며 불필요한 기준이라는 비판이 가능하다. 따라서 사안의 문제는 공동정범의 정범성표지인 기능적 행위지배가 있었는지 여부에 의해 해결되어야 한다. 이에 의하면 김계원이 고개를 끄덕끄덕한 것은 단순한 의사연락에 지나지 않으므로 살인죄의 공동정범이 인정될 수 없다. 다만 방조범 내지 음모죄의 성립여부가 검토되어야 한다.

참고문헌

백원기, "공모와 공동정범", 형사판례연구 제4권, 1996, 74-104면.

이용식, "공동정범의 실행의 착수와 공모공동정범", 형사판례연구 제8권, 2000, 57-78면.

이정원, "소위 공모공동정범과 독일형법에서의 공동정범", 형사법연구 제5호, 1992, 40-62면.

천진호, "'공모'공동정범에 있어서 공모의 정범성", 형사판례연구 제9권, 2001, 183-204면.

(2) 공모관계의 이탈

[도입 판례]

대법원 2008.4.10. 선고 2008도1274 판결【강도상해, 특수절도】

사실관계

피고인은 21세로서 이 사건 강도상해의 범행 전날 밤인 2007. 4. 25. 11시경에 14세 또는 15세의 원심공동피고인 1, 2, 3과 강도 모의를 하였다. 이때 피고인이 삽을 들고 사람을 때리는 시늉을 하는 등 주도적으로 그 모의를 하였고, 피고인은 위 원심공동피고인 1 등과 이 사건 당일 새벽 1시 30분경 특수절도의 범행을 한 후 함께 군산시 월명동에 있는 월명공원 산책길 일대를 배회하면서 새벽 4시 30분경 이 사건 강도상해 범행을 하기까지 강도 대상을 물색하였다. 그리고 위 원심공동피고인 1, 2가 피해자를 발견하고 쫓아가자 피고인은 "어?"라고만 하고 위 원심공동피고인 3에게 따라가라고 한 후 자신은 비대한 체격 때문에 위 원심공동피고인 1, 2를 뒤따라가지 못하고 범행현장에서 200m 정도 떨어진 곳에 앉아 있었으나, 결국 위 원심공동피고인 1, 2는 피해자를 쫓아가 폭행하여 항거불능케 한 다음 피해자의 뒷주머니에서 지갑을 강취하고 피해자에게 약 7주간의 치료를 요하는 우측 무릎뼈골절 등의 상해를 입히는 이 사건 강도상해의 범행을 하였다.

판결요지

[1] 형법 제30조의 공동정범은 2인 이상이 공동하여 죄를 범하는 것으로서, 공동정범이 성립하기 위하여는 주관적 요건으로서 공동가공의 의사와 객관적 요건으로서 공동의사에 기한 기능적 행위지배를 통한 범죄의 실행사실이 필요하고, 공동가공의 의사는 타인의 범행을 인식하면서도 이를 제지하지 아니하고 용인하는 것만으로는 부족하고 공동의 의사로 특정한 범죄행위를 하기 위하여 일체가 되어 서로 다른 사람의 행위를 이용하여 자기의 의사를 실행에 옮기는 것을 내용으로 하

는 것이어야 한다.

[2] 공모공동정범에 있어서 공모자 중의 1인이 다른 공모자가 실행행위에 이르기 전에 그 공모관계에서 이탈한 때에는 그 이후의 다른 공모자의 행위에 관하여는 공동정범으로서의 책임은 지지 않는다 할 것이나, 공모관계에서의 이탈은 공모자가 공모에 의하여 담당한 기능적 행위지배를 해소하는 것이 필요하므로 공모자가 공모에 주도적으로 참여하여 다른 공모자의 실행에 영향을 미친 때에는 범행을 저지하기 위하여 적극적으로 노력하는 등 실행에 미친 영향력을 제거하지 아니하는 한 공모관계에서 이탈하였다고 할 수 없다.

[3] 다른 3명의 공모자들과 강도 모의를 하면서 삽을 들고 사람을 때리는 시늉을 하는 등 그 모의를 주도한 피고인이 함께 범행 대상을 물색하다가 다른 공모자들이 강도의 대상을 지목하고 뒤쫓아 가자 단지 "어?"라고만 하고 비대한 체격 때문에 뒤따라가지 못한 채 범행현장에서 200m 정도 떨어진 곳에 앉아 있었으나 위 공모자들이 피해자를 쫓아가 강도상해의 범행을 한 사안에서, 피고인에게 공동가공의 의사와 공동의사에 기한 기능적 행위지배를 통한 범죄의 실행사실이 인정되므로 강도상해죄의 공모관계에 있고, 다른 공모자가 강도상해죄의 실행에 착수하기까지 범행을 만류하는 등으로 그 공모관계에서 이탈하였다고 볼 수 없으므로 강도상해죄의 공동정범으로서의 죄책을 진다고 한 사례.

[관련 판례 1]

대법원 1984.1.31. 선고 83도2941 판결【강도상해, 특수절도】

가. 공동정범은 범죄행위시에 그 의사의 연락이 묵시적이거나 간접적이거나를 불문하고 행위자 상호간에 주관적으로 서로 범죄행위를 공동으로 한다는 공동가공의 의사가 있음으로써 성립하는 것이다.

나. 행위자 상호간에 범죄의 실행을 공모하였다면 다른 공모자가 이미 실행에 착수한 이후에는 그 공모관계에서 이탈하였다고 하더라도 공동정범의 책임을 면할 수 없는 것이므로 피고인 등이 금품을 강취할 것을 공모하고 피고인은 집 밖에서 망을 보기로 하였으나, 다른 공모자들이 피해자의 집에 침입한 후 담배를 사기 위해서 망을 보지 않았다고 하더라도, 피고인은 판시 강도상해죄의 공동정범의 죄책을 면할 수가 없다.

[관련 판례 2]

대법원 1986.1.21. 선고 85도2371, 85감도347 판결【강도살인, 특정범죄가중처벌등에관한법률위반, 강도강간, 강도상해, 사체유기】

공모공동정범에 있어서는 범죄행위를 공모한 이상 그 후 그 실행행위에 직접 가담하지 아니하더라도 다른 특별한 사정이 없는 한 다른 공모자의 분담실행행위에 대하여 공동정범의 죄책을 면할 수 없다. 그러나 공모자중의 어떤 사람이 다른 공모자가 실행행위에 이르기 전에 그 공모관계에서 이탈한 때에는 그 이후의 다른 공모자의 행위에 관하여 공동정범으로서의 책임은 지지 않는다고 할 것이고 그 이탈의 표시는 반듯이 명시임을 요하지 않는다고 할 것이다. 구체적인 살해방법이 확정되어 피고인을 제외한 나머지 공범들이 피해자의 팔, 다리를 묶어 저수지 안으로 던지는 순간에 피해자 에 대한 살인행위의 실행의 착수가 있다 할 것이고 따라서 피고인은 살해모의에는 가담하였으나 다른 공모자들이 실행행위에 이르기 전에 그 공모관계에서 이탈하였다 할 것이고 그렇다면 피고인이 위 공모관계에서 이탈한 이후의 다른 공모자의 행위에 관하여는 공동정범으로서의 책임을 지지 않는다고 할 것이다.

판례의 검토

* Q 1 | 공모관계의 이탈이란 무엇이고, 이탈을 인정하기 위한 요건은 무엇인가?

* Q 2 | [도입 판례]와 [관련 판례 1, 2]에서 대법원은 공모관계의 이탈이 인정될 경우 공동정범이 부정된다는 입장을 취하고 있다. 공모관계의 이탈이 있다고 하여 공동정범이 부정되는 이유는 무엇인가?

* Q 3 | 실행의 착수 이전과 착수 이후의 시점에서 일어나는 공모이탈의 효과를 비교하시오.

* Q 4 | 결합범 또는 결과적 가중범에서의 실행의 착수 이후의 시점에서 이탈이 일어나는 경우에 공모이탈의 효과는 어떠한가?

** Q 5 | [도입 판례]와 [관련 판례 1]에서 대법원은 강도상해죄의 공모관계로부터 이탈을 부정하는 반면 [관련 판례 2]에서는 강도살인죄의 공모관계의 이탈을 인정하고 있다. 그런데 [도입 판례]와 [관련 판례 1]에서 피고인은 중지미수범의 특례를 주장할 가능성이 있다. 이처럼 실행의 착수 이후에 공모자 중 1인이 이탈한 경우에 그 이탈자에 대하여 중지미수가 적용될 수 있는가?

공모관계의 이탈이란 공모공동정범에 있어서 공모관계에서 이탈한 자를 공동정범으로 처벌할 수 있는가의 문제로서, 공범관계에 있는 자들 중에서 일부가 범죄의 완성 전에 범의를 포기하고 자기의 행위를 중지하여 그 후의 범죄행위에 관여하지 않는 것을 말한다. 공모관계의 이탈은 실행의 착수 전후를 불문하지만 실행의 착수 전에 이탈하는 경우에는 공모공동정범이 성립하는지 여부가 문제되는 반면 실행의 착수 후에 이탈한 경우에는 공범과 중지미수와 관련하여 논의된다.

실행의 착수 전의 공모관계의 이탈이 인정되기 위해서는 우선 주관적 요건으로서 범행의 결의를 포기한 공모자가 그 사실을 다른 공모자에게 표시하여야 하는지에 대해서 견해가 대립되고 있다. ① **필요설**은 다른 공모자가 이탈사실을 알지 못하면 이탈자는 기존의 기여가 전체사건의 진행에 계속적인 영향을 미치므로 이탈의 의사는 명시적 또는 묵시적으로 표시되어야 한다는 견해이다. 반면에 ② **불필요설**은 이탈에 의하여 공모관계는 실행행위시에 존재하지 않게 되어 기능적 행위지배는 제거된 것이므로 이탈의 의사표시는 표시될 필요가 없다는 견해이다. **[판례]**는 [관련 판례 2]에서 나타나듯이 "이탈의 표시는 반드시 명시적임을 요하지 않는다."고 하여 이탈의 표시가 명시적임을 요하지는 않으나, 적어도 묵시적인 의사표시는 인정되어야 하는 것으로 보고 있다. 생각건대, 이탈의사를 외부에 표시하지 않으면 다른 공모자와의 내적 연결고리는 끊어진 것이 아니기 때문에 공도의 범행결의는 여전히 유효하게 된다는 점, 이탈의사를 명시적이든 묵시적이든 외부에 표시되지 않아 다른 공모자가 이탈사실을 알지 못하면 이탈자의 기존 기여가 전체사건의 진행에 계속적인 효력을 미친다는 점에서 이탈의 의사는 표시될 필요가 있다고 본다.

그리고 이탈의 객관적 요건으로 이탈자가 추가로 결과발생에 대한 인과성을 제거해야 하는지 여부가 문제된다. 이탈자가 예비단계에서 자신의 범행기여를 투입해 놓지 않은 경우에는 공동의 범행결의를 포기하거나 포기의 의사표시만으로 공모관계의 이탈이 인정되지만 이탈자가 자신의 기여분을 이미 예비단계에서 투입해 놓은 경우에는 범행사태의 진행이 이탈자의 수중에서 떠난 것으로서 이탈의 의사표시만으로 공동정범의 성립을 부정하기에는 충분하지 못하기 때문이다. 이와 관련하여 ① **인과성 제거필요설**은 공동정범에서의 이탈이 인정되기 위해서는 범행결과에 대한 인과성을 제거해야 한다는 견해이다. ② **인과성 제거불필요설**은 공모자는 자신의 행위기여를 예비단계에서 행하였더라도 공동의 범행결의에서 이탈한 자는 기능적 행위지배가 결여되기 때문에 이탈의 이사표시만으로 공동정범 성립이 부정되므로 인과성 제거가 불필요하다는 견해이다. ③ **주모자와 평균적 일원 구별설**은 이탈자가 주모자로서 다른 공모자의 실행에 강하게 영향을 미친 때에는 실행에 미친 영향력이나 인과성을 제거하거나 제거하기 위한 진지한 노력이 필요하지만 공모자 가운데 평균적 일원에 불과한 때에는 이탈의 의사표시만으로 족하다는 견해이다. 생각건대, 예비단계에서의 행위기여도 기능적 행위지배에 포함될 수 있으므로 예비단계에서의 행위기여가 있는 공모자는 단순한 이탈의 의사표시만으로 공동정범의 정범성표지인 기능적 행위지배가 제거되었다고 볼 수 없으므로 인과성 제거필요설이 타당하다고 본다.

이러한 이탈의 주관적 요건과 객관적 요건을 충족할 경우에 그 효과는 인과성을 차단한 경우와 인과성을 차단하지 못한 경우에 따라 다르다. 즉 전자의 경우에 다른 공모자가 실행한 범죄에 대한 공동정범 및 공범은 성립하지 않는다. [관련 판례 2]에서 보듯이 대법원도 "공모자중의 어떤 사람이 다른 공모자가 실행행위에 이르기 전에 그 공모관계에서 이탈한 때에는 그 이후의 다른 공모자의 행위에 관하여 공동정범으로서의 책임은 지지 않는다."고 한다. 그러나 (i) 공모의 경우에는 예비죄의 공동정범이 성립하고, (ii) 이탈자의 행위가 **교사**에 해당할 경우에는 기도된 교사(제31조 제2항)로서 예비·음모에 준하여 처벌되며, (iii) **방조**의 경우에는 기도된 방조에 해당하지만 처벌규정이 없으므로 불가벌이 된다. 한편 (iv) **예비·음모**가 성립하는 경우에는 예비의 중지가 문제된다. 후자의 경우에 이탈에 의하여 다른 공모자의 실행행위에 대해서는 기능적 행위지배를 인정할 수 없으므로 공동정범은 성립할 수 없다. 다만 공모관계에서 이탈하였을 지라도 아직 효력이 남아 있는 범행기여에 대해서는 교사범 또는 종범이 성립할 수 있다. 즉 이탈자가 공모시에 교사행위를 한 경우에는 심리적 인과성이 차단된 것으로 볼 수 없으므로 정신적 방조로서 종범이 성립할 수 있다. 그러나 이탈자가 자신의 이탈을 다른 공모자에게 표시한 경우에는 다른 공모자에게 주었던 심리적 원조를 제거함으로써 인과성이 차단된 것이라고 평가되므로 교사범 내지 종범의 성립은 부정된다.

[관련 판례 2]의 사안은 피고인들이 공모 후 강도살인죄를 저지르는 과정에서 공모자 중 1인이 이탈한 경우이다. 사안에서 공모관계에서 이탈한 피고인은 강도살인을 공모하고 특수강도가 기수가 된 후 다른 공모자들이 피해자 살해의 실행행위에 들어가기 전에 공모관계에서 이탈하고 있다. 그리고 그 후 타 공모자들이 공모내용대로 피해자를 살해하였으므로 타 공모자들은 강도살인죄가 성립함에는 아무런 의문이 없다. 그러면 공모관계에서 이탈한 피고인의 죄책은 어떻게 될 것인가? 판례는 실행의 착수 전의 공모관계의 이탈을 인정하여 피고인에게 강도살인죄의 공동정범을 부정하고 있다.

이 사안의 경우는 특히 결합범에 있어서 공모관계의 이탈이 문제된다. 강도살인은 강도죄와 살인죄의 결합범이지만, 강도살인죄의 실행의 착수시기는 살인행위에 착수한 때이다. 따라서 공모관계에서 이탈한 피고인은 타 공모자의 강도살인죄의 실행의 착수 전에 이탈하고 있다. 그리고 사안에서 공모관계에서 이탈한 피고인은 공모관계 창출자로 볼 수는 없고 또 살려주자고 제의했으나 거절당하자 공모관계에서 이탈하고 있으므로 이탈의 의사를 명시적으로 표시했다고 볼 수 있다. 따라서 공모관계에서 이탈한 피고인에게 강도살인죄의 공동정범의 성립을 부인한 판례의 태도는 타당하다. 그러나 공모관계에서 이탈한 피고인은 결합범인 강도살인죄를 공모하고 이미 특수상도부분을 실행하여 기수에 이르렀으므로 특수강도의 죄책은 면할 수 없다. 나아가 강도살인을 예비·음모했으므로 이에 대한 예비·음모의 책임도 져야 한다. 그런데 형법은 강도살인죄의 예비·음모를 처벌하지 않으므로(제343조) 결국 공모관계에서 이탈한 피고인은 살인죄의 예비·음모로 처벌되게 된다. 따라서 공모관계에서 이탈한 피고인은 특수강도와 살인예비·음모죄의 경합범으로 처벌되어야 함에도 대법원이 이러한 점을 전혀 판단하지 않은 것은 문제점이라 보여진다.

[도입 판례]와 [관련 판례 1]과 같이 실행의 착수 후의 공모관계의 이탈에 있어서 그 이탈자에 대해서 공동정범의 성립은 부인되지 않으나, 중지미수가 적용될 수 있는지 여부가 문제된다. 이와 관련하여 공동정범의 경우 행위의 위험성이 단독범보다 높으므로 착수미수의 경우에도 실행행위의 중지만으로 부족하고 오로지 결과발생을 방지하기 위한 진지한 노력이 있고 이에 의해 결과발생이 방지된 경우에만 중지미수가 된다는 견해와 이탈자가 자의로 타 공모자의 범행이 기수에 이르지 않도록 노력하였으나 그 노력과 상관없는 다른 이유로 범행이 기수에 이르지 아니한 경우에도 중지미수를 인정해야 한다는 견해가 대립한다. 판례는 [도입 판례]와 [관련 판례 1]서 나타나듯이 전자의 견해를 취하고 있다. 생각건대, 다수인이 가담한 행위는 일반적으로 단독범의 행위보다 위험성이 크므로 개별적인 행위가담의 포기만으로는 범죄발생의 위험성이 제거될 수 없으며, 범죄가 기수에 달하면 중지미수는 생각할 여지가 없다는 점에서 전자의 견해가 타당하다고 본다. 따라서 [도입 판례]와 [관련 판례 1]에서 이탈자가 결과발생을 방지하기 위한 진지한 노력도 하지 않았고, 범행 또한 기수에 이르렀으므로 이탈자에게 강도상해죄의 공동정범을 인정한 판례의 태도는 타당하다.

참고문헌

김용세, “공모관계이탈과 공범의 중지”, 형사법연구 제13호, 2000, 55-78면.
이용식, “공동자 중 1인의 실행착수 이전 범행이탈 -공동정범이 처벌 한계-”, 형사판례연구 제11권, 2003, 81-111면.
조준현, “공범관계의 해소에 관한 사례연구”, 형사판례연구 제5권, 1997, 129-154면.

3. 합동범의 공동정범

[도입 판례]

대법원 1998.5.21. 선고 98도321 전원합의체 판결【강도상해, 특수절도, 사기】

사실관계

피고인 甲은 속칭 삐끼주점의 지배인으로 손님 A로부터 신용카드를 강취하고 신용카드의 비밀번호를 알아낸 후, 甲은 삐끼주점 내에서 A를 계속 붙잡아 두면서 감시하는 동안 주점 업주 乙 및 동료 삐끼 丙, 丁은 위 신용카드를 이용하여 현금자동지급기에서 현금을 인출하기로 공모하였고, 그에 따라 피고인 甲을 제외한 乙, 丙, 丁은 1997. 4. 18. 오전 4시경 서울 강남구 삼성동 소재 엘지마트 편의점의 현금자동인출기에서 현금 473만원을 인출하였다.

판결요지

3인 이상의 범인이 합동절도의 범행을 공모한 후 적어도 2인 이상의 범인이 범행 현장에서 시간적, 장소적으로 협동관계를 이루어 절도의 실행행위를 분담하여 절도 범행을 한 경우에는 공동정범의 일반 이론에 비추어 그 공모에는 참여하였으나 현장에서 절도의 실행행위를 직접 분담하지 아니한 다른 범인에 대하여도 그가 현장에서 절도 범행을 실행한 위 2인 이상의 범인의 행위를 자기 의사의 수단으로 하여 합동절도의 범행을 하였다고 평가할 수 있는 정범성의 표지를 갖추고 있다고 보여지는 한 그 다른 범인에 대하여 합동절도의 공동정범의 성립을 부정할 이유가 없다고 할 것이다. 형법 제331조 제2항 후단의 규정이 위와 같이 3인 이상이 공모하고 적어도 2인 이상이 합동절도의 범행을 실행한 경우에 대하여 공동정범의 성립을 부정하는 취지라고 해석할 이유가 없을 뿐만 아니라, 만일 공동정범의 성립가능성을 제한한다면 직접 실행행위에 참여하지 아니하면서 배후에서 합동절도의 범행을 조종하는 수괴는 그 행위의 기여도가 강력함에도 불구하고 공동정범으로 처벌받지 아니하는 불합리한 현상이 나타날 수 있다. 그러므로 합동절도에서도 공동정범과 교사범·종범의 구별기준은 일반원칙에 따라야 하고, 그 결과 범행현장에 존재하지 아니한 범인도 공동정범이 될 수 있으며, 반대로 상황에 따라서는 장소적으로 협동한 범인도 방조만 한 경우에는 종범으로 처벌될 수도 있다.

[관련 판례 1]

대법원 1990.10.30. 선고 90도2022 판결【폭력행위등처벌에관한법률위반, 경매방해】

폭력행위등처벌에관한법률 제2조 제2항의 "2인 이상이 공동하여 전항 게기의 죄를 범한 때"라고 함은 그 수인 간에 소위 공범관계가 존재하는 것은 요건으로 하는 것이고, 수인이 동일 장소에서 동일기회에 상호 다른 자의 범행을 인식하고 이를 이용하여 범행을 한 경우임을 요한다고 할 것이다.

그러므로 원심이 이와 같은 견해에 터 잡아 피고인 고재린, 변우연의 판시 폭력행위등처벌에관한법률(제2조 제2항) 위반의 공소사실에 대하여 상피고인 조규석과의 공모사실은 인정되나 그와 공동하여 판시 각 그 범행에 가담하였거나 그 범행 장소에 있었다고 인정되지 아니함을 이유로 폭력행위등처벌에관한법률위반죄에 관한 범죄의 증명이 없는 때에 해당한다고 판단한 것은 정당하고 반대의 입장에서 원심판결을 비난하는 논지는 이유 없다.

[관련 판례 2]

대법원 1994.4.12. 선고 94도128 판결【대통령경호실법위반, 직권남용, 폭력행위등처벌에관한법률위반, 업무방해】

폭력행위등처벌에관한법률 제2조 제2항 소정의 "2인 이상이 공동하여"죄를 범한 때라 함은 수인이 동일한 장소에서 동일한 기회에 상호 다른 사람의 범행을 인식하고 이를 이용하여 범행을 한 경우를 뜻하는 것으로서, 폭행 등의 실행범과의 공모사실은 인정되나 그와 공동하여 범행에 가담하였거나 범행 장소에 있었다고 인정되지 아니하는 경우에는 공동하여 죄를 범한 때에 해당하지 아니함이 소론과 같다고 하더라도, 여러 사람이 위 법률 제2조 제1항에 열거된 죄를 범하기로 공모한 다음 그 중 2인 이상이 범행 장소에서 범죄를 실행한 경우에는 범행 장소에 가지 아니한 사람들도 위 법률 제2조 제2항 소정 죄의 공모공동정범으로 처벌할 수 있다고 보아야 할 것인바, 이 사건의 경우 소론과 같이 피고인들이 비록 각 범죄의 실행에 가담한 바 없고 각 범죄 장소에 없었다고 하더라도, 원심이 인용한 제1심 판결이 채용한 증거들에 의하면 2인 이상의 공범들이 이 사건 각 범죄를 실행한 사실이 인정되므로, 같은 취지로 판단한 원심판결에 위 법률 제2조 제2항에 관한 법리를 오해한 위법이 있다고 비난하는 논지도 받아들일 수 없다.

판례의 검토

* Q 1 | 합동범과 합동범의 공동정범과는 어떠한 차이가 있는가?

* Q 2 | [도입 판례]와 같이 합동범의 공동정범을 인정할 경우 합동범을 공모공동정범의 경우까지 확대하여 인정할 가능성은 없는가?

* Q 3 | [도입 판례]에서 대법원이 합동절도의 공동정범을 인정하기 위하여 제시한 두 가지 논거를 설명하고, 그에 반대하는 입장에서 그 두 가지 논거를 비판해 보시오.

** Q 4 | [도입 판례]를 토대로 하여 2인의 범인이 합동절도의 범행을 공모한 후 1인의 범인만이 단독으로 절도의 실행행위를 한 경우와 3인의 범인이 합동절도의 범행을 공모한 후 2인의 범인이 절도의 실행행위를 한 경우로 나누어 합동절도의 성립 여부를 검토해 보시오.

** Q 5 | [관련 판례 2]에서는 [관련 판례 1]과 달리 아무런 논거의 제시 없이 합동범의 공동정범을 인정하고 있다. [관련 판례 2]에서 대법원이 제시할 수 있는 논거를 설명하고, 그러한 논거가 갖는 문제점을 제시해 보시오.

[도입 판례]에서는 타인의 신용카드로 현금인출기에서 현금을 인출하는 행위에 대해 절도죄가 성립한다는 전제 아래 합동절도의 공모에는 참가하고 합동절도의 실행에 기능적 역할을 분담하였지만 현장에서 직접 절도의 실행행위에 가담하지 않은 피고인 甲을 합동절도의 공동정범으로 처벌할 수 있는지, 그리고 [관련 판례 1, 2]에서는 현장에 있지 아니한 자에 대하여 폭처법 제2조 제2항 위반죄의 공동정범을 인정할 수 있는지가 문제된다. 이는 합동범의 본질을 어떻게 이해하는지에 따라 결론이 달라진다.

합동범의 본질에 관하여는 ① **공모공동정범설**은 합동은 공동보다 넓은 개념으로서 형법은 집단범죄의 수괴나 배후인물을 처벌하기 위하여 합동범의 규정을 둔 것이며, 따라서 합동범에는 합동범의 공동정범과 공모공동정범이 모두 포함된다는 견해이다. 그러나 이 견해는 합동에 공모공동의 개념이 포함된다는 것은 유추해석의 위험성이 있고, 합동범의 범위가 공모공동정범과 공동정범까지 지나치게 확대되어 합동범에 관하여는 총칙상의 교사범·종범에 관한 규정이 무의미하게 되는 문제가 있다. ② **가중적 공동정범설**은 합동과 공동은 동일한 개념으로서 합동범은 그 본질에 있어서는 공동정범이지만 집단범죄에 대한 대책상 특별히 형을 가중한 것이라고 해석하는 견해이다. 이 견해에 의하면 합동범이 성립하기 위해서는 공동실행의 의사와 실행행위의 분담이 필요하나 가담자의 현장집합은 요구되지 아니하므로 2인 이상의 실행행위 분담자가 존재하기만 하면 현장에 있지 아니한 단순한 공모자들도 합동범의 공동정범이 성립한다고 한다. 그러나 이 견해는 합동과 공동을 동일한 내용으로 보아야 할 아무런 실정법적 근거가 없으며, 절도·강도·도주의 경우에만 집단범죄에 대한 대책이 필요한 것인지 그 형사정책적 근거가 미약하다는 문제가 있다. ③ **현장적 공동정범설**은 합동의 개념을 현장설과 가중적 공동정범설의 중간에서 파악하고 기능적 범행지배의 기준에 의해 합동범의 성립을 제한하는 견해이다. 즉 현장을 시간적·장소적 협동관계로만 이해하지 않고 공동정범의 정범표지인 기능적 행위지배를 함께 고려해야 한다는 것이다. 따라서 현장성을 갖춘 경우에도 정범과 공범의 구별에 관한 기능적 행위지배설의 기준에 따라 정범이 될 수 없는 자, 예컨대 방조적 기여를 한 데 불과한 사람은 합동범이 될 수 없고 현장에서 기능적 역할분담을 한 사람만 합동범으로 취급한다. 그리고 합동범에 객관적 행위 기여가 인정되는 배후거물이거나 범죄집단의 수괴는 합동범의 공동정범이 될 수 있다. [도입판례]도 "범행현장에 존재하지 아니한 범인도 공동정범이 될 수 있으며, 반대로 상황에 따라서는 장소적으로 협동한 범인도 방조만 한 경우에는 종범으로 처벌될 수도 있다."고 판시하여 현장적 공동정범설의 관점을 나타내고 있다. 그러나 이 견해는 합동범의 특성을 공동정범의 본질인 기능적 행위지배설의 차원으로 후퇴시키는 것은 합동범의 본질에 역행하는 것이라는 비판이 제기된다.

반면에 합동범의 본질을 현장에서 시간적·장소적으로 밀접한 협력관계를 이루면서 공동으로 범한 자에게 형을 가중하는 것으로 파악하는 **현장설(다수설)**은 원칙적으로 합동범은 시간적·장소적 협동을 요건으로 하므로 합동범의 공모공동정범은 물론이고 현장에서 공동하지 아니한 공동정범은 합동범이 될 수 없다고 하여 **합동범의 공동정범을 부정**한다(다수설). 그 논거로 (i) 합동범의 공동정범을 인정하는 것은 현장설을 사실상 무의미하게 하는 결과를 초래한다는 점, (ii) 법률언어의 일상언어적 의미, 공동정범규정과의 관계, 합동범의 입법유래와 합동범의 불법가중의 근거 등을 종합적으로 고려한다면 긍정설은 '합동'이라는 법문언의 가능한 의미를 넘어선 유추로 볼 수 있으므로 유추적용금지원칙에 위배된다는 점, (iii) 범행을 배후에서 지배한 가담자에 대한 처벌의 형사정책상의 필요성은 합동범의 공동정범이 아닌 특수교사·방조(제34조 제2항)의 규정을 통하여 해결하는 것이 바람직하다는 점 등이 제시된다. 이와 달리 합동범의 본질을 현장설로 파악하면서도 다른 공모자들에게 합동범이 성립하는 경우에는 현장에 가지 않더라도 합동범의 실행을 기능적으로 지배한 이상 **합동범의 공동정범을 인정**할 수 있다는 견해가 있다. 그 논거로 (i) 법익침해의 현실적 위험성 증대는 반드시 현장적 실행행위의 분담을 요구하지 않고 일반 공동정범의 경우와 마찬가지로 기능적 역할분담을 통해서도 얼마든지 가능하고, (ii) 충분히 정범성이 인정됨에도 불구하고 단지 현장에 가지 않았다는 이유만으로 합동범의 공동정범을 부인하고 교사·방조범으로 처벌하게 되면 집단범죄의 수괴나 배후거물에 대한 정당한 형벌이 이루어지지 않는다는 점이 제시된다.

생각건대, 합동범의 본질에 관하여 현장설을 취하면서도 합동범의 공동정범을 인정하는 견해는 공동정범의 기능적 행위지배의 요건을 가중하기 위하여 시간적·장소적 협동이라는 현장성의 요건을 추가한 것인 합동범의 본질임에도 불구하고 다시 기능적 행위지배를 동원하여 공동정범을 인정한다는 점에서 전후 모순이 있을 뿐만 아니라 실행행위의 분담방식에 특별한 제한이 없는 공동정범과 현장설을 기초로 하는 합동범은 서로 다르다는 점을 간과하고 있으므로 합동범의 공동정범을 부정하는 것이 타당하다고 본다. 따라서 [도입 판례]의 사안에서 대법원의 결론과 달리 현장에서 직접 실행행위를 분담한 乙, 丙, 丁은 특수절도죄가 성립하지만 현장에 가지 않고 신용카드를 강취한 후 주점 내에서 피해자 A를 감시하는 등의 방법 등으로 기능적 역할을 분담한 피고인 甲에게는 단순절도의 공동정범과 특수절도의 공범(사안의 경우는 교사범에 해당)이 성립하고 양죄는 상상적 경합의 관계에 있는 것으로 파악하는 것이 타당하다.

참고문헌

강동범, "합동범의 공동정범", 형사법연구 제13호, 2000, 79-94면.

문채규, "합동범의 공동정범", 형사법연구 제22호, 2004, 23-40면.

서보학, "합동범의 공동정범", 형사판례의 연구 I(이재상교수 화갑기념 논문집), 2003, 633-648면.

이호중, "합동절도의 공동정범", 형사판례연구 제7권, 1999, 130-149면.

정영일, "합동범에 관한 판례연구", 형사판례연구 제7권, 1999, 109-129면.

Ⅱ. 간접정범

[도입 판례]

대법원 1992.1.17. 선고 91도2837 판결【허위공문서작성, 동행사】

사실관계

피고인 甲은 1990.4.7.자 향토예비군훈련을 받은 사실이 없음에도 불구하고 소속 예비군동대 방위병인 乙에게 예비군훈련을 받았다는 내용의 확인서를 발급하여 달라고 부탁하자, 乙은 작성권자인 예비군 동대장에게 그 사실을 보고하여 그로부터 甲이 예비군훈련에 참가한 여부를 확인한 후 확인서를 발급하도록 지시를 받고서는 미리 예비군 동대장의 직인을 찍어 보관하고 있던 예비군훈련확인서용지에 甲의 성명 등 인적사항과 위 부탁받은 훈련일자 등을 기재하여 甲에게 교부하였다.

판결요지

공문서의 작성권한이 있는 공무원의 직무를 보좌하는 자가 그 직위를 이용하여 행사할 목적으로 허위의 내용이 기재된 문서 초안을 그 정을 모르는 상사에게 제출하여 결재하도록 하는 등의 방법으로 작성권한이 있는 공무원으로 하여금 허위의 공문서를 작성하게 한 경우에는 간접정범이 성립되고 이와 공모한 자 역시 그 간접정범의 공범으로서의 죄책을 면할 수 없는 것이고, 여기서 말하는 공범은 반드시 공무원의 신분이 있는 자로 한정되는 것은 아니라고 할 것이다.

[관련 판례 1]

대법원 1996.10.11. 선고 95도1706 판결【공용서류손상, 허위공문서작성, 동행사, 직무유기】

경찰서 보안과장인 피고인이 갑의 음주운전을 눈감아주기 위하여 그에 대한 음주운전자 적발보고서를 찢어버리고, 부하로 하여금 일련번호가 동일한 가짜 음주운전 적발보고서에 을에 대한 음주운전 사실을 기재케 하여 그 정을 모르는 담당 경찰관으로 하여금 주취운전자 음주측정처리부에 을에 대한 음주운전 사실을 기재하도록 한 이상, 을이 음주운전으로 인하여 처벌을 받았는지 여부와는 관계없이 허위공문서작성 및 동 행사죄의 간접정범으로서의 죄책을 면할 수 없다.

[관련 판례 2]

대법원 1961.12.14. 선고 4292형상645 판결【병역법위반, 공문서위조】

피고인은 4288년 12월 1일경 전주 경찰서장을 거쳐서 전라북도지사에게 피고인의 도민증 발급 신청을 함에 있어서 도민증 용지 한 장에 징집 해당자가 아닌 피고인의 동생 공소외 1의 성명과 생년월일 4272년 12월 17일 낳음이라고 쓴 후 그 사진란에 피고인의 사진을 부쳐서 도민증 발급 신청을 하여서 그 정을 모르는 전주경찰서장 및 전라북도지사로 부터 4288년 12월 31일경 전라북도지사 명의의 위 도민증 한 장을 발급 받어 이를 위조하였다고 함에 있는바 이는 결국 형법 제227조(구형법 제156조)의 범죄의 간접정범으로서 기소된 것으로 볼 것이나 형법은 소위 무형위조에 관하여서는 공문서에 관하여서만 이를 처벌하고 일반 사문서의 무형위조를 인정하지 아니할 뿐 아니라(다만 형법 제233조의 경우는 예외) 공문서의 무형위조에 관하여서도 동법 제227조 이외에 특히 공무원에 대하여 허위의 신고를 하고 공정증서 원본 면허장 감찰 또는 여권에 사실 아닌 기재를 하게 할 때에 한하여 동법 제228조의 경우의 처벌규정을 만들고 더구나 위 227조의 경우의 형벌보다 현저히 가볍게 벌하고 있음에 지나지 아니하는 점으로 보면 공무원이 아닌 자가 허위의 공문서 위조의 간접정범이 되는 때에는 동법 제228조의 경우 이외에는 이를 처벌하지 아니하는 취지로 해석함을 상당하다고 할 것이며 이 점에 관하여 위 취지에 저촉되는 본원 4286년 형상 제39호(4288년 2월 25일 선고) 판결 이유는 이를 유지할 필요가 없다 하여 폐기하기로 한다.

판례의 검토

* Q 1 | 간접정범이 정범인가 공범인가를 학설 · 판례를 비교하여 검토하시오.

** Q 2 | [도입 판례]와 [관련 판례 1]에서는 [관련 판례 2]와 달리 비신분자에게도 진정신분범인 허위공문서작성죄의 간접정범의 성립을 인정하고 있다. 그 근거는 무엇인가?

** Q 3 | [도입 판례]와 [관련 판례 1]을 비판하는 입장으로 소위 정범적격에 주목하는 견해가 있다. 이러한 정범설에 근거하여 위의 판례 태도를 비판해 보고, 반대로 판례의 입장에서 정범설의 문제점을 지적해 보시오.

[도입 판례]에서 대법원은 사인과 공모하여 작성권자를 보조하는 공무원이 허위공문서를 기안하여 그 정을 모르는 작성권자의 결재를 받아 공문서를 완성한 경우에 사인(甲)과 적성권자를 보조하는 공무원(乙)이 모두 허위공문서작성죄의 간접정범으로 처벌된다고 판시하고 있다. 나아가 [관련 판례 1]에서 대법원은 작성권자를 감독하는 자가 작성권자를 이용하여 허위공문서를 작성한 경우에도 허위공문서작성죄의 간접정범이 성립한다고 판시하였다. 반면에 [관련 판례 2]에서 대법원은 공무원 아닌 자가 작성권자인 공무원을 이용하여 허위공문서를 작성한 경우 허위공문서작성죄의 간접정범으로 처벌되지 않는다고 한다. 이는 진정신분범인 허위공문서작성죄에 있어 비신분자가 신분자를 이용한 경우에 간접정범이 성립할 수 있는가의 문제이다. 즉 허위공문서작성죄는 공문서의 작성권한이 있는 신분자만이 범죄의 주체가 될 수 있는 진정신분범으로서 공문서의 작성권한 없는 비신분자이면 공무원이든 사인이든 모두 진정신분범의 간접정범이 될 수 없음에도 불구하고 어떠한 이유에서 [관련 판례 2]와

달리 작성권한 있는 공무원을 보조하는 공무원 이와 공모한 사인, 그리고 작성권자를 감독하는 자에 대해서 간정정범의 성립을 인정하는지 의문이다.

[도입 판례]와 같이 공문서의 적성권한은 없지만 기안을 담당하는 보조공무원이 허위공문서를 기안·작성하여 그 정을 모르는 상사(작성권자)의 '결재를 받아' 공문서를 완성한 경우 허위공문서작성죄의 간접정범이 성립할 수 있는가에 대해 **판례**는 일관해서 **긍정**하고 있지만, 학설은 긍정설과 부정설로 견해가 대립한다. **긍정설(다수설)**로는 ① 기안을 담당하는 보조공무원은 사실상 또는 실질적으로 작성권한을 갖고 있으므로 허위공문서작성죄의 주체가 될 수 있으나 명의인은 아니기 때문에 직접정범은 될 수 없고, 다만 허위공문서작성죄의 간접정범이 성립한다는 **사실상·실질적 작성권한설**, ② 허위공문서작성죄의 본질은 공무원이라는 신분자의 권한남용을 방지하는데 있는 것으로, 본죄의 신분은 공무원이라는 신분이 아니라 공무원이 그 직무에 관한 문서를 작성하는 것을 말하므로 반드시 권한을 가진 공무원에 국한할 필요는 없고, 이런 의미에서 본죄는 자수범이면서도 이러한 경우에 간접정범이 성립한다고 하는 **특수신분·특수자수범설**, ③ 간접정범의 본질을 다수설과 같이 범행지배설에 기초하여 의사지배를 정범표지로 하는 정범으로 파악하지 않고 제34조 제1항이 '어느 행위로 인하여 처벌되지 아니하는 자 또는 과실범으로 처벌되는 자를 교사 또는 방조한' 간접정범을 "공범의 예"에 의하여 처벌하고 있으므로 공범과 마찬가지로 비신분자가 신분자를 이용한 경우에 대해서도 제33조의 규정을 적용하여 간접정범의 성립을 인정하는 **공범설**이 있다. 다만 공범설은 범죄를 정범과 공범으로 구별하고 그 성립과 처벌에서 차이를 두는 제한적 정범개념을 이론적 기초로 하면서도 정범설과는 달리 구성요건적 실행행위를 스스로 한 자만을 정범으로 파악하는 제한적 정범개념의 기본취지를 유지하기

위하여 타인을 이용하여 범죄를 실행한 간접정범을 정범의 한 유형으로 포섭하는 것은 적절치 않다고 보고, 간접정범을 전형적인 정범도 아닌 그렇다고 정범에 종속하여 성립하는 공범도 아닌 일종의 **독자적인 법형상**(Rechtsbild)으로 파악하고, 다만 그 처벌은 공범에 준함을 전제로 하고 있다.

반면에 **부정설(소수설)**로는 ① 간접정범의 본질을 정범으로 파악하는 동시에 허위공문작성죄의 주체는 작성권한 있는 공무원에 엄격히 제한되는 진정신분범으로, 이 경우 작성권한 없는 자는 비신분자로서 그가 사인이든, 공무소 내부에서 작성권한 자를 보조 또는 감독하는 공무원이든 상관없이 작성권자인 공무원을 이용하여 허위공문서를 작성하게 하는 경우에는 허위공무서작성죄의 간접정범이 성립하지 않는다는 **진정신분범설(정범설)**, ② 형법외적 특별의무를 정범표지로 하는 의무범은 형법외적 특별의무를 가진 자만이 범죄의 주체가 될 수 있고 그러한 의무를 지지 않은 자는 될 수 없다는 의미를 갖는데, 이는 정범 자신이 구성요건적 행위를 직접 실행함으로써만 범할 수 있는 범죄인 진정자수범과 구별되는 부진정자수범으로서 허위공문서작성죄는 이와 같은 부진정자수범이기 때문에 비신분자가 신분자를 이용한 허위공문서작성죄의 간접정범은 이론적으로 성립할 수 없다고, 다만 허위공문서작성죄의 공범이 성립될 뿐이라는 **부진정자수범설(의무범설)**이 있다.

생각건대, 허위공문서작성죄가 진정신분범인 점에 비추어 **부정설이 타당**하다고 본다. 우선, 긍정설 중 사실상·실질적 작성권한설은 결재권자인 작성명의를 보조하는 공무원이 사실상 공문서를 작성한다고 하여 그가 실질적인 작성권자가 되고, 결재권자는 단지 작성명의자임에 그친다고 하나 그렇게 볼 수 없는지 의문이다. 왜냐하면 행정관청 내부에서 작성권자를 보조 또는 감독하는 기관은 스스로 의사를 결정하고 표시할 권한은 없고 단지 행정관청의 의사결정과

표시를 보조 또는 감독하는 임무만을 담당하므로 그를 행정관청명의의 문서에 대한 실질적인 작성권자라고 하는 것은 유추해석에 지나지 않기 때문이다. 따라서 [도입 판례]에서 공문서인 예비군훈련확인서의 작성권자는 명의상으로는 물론 실질적으로도 예비군동대장이고, 작성권자를 보조하는 공무원인 방위병 乙이 작성권자임을 전제로 명의자인 예비군 동대장을 이용한 허위공문서작성죄의 간접정범이 성립한다는 논리는 부당하다. 특수신분·특수자수범설도 허위공문서작성죄의 신분을 특정한 직무에 관한 공문서의 작성권한이 있는 공무원이라는 특수한 신분으로 이해하면서 본죄는 자수범이지만 이러한 경우에는 간접정범이 성립한다고 하나, 이 학설은 과거 일본형법학설을 조건 없이 수용하여 이 경우에 간접정범이 성립하는 이유를 구체적으로 명확하게 설명하지 못한다는 비판이 제기된다. 공범설은 간접정범의 본질을 정범도 아니고 그렇다고 공범도 아닌 일종의 독자적인 법형상으로 파악하면서 처벌만은 공범에 준한다고 하지만 공범론 체계 내에서 정범도 공범도 아닌 제3의 독자적인 법형상을 인정할 수 있는지, 간접"정범"의 정범성 뿐만 아니라 공범성을 부인하면서 왜 처벌만은 공범에 준해야 하는지가 불분명하다. 나아가 부정설 중 부진정자수범설은 허위공문서작성죄는 부진정자수범일 뿐만 아니라 진정신분범의 특수한 형태로서 의무범에 해당하므로 본죄의 간접정범은 이론적으로 성립할 수 없고, 다만 허위공문서작성죄의 공범이 성립될 뿐이라고 하지만, 이에 따르면 [도입 판례]에서 피이용자인 예비군동대장은 처벌되지 않는 데 반하여 이용자인 방위병 乙은 허위공문서작성죄의 공범으로 처벌됨으로써 이른바 정범 없는 공범을 인정하는 결과를 초래하는 문제점이 있다. 결과적으로 허위공문서작성죄는 진정신분범이기 때문에 공문서의 작성권한이 있는 공무원이라는 신분이 없는 자는 그 신분이 있는 자의 간접정범이 될 수 없다고 보는 **진정신분범설이 타당**하다고 본다. 이는 간접정범도 공범이 아닌 정범이기 때문에 정범이 갖추어야 할 구성요건요소를 모두 충족시켜야 하므로 비신분자로서 진정신분범의 (단독)정범이 될 수 없는 자는 간접정범도 성립될 수 없는 것으로 보아야 하기 때문이다. 따라서 [도입 판례]에서 작성권자를 보조하는 공무원인 방위병 乙은 허위공문서작성죄의 간접정범이 될 수 없다고 보아야 하며, 그 결과 방위병 乙과 공모한 사인 甲에 대하여 허위공문서작성죄의 간접정범의 공범의 성립을 인정할 수 없다. 이 때 사인 甲과 방위병 乙을 처벌할 수 없는 처벌흠결의 문제가 발생하나, 문서에 관한 죄로 처벌할 수 없다고 하더라도 위계에 의한 공무집행방해죄(제137조)나 돈을 받았다면 뇌물죄(제129조, 제131조) 등으로 처벌될 수는 있다. 실제로 [도입 판례]에서 방위병 乙의 행위는 위계에 의한 공무집행방해죄로, 또한 사인 甲의 행위는 위계에 의한 공무집행방해죄의 교사죄로 각각 처벌할 수 있는 여지는 있다고 본다. 마찬가지로 [관련 판례 1]에서 경찰서 보안과장인 피고인이 갑은 허위공문서작성죄와 동 행사죄의 간접정범이 아니라 위계로 음주측정처리부작성권자의 공무집행을 방해했으므로 위계에 의한 공무집행방해죄가 성립하는 것으로 보아야 한다.

한편, [관련 판례 2]와 같이 비신분자인 일반 사인이 작성권자(신분자)를 이용한 경우에 비신분자인 사인은 허위공문서작성죄의 간접정범이 성립될 수 없다는 데에 견해가 일치한다. 그 논거로써 제228조의 공정증서원본부실기재죄와 관계나 입법취지 등이 언급되지만 이는 간접적 논거에 지나지 않고, 직접적인 근거는 허위공문서작성죄가 진정신분범에 해당하기 때문에 진정신분범에서 정범적격의 요소로서의 신분이 없는 비신분자는 본죄의 주체로 될 수 없으며, 비신분자에게도 진정신분범의 공동"정범"을 인정하는 제33조 본문 자체가 이론에 상응하지 아니하는 예외적 특칙이고, 이와 같이 이론에 상응하지 아니하는 예외적 특칙규정은 확대해석되지 않는 것이 바람직하므로 제33조 본문이 명시적으로 규정하지 않은 간접정범의 경우에는 원칙적인 정범이론에 따라 비신분자는 간접정범의 형태로 진정신분범을 범할 수 없다는 점 때문이다. 따라서 [관련 판례 2]에서 피고인은 일반 사인으로서 허위공문서작성죄라는 진정신분범의 신분주체가 아니기 때문에 그에게 허위공문서작성죄의 간접정범은 성립될 수 없다고 한 판례의 태도는 타당하다.

참고문헌

김태명, “간접정범 규정의 해석과 허위공문서작성죄의 간접정범”, 형사법연구 제22호, 2004, 41-71면.

김태명, “비신분자에 의한 허위공문서작성죄의 간접정범”, 형사판례연구 제13권, 2005, 448-481면.

백원기, “허위공문서작성죄의 간접정범에 대한 공범의 성립여부 -예비군훈련확인서 허위작성사건-”, 형법판례연구 제10권, 2002, 254-271면.

조준현, “허위공문서작성죄의 정범표지와 공범관여자의 책임”, 형사판례의 연구 I(이재상교수 화갑기념논문집), 2003, 1027-1041면.

[§ 10] 교사범, 종범, 공범과 신분

Ⅰ. 교사범

1. 교사범의 성립요건

[판례 1]

대법원 1991.5.14. 선고 91도542 판결【특정범죄가중처벌등에관한법률위반, 특수절도교사】

사실관계

피고인이 甲, 乙, 丙이 절취하여 온 장물을 상습으로 19회에 걸쳐 시가의 3분의1 내지 4분의 1의 가격으로 매수하여 취득하여 오다가, 甲, 乙에게 일제 드라이버 1개를 사주면서 "丙이 구속되어 도망 다니려면 돈도 필요할 텐데 열심히 일을 하라(도둑질을 하라)"고 말하였다. 그 후 甲과 乙은 두 차례의 절도범행을 하였다.

판결요지

가. 교사범이란 타인(정범)으로 하여금 범죄를 결의하게 하여 그 죄를 범하게 한 때에 성립하는 것이고 피교사자는 교사범의 교사에 의하여 범죄실행을 결의하여야 하는 것이므로, 피교사자가 이미 범죄의 결의를 가지고 있을 때에는 교사범이 성립할 여지가 없다.

나. 막연히 "범죄를 하라"거나 "절도를 하라"고 하는 등의 행위만으로는 교사행위가 되기에 부족하다 하겠으나, 타인으로 하여금 일정한 범죄를 실행할 결의를 생기게 하는 행위를 하면 되는 것으로서 교사의 수단방법에 제한이 없다 할 것이므로, 교사범이 성립하기 위하여는 범행의 일시, 장소, 방법 등의 세부적인 사항까지를 특정하여 교사할 필요는 없는 것이고, 정범으로 하여금 일정한 범죄의 실행을 결의할 정도에 이르게 하면 교사범이 성립된다.

다. 피고인이 갑, 을, 병이 절취하여 온 장물을 상습으로 19회에 걸쳐 시가의 3분의1 내지 4분의 1의 가격으로 매수하여 취득하여 오다가, 갑, 을에게 일제 도라이바 1개를 사주면서 "병이 구속되어 도망 다니려면 돈도 필요할 텐데 열심히 일을 하라(도둑질을 하라)"고 말하였다면, 그 취지는 종전에 병과 같이 하던 범위의 절도를 다시 계속하면 그 장물은 매수하여 주겠다는 것으로서 절도의 교사가 있었다고 보아야 한다.

라. 교사범의 교사가 정범이 죄를 범한 유일한 조건일 필요는 없으므로, 교사행위에 의하여 정범이 실행을 결의하게 된 이상 비록 정범에게 범죄의 습벽이 있어 그 습벽과 함께 교사행위가 원인이 되어 정범이 범죄를 실행한 경우에도 교사범의 성립에 영향이 없다.

[관련 판례 1]

대법원 1984.5.15. 선고 84도418 판결【절도교사】

피고인이 연소한 제1심 상피고인에게 밥값을 구하여 오라고 말한 것이 절도범행을 교사한 것이라고 볼 수 없다.

판례의 검토

* Q 1	형법 제31조 제1항에 따르면 타인을 교사하여 죄를 범하게 한 자가 교사범이라고 규정하고 있을 뿐 '교사' 자체의 개념이 제시되어 있지 않다. [도입 판례]에서 대법원이 제시한 교사의 개념정의를 정리해 보시오.
** Q 2	교사범과 공모공동정범의 유사점과 차이점을 비교하고, 실무에서 교사범으로 처리하는 예가 드문 이유를 설명해 보시오.

** Q 3	[도입 판례]에서 검사는 피고인을 甲, 乙의 특수절도죄에 대한 공동정범으로 기소할 수 있음에도 불구하고 굳이 특수절도죄의 교사범으로 기소한 이유는 무엇인가?
* Q 4	[도입 판례]와 달리 "밥값을 구하여 오라"고 말한 [관련 판례 1]에서는 교사범의 성립을 인정하고 있지 않다. 그 이유는 무엇인가?

[도입 판례]와 [관련 판례 1]에서는 "열심히 일을 하라" 또는 "밥값을 구하여 오라"라는 피고인의 말이 절도죄의 결의를 일으키게 할 정도로 특정되어 있어서 피고인을 절도죄의 교사범으로 처벌할 수 있지가 문제된다.

교사범이란 타인(정범)으로 하여금 범죄를 결의하여 실행하게 하는 자를 말한다. 형법은 교사범에 관하여 "타인을 교사하여 죄를 범하게 한 자는 죄를 실행한 자와 동일한 형으로 처벌한다"라고 규정하고 있다(제31조 제1항). 이러한 교사범은 정범의 존재를 전제로 한다는 점에서 타인을 도구로 의사지배하는 정범인 간접정범과도 구별되며, 타인에게 범죄의 결의를 유발하는 점에서 이미 범의를 가지고 있는 자를 유형무형으로 돕는 종범(방조범)과 구별된다. 나아가 교사범은 정범으로 하여금 범죄 실행을 결의하게 하여 이를 실행하게 하는 것이므로 기능적 범행지배에 의하여 범죄 실행에 까지 참여하는 정범인 공동정범과 구별된다. 다만 [도입 판례]에서 검사는 피고인을 갑, 을의 특수절도죄에 대하여 이들에게 범행도구인 일제 드라이버를 사주는 등 범행의 진행과정에 기능적 범행지배를 하였다고 보아 공동정범으로 기수할 여지가 있음에도 불구하고 굳이 특수절도죄의 교사범으로 기소하였다. 그 이유는 [도입 판례]에서 특수절도죄의 교사범과 함께 특가법상의 상습장물취득죄(특가법 제5조의4 제4항)로 기소되고 있다는 사실에 찾을 수 있다. 즉 피고인이 갑, 을과 함께 특수절도죄의 공동정범으로 기소된다면 피고인은 특수절도죄의 정범이 되는데, 정범이 도품을 처분하는 행위는 소위 "불가벌적 사후행위"에 해당하여 별도의 죄를 물을 수 없다. 피고인의 도품 처분행위는 본범인 특수절도죄의 불법판단에 이미 반영되어 있기 때문이다. 이에 반하여 피고인을 갑과 을의 특수절도죄에 대한 교사범으로 기소한다면 피고인은 더 이상 특수절도죄의 정범이 아니므로 정범이 아닌 자에 대해서는 불가벌적 사후행위를 적용할 필요가 없다. 그러므로 피고인을 특가법상의 상습장물취득죄로 처벌할 수 있는 실익이 있다.

그리고 교사범은 범죄 실행에 직접 가담함이 없이 피교사자인 정범의 범행결의만을 불러일으킨다는 점에서 범죄 실행을 직접 분담하지 않고 실행자와 의사연락만을 가지고 있는 공모공동정범과 유사한 점이 있다. 하지만 교사범의 경우에는 피교사자로 하여 범행을 결의시키고자 하는 일방적 의사가 중요시됨에 반하여 공모공동정범의 경우에는 공모자들 상호간에 의사연락이 이루어진다는 점에서 구조상 차이가 있다. 형사재판의 실무상 법원은 대부분의 공범사건을 공동정범 내지 공모공동정범으로 처리하고 있으며 교사범으로 처리하는 사례는 드물다. 그 이유는 교사범으로 처리할 경우 공범종속성의 원리에 의하여 정범의 범죄사실과 교사범의 범죄사실을 순차적으로 적어야 함에 반하여 공모공동정범으로 처리할 경우 예컨대 "갑과 을은 공동하여"라는 방식으로 피고인들을 묶어서 한 번의 범죄사실을 기재하면 족하다는 편의성에 그 이유를 찾을 수 있다. 하지만 앞서 언급한 바와 같이 공모공동정범의 남용위험성과 함께 공범종속성의 원리에 입각한 범죄성립요건의 단계적 검토를 통하여 국민을 형사처벌로부터 가능한 폭넓게 보호해야 한다는 측면에서 향후 재판실무에서 교사범의 보다 활발한 운용이 요구된다고 본다.

교사범이 성립하기 위해서는 교사자의 교사행위와 피교사자의 범죄실행행위가 있어야 한다. **교사행위**란 애당초 범죄를 저지를 의사가 없는 정범에게 범행의 결의를 불러일으키는 것을 말한다. 따라서 이미 범죄의 실행을 결의한 자에 대하여는 교사가 있을 수 없다. 이 경우에는 단지 방조 혹은 교사미수가 가능할 뿐이다. 그러나 정범자의 결의가 확고하지 않거나 막연한 일반적 범죄계획을 가지고 있을 정도인 때에는 교사가 될 수 있다. 그리고 교사자의 교사행위가 범행결의의 유일한 원인이어야 하는 것은 아니므로 정범에게 범죄의 습벽이 있어 그 습벽과 함께 교사행위가 원인이 된 경우에도 교사범은 성립될 수 있다. 하지만 교사자가 범죄실행의 정신적인 주도자로서 범행계획 또는 범행결의의 결정적이며 지배적인 영향력을 행사하는 지위에 있기 위해서는 교사행위의 특정성이 요구된다. [도입 판례]와 [관련 판례 1]에서 "열심히 일을 하라" 또는 "밥값을 구하여 오라"라는 피고인의 말이 절도죄의 결의를 일으키게 할 정도로 특정되어 있는지가 문제된다.

교사행위의 특정성이 인정되기 위해서는 ① 피교사자의 범죄결의를 야기하기 위하여 교사자와 피교사자 간의 정신적인 교감 내지 영향력 행사 등이 필요한데 이는 교묘하거나 숨겨진 수단이 아니라 드러나고 분명한 수단에 의한 것일 것, ② 교사자는 정범행위를 구체화하여 교사할 것이 요구된다. 이는 교사자가 구체적인 구성요건적 법익침해와 불법내용을 결정하는 구체적인 행위방식을 대체적으로 인식하여야 함을 의미한다. 그렇다면 범죄실현의 가능성이 높은 비열하고 교묘한 수법으로 범죄를 사주하는 경우나 단순히 악의로 범죄를 유발할 수 있는 상황을 만드는 것은 교사행위로 볼 수 없다. 왜냐하면 이러한 수법에 의한 정신적 영향력 행사는 정범의 실행행위가 예측된다 하더라도 각자 다른 경험세계와 반응으로 달리 이해될 수 있는 가능성도 충분히 있기 때문이다. [도입 판례]에서도 "열심히 일을 하라"는 말이 도대체 어떠한 범죄에 대한 범행결의를 의미하는지가 문제된다. 이에 대해 대법원은 “막연히 ‘범죄를 하라’거나 ‘절도를 하라’고 하는 등의 행위만으로는 교사행위가 되기에 부족하다 하겠으나, 타인으로 하여금 일정한 범죄를 실행할 결의를 생기게 하는 행위를 하면 되는 것”이면 충분하다고 한다. 그리하여 대법원은 피고인이 갑, 을에게 일제 드라이버 1개를 사주게 된 경위에 주목하여 “병이 구속되어 도망 다니려면 돈도 필요할 텐데 열심히 일을 하라(도둑질을 하라)”는 피고인의 발언 취지는 “종전에 병과 같이 하던 범위의 절도를 다시 계속하면 그 장물은 매수하여 주겠다.”는 것으로 결국 (특수)절도의 교사에 해당한다는 결론을 내리고 있다. 이러한 판례의 태도는 타당하다. 피고인에게는 피교사자의 범죄결의를 야기하기 위하여 피교사자 갑, 을과의 정신적 교감이 인정되며, 피고인의 발언 취지에 비추어 피교사자의 (특수)절도라는 정범행위의 특정성이 인정되기 때문이다. 특히 후자의 정범범행의 특정성 요구에 관하여 판례와 학설이 구체적인 기준을 제시하고 있지는 않지만 대체로 막연히 가벌적인 행위를 행하라든지 아니면 막연히 구성요건적으로 기술되어 있는 범죄유형(예컨대 강도, 절도, 사기 등)을 행할 것을 부추기는 정도로는 부족하지만 그렇다고 구체적인 범죄실행의 세부적인 사항까지 인식하면서 특정하여 교사할 필요는 없다는 점에서는 의견이 일치하고 있다는 점을 고려하면 더욱 그러하다. 그러나 이와 달리 [관련 판례 1]에서와 같이 연소자에게 막연히 “밥값을 구하여 오라”는 말이 “돈을 갚지 않는 채무자에게 뭔가 보여줘야 한다”고 말한 정도로는 절도죄나 폭행죄의 교사행위가 될 수 없다. 정범이 실행하여야 할 구성요건이 특정되어 있지 않기 때문이다. 어떤 범죄구성요건을 실현시켜야 할 것인가를 결정하기에는 대화내용과 상황일 일반적이고 막연하기 때문이다.

다음으로, [도입 판례]에서 피고인은 갑, 을에게 “열심히 일을 하라”고 말을 하였을 뿐 구체적으로 언제, 누구의 집에서, 무엇을 어떠한 방법으로 절도하라고 특정하여 말한 적이 없으므로 교사범이 성립할 수 없다고 주장하였다. 이와 관련하여 일반적으로 교사행위의 수단과 방법에는 아무런 제한이 없다. 예컨대 명령・지시・설득・애원・요청・유혹・이익제공・위협 등이 가능하며 명시적이든 묵시적이든 불문한다. 따라서 시험장에 입장하여 대리시험을 치르게 한 이상 그는 적어도 주거침입죄의 교사범으로 처벌될 수 있다(대판 1967.12.19, 67도1281). 단만 강요, 위력 또는 기망에 의한 경우 이것이 의사지배의 정도에 해당할 때에는 간접정범이 성립할 뿐이다. 그리고 교사자는 반드시 한 사람임을 요하지 않고 다수인이더라도 무관하다. 그러나 교사행위는 교사자의 부작위나 과실에 의하여 성립할 수 없다. 또한 교사행위는 피교사자에게 특정한 범죄에 대한 교사임을 요하고, 막연히 범죄일반을 교사하는 것은 교사라고 할 수 없다. 그러나 범행방법까지 구체적으로 지시할 것까지 요하는 것은 아니다. [도입 판례]에서 대법원도 "교사범이 성립하기 위하여는 범행의 일시, 장소, 방법 등의 세부적인 사항까지를 특정하여 교사할 필요는 없는 것이고, 정범으로 하여금 일정한 범죄의 실행을 결의할 정도에 이르게 하면 교사범이 성립된다."라고 동일하게 판단하고 있다. 따라서 [도입 판례]에서와 같이 평소 상습적으로 절도하여온 자의 물건을 구입하여준 장물업자가 그 상습절도자에게 도구를 건네면서 "열심히 일을 하라"고 말하였다면 교사는 인정될 수 있다.

마지막으로, 피교사자(정범)은 교사자의 교사행위에 의하여 범죄실행을 결의하여야 한다. 즉 피교사자의 범행결의는 교사자의 교사행위에 의한 것이어야 하며, 양자 사이에는 인과관계가 인정되어야 한다. 이와 관련하여 [도입 판례]에서 피고인은 자신이 일제 드라이버 1개를 주면서 "열심히 일을 하라"고 말한 갑과 을이 이미 19회나 절도전력이 있는 자이므로 자신의 말이 이들에게 단순히 절도의 동기를 부여한 것일 수는 있어도 자신의 말 때문에 이들이 절도범행에 나아갔다고 볼 수 없다고 주장하였다. 그러나 교사자의 교사행위가 피교사자의 범행결의에 유일한 원인일 필요는 없다. [도입 판례]에서 대법원도 "교사범의 교사가 정범이 죄를 범한 유일한 조건일 필요는 없으므로, 교사행위에 의하여 정범이 실행을 결의하게 된 이상 비록 정범에게 범죄의 습벽이 있어 그 습벽과 함께 교사행위가 원인이 되어 정범이 범죄를 실행한 경우에도 교사범의 성립에 영향이 없다."고 판시하여 같은 입장을 취하고 있다. 따라서 [도입 판례]에서 피교사자 갑과 을의 범죄습벽과 더불어 교사자인 피고인의 교사행위가 원인이 되어 피교사자가 범행을 결의하고 범죄의 실행행위에까지 나아갔으므로 양자 간의 인과관계는 인정된다.

결론적으로, [도입 판례]에서 대법원은 전문장물매수인인 피고인이 절도범들에게 일제 드라이버 1개를 사주면서 "병이 구속되어 도망 다니려면 돈도 필요할 텐데 열심히 일을 하라(도둑질을 하라)"고 말하여 그 절도범들이 절도범행을 실행하다가 체포된 경우에 피고인을 교사범으로 보고 있는데, 이는 교사행위의 특정성, 교사행위의 수단과 방법, 그리고 교사행위와 피교사자의 범죄실행행위 간의 인과관계에 비추어 타당한 판단이다. 이 때 대법원이 교사범의 성립요건에 관하여 설시한 내용은 정당한 것이다.

참고문헌

김정환, "형법 제31조 제2항 및 제3항에 대한 검토", 연세대 법학연구 제33호, 2007, 115면 이하.

신동운, 신판례백선 형법총론, 2009, 630-633면.

홍성무, "교사범에 있어서 교사행위의 특정정도 및 실행행위와 사이의 인과관계", 법조 제41권 제2호(통권425호)(92.02), 90-97면.

2. 미수의 교사 (함정교사)

[도입 판례]

대법원 2005.10.28. 선고 2005도1247 판결【마약류관리에관한법률위반(향정)】

사실관계

피고인 乙은 2003.2. 하순경 중국 심양시 이하 불상지에서 피고인 甲으로부터 "히로뽕 100g을 구해달라"는 부탁을 받고 이를 승낙한 뒤 그 시경 피고인 甲으로부터 대금 360만 원을 교부받고, 자신의 돈 180만 원을 합하여 합계 540만 원을 준비한 다음, 같은 해 3. 중순 일자불상 20:00경 중국 북경시 이하 불상지에서 조선족인 김 명불상자(남, 38세)로부터 마약류인 메스암페타민(일명 '히로뽕') 약 87.03g을 540만 원에 매수하고, 같은 해 3. 중순 일자불상 20:00경 중국 북경시 건통호텔 505호실에서 피고인 甲에게 위와 같이 구입한 히로뽕 87.03g을 건네주어 이를 교부하고, 피고인 甲은 피고인 乙로부터 히로뽕 약 87.03g을 교부받아 이를 수수하고, 같은 달 30. 08:00경 중국 북경시 북경공항 화장실에서 위와 같이 교부받은 히로뽕 중 약 87g을 콘돔 속에 넣어 자신의 음부 속에 삽입·은닉한 다음 같은 날 09:00경 위 공항을 출발하는 한국행 중국 국제항공(CA) 123편에 탑승하여 같은 날 12:00경 인천국제공항 출입국 및 세관검색대를 통과하여 이를 밀수입하였다. 그러나 피고인 甲과 乙은 자신들이 히로뽕을 매수하거나 밀수입할 의사가 전혀 없었는데, 피고인 甲의 애인이었던 A가 "서울지검 마약1반의 정보원인 B가 마약반에서 많은 역할을 하던 중 또 다른 정보원의 배신으로 구속되게 되었다. 마약반의 계장 C와 계장 D가 B의 공적(다른 마약범죄에 대한 정보를 제공하여 수사기관의 수사를 도운 공적)을 만들어 B를 빼내려 한다. 그렇게 하기 위하여는 수사기관이 수사에 사용할 히로뽕을 구해야 하니, 수사기관을 돕기 위하여 히로뽕을 좀 구해 달라. 히로뽕을 구입하여 오면 검찰에서 당신들의 안전을 보장한다고 하였다."고 이야기할 뿐만 아니라 심지어 히로뽕을 구입할 자금까지 교부하면서 피고인 甲에게 집요하게 부탁을 하여 비로소 피고인 甲이 A및 검찰을 돕기로 마음먹고 피고인 乙에게 그와 같은 사정을 다 이야기하면서 히로뽕의 매입을 의뢰하였고, 피고인 乙도 그에 따라 비로소 히로뽕을 매입하여 피고인 甲에게 교부하기로 마음먹고 범행에 이르게 되었다. 그러나 약속과 달리 피고인 甲과 乙은 위 마약을 밀수입하는 순간 마약정보원인 A의 제보에 의하여 인천국제공항에서 체포되었다.

판결요지

범의를 가진 자에 대하여 단순히 범행의 기회를 제공하거나 범행을 용이하게 하는 것에 불과한 수사방법이 경우에 따라 허용될 수 있음은 별론으로 하고, 본래 범의를 가지지 아니한 자에 대하여 수사기관이 사술이나 계략 등을 써서 범의를 유발케 하여 범죄인을 검거하는 함정수사는 위법함을 면할 수 없고, 이러한 함정수사에 기한 공소제기는 그 절차가 법률의 규정에 위반하여 무효인 때에 해당한다.

[관련 판례 1]

대법원 1994.4.12. 선고 93도2535 판결【자동차운수사업법위반】

자가용버스의 운전기사가 단속원이 승차하기 전부터 유상운송을 하여 왔다면 그 후 단속원이 유상으로 버스에 승차한 다음 운전기사의 유상운송행위를 적발하여 고발하였다 하여도 그것이 범죄의 함정을 파놓고 그 곳으로 밀어 넣는 행위와 다를 바 없어 운전기사의 유상운송행위가 비난가능성이 없다고 할 수 없다.

[관련 판례 2]

대법원 2008.3.13. 선고 2007도10804 판결【특정범죄가중처벌등에관한법률위반(뇌물)】

[3] 본래 범의를 가지지 아니한 자에 대하여 수사기관이 사술이나 계략 등을 써서 범의를 유발케 하여 범죄인을 검거하는 함정수사는 위법하다 할 것인바, 구체적인 사건에 있어서 위법한 함정수사에 해당하는지 여부는 해당 범죄의 종류와 성질, 유인자의 지위와 역할, 유인의 경위와 방법, 유인에 따른 피유인자의 반응, 피유인자의 처벌 전력 및 유인행위 자체의 위법성 등을 종합하여 판단하여야 하고, 따라서 유인자가 수사기관과 직접적인 관련을 맺지 아니한 상태에서 피유인자를 상대로 단순히 수차례 반복적으로 범행을 교사하였을 뿐, 수사기관이 사술이나 계략 등을 사용하였다고 볼 수 없는 경우는, 설령 그로 인하여 피유인자의 범의가 유발되었다 하더라도 위법한 함정수사에 해당하지 아니한다.

[5] 피고인의 뇌물수수가 공여자들의 함정교사에 의한 것이기는 하나, 뇌물공여자들에게 피고인을 함정에 빠뜨릴 의사만 있었고 뇌물공여의 의사가 전혀 없었다고 보기 어려울 뿐 아니라, 뇌물공여자들의 함정교사라는 사정은 피고인의 책임을 면하게 하는 사유가 될 수 없다.

판례의 검토

* Q 1	교사의 미수와 미수의 교사의 차이점을 설명하시오.
** Q 2	함정교사에는 어떠한 종류가 있으며, 함정교사는 본래적 의미의 교사와 어떤 점에서 차이가 있는가?
** Q 3	교사의 미수에 있어서 교사자와 피교사자의 가벌성 여부에 대하여 설명하시오.

[도입 판례]와 [관련 판례 1, 2]는 교사자가 처음부터 피교사자의 행위가 미수에 그칠 것을 예견하면서 교사하는 경우인 **미수의 교사** 내지 **함정교사**에 관한 문제이다. 교사자의 고의는 한편으로 피교사자에게 범행결의를 갖게 하고 다른 한편으로 정범으로 하여금 기수에 이르게 한다는 점에 미쳐야 한다. 즉 교사자의 고의는 이중의 고의를 가져야 한다. 따라서 처음부터 미수에 그치려할 목적을 가지고 피교사자에게 교사하는 미수의 교사의 경우에 피교사자는 (불능)미수범으로 처벌되지만(통설), 교사자에게 형사책임을 물을 수 있는지가 문제된다.

이에 대해 **소수설**은 교사자의 고의는 피교사자가 범죄의 실행행위에 나온다는 것을 인식하거나 또는 범죄를 실행할 결의를 일으킬 의사로 족하다고 이해하여 미수의 교사도 교사의 미수와 같이 가벌적이라고 한다. 그러나 구성요건실현에 대한 인식 내지 의사가 없는 고의는 고의로서 인정될 수 없다. 그러므로 교사자의 고의도 적어도 범죄의 기수, 즉 구성요건을 실현할 의사가 아니면 안 된다. 즉 처음부터 구성요건을 실현하지 않을 것을 인식하고 교사행위를 한 경우에는 교사자에게 고의가 없다고 보아야 한다. 따라서 미수의 교사는 불가벌이라고 이해하는 것이 타당하다(통설). 마찬가지로 [도입 판례]에서 수사관 내지 마약정보원 A가 마약사범을 단속하기 위하여 혐의자에게 마약구입을 교사하고 기수에 이르기 전에 체포하는 함정수사, 즉 **아쟝 쁘로보까퇴르**(agent provocateur)의 경우에도 교사자(함정수사관 내지 마약정보원 A)의 가벌성은 부인된다.

반면에 미수의 교사를 하였으나 피교사자가 기수에 이른 경우에 교사자에게는 과실유무에 따라 **과실책임을 인정하는 견해**(다수설)와 고의의 교사자에 대해서 주의의무를 위반한 과실범으로 평가하기는 어렵고 교사행위가 범행을 촉발하여 결국 기수에 이르게 한 것을 근거로 **방조범으로 처벌하려는 견해**의 대립이 있다. 생각건대 방조범의 경우에도 실행행위를 하는 행위자가 기수에 이를 것을 고의의 내용으로 하는 것은 동일하기 때문에 기수의 고의가 없는 자를 방조의 예에 의해 처벌하는 것은 인정될 수 없을뿐더러 과실에 의한 교사는 개념적으로 인정할 수 없기 때문에 교사범은 성립하지 않는다. 따라서 과실유무에 따라 과실책임을 인정하는 전자의 견해가 타당하다고 본다. 그러나 처음에는 미수의 고의만 있다가 실행행위시 정범이 기수까지 가는 것을 고의로 방치하였다면 선행행위로 인한 부진정부작위범(이 경우는 스스로 정범이 될 것임)의 성립이 가능할 것이고, 정범이 기수까지 갈 수 있다는 것을 예견하였음에도 불구하고 이를 감수한 경우에는 -불가벌적인 미수의 교사가 아니라- 기수고의를 충족하는 교사범이 성립할 것이다. 그리고 예컨대 갑이 을에게 병을 칼로 찔러 살해하도록 교사하고 을이 병에게 살해행위를 할 때 갑이 그를 말려서 미수에 그치게 하려고 하였으나 의외로 을이 병을 칼로 찔러 살해까지 하였다면, 갑에게는 살인의 중간단계인 상해에 대해서는 기수고의가 있었다고 보아야 하고 사망에 대해서는 과실을 인정하여 종국적으로는 상해치사죄라는 결과적 가중범의 교사범을 인정하여야 할 것이다.

미수의 교사에 의하여 범죄를 실행한 피교사자는 교사자의 불가벌성과는 관계없이 원칙적으로 정범으로서 처벌된다. 따라서 [관련판례 1, 2]의 사안과 같이 단순한 기회제공형의 함정수사에 걸린 자는 미수 또는 기수의 정범으로서 처벌될 수 있다. 이것이 우리나라 판례의 태도이기도 하다. 반면에 [도입 판례]의 사안과 같이 범의유발형의 함정수사에 걸린 자의 경우는 실체상으로는 유죄(불능미수범)가 인정되지만 그 함정수사를 통해 수집된 증거의 증거능력이 위법수집증거배제법칙(형사소송법 제308조의 2)에 의해 부정된다. 따라서 [도입 판례]에서 대법원이 "범의유발형 함정수사에 기한 공소제기는 그 절차가 법률의 규정에 위반하여 무효인 때에 해당(하므로 공소기각의 판결로 종결하여야)한다."는 태도는 타당하다.

참고문헌

임정혁, "함정수사와 비난가능성", 법조 제43권 제8호(통권455호)(94.8), 106-112면.

조기영, "함정수사의 법적 효과", 형사법연구 제19권, 2007, 183-206면.

3. 교사의 초과

[도입 판례]

대법원 2002.10.25. 선고 2002도4089 판결【살인, 상해치사, 총포, 도검, 화약류등단속법위반, 범인은닉, 범인도피, 폭력행위등처벌에관한법률위반, 협박(인정된 죄명: 협박미수), 도로교통법위반(무면허운전)】

사실관계

甲은 丙, 丁, 戊에게 자신과 사업관계로 다툼이 있었던 A를 혼내 주되, 평생 후회하면서 살도록 허리 아래 부분을 찌르고, 특히 허벅지나 종아리를 찔러 병신을 만들라고 하면서 차량과 칼 구입비 명목으로 경비 90만원 정도를 주었다. 乙은 위와 같이 甲이 丙 등에게 범행을 지시할 때 그들에게 연락하여 모이도록 하였으며, "甲을 좀 도와주어라." 는 등의 말을 하였다. 이에 丙은 현장에서 丁과 戊를 지휘하고, 丁과 戊는 A의 집으로 들어가 A의 허벅지나 종아리 부위 등을 칼로 20여회나 찔러 A로 하여금 과다실혈로 사망하게 하였다.

판결요지

[1] 교사자가 피교사자에 대하여 상해 또는 중상해를 교사하였는데 피교사자가 이를 넘어 살인을 실행한 경우에, 일반적으로 교사자는 상해죄 또는 중상해죄의 죄책을 지게 되는 것이지만 이 경우에 교사자에게

피해자의 사망이라는 결과에 대하여 과실 내지 예견가능성이 있는 때에는 상해치사죄의 죄책을 지울 수 있다.

[2] 살인죄의 범의는 자기의 행위로 인하여 피해자가 사망할 수도 있다는 사실을 인식, 예견하는 것으로 족하지 피해자의 사망을 희망하거나 목적으로 할 필요는 없고, 확정적인 고의가 아닌 미필적 고의로도 족하다.

[관련 판례 1]

대법원 1993.10.8. 선고 93도1873 판결【상해치사교사】

교사자가 피교사자에 대하여 상해 또는 중상해를 교사하였는데 피교사자가 이를 넘어 살인을 실행한 경우 일반적으로 교사자는 상해죄 또는 중상해죄의 교사범이 되지만 이 경우 교사자에게 피해자의 사망이라는 결과에 대하여 과실 내지 예견가능성이 있는 때에는 상해치사죄의 교사범으로서의 죄책을 지울 수 있다.

[관련 판례 2]

대법원 1997.6.24. 선고 97도1075 판결【교통사고처리특례법위반, 도로교통법위반, 간통, 상해치사교사(인정된 죄명 : 상해교사)】

[1] 교사자가 피교사자에게 피해자를 "정신차릴 정도로 때려주라"고 교사하였다면 이는 상해에 대한 교사로 봄이 상당하다.

[2] 교사자가 피교사자에 대하여 상해를 교사하였는데 피교사자가 이를 넘어 살인을 실행한 경우, 일반적으로 교사자는 상해죄에 대한 교사범이 되는 것이고, 다만 이 경우 교사자에게 피해자의 사망이라는 결과에 대하여 과실 내지 예견가능성이 있는 때에는 상해치사죄의 교사범으로서의 죄책을 지울 수 있다.

판례의 검토

* Q 1	교사의 착오에 있어서 질적 초과와 양적 초과의 구별기준은 무엇이고, 구별의 실익은 어디에 있는가?
** Q 2	[도입 판례]에서 피해자 A를 여성으로 가정하고 피고인 갑이 을에게 A녀에 대해 중상해를 교사하였는데 이를 승낙한 을이 A녀에게 상해를 가하지 않고 강간을 하였을 경우 갑의 책임을 설명하시오.
** Q 3	[도입 판례]에서 피고인 갑이 피해자 A의 살해까지도 포함하는 의미로 교사를 하였으나 피교사자인 을은 반대로 그러한 결과발생에 대한 의사가 전혀 없었던 경우라면 갑의 책임은 어떠한가?

[도입 판례]와 [관련 판례 1, 2]의 사안은 피교사자가 교사내용을 초과하여 실행한 경우에 교사자의 형사책임에 관한 것이다. 즉 피고인이 피교사자로 하여금 피해자에게 상해 내지 중상해를 가하도록 교사하였으나 피교사자가 피해자를 살해 한 경우에 피고인을 상해죄 내지 중상해죄의 교사범이 아닌 상해치사죄의 교사범으로 볼 수 있는지가 사안의 쟁점이다. 이처럼 교사자의 교사내용과 피교사자의 실행행위가 불일치하는 경우를 **교사의 착오**라고 한다. 교사의 착오는 다양한 유형으로 나타나는 바, 크게 보아 교사내용보다 적게 실행한 경우와 그 반대의 경우로 나누어 볼 수 있다.

우선, **교사내용보다 적게 실행한 경우**이다. 이 경우에 교사자는 정범의 실행범위 내에서 책임을 진다. 예컨대 살인을 교사하였는데 살인미수에 그친 경우, 살인을 교사하였는데 상해에 그친 경우, 그리고 특수강도를 교사하였는데 강도에 그친 경우에는 각각 살인미수, 상해죄, 강도죄의 교사범이 될 뿐이다. 이는 공범의 종속성으로 인한 당연한 결과이다. 그러나 질적 및 양적으로 미달되는 경우에도 피교사자가 실행을 승낙하고 실행의 착수에 이르지 않은 것이므로 효과 없는 교사(제31조 제2항)의 성립 여부를 검토하여야 한다. 예컨대 강도를 교사했으나 절도를 범한 경우에 교사자는 절도의 교사범이 성립한다. 그러나 이 경우에는 피교사자가 강도죄를 승낙하고 실행의 착수에 옮기지 않는 경우이기 때문에 효과 없는 교사로서 제31조 제2항에 따라 처벌될 수 있다. 다만 절도의 교사범과 강도의 예비·음모죄의 상상적 경합에 해당하여 중한 후자에 의해 처벌받게 된다(다수설). 반면에 소수설은 교사범의 성격상 교사자는 자신의 교사행위에 의해서 처벌되거나 아니면 실행범죄의 교사범으로 처벌될 수 있을 뿐이므로 양자는 법조경합이 되어야 한다고 한다. 그러나 소수설은 교사자가 강도의 교사를 시도했다는 것 또는 정범이 절도를 실행하였다는 것을 나타내지 못하는 문제점이 있다. 강도와 절도와 같이 구성요건의 유형을 서로 달리하는 경우에는 상상적 경합을 인정함으로써 양자에 대한 교사자의 책임을 밝히는 다수설이 타당하다고 본다.

다음으로, **교사내용 이상으로 실행한 경우**이다. 이는 다시 질적 초과의 경우와 양적 초과의 경우로 대별할 수 있다. ① **질적 초과**란, 예컨대 절도를 교사했으나 방화한 경우나 강도를 교사했으나 강간을 한 경우처럼 피교사자가 교사받은 범죄와 전혀 다른 범죄를 실행한 경우이다. 여기서 전혀 다른 범죄란 보호법익을 달리 할 뿐만 아니라 구성요건적으로 공통된 요소를 갖고 있지 않는 범죄를 말한다. 질적 초과의 경우에는 교사자는 교사범으로써의 책임을 지지 않는다. 다만 교사자는 형법 제31조 제2항에 의하여 교사된 범죄의 예비·음모에 준하여 처벌될 수 있다. 사기죄와 공갈죄는 원칙상 질적으로 다른 범죄로 평가되어야 한다. 다만 정범이 교사받은 사기를 수단으로 공갈까지 행하였다면 정범에게는 사기죄와 공갈죄의 상상적 경합이 인정될 것이고 이 경우 교사자에게는 사기죄 부분에 대해 교사범이 인정되어야 할 것이다. 그러나 공갈죄와 강도죄 사이에는 아래의 양적 초과로 해석하는 것이 타당할 것이다. ② 이와 달리 **양적 초과**란, 예컨대 절도를 교사했으나 강도를 실행한 경우처럼 교사된 범죄와 공통의 요소를 지니고 있지만 그 정도를 초과한 경우를 말한다. 양적 초과의 경우에는 교사자는 초과부분에 대하여는 책임지지 아니한다. 다만 피교사자가 결과적 가중범의 결과를 실현한 경우 교사자에게 중한 결과에 대해 과실, 즉 예견가능성이 있으면 결과적 가중범의 교사가 성립한다. 따라서 [도입 판례]와 [관련 판례 1, 2]의 사안과 같이 상해 내지 중상해를 교사하였는데 피교사자가 살인을 실행하였다면 피교사자는 살인죄의 정범, 교사자는 적어도 상해죄 내지 중상해의 교사범이 성립하지만, 더 나아가 사망결과에 대해 예견가능성이 있었으면 상해치사죄(결과적 가중범)의 교사범으로 처벌될 수 있다.

참고문헌

조상제, “결과적 가중범의 공범: 상해치사죄의 교사범”, 저스티스 제77호, 2004, 176면 이하.

Ⅱ. 종범

[도입 판례]

대법원 1995.9.29. 선고 95도456 판결 【특정경제범죄가중처벌등에관한법률위반(사기), 특정경제범죄가중처벌등에관한법률위반(횡령), 사기, 사문서위조, 사문서위조행사】

사실관계

증권회사의 중견직원인 甲과 乙은 주식의 입출고절차 등 주식의 관리에 관한 일체의 절차를 정확히 알고 있으면서 丙에게 피해자의 주식을 인출하여오면 관리하여 주겠다고 약속하여 丙이 부정한 방법으로 주식을 인출해오자 이를 자신들이 관리하는 증권계좌에 입고하여 관리 운용해주었다.

판결요지

가. 형법상 방조행위는 정범의 실행행위를 용이하게 하는 직접, 간접의 모든 행위를 가리키는 것으로서 그 방조는 유형적, 물질적인 방조뿐만 아니라 정범에게 범행의 결의를 강화하도록 하는 것과 같은 무형적, 정신적 방조행위까지도 이에 해당한다.

나. 주식의 입·출고 절차 등 주식의 관리에 관한 일체의 절차를 정확하게 알고 있는 증권회사의 중견직원들이 정범에게 피해자의 주식을 인출하여 오면 관리하여 주겠다고 하고, 나아가서 부정한 방법으로 인출해 온 주식을 자신들이 관리하는 증권계좌에 입고하여 관리 운용하여 주었다면, 이러한 행위는 정범의 일련의 부정한 주식 인출절차에 관련된 출고전표인 사문서의 위조, 동행사, 사기 등 상호 연관된 일련의 범행 전부에 대하여 방조행위가 된다.

[관련 판례 1]

대법원 1996.9.6. 선고 95도2551 판결【특정경제범죄가중처벌등에관한법률위반(횡령), 업무상횡령(업무상횡령방조), 뇌물수수】

법원의 입찰사건에 관한 제반 업무를 주된 업무로 하는 공무원이 자신이 맡고 있는 입찰사건의 입찰보증금이 계속적으로 횡령되고 있는 사실을 알았다면, 담당 공무원으로서는 이를 제지하고 즉시 상관에게 보고하는 등의 방법으로 그러한 사무원의 횡령행위를 방지해야 할 법적인 작위의무를 지는 것이 당연하고, 비록 그의 묵인 행위가 배당불능이라는 최악의 사태를 막기 위한 동기에서 비롯된 것이라고 하더라도 자신의 작위의무를 이행함으로써 결과 발생을 쉽게 방지할 수 있는 공무원이 그 사무원의 새로운 횡령범행을 방조 용인한 것을 작위에 의한 법익 침해와 동등한 형법적 가치가 있는 것이 아니라고 볼 수는 없다는 이유로, 그 담당 공무원을 업무상횡령의 종범으로 처벌한 사례.

[관련 판례 2]

대법원 2005.4.29. 선고 2003도6056 판결【특정범죄가중처벌등에관한법률위반(관세),관세법위반】

형법상 방조행위는 정범이 범행을 한다는 정을 알면서 그 실행행위를 용이하게 하는 직접·간접의 행위를 말하므로, 방조범은 정범의 실행을 방조한다는 이른바 방조의 고의와 정범의 행위가 구성요건에 해당하는 행위인 점에 대한 정범의 고의가 있어야 하나, 이와 같은 고의는 내심적 사실이므로 피고인이 이를 부정하는 경우에는 사물의 성질상 고의와 상당한 관련성이 있는 간접사실을 증명하는 방법에 의하여 입증할 수밖에 없고, 이 때 무엇이 상당한 관련성이 있는 간접사실에 해당할 것인가는 정상적인 경험칙에 바탕을 두고 치밀한 관찰력이나 분석력에 의하여 사실의 연결 상태를 합리적으로 판단하는 외에 다른 방법이 없다고 할 것이며, 또한 방조범에 있어서 정범의 고의는 정범에 의하여 실현되는 범죄의 구체적 내용을 인식할 것을 요하는 것은 아니고 미필적 인식 또는 예견으로 족하다

판례의 검토

* Q 1 [도입 판례]와 [관련 판례 2]에서 대법원은 방조행위의 개념정의를 제시하고 있다. 대법원이 제시한 방조행위의 개념은 무엇인가?

* Q 2 언어방조와 교사, 거동방조와 공동정범은 어떠한 면에서 구별되는가?

* Q 3 | 교사범의 경우에는 부작위에 의한 교사범이 성립이 부정된다. 이와 달리 [관련 판례 1]과 같이 방조범의 경우에는 부작위에 의한 방조가 인정되는데, 그 이유는 무엇인가?

* Q 4 | [관련 판례 2]에서 방조범의 고의로서 요구되는 이중의 고의란 무엇인가?

* Q 5 | 미수의 교사와 달리 미수의 방조는 방조행위가 될 수 있는가?

** Q 6 | 이미 스스로 입영기피를 결심하고 집을 나서는 공소외 A에게 피고인이 이별을 안타까워하는 뜻에서 잘 되겠지 몸조심하라고 하고 악수를 나눈 행위가 입영기피의 범죄의사를 강화시킨 방조행위에 해당할 수 있는가?

[도입 판례]에서는 방조범에 있어서 방조행위가 무엇을 뜻하는지, [관련 판례 1]에서는 부작위에 의한 방조도 가능한지, 그리고 [관련 판례 2]에서는 방조자의 고의는 어떠한 것인지가 문제된다.

종범이란 정범의 범죄실행을 방조한 자를 말하며(제32조 1항), **방조범**이라고도 한다. 형법은 종범에 관하여 “타인의 범죄를 방조한 자는 종범으로 처벌한다”(제32조 1항), “종범의 형은 정범의 형보다 감경한다”(동조 2항)라고 규정하고 있다. 종범은 이미 범죄의 결의를 하고 있는 자, 즉 고의 있는 정범의 범행을 도우는 점에서 특정범죄를 결의하고 있지 않은 자에게 새롭게 범죄의 결의를 하게 하는 교사범과 구별된다. 또한 종범은 범행에 관여는 하나 그에 대한 지배의 정도에는 미치지 않는 협의의 공범이라는 점에서 상호 의사연락하에 범행을 분업적으로 지배하는 공동정범과 구별된다.

종범이 성립하려면 우선 방조자의 방조행위가 있어야 하고, 주관적으로는 이중의 고의, 즉 정범의 실행을 방조한다는 이른바 방조의 고의와 정범의 행위가 구성요건에 해당하는 행위인 점에 대한 정범의 고의가 있어야 한다. 그리고 피방조자인 정범의 실행행위가 있어야 한다.

우선, **방조**란 정범의 구성요건실행을 가능하게 하거나 용이하게 하는 행위 또는 정범에 의한 법익침해를 강화하는 것을 말한다. 이때 방조의 수단·방법에는 제한이 없다. 따라서 [도입 판례]에서 나타나듯이 방조행위는 "정범의 실행에 대해 간접적이거나 직접적이거나를 가리지 않고 정범이 범행을 한다는 것을 알고 그 실행을 용이하게 하는 것"으로서 정범이 누구에 의해 실행되었는가를 확인할 필요가 없다. 방조는 일반적으로 **언어방조(정신적 방조)**와 **거동방조(물질적 방조)**로 나눌 수 있다. 언어방조는 지적·정신적 방조를 말하는 것으로서 조언·격려·충고·정보제공 등과 같은 것이다. 예컨대 정범에게 필요한 정보를 제공하거나 두려움을 없애주어 정범의 결의를 강화시키는 경우에 정신적 방조는 인정될 수 있다. [도입 판례]에서도 "방조는 유형적, 물질적인 방조뿐만 아니라 정범에게 범행의 결의를 강화하도록 하는 것과 같은 무형적, 정신적 방조행위까지도 이에 해당한다."고 하여 방조행위의 의미를 잘 설명해 주고 있다. [도입 판례]의 사안에서 피고인들이 丙에게 피해자의 주식을 인출해 오면 나중에 관리해 주겠다고 한 것은 丙의 범행결의를 강화시킨 '정신적 방조'에 해당한다고 볼 수 있다. 이러한 언어방조는 교사의 구별이 문제되는데, 범죄결의가 이미 존재했는가를 기준으로 양자를 구분할 수 있다. 즉 방조는 이미 존재하는 범행결의의 실현에 가공하는 행위임에 반해 교사는 범죄결의를 야기하는 행위라는 점에서 구분된다. 그리고 거동방조는 범행도구의 대여, 범행장소의 제공 또는 범죄에 필요한 자금을 제공하는 것과 같이 유형적·물질적 방법에 의한 방조를 말한다. 거동방조와 공동정범의 구별이 또한 문제된다. 예컨대 망보는 행위는 공동의 범행결의에 따라 역할을 분담한 경우는 기능적 역할분담이라는 공동정범의 정범표지를 충족시키는 행위이지만 공동의 범행결의에 의한 것이 아니라면 방조행위일 뿐이다. 따라서 강간을 하려고 피해 여성에게 폭행을 가하는 친구를 만나 접근하는 사람이 있는지를 살펴보고 신호를 보내는 행위는 강간죄의 방조행위로 보아야 한다.

방조는 작위가 보통이겠지만 **부작위에 의한 방조**도 이의 없이 **긍정**된다. 이러한 점에서 부작위에 의한 교사에 대해서는 이론이 있는 것과 차이가 있다. 다만 부작위에 의한 방조가 성립되기 위해서는 주체가 보증인 지위에 있어야 한다. 형법이 금지하고 있는 법익침해의 결과발생을 쉽게 방지할 법적 작위의무를 지고 있는 자가 그 의무를 이행함으로써 결과발생을 쉽게 방지할 수 있었음에도 불구하고, 그 결과의 발생을 용인하고 이를 방관한 채 그 의무를 이행하지 않으면 부작위에 의한 방조가 성립한다. 따라서 [관련 판례 1]에서 법원의 입찰사건에 관한 제반 업무를 주된 업무로 하는 공무원이 자신이 맡고 있는 입찰사건의 입찰보증금이 계속적으로 횡령되고 있는 사실을 알았음에도 이를 방치한 경우에 그 담당 공무원으로서는 이를 제지하고 즉시 상관에게 보고하는 등의 방법으로 그러한 사무원의 횡령행위를 방지해야 할 법적인 작위의무가 있기 때문에 부작위에 의한 방조가 성립하여 담당 공무원을 업무상횡령의 종범으로 처벌한 판례의 태도는 타당하다.

이러한 방조행위는 정범의 실행행위의 착수 전후에 걸쳐 가능하다. 즉 착수 이전에 예비단계에서의 방조와 정범 결의의 강화 등이 가능하다. 다만 다수설에 의하면 이 단계에서의 방조가 정범의 실행행위에 인과적으로 작용하여야 한다. 또한 실행행위의 종료 후에도 결과발생 전까지는 방조가 가능하다. 더 나아가 정범의 행위가 기수가 된 후에도 그 완료되기 전까지는 방조범이 성립할 수 있다. 따라서 감금죄는 계속범이기 때문에 감금된 자가 계속 감금되도록 도운 경우에는 감금죄의 방조범이 된다. 그리고 재산범죄의 경우에는 단순한 재물의 취득시기(즉, 기수시기)를 넘어 현장에서 추적 중인 단계에서는 완료되었다고 볼 수 없다. 따라서 절도범을 추격하는 자를 방해하여 도주를 도와 주는 행위는 절도죄의 방조행위에 해당한다. 반면에 범죄완료 후의 범인은닉, 증거인멸, 절취물의 취득 등은 해당범죄의 종범이 아니라 독립된 범죄인 범인은닉죄, 증거인멸죄, 장물취득죄 등이 될 수 있을 뿐이다. 왜냐하면 범죄가 완료된 후에는 방조범이 성립할 수 없기 때문이다.

방조행위와 정범의 실행행위 간에 인과관계가 있어야 하는가, 또 있어야 한다면 어느 정도의 인과관계가 있어야 하는지가 문제된다. 이에 대하여 **불필요설과 필요설이 대립**되고 있다. **불필요설**은 방조행위가 정범의 행위를 촉진한 사실(**정범행위촉진설; 판례**), 결과발생의 위험을 증대한 사실(**비인과적 위험증대설**), 또는 보호법익에 대한 추상적 또는 구체적 위험을 야기한 사실(**위험야기설**) 그 자체와 정범의 실행행위만으로 인정되어야 한다는 것이다. 반면에 **필요설**은 방조행위가 정범의 범죄실행의 방법이나 수단에 합법칙적 조건관계가 있을 정도로 영향을 미친 경우에 한하여 방조가 성립한다(**합법칙적 조건설**)거나, 방조행위가 정범의 실행행위에 대한 상당히 개연적인 원인행위가 되었으면, 즉 방조행위가 정범의 범행을 정신적·물질적으로 용이하게 해 줌으로써 결과발생에 기여한 부분이 있으면 인과관계가 인정되어 방조가 성립한다(**상당인과관계설**)거나, 가벌적인 방조가 성립하기 위해서는 자연과학적 인과연관성 이외에 방조행위가 피해자에 대한 위험성을 증가시키고 행위자에게는 결과야기의 기회를 증대시켰다는 규범적 평가가 요구되므로 **인과적 위험증대**(kausale Risikosteigerung)의 규범평가가 객관적 귀속의 척도로서 충족되어야 방조범이 성립된다(**인과적 위험증대설** 내지 **기회증대설**)고 한다. 생각건대 불필요설은 공범의 처벌근거는 타인의 불법을 야기·촉진하는 데 있으므로 공범이 정범의 구성요건실현에 아무런 원인이 되지 아니한 때에는 공범은 그 처벌근거를 상실한다는 점을 간과하고 있고 형법상 불가벌인 기도된 방조의 가벌성을 인정할 위험성이 있으며, 합법칙적 조건설은 인과관계는 결과를 종범에게 객관적으로 귀속시키기 위한 필요조건일 뿐 충분조건이 아니라는 점을 간과하고 있으며, 상당인과관계설은 상당성의 개념이 불명확하다는 문제가 있다. 따라서 인과관계 이외에 객관적 귀속의 관점도 고려하는 인과적 위험증대설이 타당하다고 본다. 따라서 예컨대 간첩인 정을 알면서 숙식을 제공한 행위(대판 1967.7.31, 66도1661)나 간첩의 신부름으로 안부편지나 사진을 전단한 행위(대판 1966.7.12, 66도470)로는 간첩죄의 방조행위가 될 수 없다. 마찬가지로 입영기피를 결심하고 집을 나서는 정범에게 안타까운 마음에 '잘 되겠지 몸조심하라'고 악수를 나눈 행위(대판 1983.4.12, 82도43)는 입영기피의 범죄의사를 강화시킨 방조행위로 볼 수 없다. 반면에 정범이 방조자가 제공한 흉기를 은행강도의 범행에 사용하지 않은 경우에는 물질적 방조에 의한 방조범의 성립은 원조행위와 재물강취 사이에 인과관계가 부정됨으로써 불가능하다(소위 불가벌적인 효과 없는 방조). 다만 이 경우에 범행도구를 마련해 줌으로써 범행결의가 강화되었다고 볼 수도 있기 때문에 정신적 방조에 의한 방조범의 성립만이 문제될 수 있다. 이에 대해 정신적 방조의 방조범을 인정하는 견해도 있으나, 원칙에 있어서는 부정하는 것이 타당하다고 본다. 왜냐하면 정신적 방조에 의한 방조범의 성립은 그 정신적 방조가 정범의 범죄실행에 추가적인 동기를 특별히 부여하거나, 정범이 범죄로부터 후퇴하려는 반대동기를 적극적으로 방해하는 것이라고 평가되어야 비로소 인정될 수 있기 때문이다. 그렇지 않다면 불가벌의 방조미수가 방조기수로 무작정 확대되어 처벌됨으로써 죄형법정주의의 취지에 반하기 때문이다.

방조범은 정범의 범죄실행을 방조한다는 인식, 즉 '방조의 고의'와 정범이 범죄를 실행함으로써 기수에 이르러 결과가 발생할 것이라고 하는 '정범의 고의'가 있어야 한다. 이러한 관점에서 방조범의 고의는 '이중의 고의'라고 할 수 있다. 방조범의 고의는 미필적 고의로도 충분하다. 그리고 정범에 의해 실현되는 범죄의 본질적 요소를 인식해야 하지만, 범행의 일시, 장소, 방법 등 그 구체적인 내용까지 인식할 필요는 없다. 간접방조의 경우에는 실제 정범이 누구이며 또한 그 실존유무를 반드시 알 필요는 없다. 그리고 방조범의 고의는 범죄의 기수에 대한 고의를 말하는 것으로, 방조범이 정범의 범행이 미수에 그칠 것을 예견하고 방조하는 '미수의 방조'는 방조행위가 될 수 없다. 따라서 [관련 판례 2]의 사안에서 피고인은 2001. 1.경 이후라고 할 수 있는 같은 해 1. 10.부터 같은 해 3. 27.까지 모두 13회에 걸쳐 금괴매입과정에서 환전 또는 금괴인수 업무를 담당하였고, 위 기간 동안 매입한 금괴에 대한 관세환급은 같은 해 2. 19.부터 이루어졌으므로, 피고인은 적어도 2001. 2. 19.부터 같은 해 3. 12.까지의 각 범행에 대하여는 이를 미필적으로나마 인식 또는 예견하고 그 실행행위를 용이하게 하기 위하여 위와 같은 행위를 하였다고 볼 여지가 충분하여 종범의 이중의 고의를 인정할 수 있다. 따라서 피고인에게 종범의 성립을 인정한 판례의 태도는 타당하다.

참고문헌

박상기, "방조행위와 인과관계", 형사판례의 연구 I(이재상교수 화갑기념논문집), 2003, 649-664면.

이승준, "무형적 방조행위의 한계", 형사정책연구 제73호, 2008, 65면 이하.

이용식, "일상적·중립적 행위와 방조: 방조행위의 개념적 의미 내용과 방조의 불법귀속의 이해구조", 서울대 법학 제142호, 2007.3, 302면 이하.

이용식, “무형적 · 정신적 방조행위와 인과관계”, 형사판례연구 제9권, 2001, 205-234면.

Ⅲ. 공범과 신분

1. 신분의 개념

[도입 판례]

대법원 1994.12.23. 선고 93도1002 판결【모해위증교사】

사실관계

甲은 1984. 12.경 피해자 A를 모해할 목적으로 乙에게 위증을 하도록 교사하여, 乙이 1984. 12. 21. 법정에서 선서 후 자기의 기억에 반하는 내용의 증언을 하였다.

판결요지

가. 형법 제33조 소정의 이른바 신분관계라 함은 남녀의 성별, 내 · 외국인의 구별, 친족관계, 공무원인 자격과 같은 관계뿐만 아니라 널리 일정한 범죄행위에 관련된 범인의 인적관계인 특수한 지위 또는 상태를 지칭하는 것이다.

나. 형법 제152조 제1항과 제2항은 위증을 한 범인이 형사사건의 피고인 등을 ‘모해할 목적’을 가지고 있었는가 아니면 그러한 목적이 없었는가 하는 범인의 특수한 상태의 차이에 따라 범인에게 과할 형의 경중을 구별하고 있으므로, 이는 바로 형법 제33조 단서 소정의 “신분관계로 인하여 형의 경중이 있는 경우”에 해당한다고 봄이 상당하다.

다. 피고인이 갑을 모해할 목적으로 을에게 위증을 교사한 이상, 가사 정범인 을에게 모해의 목적이 없었다고 하더라도, 형법 제33조 단서의 규정에 의하여 피고인을 모해위증교사죄로 처단할 수 있다.

라. 구체적인 범죄사실에 적용하여야 할 실체법규 이외의 법규에 관하여는 판결문상 그 규정을 적용한 취지가 인정되면 되고 특히 그 법규를 법률적용란에서 표시하지 아니하였다 하여 위법이라고 할 수 없으므로, 모해의 목적으로 그 목적이 없는 자를 교사하여 위증죄를 범한 경우 그 목적을 가진 자는 모해위증교사죄로, 그 목적이 없는 자는 위증죄로 처벌할 수 있다고 설시한 다음 피고인을 모해위증교사죄로 처단함으로써 사실상 형법 제33조 단서를 적용한 취지로 해석되는 이상, 법률적용에서 위 단서 조항을 빠뜨려 명시하지 않았다고 하더라도 이로써 판결에 영향을 미친 위법이 있다고 할 수 없는 것이다.

마. 형법 제31조 제1항은 협의의 공범의 일종인 교사범이 그 성립과 처벌에 있어서 정범에 종속한다는 일반적인 원칙을 선언한 것에 불과하고, 신분관계로 인하여 형의 경중이 있는 경우에 신분이 있는 자가 신분이 없는 자를 교사하여 죄를 범하게 한 때에는 형법 제33조 단서가 형법 제31조 제1항에 우선하여 적용됨으로써 신분이 있는 교사범이 신분이 없는 정범보다 중하게 처벌된다.

[관련 판례 1]

대법원 1986.7.8. 선고 86도749 판결【의료법위반교사, 의료법위반】

가. 간호보조원이 치과의사의 지시를 받아 치과환자에게 그 환부의 엑스레이를 촬영하여 이를 판독하는 등 초진을 하고 발치, 주사, 투약 등 독자적으로 진료행위를 하였다면 이는 의료법 제25조 제1항이 규정한 의료행위에 해당한다.

나. 치과의사가 환자의 대량유치를 위해 치과기공사들에게 내원환자들에게 진료행위를 하도록 지시하여 동인들이 각 단독으로 전항과 같은 진료행위를 하였다면 무면허의료행위의 교사범에 해당한다.

판례의 검토

* Q 1 [도입 판례]에서 대법원은 "널리 일정한 범죄행위에 관련된 범인의 인적 관계인 특수한 지위 또는 상태"까지도 신분관계로 파악하여 형법 제33조의 신분관계의 내용에 포함시키고 있다. 이러한 판례의 태도가 타당한 것인가?

** Q 2 [도입 판례]에서 대법원은 "신분관계로 인하여 형의 경중이 있는 경우에 신분이 있는 자가 신분이 없는 자를 교사하여 죄를 범하게 한 때에는 형법 제33조 단서가 형법 제31조 제1항에 우선하여 적용됨으로써 신분이 있는 교사범이 신분이 없는 정범보다 중하게 처벌된다."고 판시하여 공범종속성의 원칙과 공범처벌의 확장에 관한 형사정책적 필요성이 충돌하는 경우에는 후자를 우선시하겠다는 태도를 취하고 있다. 이러한 판례의 태도에 대해 찬성, 반대의 입장을 선택하고 그 논거를 제시하시오.

** Q 3 [도입 판례]에서 '모해할 목적'이 신분관계에 해당하는가에 대해 대법원은 이를 긍정하고 있다. 이러한 대법원의 태도에 대해 찬성, 반대의 입장을 선택하고 그 논거를 제시하시오.

** Q 4 [도입 판례]의 사안에서 사건은 다음과 같이 진행되었다.

① 1984. 12경 갑이 피해자 A를 모해할 목적으로 을에게 위증할 것을 교사함
② 1984. 12. 21. 을이 법정에서 위증함
③ 일자불상 을이 단순위증죄로 기소됨
④ 1989. 12. 13. 을에 대한 단순위증죄의 유죄판결이 확정됨
⑤ 1993. 12. 30. 갑이 모해위증죄로 기소됨

위의 사건진행표에서 검사가 1993.12.30. 갑을 모해위증죄로 기소하였음을 알 수 있다. 정범인 을이 단순위증죄로 처벌받았음에도 불구하고 검사가 교사범 갑을 단순위증죄가 아니라 모해위증죄로 기소한 이유는 무엇인가?

** Q 5 [관련 판례 1]은 소극적 신분에 관한 사안이다. 소극적 신분이란 무엇이고, 이를 형법 제33조에서 말하는 '신분관계'에 포함시킬 수 있는지에 대해 찬성, 반대의 입장을 선택하여 그 논거를 제시하시오.

** Q 6 변호사법 제109조 제2호, 제34조 제4항은 변호사 아닌 자가 변호사를 고용하여 법률사무소를 개설·운영하는 행위를 처벌하도록 규정하고 있다. 그런데 변호사 甲이 이러한 행위를 하여 변호사법을 위반하는 자인 乙에게 고용되어 함께 업무를 처리한 경우에 변호사 甲을 변호사법 위반으로 처벌할 수 있는가? (대판 2004.10.28, 2004도3994 참조)

[도입 판례]의 사안에서는 정범인 乙의 죄책과 관련하여, 乙이 A의 형사재판에서 허위의 사실을 진술한 행위에 대해서는 위증죄의 성립이 문제된다. 그리고 甲의 죄책과 관련하여, 甲이 A에 대한 모해의 목적을 가지고 乙에게 위증을 교사한 행위에 대해서 모해위증죄의 교사범을 인정해야 하는지, 아니면 단순위증죄의 교사범을 인정해야 하는지가 문제된다. 무엇보다 모해의 '목적'을 신분으로 볼 수 있는가와 만약 그것이 인정될 경우 부진정신분범인 甲이 乙에게 가담한 행위에 대하여 형법 제33조 단서가 적용될 것인지가 문제된다. [관련 판례 1]의 사안에서는 치과기공사의 무면허 의료행위에 대한 병원장의 교사행위가 문제된다. 병원장인 자신은 의사로서 면허를 가지고 있으므로 소극적 신분자로서 치과기공사의 무면허의료행위에 대해 범죄가 성립할 수 있는지 여부가 문제된다.

공범과 신분의 문제란 형법상 행위자의 일정한 신분이 범죄의 성립, 과형 및 양형에 대하여 영향을 미칠 수 있는 데, 이러한 범죄에서 신분자와 비신분자가 함께 관여하여 행위를 하는 경우에 각자를 어떻게 다룰 것인가의 문제를 말한다. 이에 관하여 형법 제33조는 "신분관계로 인하여 성립될 범죄에 가공한 행위는 신분관계가 없는 자에게도 전3조(공동정범 교사범 종범)의 규정을 적용한다. 다만 신분관계로 인하여 형의 경중이 있는 경우에는 중한 형으로 벌하지 아니한다."고 규정하고 있다. 그러나 이 규정의 해석에 관하여는 학설의 대립이 있을 뿐만 아니라 이 규정만으로 공범과 신분에 관한 모든 문제가 해결되는 것도 아니다. 즉 형법은 비신분자가 신분범에 가공한 경우만을 규정하고 있을 뿐이며, 신분자가 비신분자에게 가공한 경우까지 규정한 것은 아니다. 따라서 공범과 신분에 관한 근본적인 이론적 고찰이 필요하다.

일반적으로 일정한 신분을 가지 자만이 행위의 주체가 될 수 있는 범죄를 신분범이라 한다. 신분범에 있어 **신분**이란 남여의 성별, 내·외국인의 구별, 친족관계, 공무원인 자격과 같은 관계에만 한정하지 않고 모든 일정한 범죄행위에 관한 범인의 인적 관계인 특수한 지위 또는 상태를 말한다(통설/판례). 이러한 신분 개념의 정의와 관련하여 [도입 판례]가 통설과 마찬가지로 "널리 일정한 범죄행위에 관련된 범인의 인적 관계인 특수한 지위 또는 상태"까지도 형법 제33조의 신분관계의 내용에 포함시키고 있다는 점이다. 이는 독일형법 제28조가 규정하는 "**특수한 인적 표지**"의 해석에 나타난 신분 개념을 대법원이 수용한 결과이다. 여기의 신분에는 성별·연령·친족관계와 같이 사람의 정신적·육체적 또는 법적 본질요소가 되는 **특별한 인적 성질**, 공무원, 군인, 의사, 횡령죄에 있어서 타인의 재물을 보관하는 자, 배임죄에 있어서 타인의 사무를 처리하는 자 등과 같이 사람의 사회에서의 지위를 뜻하는 **특별한 인적 관계** 및 영업범, 상습범, 누범자 등과 같이 계속성이 있은 경우와 범행동기나 심정 등 행위자의 심리적 표지와 같이 일시적, 잠정적 사정까지 포함하는 **특별한 인적 상태**가 있다. 이러한 신분은 반드시 계속성을 가질 것을 요하지 않는다. 그러나 신분에 해당하는 특수한 인적 표지는 행위자에 관련된 표지임을 요하고, 행위에 관련된 표지는 신분의 개념에 포함되지 아니한다. 따라서 주관적 불법요소인 고의·목적·불법영득의 의사는 여기의 신분에 포함되지 않는다. 이러한 요소에 대해서는 당연히 공범의 종속성이 적용된다. 그렇다면 [도입 판례]의 사안에서 모해위증죄에 형가중요소로서 규정된 "모해할 목적"이라는 표지는 신분관계에 해당하는지가 의문이다. 이에 대해여 부정설과 긍정설의 견해가 대립되고 있다.

부정설은 위증죄에서 모해할 목적은 범인의 내면에 내재되어 있는 특별한 주관적 동기가 아니라 피고인 등에게 불이익을 끼칠 목적으로 초과주관적 불법요소이며 이로 인해서 불법이 가중되는 행위관련적 인적 표지이므로 신분의 개념에 포함될 수 없다는 견해이다(통설). 이에 따르면 [도입 판례]의 사안에서 甲은 (부진정)신분범이 아니므로 형법 제33조 단서가 적용되는 것이 아니라 제31조 제1항의 공범종속성의 원칙에 따라 단순위증죄로 처벌하여야 한다. 반면에 **긍정설**은 영리의 목적·행사의 목적과 같은 주관적 불법요소도 제33조 본문과 단서의 신분 개념에 포함된다거나, 모해위증죄에서의 모해의 목적은 개별행위자가 행위시에 가지는 고유한 심정적 위험성을 나타내는 것이지 위증행위에 의해서 야기되는 사법기능훼손을 증가시키는 요소로 볼 수 없을 뿐만 아니라 범죄구성적 요소로서의 목적을 요구하는 소위 목적범과는 달리 형벌가중적 요소로서 행위자관련적 인적 표지로 파악해야 한다는 견해이다. **판례**도 **긍정설의 입장**을 따르고 있다. 즉 [도입 판례]에서 대법원은 모해위증죄에 형가중요소로서 규정된 '모해할 목적'이라는 비계속적인 주관요소를 신분으로서 파악하여 형법 제33조 단서를 적용하여 실제로 위증한 乙에게는 단순위증죄의 정범, 甲에게는 모해위증죄의 교사범을 인정하였다. 생각건대, 목적범에서 목적은 행위자와 관련된 특수한 지위와 상태를 의미한다기보다는 행위결과를 지향하는 고의에 해당하는 것으로 행위관련적 인적 표지로 보아야 한다. 행위관련적 인적 표지는 신분이 될 수 없으므로 부정설이 타당하다고 본다. 따라서 [도입 판례]의 사안에서 甲은 단순위증죄의 교사범이 된다.

그러나 이와 달리 판례와 같이 긍정설의 입장을 취하여 "모해의 목적"을 신분으로 본다면 신분범 甲이 비신분자 乙의 범죄에 가공한 경우가 되어 제33조의 적용여부가 문제된다. 이에 대하여 진정신분범이 비신분자의 범죄에 가공한 경우에는 제33조 본문의 적용은 없고 간접정범이 성립하게 된다(통설). 그러나 부진정신분범이 비신분자에게 가공한 경우에는 제33조 단서가 적용되는가에 대해서는 적용긍정설과 적용부정설의 견해가 대립한다. **적용긍정설**은 책임개별화의 원칙에 의하여 단서는 본문과 다르게 이 경우도 적용된다고 한다. 따라서 [도입 판례]의 사안에서 甲은 모해위증죄의 교사범이 된다. 반면에 **적용부정설**은 제33조 단서는 공범독립성설에 기초한 책임개별화의 원칙을 선언한 것이라 할 수 없으며, 신분자가 비신분자의 범행에 가공한 경우를 포함하지 않기 때문에 공범과 정범에 관한 일반원칙, 즉 공범종속성의 원칙에 의하여 해결하여야 한다는 견해이다. 따라서 [도입 판례]의 사안에서 甲은 단순위증죄의 교사범이 된다. **판례**는 "신분관계로 인하여 형의 경중이 있는 경우에 신분이 있는 자가 신분이 없는 자를 교사하여 죄를 범하게 한 때에는 형법 제33조 단서가 형법 제31조 제1항에 우선하여 적용됨으로써 신분이 있는 교사범이 신분이 없는 정범보다 중하게 처벌된다."고 하여 **적용긍정설의 입장**을 취하고 있다. 생각건대, 적용부정설은 공범종속성설의 입장에 서더라도 정범에게 책임이 있어야 공범성립이 가능한 극단적 종속형식을 적용한 결과이고 제한적 종속형식과는 맞지 않으므로 적용긍정설이 타당하다고 본다. 따라서 [도입 판례]의 사안에서 모해의 목적을 부진정신분으로 본다면 甲의 위증교사행위에 대해서는 제33조 단서가 적용되어 甲은 모해위증죄의 교사범으로서의 죄책을 진다.

한편, 신분은 전통적 분류방법에 의하면 그것이 범죄에 미치는 영향에 따라 신분이 해당범죄를 비로소 구성하는 구성요건(구성적 신분), 형벌을 가감시키는 구성요건(가감적 신분), 형벌을 조각시키는 구성요건(소극적 신분) 등으로 분류된다. 우선, **구성적 신분**이란 일정한 신분이 있어야 비로소 범죄가 성립되는 경우의 신분을 말한다. 이러한 구성적 신분의 존재를 성립요건으로 하는 범죄를 **진정신분범**이라고 한다. 수뢰죄(제129조)에서의 공무원, 위증죄(제152조)에서의 선서한 증인, 횡령 및 배임죄(제355조)에서의 재물을 보관하는 자와 타인의 사무를 처리한 자가 각각 진정신분범 및 구성적 신분에 해당한다. 다음으로, **가감적 신분**이란 신분이 없어도 범죄는 성립하지만 그 신분이 있으면 형벌이 가중 또는 감경되는 경우의 신분을 말한다. 이러한 가감적 신분이 규정된 범죄를 **부진정신분범**이라고 한다. **가중적 신분**으로는 존속살해죄(제250조 제2항)에서의 직계비속, 업무상횡령죄(제356조)에서의 업무상 지위자가 이에 속하고, **감경적 신분**으로는 영아살해죄(제251조)에서의 직계존속이 이에 해당한다. 마지막으로, **소극적 신분**이란 행위자에게 일정한 신분이 있으면 범죄성립 또는 형벌이 조각되는 경우의 신분을 말한다. 이에는 일반인에게 금지된 행위를 특정신분자에게 허용하는 경우, 예컨대 의료행위에 있어서의 의사의 신분과 같은 위법조각적 신분, 형사미성년자(제14조)와 같은 책임조각적 신분, 친족상도례(제328조)에 있어서의 친족의 신분과 같은 형벌조각적 신분이 해당된다. [관련 판례 1]의 사안은 소극적 신분의 사례를 보여주고 있다. 병원장인 자신은 의사로서 면허를 가지고 있으므로 소극적 신분자(위법조각적 신분자)로서 치과기공사의 무면허의료행위에 대해 범죄가 성립할 수 있는지가 문제되기 때문이다. 우선 [관련 판례 1]의 사안과는 반대로 위법조각적 신분자의 행위에 비신분자가 가공한 경우(예컨대 간호사가 의사에게 의료행위를 종용하여 의사로 하여금 의료행위를 한 경우)에는 통설인 제한적 종속성설에 따라 신분자의 적법행위에 비신분자가 관여한 것이 되어 범죄가 성립하지 않는 것이 명백하다. 그러나 [관련 판례 1]의 사안과 같이 위법조각적 신분자가 비신분자에 가공한 경우에는 견해가 대립한다. 판례는 [도입 판례]에서 "치과의사가 환자의 대량유치를 위해 치과기공사들에게 내원환자들에게 진료행위를 하도록 지시하여 동인들이 각 단독으로 전항과 같은 진료행위를 하였다면 무면허의료행위의 교사범에 해당한다."고 판시한 바와 같이 공범의 성립을 긍정한다. 반면에 형법 제33조 본문은 진정신분범에 비신분자가 가담하는 경우에만 적용되는 것이기 때문에 비신분자의 행위에 신분자가 가담하는 경우에는 적용될 수 없다는 견해가 있다.

생각건대, [관련 판례 1]의 사안에서 정범인 치과기공사에게 무면허의료행위에 대한 의료법위반죄가 성립하기 때문에 이를 알면서 적극적으로 개입한 위법조각적 신분자인 의사에게도 제33조 본문의 취지, 즉 범죄구성적신분이 없는 자에게도 공범이 성립된다는 취에 비추어 공범의 성립을 긍정하는 것이 타당하다고 본다. 법이 적법하게 활동할 것을 조건으로 인정한 위법조각적 신분을 범죄실현에 남용하였음에도 불구하고 처벌로부터 면제해 주는 것은 부당하기 때문이다. 이 경우에 교사범과 종범은 물론이고 제33조 본문을 뒤집어 해석하면 공동정범도 인정될 수 있다. 따라서 [관련 판례 1]의 사안에서 대법원이 의사를 무면허의료행위의 교사범으로 처벌한 것은 타당하다.

참고문헌

이정원, "모해목적으로 단순위증을 교사한 자의 형사책임", 한일형사법의 과제와 전망, 2000, 67면 이하.

천진호, "'공범과 신분' 규정에 대한 입법론적 검토", 형사법연구 제22호, 2004, 293-316면.

2. 제33조 본문과 단서의 관계

[도입 판례]

대법원 1997.12.26. 선고 97도2609 판결【특정범죄가중처벌등에관한법률위반(뇌물), 특정경제범죄가중처벌등에관한법률위반(사기·횡령·증재 등·알선수재), 사기, 제3자뇌물취득, 제3자뇌물교부, 뇌물공여, 상호신용금고법위반(일부 인정된 죄명 : 배임), 부정수표단속법위반】

사실관계

상호 신용금고의 임원으로 재직하고 있던 甲은 임원이 아닌 乙과 공모하여 재정상태가 극히 불량한 乙에게 부정대출을 해주어 업무상배임행위(상호신용금고법 제39조 제1항 제2호 위반)를 하였다.

판결요지

상호신용금고법 제39조 제1항 제2호 위반죄는 상호신용금고의 발기인·임원·관리인·청산인·지배인 기타 상호신용금고의 영업에 관한 어느 종류 또는 특정한 사항의 위임을 받은 사용인이 그 업무에 위배하여 배임행위를 한 때에 성립하는 것으로서, 이는 위와 같은 지위에 있는 자의 배임행위에 대한 형법상의 배임 내지 업무상배임죄의 가중규정이고, 따라서 형법 제355조 제2항의 배임죄와의 관계에서는 신분관계로 인하여 형의 경중이 있는 경우라고 할 것이다. 그리고 위와 같은 신분관계가 없는 자가 그러한 신분관계에 있는 자와 공모하여 위 상호신용금고법위반죄를 저질렀다면, 그러한 신분관계가 없는 자에 대하여는 형법 제33조 단서에 의하여 형법 제355조 제2항에 따라 처단하여야 할 것인바, 그러한 경우에는 신분관계가 없는 자에게도 일단 업무상배임으로 인한 상호신용금고법 제39조 제1항 제2호 위반죄가 성립한 다음 형법 제33조 단서에 의하여 중한 형이 아닌 형법 제355조 제2항에 정한 형으로 처벌되는 것이다.

[관련 판례 1]

대법원 1961.8.2. 선고 4294형상248 판결

처가 실자(實子)와 더불어 그 남편을 살해할 것을 공모하고 子로 하여금 남편을 자빠뜨리고 양수(兩手)로 두부(頭部)를 강압하게 한 후 양수로 남편의 생식기 부분을 잡아 다녀서 질식사에 이르게 한 경우에 그 처와 실자를 존속살인범행의 공동정범으로 인정한 것은 적법하다.

판례의 검토

* Q 1	[도입 판례]의 상호신용금고법위반죄와 관련하여 진정신분범과 부진정신분범의 요소를 분석해 보시오.
* Q 2	형법 제33조 본문과 단서의 관계의 해석에 관하여 여러 학설이 제시되고 있다. 각각의 학설의 내용을 설명하고 문제점을 제시해 보시오.
** Q 3	[도입 판례]와 [관련 판례 1]의 사안에 대해 앞서 제시한 학설을 적용하여 결론을 도출해 보시오.
** Q 4	[관련 판례 1]의 입장에 따르면, 영아살해죄에 직계존속이 아닌 자가 가담한 경우에 비존속에게도 제33조 본문에 의해 영아살해죄의 공범이 성립하나 영아살해죄는 부진정신분범이기 때문에 단서에 의해 형벌만 개별화되므로 각자 자신의 신분에 따라 처벌된다고 한다. 즉 비존속은 영아살해죄의 공범이 성립하나, 단순살인죄의 공범으로 처벌받는다. 결국 비존속은 자신에게 성립한 영아살해죄보다 훨씬 무거운 법정형으로 처벌받는 결과가 되는데, 이는 모순이 아닌가 하는 비판이 제기될 수 있다. 이러한 비판은 타당한가?

[도입 판례]의 사안에서는 상호신용금고의 임원인 甲과 임원이 아

닌 乙이 공모하여 상호신용금고법 제39조 제1항 제2호 위반죄(형법상 업무상배임죄의 가중규정)를 범하고 있다. 상호신용금고법위반죄는 '타인의 사무처리자'라는 신분과 '업무자'라는 신분 및 '신용금고임원'이라는 신분의 3중의 신분을 요하는 범죄이다. 이 중 '타인의 사무처리자'라는 신분은 **구성적 신분**이고, '업무자'라는 신분 및 '신용금고임원' 이라는 신분은 **가중적 신분**이다. 甲의 이러한 신분범에 아무런 신분이 없는 乙이 가담한 경우 甲이 자신의 신분에 따라 상호신용금고법위반죄가 성립하고 동죄의 형으로 처벌된다는 점은 의문이 없다. 그러나 신분범인 상호신용금고법위반죄에 비신문자가 공동정범으로 가담한 경우에 비신분자인 乙에게 어떤 범죄가 성립하고 어떻게 처벌되는가가 문제된다. 마찬가지로 [관련 판례 1]의 사안에서도 자에 대해서는 존속살해죄가 성립함에는 의문이 없으나, 이에 가담한 처를 존속살해죄의 공동정범으로 볼 것인지, 아니면 보통살인죄의 공동정범으로 볼 것인지가 문제된다. 이는 공범과 신분에 관한 제33조의 본문과 단서의 관계를 어떻게 해석하는가에 따라 달라질 수 있다. 제33조의 본문과 단서의 관계의 해석에 대해서는 다음과 같은 견해대립이 있다.

우선, 제33조 본문은 진정신분범에 관한 규정이고, 단서는 부진정신분범에 관한 규정으로 보는 **진정신분범 · 부진정신분범설(종속적신분 · 비종속적 신분구별설; 다수설)**이 있다. 즉 **본문은 진정신분범에 가공한 비신분자에게도 "신분의 연대적 작용"을 규정**한 것이며, **단서는 부진정신분범의 성립과 그 과형에 있어 "책임의 개별화"를 선언한 것**이라고 본다. 이 견해에 따르면 예컨대 진정신분범에 해당하는 수뢰죄에 가담한 비신분자(공무원이 아닌 자)에 대해서는 본문규정에 따라 수뢰죄의 공동성립이 인정되고 수뢰죄의 법정형에 따라 처벌된다. 반면에 [관련 판례 1]의 사안과 같이 부진정신분범인 **존속살해죄**(가중적 신분범)이나 **양아살해죄**(감경적 신분범)**에 가담한 비신

분자(피해자와 직계존·비속관계에 있지 않은 자)에 대해서는 단서가 적용되어 통상의 범죄인 **보통살인죄의 공범이 "성립"하고 처벌도 보통살인죄의 법정형에 따라 처벌**한다. 마찬가지로 [도입 판례]의 사안에서는 제33조 본문에 의해 구성적 신분인 '타인의 사무처리자'라는 신분은 신분 없는 乙에게도 연대적으로 적용되면서 한편으로 단서에 의해 가중적 신분인 '업무자'라는 신분 및 '신용금고임원'이라는 신분은 개별적으로 작용하므로, 결국 **乙에게는 단순배임죄(제335조 제2항)의 공동정범이 성립하여 그 형으로 처벌**된다.

다음으로, 제33조 본문은 진정, 부진정을 막론한 신분범 일반에 대한 공범성립의 규정이고, 단서는 부진정신분범에 관한 과형문제만을 규정한 것으로 보는 **본문·단서설(신분의 종속·과형의 개별화설; 소수설)**이 있다. **판례**도 [도입 판례]와 [관련 판례 1]에서 나타나듯이 이 견해를 따르고 있다. 이 견해는 진정신분범이건 부진정신분범이건 구별 없이 신분범에 가담한 비신분자에게 공범성립이 인정되기 때문에 **본문은** 구성적 신분이건 가감적 신분이건 불문하고 **신분의 종속성을 선언한 것**이고, 부진정신분범에 가담한 비신분자에게는 신분의 효과를 미치지 않도록 하기 위해 **단서가 과형의 개별화 원칙을 선언한 것**이라고 한다. 이 견해에 따르면 진정신분범에 해당하는 수뢰죄에 가담한 비신분자(공무원이 아닌 자)나 [관련 판례 1]의 사안과 같이 부진정신분범인 존속살해죄에 가담한 비신분자(피해자와 직계존·비속관계에 있지 않은 자)에 대해서도 일단 본문이 적용되어 수뢰죄의 공범 또는 **존속살해죄의 공범이 성립**한다. 반면에 부진정신분범인 가중적 신분범(존속살해죄)에 가담한 비신분자의 처벌에 관한 한 단서가 적용되어 비신분자는 신분범죄가 아닌, 즉 통상의 범죄인 **보통살인죄의 법정형에 따라 처벌**된다. 더 나아가 부진정신분범인 감경적 신분범(영아살해죄)에 가담한 **비신분자에게도 영아살해죄가 성립**하고 제33조 단서가 적용되어 **영아살해죄의 법정형으로**

처벌된다. 마찬가지로 [도입 판례]의 사안에서도 타인의 사무처리자라는 신분은 물론 업무자라는 신분 및 신용금고임원이라는 신분도 분문에 의해 신분 없는 乙에게 연대작용을 하므로 **乙에게도 상호신용금고법위반죄의 공동정범이 성립**한다. 그러나 단서에 의해 업무자라는 신분 및 신용금고임원이라는 신분에 의한 가중된 형은 신분 없는 乙에게는 적용될 수 없게 되므로 **과형만은 단순배임죄의 형으로 처벌**된다. [도입 판례]에서 대법원이 "신분관계가 없는 자에게도 일단 업무상배임으로 인한 상호신용금고법 제39조 제1항 제2호 위반죄가 성립한 다음 형법 제33조 단서에 의하여 중한 형이 아닌 형법 제355조 제2항에 정한 형으로 처벌되는 것이다."고 판시한 것은 바로 이를 의미하는 것이다.

마지막으로, 신분에 대해 실질적 분류방법을 취하는 입장으로 본문은 위법신분에 관한 연대적 규정이고, 단서는 책임신분에 관한 개별화 규정으로 보는 **위법신분 · 책임신분 구별설**이 있다. 이 견해는 "위법은 연대적으로, 책임은 개별적으로" 작용한다는 제한적 종속형식의 원리를 그 논거로 한다. 이 견해에 따르면 신분범죄에 비신분자가 가담한 경우 비신분자의 공범성립 및 처벌문제는 당해 신분범죄의 신분이 위법신분인가 책임신분인가에 따라 결론이 달라진다. 당해 **신분이 위법신분이라면(가감적 위법신분을 포함) 그 신분이 비신분자에게 연대하여 종속하므로 비신분자에게 대해서는 신분범죄에 대한 공범성립이 인정되고 처벌도 신분범죄의 법정형에 의거**한다. 그러나 당해 신분이 책임신분이라면 그 신분이 비신분자에게 종속하지 않으므로 비신분자에 대해서는 신분범죄의 공범성립이 인정되지 않고 통상의 범죄에 대한 공범성립이 인정되고 처벌도 통상의 범죄의 법정형에 의거하게 된다. 따라서 [관련 판례 1]의 사안과 같이 직계비속이라는 책임신분에 비신분자가 가담한 경우에는 책임신분이 비신분자에게 종속하지 않으므로 비신분자인 처에 대해서는 보통살인죄의 공동정범이 성립하고 처벌도 보통살인죄의 법정형에 따라 처벌한다. 그리고 [도입 판례]의 사안에서는 위법신분인 '타인의 사무처리자'라는 신분과 가중적 신분인 '업무자'라는 신분 및 '신용금고임원'이라는 신분이 중첩되지만 위법신분에 가감적 위법신분이 포함되므로 이에 가담한 비신분자는 그 신분이 비신분자인 을에게 연대하여 종속하므로 乙에 대해서는 **상호신용금고법위반죄의 공동정범이 성립하고 처벌도 상호신용금고법위반죄의 법정형에 의거하여 처벌**한다.

이와 같은 형법 제33조의 본문과 단서의 관계의 해석에 관한 논의가 "형법 제33조의 해석상 어느 견해를 취하든 진정신분범이나 부진정신분범에 가담한 공범의 법정형은 동일하고, 다만 그 과정이 다를 뿐이다"고 하면서 학설대립의 실익이 없다는 견해가 있다. 그러나 학설에 따라 확정되는 죄명이 다를 경우 일반사면의 대상 여부와 공소시효의 기산점에 차이가 있고, 또 부진정신분범 중 감경적 신분범에 가담한 공범을 어느 법정형에 따라 처벌할 것인가에 대해서도 견해의 대립이 있다. 더 나아가 신분자가 비신분자의 범죄에 가담한 경우 및 소극적 신분의 경우에도 형법 제33조를 적용할 수 있다는 견해가 있음을 고려하면, 형법 제33조의 규정은 공범과 신분의 문제에 대해 매우 중요한 해결원리를 제공해주고 있기 때문에 이 규정에 관한 해석을 둘러싼 논의는 의미가 크다고 본다.

생각건대, **본문 · 단서설**(소수설과 판례)은 책임신분의 경우에도 비신분자에게 일단 신분범의 성립을 인정하나, 이는 책임에 있어서까지 공범의 종속성을 인정하는 것으로 제한적 종속형실에 배치된다는 문제가 있다. **위법신분 · 책임신분 구별설**은 가감적 신분에서 위법신분과 책임신분의 구별기준이 명확하지 않다는 점, [도입 판례]의 사안과 같이 위법신분이면서 가중적 신분을 지닌 정범에게 가공한 비신분자에게 대하여 제33조 본문을 적용하여 가중적 범죄의 공범으로 처벌하는 것은 형의 경중이 있을 경우에 비신분자를 중한 형으로 처벌해서는 안 된다는 단서규정에 정면으로 배치된다는 문제점이 있다. 따라서 **본문은 구성적 신분, 즉 진정신분범에 대한 규정**이고, **단서는 그것이 위법신분이든 책임신분이든 불문하고 가감적 신분을 요소로 하는 부진정신분범에 대한 규정**으로 보는 **다수설이 타당**하다고 본다. 제33조의 본문은 "신분관계로 인하여 성립될 범죄"라고 규정하고 있는데 부진정신분범은 신분관계로 인하여 범죄가 성립되는 경우가 아니므로 이 본문을 부진정신분범의 가감적 신분까지 포함하는 것으로 볼 수 없으며, 나아가 가감적 위법신분도 부진정신분범의 요소이기 때문에 형법 제33조 단서가 적용되는 것이 실정법에 상응하는 것이기 때문이다.

〈제33조 본문과 단서의 관계〉

	본 문	단 서	예) 존속살해에 가담한 비신분자
통설	진정신분범의 공범 성립과 과형의 근거	부진정신분범의 공범 성립과 과형의 근거	신분자는 존속살해, 비신분자는 보통살인죄로 각각 처벌
판례	진정·부진정신분범의 공범성립근거	부진정신분범의 과형 근거	신분자, 비신분자 모두 존속 살해죄 성립. 다만 비신분자는 보통살인죄의 형으로 처벌

참고문헌

한상훈, "신분범과 공범", 형사법연구 제19호, 2003, 273-296면.

죄수론

제8장

[§ 11] 일죄, 수죄

Ⅰ. 상상적 경합과 실체적 경합

[도입 판례]

대법원 1991.12.10. 선고 91도2642 판결【업무상과실치사】

사실관계

피고인 甲은 제주시 이도1동 1706의 14에 소재한 세기건설주식회사가 상시 근로자 20명을 사용하여 건설업을 행하는 국도 12호선 확장공사의 현장소장으로서 시공 및 안전관리 업무를 총괄하는 자이다. 甲은 지반의 붕괴 및 토석의 낙하 등에 의하여 근로자에게 위험을 미칠 우려가 있는 때에는 그 위험을 방지하기 위하여 지반을 안전한 경사로 하고 낙하의 위험이 있는 토석을 제거하거나 옹벽 및 흙막이 지보공 등을 설치하여야 함에도, 1990.11.2. 14:35경 동 공사장에서 이미 매설한 하수관의 파손상태 여부를 확인하기 위하여 굴착작업을 한 후, 근로자 김임문으로 하여금 굴착장소에서 하수관의 파손상태 여부를 확인케 하던 중 지반의 붕괴로 협착 사망케 하는 등 이에 대한 방지조치를 취하지 아니함으로써, 산업안전보건법 제23조 제3항의 규정에 위반하였다는 사유로 벌금 1,000,000원에 처하는 약식명령을 고지받고 그 약식명령이 확정되었으나, 다시 업무상과실치사죄로 공소제기되었다.

판결요지

도로공사의 현장소장은 지반의 붕괴 등에 의하여 근로자에게 위험을 미칠 우려가 있는 때에는 그 위험을 방지하기 위하여 지반을 안전한 경사로 하고 낙하의 위험이 있는 토석을 제거하거나 옹벽 및 흙막이 지보공 등을 설치하여야 함에도, 이러한 위험방지조치를 취하지 아니함으로써 산업안전보건법 제23조 제3항의 규정에 위반하였다는 범죄사실과 위와 같은 위험을 방지하기 위하여 필요한 조치를 취하지 아니한 업무상과실로 인하여 위 근로자를 사망에 이르게 하였다는 범죄사실에 있어서, 위의 산업안전보건법상의 위험방지조치의무와 업무상주의의무가 일치하고 이는 1개의 행위가 2개의 업무상과실치사죄와 산업안전보건법위반죄에 해당하는 경우이다. 따라서 형이 더 중한 업무상과실치사죄에 정한 형으로 처벌받았어야 할 것이지만, 산업안전보건법위반죄로 벌금의 약식명령을 받고 확정된 후, 다시 업무상과실치사죄로 공소제기되었다면, 이미 산업안전보건법위반죄로 처벌을 받았으니, 후에 공소제기된 사건은 형사소송법 제326조 제1호 소정의 "확정판결이 있은 때"에 해당하므로 면소의 선고를 하여야 한다.

[관련 판례 1]

대법원 1995.7.28. 선고 95도997 판결【주거침입, 절도, 신용카드업법위반】

피해자 명의의 신용카드를 부정사용하여 현금자동인출기에서 현금을 인출하고 그 현금을 취득까지 한 행위는 신용카드업법 제25조 제1항의 부정사용죄에 해당할 뿐 아니라 그 현금을 취득함으로써 현금자동인출기 관리자의 의사에 반하여 그의 지배를 배제하고 그 현금을 자기의 지배하에 옮겨 놓는 것이 되므로 별도로 절도죄를 구성하고, 위 양 죄의 관계는 그 보호법익이나 행위태양이 전혀 달라 실체적 경합관계에 있는 것으로 보아야 한다.

[관련 판례 2]

대법원 1993.5.11. 선고 93도49 판결【특정범죄가중처벌에등에관한법률위반(도주차량), 도로교통법위반】

차의 운전자가 업무상 주의의무를 게을리하여 사람을 상해에 이르게 함과 아울러 물건을 손괴하고도 피해자를 구호하는 등 도로교통법 제50조 제1항의 규정에 의한 조치를 취하지 아니한 채 도주한 때에는, 같은 법 제113조 제1호 소정의 제44조 위반죄와 같은 법 제106조 소정의 죄 및 특정범죄가중처벌등에관한법률위반죄가 모두 성립하고, 이 경우 특정범죄가중처벌등에관한법률위반죄와 물건손괴 후 필요한 조치를 취하지 아니함으로 인한 도로교통법 제106조 소정의 죄는 1개의 행위가 수개의 죄에 해당하는 상상적 경합범의 관계에 있고, 위의 2개의 죄와 같은 법 제113조 제1호 소정의 제44조 위반죄는 주체나 행위 등 구성요건이 다른 별개의 범죄이므로 실체적 경합범의 관계에 있다.

판례의 검토

* Q 1 | 실질적 일죄인가 수죄인가에 대한 구별기준은 무엇인가?

* Q 2 | 법조경합과 상상적 경합의 차이점은 무엇인가?

** Q 3 | [도입 판례]의 태도와 달리 산업안전보건법상의 위범방지조치의무위반죄와 형법상 업무상과실치사죄를 법조경합으로 파악하여 업무상과실치사죄만을 인정할 수 있다면 그 논거는 무엇인가?

** Q 4 | [관련 판례 1]에서 신용카드를 사용하여 현금자동인출기에서 현금서비스를 받은 행위가 형법사의 절도죄를 구성하는가에 대해서는 견해가

대립하고 있지만, 판례와 같이 절도죄의 성립을 인정할 경우에도 양죄의 죄수관계에 대해 다시 신용카드법상의 부정사용죄와 상상적 경합이 된다는 견해와 실체적 경합이 된다는 견해로 나뉜다. 두 견해의 논거를 제시하고 자신의 견해를 밝히시오.

** Q 5 [관련 판례 2]에서는 도로교통법 제106조 위반죄(동법 제50조 제1항 위반죄: 사고발생 후 조치의무위반행위), 특가법 제5조의3 위반죄(도주차량운전자의 가중처벌), 도로교통법 제113조 제1호 위반죄(동법 제44조 위반죄: 안전운전의 의무위반행위)의 죄수관계가 문제되고 있다. 이 사안에 대한 원심과 대법원의 판단이 어떻게 다른 가를 설명하고, 각각의 논거가 타당한지를 검토하시오.

[도입 판례]에서는 산업안전보건법상의 위험방지조치의무위반죄(동법 제67조 제1호: 제23조 제3항 위반)를 범하여 형법상 업무상과실치사죄(형법 제268조)를 범한 경우에 고 양죄의 상상적 경합을 인정하였다. [관련 판례 1]에서는 타인의 신용카드를 절취하여 이를 다시 현금자동인출기에서 현금서비스를 받은 경우에 첫 번째 절취행위를 절도죄로 보는 것은 물론 타인의 신용카드로 현금서비스를 받은 행위를 절도죄와 신용카드업법(현행 여신전문금융업법) 제25조 제1항의 부정사용죄의 실체적 경합으로 인정하였다. 그리고 [관련 판례 2]에서는 차의 운전자가 업무상 주의의무를 게을리 하여 사람을 상해에 이르게 함과 아울러 물건을 손괴하고도 피해자를 구호하지 않고 도주한 경우에 도로교통법 제106조 위반죄(동법 제50조 제1항 위반죄: 사고발생 후 조치의무위반죄; 현행 도로교통법 제151조: 동법 제54조 제1항) 중 물건손괴 후 미조치행위와 특가법 제5조의3(도주차량운전자의 가중처벌)은 상상적 경합관계이며, 이 2개의 죄와 도로교통법 제113조 제1호 위반죄(동법 제44조 위반죄: 안전운전의 의무위반죄; 현행 도로교통법 제156조 제1호: 동법 제48조)는 실체

적 경합관계를 인정하였다. [도입 판례]와 [관련 판례 1, 2]에서 대법원이 인정한 죄수 판단, 즉 일죄인지 수죄인지, 수죄라면 상상적 경합(과형상 일죄)인지 실체적 경합관계인지의 여부에 대한 판단이 어떠한 근거에서 타당한지 살펴볼 필요가 있다.

범죄행위가 1개인가 또는 수개인가, 또는 일죄라고 하더라도 그것이 이론상 당연히 일죄(단순일죄와 포괄일죄)인가 아니면 과형상 일죄(상상적 경합)인가라는 문제를 다루는 영역을 **죄수론**이라고 한다. 죄수론은 죄수에 따라 법적 처리가 달라지며(제37조 내지 제40조) 실체법적으로는 경합론의 출발이라는 점에서, 더 나아가 소송법적으로는 공소시효와 범위 및 기판력의 범위를 결정한다는 데에 중요한 의미를 갖는다. 예컨대 과형상 일죄(상상적 경합)의 경우에는 가장 중한 죄에 정한 법정형(흡수주의)으로 공소시효를 결정할 것인가 아니면 상상적 경합은 실질적으로 수죄이므로 각 죄에 대해서 개별적으로 공소시효를 결정한 것인가는 죄수를 어떻게 이해하는가에 달려 있는 문제이다. 그런데 어떤 기준에 의해 죄수를 결정할 것인가에 대해서는 견해가 대립되고 있다.

우선, **행위표준설**은 범죄의 본질을 행위에 있다고 보는 객관주의 범죄론의 입장에서 행위를 표준으로 하여 행위가 1개인가 수개인가에 따라 그 죄수를 결정하려는 견해이다. 이에 따르면 현행 형법이 인정하고 있는 상상적 경합은 1개의 행위에 의한 것이므로 당연히 일죄로 된다. 반면에 실체적 경합범은 물론이고 연속범, 접속범, 결합범 등은 행위가 수개이므로 수죄가 된다. **판례**는 미성년자 의제강간죄 또는 미성년자 의제강제추행죄(대판 1982.12.14, 82도2442), 혼인빙자간음죄(대판 1983.11.8, 83도2448), 간통죄(대판 1982.12.14, 82도2448), 협박에 의한 공갈죄(대판 1958.4.11, 4290형상360)의 경우에 각각 구성요건적 행위시마다 한 개의 죄가 성립한다고 하였다. 그러나 이 설에 대해서는 하나의 구성요건의 내용이 수개의 행위로 이루어진 결합범 내지 집합범을 설명하기 어려울 뿐만 아니라 하나의 행위로써 수개의 구성요건적 결과를 발생시킨 경우에도 이를 실체법상으로도 1개의 범죄로 인정하는 것은 범죄의 정형을 무시하는 결론이라는 비판이 제기된다.

다음으로, **사회적 · 형법적 행위표준설**은 사회적 행위론을 바탕으로 하여 형법상의 행위는 대체적으로 물리적인 개개의 동작의 연쇄로 이루어져 있고, 이 물리적 · 개별적 동작들은 사회적 의미로 볼 때 비로소 하나의 통일체를 형성하므로, 물리적 동작이 다수이더라도 단일한 결의에 의하여 계속적으로 반복해서 동일한 범죄구성요건을 실현한 것이라면 사회적 의미에서도 1개의 행위로 평가된다고 하며, 반면에 수개의 자연적 행위가 있더라도 형법상의 구성요건이 이를 법적 의미에서 단일한 것으로 볼 수 있다면 이는 사회적 · 형법적 의미에서 1개의 행위로 보아야 한다는 견해이다. 이에 따르면 결합범, 계속범의 경우에는 수개의 행위가 있다고 할지라도 사회적 · 형법적 의미에서 1개의 행위라고 평가될 수 있으므로 일죄가 된다고 한다. 그러나 이 견해에 대해서는 형법 제40조가 한 개의 행위가 수개의 죄에 해당한다고 규정한 경우를 설명하지 못한다는 비판이 있다.

셋째로, **법익표준설**은 범죄의 본질은 법익침해라 보는 객관주의 범죄론의 관점에서 침해하는 보호법익의 수에 따라 죄수를 결정하려는 견해이다. 이 설은 법익을 그 주체와의 관계에 따라 생명, 신체, 자유, 명예 등과 같은 피해자의 인격과 결부된 전속적 법익과 방화죄에서의 사회적 법익은 물론이고 개인적 법익에서는 재산죄의 재산과 같은 것을 비전속적 법익으로 나누고 전자의 경우에는 법익주체마다 1개의 범죄가 성립하고(대판 1983.4.26, 83도524), 후자의 경우에는 피해자의 수에 상응하는 범죄의 수를 인정할 수 없다고 한다. 따라서 동일 장소에서 수인을 살해한 경우에는 실체적 경합이 성립하지만(대판 1969.12.30, 69도2062), 중국음식점에 침입하여 수인의 재물을 절취한 경우(대판 1970.7.21, 70도1133)와 강도가 시간적으로 접착된 상황에서 가족을 이루는 수인에게 폭행·협박을 가하여 집안에 있는 재물을 탈취한 경우(대판 1996.7.30, 96도1285)에는 단순일죄가 성립된다. 이 설에 의하면 상상적 경합은 실질상 수죄이지만 형법이 소송상 일죄로서 취급하는 예외적인 경우로 이해된다. 그러나 이 설에 대해서는 수개의 법익침해가 1개의 범죄를 구성하는 경우를 설명하지 못하므로 법익만에 의하여 죄수를 결정할 수 없다는 비판이 제기된다.

넷째로, **의사표준설**은 범죄의 본질을 범죄의사의 표현이라고 이해하는 주관주의 범죄론의 입장에서 범죄의사의 수를 표준으로 하여 죄수를 결정하려는 견해이다. 이 설에 의하면 상상적 경합은 물론 연속범도 의사의 단일성이 인정되는 한 1개의 범죄로 된다. [판례]는 동일인으로부터 일정기간 같은 장소에서 수회에 걸쳐 뇌물을 수수한 경우(대판 1982.10.26, 81도1409; 대판 1981.3.24, 80도2382; 대판 1999.1.29, 98도3584), 금융기관 임직원이 그 직무에 관하여 여러 차례 금품을 수수한 경우(대판 2000.6.27, 2000도1155), 소유자를 달리하는 임야를 훼손한 경우(대판 1983.3.8, 83도122)에 범의가 단일하다는 이유로 포괄일죄를 인정하였다. 그러나 이 설에 대해서는 범죄의 수를 행위자의 범죄의사만에 의하여 결정하는 것은 객관적 행위와 결과를 불법의 본질요소로 포섭하는 범죄이론에 상응하지 아니하고, 하나의 범죄의사를 가졌다고 하여 다수의 구성요건적 결과가 발생한 경우에도 이를 단지 1개의 범죄로 보는 것은 부당하다는 비판이 있다.

마지막으로, **구성요건표준설**은 죄수론을 초법률적·자연적 방법으로 결정할 것이 아니라 법률적인 구성요건 충족의 문제로 해석하여 구성요건을 1회 충족하면 일죄이고 수개의 구성요건에 해당하면 수죄라는 견해이다. 이 설에 의하면 상상적 경합은 본래 수죄이지만 형법 제40조에 의하여 과형상 일죄로 취급될 뿐이다. 우리나라 [판례]에서는 구성요건표준설에 따라 죄수를 결정한 경우가 많았다. 그러나 이 견해에 대해서는 연속범 내지 접속범과 같이 행위가 여러 차례 반복하여 동일한 구성요건에 해당할 경우 일죄인가 수죄인가를 구별하기 어렵다는 비판이 제기된다.

생각건대, 범죄는 객관적 요소와 주관적 요소의 결합으로 이루어져 있으므로 법익과 범죄의사를 떠나서는 그 의미를 밝힐 수 없다. 따라서 법익이나 범죄의사의 어느 하나만으로 범죄의 수를 결정하고자 하는 법익표준설이나 의사표준설은 타당하지 않으므로 양자를 합목적적으로 고려하여야 한다. 다만 형법의 죄수는 범죄는 자연적·현실적 존재가 아니라 행위를 법적 구성요건이라는 관점에서 평가한 것이므로 기본적으로 구성요건해당성을 표준으로 결정해야 한다. 따라서 하나의 행위로도 수개의 구성요건이 침해되면 실체법상 수죄가 될 수 있고(예컨대 상상적 경합), 반면에 수개의 행위에 의해서도 하나의 구성요건이 침해되었다고 포섭된다면 일죄가 될 수 있다(예컨대 법조경합). 다만 여기의 구성요건에 포섭되는 행위가 하나인가 수개인가의 결정에는 범죄의사가 고려되어야 하고, 행위에 의해 침해되는 구성요건이 하나인가 수개인가의 결정에는 피해법익, 특히 피해법익의 주체자 수가 고려되어야 한다. 따라서 죄수 결정의 기준은 행위·결과·범죄의사·구성요건 충족 횟수 등을 종합적으로 고려하여 구체적인 경우에 따라 결정할 수밖에 없으며 법률이 규정하고 있는 법조경합, 포괄일죄, 상상적 경합, 경합범의 개별적 요건을 검토하는 각론에서 결론이 내려져야 할 것이다(**종합고려설: 다수설**).

일죄는 범죄의 수가 한 개인 것을 말하며, 단순일죄와 과형상 일죄(상상적 경합)가 있다. 단순일죄에는 법조경합과 포괄일죄가 포함되는데 이는 실질상은 수죄이지만 일죄로 처벌하는 데 불과한 과형상 일죄와 구별된다. **법조경합**이란 1개 또는 수개의 행위가 외관상으로 수개의 구성요건을 충족하였지만 그 중의 하나만이 적용되고 것은 적용에서 배제되어 실체법상 일죄를 형성하는 것으로, 외형적 경합, 부진정경합 또는 법률단일성(Gesetzeseinheit)이라고 불리어지기도 한다. 법조경합은 행위가 수개의 구성요건을 외관상 형식상 성립시킬 뿐이고 종국적으로 1개의 구성요건만이 적용된다는 점에서 상상적 경합이나 실체적 경합과 구별된다. 법조경합에는 외관상 성립되는 여러 구성요건 사이가 서로 특별관계, 보충관계 및 흡수관계에 있을 때에 인정될 수 있다. 법조경합의 경우 배제되는 법률은 적용되지 아니하며 형법적 제재의 근거로 되지 않는다. 그리고 **포괄일죄**란 수개 행위가 포괄적으로 1개의 구성요건에 해당하여 실체법상 일죄를 구성하는 경우를 말한다. 즉, 포괄일죄는 일반적으로 각기 따로 존재하는 수 개의 행위가 당해 구성요건을 한번 충족하여 본래적으로 일죄라는 것으로 이 수개의 행위가 혹은 흡수되고, 혹은 사후행위가 되고, 혹은 위법상태가 상당 정도 시간적으로 경과하는 등으로 본래적으로 일죄의 관계가 이루어지는 것을 의미한다(대판 1982.11.23, 82도2201). 수개의 행위가 하나로 포괄되더라도 그것이 수개의 구성요건을 충족하게 되면 법조경합 또는 상상적 경합(과형상 일죄)이 될 것이다(대판 1982.12.14, 82도2442). 행위가 수개임에도 불구하고 그 모두를 포괄하여 하나의 구성요건적 행위가 되는 포괄일죄에는 개별적으로도 독립된 여러 범죄(행위)가 결합하여 하나의 구성요건을 형성하는 경우인 **결합범**, 행위가 기수에 이른 이후에도 법익침해상태가 종료될 때까지 불법행위가 계속되는 것으로 평가되는 **계속범**, 수개의 행위가 동일한 기회에 시간적·장소적으로 극히 근접한 상황 하에서 행하여지는 경우인 **접속범**, 시간적·장소적으로 접속되지 않은 정도로 연속하여 행하여진 수개의 행위가 동일한 범죄에 해당하는 경우인 **연속범**, 구성요건의 내용이 동종행위가 동일한 의사에 따라 반복될 것이 당연히 예상되는 경우인 **집합범** 등이 있다. 포괄일죄는 실체법상이나 소송법상으로 일죄이다. 따라서 한 개의 형벌법규만 적용되고 공소의 효력과 판결의 기판력도 내용이 된 행위 전부에 미친다.

구성요건표준설을 바탕으로 하여 종합고려설에 따라 일죄인가 수죄인가를 결정하고 나면 다음으로 상상적 경합인가 실체적 경합인가의 문제가 남는다. 형법 제40조에서는 1개의 행위가 수개의 죄에 해당하는 경우를 **상상적 경합**이라고 하고, 제37조에서는 판결이 확정되지 아니한 수개의 죄 또는 판결이 확정된 죄와 그 확정판결 전에 범한 죄를 **실체적 경합**, 즉 **경합범**으로 보고 있다. 상상적 경합에는 한 개의 행위로 수개의 동종의 구성요건을 실현하는 동종의 상상적 경합과 수개의 상이한 구성요건을 실현하는 이종의 상상적 경합이 있다. 상상적 경합이 인정되면 수개의 죄 가운데 가장 중한 형으로 처벌한다. 이는 실질적으로 수죄에 해당하지만 과형은 일죄로 취급한다는 의미이다. 여기에서 가장 중한 형이란 법정형을 의미하고 형의 경중은 형법 제50조에 따라 정한다. 상상적 경합은 과형상 일죄이므로 상상적 경합 관계에 있는 수개의 죄 중에서 어느 죄에 관하여 확정판결이 있는 때에는 그 전부에 대하여 기판력이 발생하고 그 일부에 대한 공소제기의 효력은 전부에 미친다. 수개의 죄 중 일부가 무죄일 때 판결주문에서 무죄를 선고할 필요는 없고 판결이유에서 밝히는 것으로 충분하다. 반면에 실체적 경합, 즉 경합범은 침해된 수개의 구성요건이 동종인가 이종인가에 따라 동종의 경합범과 이종의 경합범으로 구분된다. 또 판결이 확정되지 아니한 수개의 죄를 동시적 경합범이라고 하고, 판결이 확정된 죄와 그 확정판결 전에 범한 죄를 사후적 경합범이라고 한다. 경합범의 처벌에 관하여 형법은 가중주의를 원칙으로 하고 흡수주의와 병과주의를 예외적으로 가미하고 있다. 경합범 중 판결을 받지 아니한 죄가 있는 때에는 그 죄에 대하여 형을 선고해야 한다(형법 제39조)

[도입 판례]에서 대법원은 산업안전보건법상의 위험방지조치의무 위반죄(동법 제67조 제1호: 제23조 제3항 위반)를 범하여 형법상 업무상과실치사죄(형법 제268조)를 범한 경우에 산업안전보건법상의 위험방지조치의무와 형법상 업무상과실치사죄의 업무상 주의의무가 일치하지만 보호법익에 차이가 있으므로, 이는 1개의 행위가 2개의 업무상과실치사죄와 산업안전보건법위반죄에 해당하므로 상상적 경합을 인정하였다. 즉 산업안전보건법상의 위험방지조치의무위반죄의 보호법익은 근로자 개개인에 대한 위험이 아니라 근로자 전체의 안전을 위한 것이어서 집합적 이익에 속하는 것으로 양죄의 보호법익이 다르다는 것이다. 그러나 [도입 판례]의 태도와 달리 양죄를 법조경합으로 업무상과실치사죄만을 인정하는 것이 타당하다고 본다. 왜냐하면 현재 우리나라의 다수설은 법조경합은 반드시 1개의 행위에 의해서만 이루어질 수 있는 것이 아니고 수개의 행위에 의해서도 이루어질 수 있을 뿐만 아니라(예컨대, 불가벌적 사후행위), 판례가 본 사안에서 죄수결정에 관해 취하고 있는 법익표준설에 따르더라도 산업안조보건법의 보호법익을 결국 산업현장에서 준수해야 할 제반 위험방지조치의무를 준수함으로써 근로자의 생명·신체와 재산의 보호라고 통일적으로 이해한다면 위험방지조치의무위반으로 인한 인명과 재산침해의 위험 가능성으로서의 집합적 이익은 구체적인 인명이라는 법익을 결과인 형법상 업무상과실치사죄로 처벌함으로써 보호되는 것으로 이해할 수 있어 보호법익에 차이가 없기 때문이다.

[관련 판례 1]에서 대법원은 타인의 신용카드를 절취하여 이를 다시 현금자동인출기에서 현금서비스를 받은 경우에 첫 번째 절취행위를 절도죄로 보는 것은 물론 타인의 신용카드로 현금서비스를 받은 행위를 절도죄와 신용카드업법(현행 여신전문금융업법) 제25조 제1항의 부정사용죄의 실체적 경합으로 인정하였다. 신용카드를 사용하여 현금자동인출기에서 현금서비스를 받은 행위가 형법사의 절도죄

를 구성하는가에 대해서는 견해가 대립하고 있지만, 판례와 같이 절도죄의 성립을 인정할 경우에도 양죄의 죄수관계에 대해 다시 신용카드법상의 부정사용죄와 상상적 경합이 된다는 견해와 실체적 경합이 된다는 견해로 나뉜다. 실체적 경합설은 타인의 신용카드를 현금자동인출기에 삽입하는 부정사용행위와 타인점유의 재물(즉 현금자동인출기 내부의 현금)을 그 관리자의 의사에 반하여 절취하는 행위는 각 범죄의 성질상 행위의 동일성이 인정되지 않기 때문이라고 한다. 그러나 상상적 경합설이 타당하다고 본다. 부정사용행위를 통한 현금인출행위는 사물자연적으로나 사회상식적으로 하나의 행위일 뿐만 아니라 부정한 타인 재산의 취득이라는 하나의 범죄 목표 아래 원인과 결과를 이루는 행위로서 법적 평가에 의해서도 동일성이 인정되는 1개의 행위로 평가할 수 있기 때문이다. 다만 양죄를 법조경합의 관계로 볼 수 없는가의 문제가 제기될 수 있다. 신용카드법상의 부정사용죄의 보호법익이 집합적 이익으로서의 '거래의 안전'이지만 법익의 침해상황이 분산적이거나 광범위한 것이 아니고 절취한 타인의 신용카드로 현금자동인출기 내부의 현금인출이라는 또 다른 절도죄를 구성하기 위한 최소한의 시스템 교란이라고 보아 부정사용죄의 독자적 보호법익을 부정할 수 있기 때문이다. 그러나 피해자 개인의 재산 손실 이외에 은행의 잔고를 부정확하게 하고 이전의 정상상태로 되돌리기 위해서는 여러 작업이 뒤따라야 한다는 점을 고려하면 부정사용죄의 독자적 법익을 인정할 수 있으므로 양죄를 상상적 경합으로 파악하는 것이 타당하다고 본다. 그리고 최초의 신용카드 절취행위와 그 이후의 신용카드업법상의 부정사용죄는 분리된 2개의 행위를 통해 새로운 법익을 침해하였으므로 실체적 경합을 인정해야 할 것이다.

그리고 [관련 판례 2]에서 대법원은 차의 운전자가 업무상 주의의무를 게을리 하여 사람을 상해에 이르게 함과 동시에 물건을 손괴한 후 피해자를 구호하지 않고 도주한 경우에 도로교통법 제106조 위반죄 중 물건손괴 후 미조치행위와 특가법 제5조의3은 상상적 경합관계이며, 이 2개의 죄와 도로교통법 제113조 제1호 위반죄는 그 주체나 행위 등의 구성요건이 전혀 다른 별개의 범죄들이므로 실체적 경합관계를 인정하여 아직 판결을 받지 아니한 특가법 제5조의3 위반죄에 대해 따로 형을 선고해야 한다고 판단하였다. 반면에 이 사안에 대해 원심은 피고인이 범칙금 통고처분을 받고 이행한 범칙행위인 도로교통법 제44조 소정의 안전의무를 불이행행위(도로교통법 제113조 제1호 위반죄)와 교통사고로 사람을 상해하고 재물손괴를 한 다음 도주한 행위의 원인 된 업무상 주의의무 위반의 점은 동일한 운전행위에 대하여 요구되는 같은 내용의 의무를 위반한 것이어서 이는 한 개의 행위가 도로교통법 제113조 제1호 소정의 제44조 위반죄 위반죄와 특가법 제5조의3 위반죄 및 물건손괴의 교통사고 후 필요한 조치를 취하지 아니함으로 인한 도로교통법 제106조 소정의 제50조 위반죄에 해당한다고 판시하였다(부산고법 1992.12.10. 선고 92노673). 즉 원심은 세 범죄를 상상적 경합관계로 파악하였다. 따라서 원심에 따르면 피고인이 안전운전 의무의 불이행으로 인한 도로교통법 제113조 소정의 제44조 위반죄로 통고처분을 받고 그 범칙금을 납부하였으므로 같은 법 제119조 제3항에 범칙금을 납부한 사람은 그 범칙행위에 대해 다시 벌받지 아니한다는 규정에 따라 범칙금을 납부한 범칙행위와 과형상 일죄인 교통사고 후 상해 및 재물손괴를 가하고 도주한 이 사건에 대해서는 판결로서 면소를 선고해야 한다는 것이다.

생각건대, 대법원 및 원심의 태도 모두 찬성하기 어렵다고 본다. 우선, 상상적 경합으로 인정한 도로교통법 제106조의 적용과 관련하여 살펴보면 대법원이 차량손괴부분에 한정하여 도로교통법 제106조와 특가법 제5조의3을 상상적 경합으로 처리하고 있지만, 특가법이 도로교통법 제50조 제1항 전체를 포함하고 있어 문리해석상으로 물건손괴를 분리하여 별죄로 구성하는 것은 타당하지 않다고 본다. 물론 특가법 제5조의3이 사람의 생명·신체에 대한 침해 후 도주하는 행위를 가중처벌하는 데 주된 목적이 있는 것이 사실이다. 하지만 일반적으로 교통사고시 물건손괴는 사람의 치사상에 부수하여 발생하는 것이 일반적이므로 사람을 구조하지 않고 도주하는 행위를 처벌하는 특가법 제5조의3의 내용에는 물건에 대한 사후 미조치라는 경한 불법이 당연히 포함되어 있다고 보아야 한다. 따라서 안전운전 의무위반을 통해 형법상 업무상과실치사상죄를 범하고 나아가 피해자를 방치한 채 도주하는 행위를 처벌하는 특가법 제5조의3의 내용 속에는 물건손괴에 대한 사후 미조치라는 불법은 당연히 포함되는 것으로 보아야 한다. 그리고 도로교통법 제113조 제1호 위반죄를 상상적 경합 관계에 있는 양죄(도로교통법 제106조와 특가법 제5조의3)와 실체적 경합관계로 파악하는 것도 타당하지 않다고 본다. 형법상 업무상과실치사상죄가 특가법 제5조의3에 흡수되어 처벌되지 않고 도로교통법 제44조의 안전운전의무위반행위가 업무상과실치사상죄에 흡수된다면, 도로교통법 제44조 위반을 내용으로 하는 도로교통법 제113조 제1호는 법체계상 당연히 특가법에 흡수되어 특가법 제5조의3 위반죄만이 적용되어야 하기 때문이다. 다만 대법원이 실체적 경합을 굳이 인정하려는 이유는 이론적인 측면에서는 형법의 특별법인 특가법과 행정형법인 도로교통법의 성질상의 차이를 고려해야 한다는 점 때문이고, 현실적인 측면에서는 범칙금 납부로 인한 기판력이 특가법 위반죄에까지 미는 문제점을 극복하려는 데 있다. 그러나 행정기능의 원활화라는 비형법적 보호법익을 배제한다면, 아니면 특가법 제5조의3의 보호법익을 사람의 생명·신체의 보호와 이를 통해 안전하고 원활한 교통의 확보라는 도로교통법상의 보호법익을 부차적으로 보호하는 것으로 파악한다면 도로교통법 제

113조 제1호 소정의 제44조 안전운전의무위반 행위는 특가법 제5조의3 위반죄에 흡수되는 것으로 보는 것이 합리적이다. 그리고 기판력이 미침으로써 발생하는 문제점을 해소하기 위해서라도 도로교통법상의 경한 의무위반행위들은 특가법이나 형법에 포함시켜 이해하는 것이 바람직하다. 현행 교로교통법 제162조도 범칙행위를 하여 범칙금 납부를 통고받은 범칙자에 교통사고를 일으킨 사람은 포함되지 않고, 다만 교통사고처리특례법 제3조 제2항 및 제4조의 규정에 의하여 업무상과실치상죄·중과실치상죄 또는 도로교통법 제151조의 죄에 대한 벌을 받지 아니하게 된 사람만이 범칙자가 된다는 점을 분명히 하고 있다. 따라서 원심이 "피고인이 안전운전 의무의 불이행으로 인한 도로교통법 제113조 소정의 제44조 위반죄로 통고처분을 받고 그 범칙금을 납부하였으므로 같은 법 제119조 제3항에 범칙금을 납부한 사람은 그 범칙행위에 대해 다시 벌받지 아니한다는 규정에 따라 범칙금을 납부한 범칙행위와 과형상 일죄인 교통사고 후 상해 및 재물손괴를 가하고 도주한 이 사건에 대해서는 판결로서 면소를 선고해야 한다."고 판단하고 있으나, 사안에서 피고인은 범칙행위를 하고 동시에 교통사고로 사람을 상해하고 재물손괴를 한 다음 도주한 자이므로 범칙자가 될 수 없는 자에게 범칙금을 통고한 행위 그 자체가 중대하고 명백한 하자로서 당연 무효라고 보아야 할 뿐만 아니라 이렇게 범칙자가 될 수 없는 자에게 범칙금을 통고하여 그것을 이행하였다고 하여 범칙자가 된다고 할 수 없으므로 원심의 판단에 수긍하기 어렵다고 본다.

참고문헌

김성돈, "형법상 죄수론의 구조", 형사법연구 제9호, 1996, 189-214면.

민영성/차정인, "죄수론의 재검토", 법학연구 제48권 제1호, 부산대학교 법학연구소, 2007, 681-707면.

박기석, "형법과 행정형법 규정의 경합시 죄수관계", 형사판례의 연구 I (이재상교수 화갑기념논문집), 2003, 782-801면.
이기헌, "경합범과 상상적 경합", 형사판례연구 제7권, 1999, 150-193면.
이기헌, "죄수의 결정", 형사판례연구 제8권, 2000, 111-132면.
이수정, "교통사고와 죄수 -교통사고판례를 중심으로-", 형사판례연구 제4권, 1996, 276-306면.

Ⅱ. 연결효과에 의한 상상적 경합

[도입 판례]

대법원 2001.2.9. 선고 2000도1216 판결【수뢰후부정처사, 공도화변조, 변조공도화행사, 뇌물수수】

사실관계

피고인 甲은 울산 중구청 건설도시국 도시과에서 토지분할, 지목 변경, 합병, 지적 고시에 따른 도시계획도 지적선의 정리, 토지이용계획확인원 발급 업무에 종사하는 자로서 1995년 9월 초순 11:00경 위 구청 민원실에서 건축사 사무실 직원인 제1심 공동피고인 乙로부터 같은 구 양정동 531의 2 소재 한신그린빌리지 2차 다세대주택의 부지 경계선이 8m 도시계획도로선과 90㎝ 떨어져 평행으로 되어 있어서 위 다세대주택의 건축에 애로가 있으니 위 지번의 토지 경계선과 도시계획도로선을 일치시켜 달라는 부탁을 받고 그로부터 금 300만 원을 교부받아 공무원이 그 직무에 관하여 뇌물을 수수한 다음, 같은 달 일자불상 19:00경 위 민원실에서 행사할 목적으로 권한 없이 지우개로 위 지번의 토지 경계선과 90㎝ 떨어져 평행으로 그어져 있는 위 도시계획도로선을 지우고 붉은 색 먹으로 위 지번의 경계선과 일치되도록 8m 도시계획도로선을 새로 그어 도시계획도를 고쳐 같은 일시경 위 구청 지적서고에서 위와 같이 변조한 도시계획도를 비치하였다.

판결요지

형법 제131조 제1항의 수뢰후부정처사죄에 있어서 공무원이 수뢰후 행한 부정행위가 공도화변조 및 동행사죄와 같이 보호법익을 달리하는 별개 범죄의 구성요건을 충족하는 경우에는 수뢰후부정처사죄 외에 별도로 공도화변조 및 동행사죄가 성립하고 이들 죄와 수뢰후부정처사죄는 각각 상상적 경합 관계에 있다고 할 것인바, 이와 같이 공도화변조죄와 동행사죄가 수뢰후부정처사죄와 각각 상상적 경합범 관계에 있을 때에는 공도화변조죄와 동행사죄 상호간은 실체적 경합범 관계에 있다고 할지라도 상상적 경합범 관계에 있는 수뢰후부정처사죄와 대비하여 가장 중한 죄에 정한 형으로 처단하면 족한 것이고 따로이 경합범 가중을 할 필요가 없다.

[관련 판례 1]

대법원 1983.7.26. 선고 83도1378 판결【가중뇌물수수, 허위공문서작성, 허위공문서작성행사】

가. 예비군 중대장이 그 소속예비군으로부터 금원을 교부받고 그 예비군이 예비군훈련에 불참하였음에도 불구하고 참석한 것처럼 허위내용의 중대학급편성명부를 작성, 행사한 경우라면 수뢰후 부정처사죄 외에 별도로 허위공문서작성 및 동행사죄가 성립하고 이들 죄와 수뢰후 부정처사죄는 각각 상상적 경합관계에 있다고 할 것이다.

나. 허위공문서작성죄와 동행사죄가 수뢰후 부정처사죄와 각각 상상적 경합관계에 있을 때에는 허위공문서작성죄와 동행사죄 상호간은 실체적 경합범관계에 있다고 할지라도 상상적 경합범관계에 있는 수뢰후 부정처사죄와 대비하여 가장 중한 죄에 정한 형으로 처단하면 족한 것이고 따로이 경합가중을 할 필요가 없다.

판례의 검토

* Q 1	상상적 경합의 성립요건으로서 '행위의 단일성'은 무엇을 의미하는가?
* Q 2	연결효과에 의한 상상적 경합이론에 대한 찬반 양론에 대한 논거를 제시하시오.
** Q 3	[도입 판례]와 [관련 판례 1]에서 대법원은 학계에서 주장되는 연결효과에 의한 상상적 경합이론을 긍정한 것인가?
** Q 4	[도입 판례]와 [관련 판례 1]의 사안과 달리 제3의 범죄인 C범죄에 비해 독립된 A, B범죄의 법정형이 더 중한 경우에는 어떻게 죄수관계를 결정해야 하는가?

[도입 판례]의 사안에서 피고인 甲이 수뢰 후에 그 대가로 공도화인 도시계획도를 변조하여 구청 지적서고에 비치한 행위는 각각 공도화변조죄(A) 및 동행사죄(B)와 수뢰후부정처사죄(C)가 성립한다. 이때 공동화변조죄 및 동행사죄는 수뢰 후의 부정행위로서 한 것이므로 수뢰후부정처사죄와 행위의 부분적 동일성이 인정되어 상상적 경합이 인정될 수 있으나, 공도화변조죄와 동 행사죄는 통설과 판례가 실체적 경합관계에 있게 된다. 마찬가지로 [관련 판례 1]의 사안에서도 피고인이 금원을 받고 예비군훈련에 참석한 것인 양 허위의 명부를 작성한 행위는 수뢰후부정처사죄(C)가 되고 허위공문서작성죄(A)와 허위공문서행사죄(B)는 수뢰후부정처사행위의 실행행위가 된다. 따라서 수뢰후부정처사죄는 허위공문서작성죄 및 허위공문서행사죄와 각각 상상적 경합관계에 있지만 허위공문서작성죄와 허위공문서행사죄는 실체적 경합관계에 있게 된다. 이와 같은 경우에 행위자의 범죄에 대한 처단형을 정하는 원칙적인 방법은 공도화변조죄

와 수뢰후부정처사죄가 상상적 경합관계에 있으므로 이 둘 가운데 중한 죄에 정한 형으로서 수뢰후부정처사죄의 법정형이 그 하나로서 나오고, 다음으로 동행사죄와 수뢰후부정처사죄가 다시 상상적 경합관계에 있으므로 역시 수뢰후부정처사죄의 법정형이 다른 하나로서 나오는데, 이 두 가지를 다시 실체적 경합범규정에 따라 가중처리하여야 한다.

그런데 대법원은 [도입 판례]와 [관련 판례 1]에서 이러한 방법을 취하지 않고 세 개의 죄 가운데 가장 중한 죄에 정한 형으로 처단한다고 하면서도 그러한 결론에 이르게 되는 이유나 과정에 대해 전혀 언급을 하지 않고 있다. 즉 대법원이 실체적 경합관계에 있는 공도화변조죄와 동행사죄에 대해 무슨 이유로 어떠한 과정을 거쳐 상상적 경합관계를 인정하여 세 개의 죄 가운데 가장 중한 죄에 정한 형으로 처단하는가의 문제가 제기된다. 이러한 의문점의 해결에 대한 단초는 이른바 '연결효과에 의한 상상적 경합이론'에서 찾을 수 있다.

연결효과에 의한 상상적 경합이론이란 '실체적 경합관계에 있는 독자적인 2개의 범죄(A범죄와 B범죄)가 이들 범죄와 각각 부분적 행위동일성이 있는 제3의 범죄(C범죄)에 의해 서로 상상적 경합관계로 연결될 수 있다'는 이론을 말한다. 원래 C범죄의 행위가 동시에 A, B범죄에도 해당하는 경우에 대해서는 단순히 A와 B범죄만을 범한 경우보다도 더 중한 형벌이 부과되는 것이 원칙이다. 그러나 연결효과에 의한 상상적 경합을 인정하면 C범죄까지 범한 행위자에게 A, B범죄에 대한 실체적 경합에 따른 처벌을 면하게 해 주어 보다 유리한 취급을 하는 결과가 되기 때문에 형사정책적으로 문제가 발생한다. 이러한 문제에도 불구하고 연결효과에 의한 상상적 경합을 인정할 것인가에 대해서는 긍정설과 부정설의 견해가 대립한다.

〈연결효과에 의한 상상적 경합〉

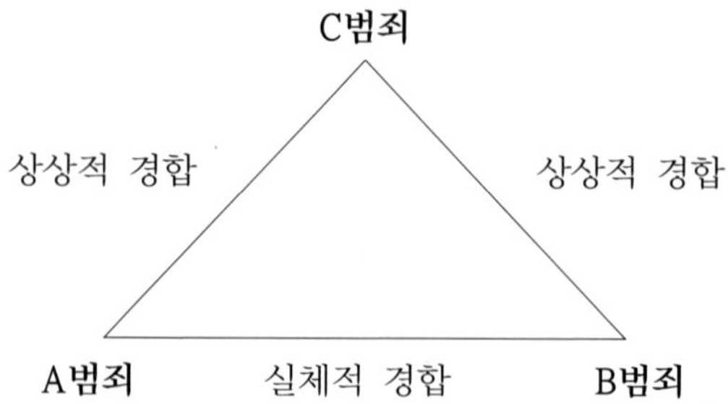

긍정설은 무엇보다 연결구실을 하는 제3의 범죄인 C범죄에 대한 이중평가금지를 지키기 위함을 논거로 제기하고 있다. 즉 연결효과 이론에 의하면 A, B범죄 사이에는 실체적 경합을 인정하면서 동시에 C범죄는 A범죄와 B범죄에 대해 각각 상상적 경합관계에 있다고 한다면 두 개의 범죄와 각각 실행행위의 부분적 동일성이 인정되는 C범죄를 이중적으로 평가하는 결과가 되므로, 이러한 이중평가를 피하기 위한 방편은 A, B, C 세 가지 범죄 사이의 상상적 경합을 인정하는 방법뿐이라고 한다. 다만 이를 인정하는 견해에서는 연결하는 제3의 범죄가 독립적인 다른 두 범죄보다 경하지 않을 것, 즉 중하거나 동등할 것을 요건으로 하고 있다. 제3의 범죄인 C범죄가 독립된 두 범죄인 A, B범죄보다 경한 경우에 A, B 두 범죄만을 범했다면 경합범으로 가중을 당했을 행위자가 오히려 C범죄를 저지름으로써 경합법가중으로부터 해방되는 불합리함이 있기 때문이다.

반면에 **부정설**은 (i) 원래 다른 두 개의 행위가 제3의 행위로 인하여 하나의 행위로 평가될 수는 없는 것이고, (ii) 연결효과에 의한 상상적 경합을 인정하여야 한다는 주장은 범죄행위와 그에 관한 행위의 단일성 문제를 혼동하고 있는 데서 비롯된 것에 지나지 않으며, (iii) 2개의 행위를 실체적 경합으로 가중한 형을 정한 후에 그

것과 상상적 경합관계에 있는 제3의 행위와 비교하여 중한 형으로 처벌하면 그 제3의 행위를 이중평가하는 문제점도 회피할 수 있다고 주장한다.

[판례]는 [도입 판례]와 마찬가지로 [관련 판례 1]에서도 수뢰후의 허위공문서작성과 동행사죄 사이에는 실체적 경합관계이지만 양죄와 수뢰후부정처사죄는 각각 상상적 경합관계에 있으므로 각 법정형을 비교하여 가장 중한 형으로 처단하면 되고 경합범가중을 할 필요는 없다고 판시하였다. 이와 같은 대법원의 판시내용에 대해 학계에서는 이 판례들이 연결효과에 의한 상상적 경합을 인정하고 있다고 해석하는 견해와 연결효과에 의한 상상적 경합을 인정하는 것은 아니지만 결과적으로 연결효과를 인정하는 것과 다름없다고 이해하는 견해로 나뉘고 있다. 실체적 경합관계에 있는 A범죄와 B범죄, 그리고 이들과 각각 상상적 경합관계에 있는 C범죄를 서로 대비하여 "가장 중한 죄에 정한 형으로 처단하면 족한 것이고 따로이 경합가중을 할 필요가 없다"는 판시내용에 강조점을 두면 판례가 전자와 같이 연결효과에 의한 상상적 경합을 긍정하고 있다고 평가할 수 있을 것이다. 반면에 이와 달리 A범죄와 B범죄, 즉 "허위공문서작성과 동행사죄 사이에는 실체적 경합관계에 있다"라는 판시내용을 가지고 결론적으로 판례의 취지가 양자 간의 상상적 경합관계는 부정하고 있는 것으로 이해하면 판례가 후자와 같이 연결효과에 의한 상상적 경합을 부정하는 태도를 취하고 있는 것으로 평가할 수도 있다. 이와 같이 동일한 판시내용을 가지고 각기 상반된 평가가 내려질 수 있는 근본적 원인은 대법원이 그러한 결론에 이르는 과정과 이유에 대해 전혀 논증적으로 설명하지 않고 결론만을 제시한 데에 있다. 그러므로 이러한 판시내용만을 가지고 판례가 연결효과에 의한 상상적 경합을 인정하고 있는지 부정하고 있는지에 대한 판단을 직접 내리기는 곤란하다고 본다.

생각건대, 부정설은 두 개의 범죄가 개별적으로 제3의 범죄와 상상적 경합의 관계에 있다는 면이 전혀 고려되지 않기 때문에 타당하지 않다. 따라서 이중평가금지를 고려할 때 3개 범죄의 불법정도를 비교하여 연결효과에 의한 상상적 경합을 인정하는 긍정설이 피고인에게 유리한 해석의 취지에서 더욱 타당한 것으로 판단된다. 이중평가금지는 동일한 재판 내에서 동일한 양형사유에 대한 이중평가를 금지하는 원칙으로서 행위책임의 원칙에 충실하기 위해서는 경합론에서도 이 원칙이 유지되어야 하기 때문이다. 따라서 [도입 판례]의 사안에서 수뢰후부정처사죄는 공도화변조죄 및 동행사죄와는 상상적 경합관계에 있고, 또 이들 두 범죄에 비하여 법정형이 중하므로 연결효과이론을 적용할 수 있다. 그러므로 세 개의 범죄 간에 상상적 경합관계를 인정하여 가장 중한 수뢰후부정처사죄로 처단함이 타당하다고 본다. 판례는 공도화변조죄와 동행사죄 간에 상상적 경합을 인정하지는 않았으나 결론에 있어서는 동일하다.

다만 연결효과이론을 따르더라도 [도입 판례]와 [관련 판례 1]의 사안과 달리 C범죄에 비해 독립된 A, B범죄가 더 중한 경우에는 C범죄가 A, B범죄를 상상적 경합관계로 연결하지 못하게 되는데, 이렇게 되면 결국 C범죄는 이중평가 되는 문제가 남는다. 이 경우에 제3의 범죄인 C범죄가 이중평가 되지 않게 하기 위해 다른 두 범죄들 간에는 물론이고 이들과 C범죄 간에도 실체적 경합을 인정해야 한다는 견해가 있다. 하지만 연결효과이론이 이중평가금지의 원칙에 따라 피고인에게 양형상 불이익을 미치지 않게 하기 위하여 불가피하게 인정되는 것인데, 이 경우에는 A, B, C 범죄 모두가 실체적 경합으로 처단하는 경우와 A, B범죄는 실체적 경합관계로 이와 C범죄 간에는 상상적 경합관계에 있는 것으로 처단하는 경우와의 사이에 처단형에 있어서 차이가 없으므로 반드시 이중평가금지의 원칙을 강조할 필요는 없다고 본다.

참고문헌

김성돈, "이중평가금지와 연결효과에 의한 상상적 경합", 형사판례의 연구 I(이재상교수 화갑기념논문집), 2003, 758-781면.

윤동호, "연결효과에 의한 상상적 경합의 재고찰", 비교형사법연구 제9권 제1호, 2007, 121-138면.

한상훈, "상상적 경합의 명시기능과 이중평가금지의 상충 여부", 비교형사법연구 제9권 제1호, 2007, 97-119면.

형사제재론

제9장

[§ 12] 집행유예, 사회봉사명령

Ⅰ. 집행유예

[도입 판례]

대법원 2007.2.22. 선고 2006도8555 판결【폭력행위등처벌에관한법률위반(집단 · 흉기등상해)】

사실관계

피고인 甲은 2006. 4. 13. 21:40경 서울 송파구 가락동 소재 남동태찜식당앞 도로에서 식품회사를 운영하는 피해자 A(42세)로부터 "냉동창고 기사가 필요하니 당장 출근하여 일을 해 달라"는 제의를 받고 이를 계속 거절하여 말다툼하던 중 피해자로부터 빰을 얻어맞자 상의 윗주머니에서 위험한 물건인 연필깍이용 커터 칼(칼날길이 13.5센티미터)을 꺼내 휘두르면서 피해자의 왼팔을 3회, 오른팔을 1회 긋고 목을 1회 그어 동인에게 약 3주간의 치료를 요하는 목의 개방성 상처 등의 상해를 가하였다.

제1심은 피고인 甲에 대하여 징역 1년 6월 집행유예 3년을 선고하였는바(서울동부지방법원 2006.8.9. 선고 2006고단833 판결), 검사가 이에 대하여 양형부당을 이유로 항소하였다.

이에 서울동부지방법원 제1형사부는 "집행유예의 요건을 규정하고 있는 형법 제62조 제1항의 문리해석상 본조의 '형'이 '선고형 전부'만을 지칭하고 '선고형 일부'는 배제하는 것으로 해석할 근거가 없고, 오히려 단지 '형'이라고만 규정할 뿐 선고형의 '전부' 혹은 '일부'에 관한 제한이 없기 때문에 선고형의 '전부 또는 일부'라고 해석하는 것이 본조의 문리에 충실한 해석방법이다. 또한, 형법 제62조 제2항은 문언대로 이종의 형을 병과하는 경우에 관한 것으로서 단일 형종의 일부에 관한 규정이 아니고, 형법 제37조 후단의 경합범 관계에 있는 죄에 대하여 하나의 판결로 두 개의 자유형을 선고하는 경우 두 개의 자유형 중 하나의 자유형에 대하여 실형을 선고하면서 다른 자유형에 대하여 집행유예를 선고하는 것이 가능한 점 등에 비추어, 단일 형종의 일부에 대한 집행유예는 형법 제62조 제1항에 의하여 허용되고, 현행 형법의 해석상 자유형의 실형과 자유형의 집행유예가 병존할 수 있으며, 일부집행유예가 형법의 다른 어떤 규정과도 저촉된다고 볼 수 없고, 형의 일부집행유예가 집행유예제도의 본래 취지에 반드시 반한다고 할 수 없다."고 하여 원심판결을 파기하고 피고인 甲에 대하여 1년 6월의 징역형을 선고하면서 그 중 1년의 형에 한하여 3년간 형의 집행을 유예하였다(서울동부지법 2006.11.9. 선고 2006노892 판결).

피고인 甲 및 검사가 이에 상고하였고, 대법원은 집행유예에 관한 법리오해의 위법이 있다하여 원심판결을 파기하고 사건을 서울동부지방법원 합의부로 환송하였다.

판결요지

집행유예의 요건에 관한 형법 제62조 제1항 본문은 "3년 이하의 징역 또는 금고의 형을 선고할 경우에 제51조의 사항을 참작하여 그 정상에 참작할 만한 사유가 있는 때에는 1년 이상 5년 이하의 기간 '형'의 집행을 유예할 수 있다."고 규정하고, 같은 조 제2항은 "형을 '병과'할 경우에는 그 형의 '일부'에 대하여 집행을 유예할 수 있다."고 규정하고 있는바, 비록 형법 제62조 제1항이 '형'의 집행을 유예할 수 있다고만 규정하고 있다고 하더라도, 이는 같은 조 제2항이 그 형의 '일부'에 대하여 집행을 유예할 수 있는 때를 형을 '병과'할 경우로 한정하고 있는 점에 비추어 보면, 조문의 체계적 해석상 하나의 형의 전부에 대한 집행유예에 관한 규정이라 할 것이다.
또한, 하나의 자유형에 대한 일부집행유예에 관하여는 그 요건, 효력 및 일부 실형에 대한 집행의 시기와 절차, 방법 등을 입법에 의해 명확하게 할 필요가 있으므로, 그 인정을 위해서는 별도의 근거 규정이 필요하다고 할 것이다.

[관련 판례 1]

대법원 1989.9.12. 선고 87도2365 전원합의체 판결【사문서위조, 위조사문서행사, 사기】

[다수의견] 형법 제62조 제1항 단서에서 규정한 "금고 이상의 형의 선고를 받아 집행을 종료한 후 또는 집행이 면제된 후로부터 5년을 경과하지 아니한 자"라는 의미는 실형선고를 받고 집행종료나 집행면제 후 5년을 경과하지 않은 경우만을 가리키는 것이 아니라 형의 집행유예를 선고받고 그 유예기간이 경과하지 않은 경우를 포함하나 형법 제37조의 경합범관계에 있는 수죄가 전후로 기소되어 각각 별개의 절차에서 재판을 받게 된 결과 어느 하나의 사건에서 먼저 집행유예가 선고되어 그 형이 확정되었을 경우 다른 사건의 판결에서는 다시 집행유예를 선고할 수 없다면 그 수죄가 같은 절차에서 동시에 재판을 받아 한꺼번에 집행유예를 선고받을 수 있었던 경우와 비교하여 현저히 균형을 잃게 되므로 이러한 불합리가 생기는 경우에 한하여 위 단서 규정의 "형의 선고를 받아"라는 의미는 실형이 선고된 경우만을 가리키고 형의 집행유예를 선고받은 경우는 포함되지 않는다고 해석함이 상당하다.

[반대의견] 형법 제62조 제1항 단서 소정의 "금고 이상의 형의 선고를 받아"라고 함은 실형만을 지칭하는 것은 아니고 집행유예의 선고

를 받은 경우도 포함하며, 집행유예기간 이전의 범죄가운데 형법 제37조 후단 경합범의 경우에 대하여도 그 의미를 달리 해석할 것이 아니다.

[별개의견] 형법 제62조 제1항 단서의 "금고 이상의 형의 선고를 받아"에서 말하는 "형"이란 실형만을 가리키는 것이지 집행유예를 받은 형까지도 포함하는 것으로는 해석되지 않으므로 형의 집행유예기간 중이더라도 여죄인지의 여부에 관계없이 집행유예를 할 수 있다.

판례의 검토

* Q 1	형법 제62조 제2항은 "형을 병과할 경우에는 그 형의 일부에 대하여 집행을 유예할 수 있다."고 규정하고 있다. 현행 형법상 형이 병과될 수 있는 경우를 제시해 보시오.
* Q 2	[도입 판례]에서는 하나의 형에 대한 일부집행유예에 대해 부정적 태도를 취하고 있다. 이러한 판례의 태도에 대해 찬성, 반대의 입장을 선택하고 그 논거를 제시하시오.
** Q 3	[도입 판례]에서 대법원은 하나의 형에 대한 일부집행유예에 대해 부정적 입장을 취한 반면에 2000도4637 판결에서는 경합범 관계인 2개의 자유형 중 하나에 대해 일부집행유예를 인정하였다. 두 판결이 상호모순 되는 것은 아닌가?
** Q 4	[도입 판례]의 사안에서 대법원 형법 제62조 제1항 및 제2항의 관계를 원칙과 예외의 관계로 파악한 반면에 원심은 원칙과 원칙의 관계로 보고 있다. 어느 입장이 보다 타당한 것인가?
** Q 5	[관련 판례 1]에 대법원은 집행유예 기간 중 발각된 범죄에 대해 재차 집행유예를 선고할 수 있는지 여부에 대해 3가지 견해를 제시하고 있다. 각각의 견해에 대한 논거를 제시하시오.

집행유예란 일정한 형을 선고하면서 일정한 기간 동안 그 형의 집행을 유예하고 이 유예가 취소 또는 실효됨이 없이 소정의 기간을 경과하면 형 선고의 효력을 잃게 하는 제도를 말한다. 집행유예와 관련하여 [도입 판례]의 사안에서는 하나의 형(징역 또는 금고)을 선고하는 경우에 그 형의 일부에 대해서 집행을 유예하는 일부집행유예가 현행 형법 하에서 선고할 수 있는지가, [관련 판례 1]의 사안에서는 집행유예 기간 중에 발각된 범죄에 대하여 다시 집행유예를 선고할 수 있는지가 쟁점이 되고 있다.

하나의 형에 대한 일부집행유예란 하나의 징역이나 금고 등 자유형을 선고할 때 그 형기 일부에 대해서만 집행을 유예하는 것을 말한다. 예컨대, [도입 판례]의 원심판결과 같이 1년 6월의 징역형을 선고하면서 그 중 1년의 형에 한하여 3년간 형의 집행을 유예하고 나머지 6월의 형은 집행하는 경우이다. 독일형법 제56조 제4항은 "집행유예는 그 형의 일부로 한정할 수 없다."고 하여 하나의 형의 일부에 대한 집행유예의 가능성을 처음부터 배제하고 있으나, 형법 제62조 제2항에서는 "형을 병과할 경우에는 그 형의 일부에 대하여 집행을 유예할 수 있다."고 규정하고 있을 뿐이어서 이에 대한 논란이 있다. 하나의 형에 대한 일부집행유예제도를 다양한 형사정책적 고려의 차원에서 도입해야 하는지 여부에 대해서는 긍정설, 부정설, 절충설의 견해가 대립한다.

긍정설은 독일형법과 달리 우리 형법은 형의 일부에 대한 집행유예가 허용되지 않는다는 명문의 규정이 없으므로 형법 제62조 제2항의 해석을 통하여도 형의 일부집행유예가 인정된다는 견해이다. 그 논거로는, ① 중·장기의 실현을 선고하기에는 형이 너무 과중하고 형을 전부 유예시키기에는 피고인에게 인정되는 특권이 너무 크기 때문에 이러한 양극단의 집행유예체계를 해소하기 위하여 형의 일부에 대한 집행유예를 선고함으로써 제재수단의 다양화와 개별사건에 적합한 제재부과의 구체적 타당성을 확보할 필요가 있다는 점, ② 일부 선고유예를 허용하는 형법 제59조 제2항과의 균형적 해석상 제62조 제2항의 해석을 통해서 형의 일부집행유예를 선고할 수 있으며, 제62조 제2항은 형을 병과할 경우에 대한 예시규정으로 해석할 경우 일부집행유계가 가능하다는 점, ③ 불구속재판을 정착시키기 위해서는 집행유예를 무죄선고와 동일하게 생각하는 일반국민과 행위자의 인상에 일정한 영향을 가하여 국가형벌권의 엄중함을 제시할 필요성이 있다는 점, ④ 특히 단기간의 짧지만 매우 강력한 충격(소위 'short sharp shock 효과')을 줌으로써 행위자의 사회복귀를 촉진할 필요가 있다는 점 등이 제시된다.

이와 달리 일부집행유예에 대하여 부정적인 입장을 취하는 **부정설**의 견해가 강하게 주장되고 있다. 전부집행유가 가능한 범죄인에게 해석을 통해 실형의 일부를 집행하고 나머지 대하여만 집행을 유예하는 것을 피고인에게 불리한 유추해석으로 죄형법정주의에 반한다는 것이다.

그리고 **절충설**은 자유형에 대한 일부집행유예의 도입에는 반대하면서도 벌금형에 대한 집행유예가 인정된다는 전제 하에서 벌금형의 일부집행유예에 찬성하는 견해도 있다. 벌금형의 일부집행유예제도를 도입함으로써 경제사정이 열악한 피고인의 지위를 고려할 수 있고 이로써 자유형의 입지를 약화시켜 벌금형의 적용범위를 확대시킬 수 있다는 것이다.

판례는 [도입 판례]의 사안에서 "형법 제62조 제1항이 '형'의 집행을 유예할 수 있다고만 규정하고 있다고 하더라도, 이는 같은 조 제2항이 그 형의 '일부'에 대하여 집행을 유예할 수 있는 때를 형을 '병과'할 경우로 한정하고 있는 점에 비추어 보면, 조문의 체계적 해석상 하나의 형의 전부에 대한 집행유예에 관한 규정이라 할 것이다."고 판시하여 하나의 형에 대한 일부집행유예를 부정하는 입장을 분명히 하고 있다. 하지만 대법원은 형법 제37조 후단, 제39조 제1항에 따라 두 개 이상의 자유형을 동시에 선고하면서 그 중 일부 형의 집행에 대한 유예가 가능한지 여부에 대해서는 "형법 제37조 후단의 경합범 관계에 있는 죄에 대하여 형법 제39조 제1항에 의하여 따로 형을 선고하여야 하기 때문에 하나의 판결로 두 개의 자유형을 선고하는 경우 그 두 개의 자유형은 각각 별개의 형이므로 형법 제62조 제1항에 정한 집행유예의 요건에 해당하면 그 각 자유형에 대하여 각각 집행유예를 선고할 수 있는 것이고, 또 그 두 개의 자유형 중 하나의 자유형에 대하여 실형을 선고하면서 다른 자유형에 대하여 집행유예를 선고하는 것도 우리 형법상 이러한 조치를 금하는 명문의 규정이 없는 이상 허용되는 것으로 보아야 한다."(대법원 2002.2.26. 선고 2000도4637 판결)고 판시하여 하나의 형에 대한 일부집행유예와 달리 경합범 관계인 2개의 자유형 중 하나에 대해 일부집행유예를 인정하고 있다.

생각건대, **부정설**이 **타당**하다고 본다. 우선 절충설은 자유형에 대한 일부집행유예의 도입에는 반대하고 있으므로 기본적으로 부정설과 같은 입장이라 볼 수 있으며, 자유형에 대한 일부집행유예의 문제와 벌금형의 일부집행유예의 문제는 다소 논의의 차원을 달리하는 문제이다. 나아가 긍정설에서 제시되는 논거는 다음과 같은 이유에서 타당하지 않다고 본다. 우선, 일부집행유예를 도입하게 되면 일반적으로 단기간의 실형과 나머지 부분에 대한 집행유예라는 방식을 취하게 되는데, 이것은 단기자유형의 폐해를 방지하기 위하여 도입된 집행유예제도의 근본 취지에 반하는 결과를 초래할 수 있다. 둘째, 법원은 피고인에 대한 단기간의 위협과 일반예방의 관점에서 일부집행유예를 선호하게 되어 기존의 전부집행유예가 명확한 근거 규정도 없는 일부집행유예로 변질될 가능성이 있다. 셋째, 선고유예 규정의 '형을 병과할 경우에도'와 달리 제62조 제2항에서는 '형을 병과할 경우에는'이라는 표현하고 있는데, 이는 예시적 표현이 아니라 열거적 표현으로 해석되어야 한다. 나아가 법문의 문리해석상 제62조 제1항은 3년 이하의 징역 또는 금고의 '형'을 선고할 때라고 규정하고 있는데, 이는 하나의 '선고형 전부', 예컨대 징역 1년, 징역 2년 등 독자적 형태를 뜻하는 것으로, '징역 1년 6월 중 1년'과 같은 경우는 여기에 해당되지 않는다고 보아야 한다. 따라서 제62조 후단의 '형'을 단독으로 해석하기 보다는 전단의 '형'과 연결시켜 해석하는 것이 조문의 체계적 해석에 부합하는 것이므로 후단의 '형'은 하나의 '선고형 전부'를 의미하는 것이다. 넷째, 일반국민이 집행유예를 무죄선고와 동일하게 생각하는 문제는 집행유예와 보호관찰, 사회봉사명령 등을 결합시키는 경우에는 집행유예가 더 이상 무죄방면과 동일한 것이 아니라는 인식을 심어줄 수 있다. 마지막으로, 단기간의 짧지만 매우 강력한 충격의 효과를 거둘 수 있겠지만 오히려 교도소내에서 범죄에 감염되기 쉽다는 우려를 불식시킬 수 없다. 따라서 [도입 판례]의 사안에서 대법원이 하나의 형에 대한 일부집행유예를 선고할 수 없음을 분명히 한 점은 타당하다고 본다. 다만 대법원이 "(제62조) 제2항이 그 형의 '일부'에 대하여 집행을 유예할 수 있는 때를 형을 '병과'할 경우로 한정하고 있는 점에 비추어 보면" 이라고 하여 하나의 형의 일부에 대한 집행유예의 인정여부 판단의 근거점을 제62조 제2항의 문언인 '일부'에 두고서 문제해결을 시도하고 있으나, 그러한 시도가 타당한 것인지는 의문이다. 형법 제62조 제2항에서 '병과'라는 개념은 두 가지 이상의 형벌을 함께 부과하는 것을 의미하고, '병과'와 나란히 언급되고 있는 '일부'라는 개념은 두 가지 이상의 형(이종의 형) 가운데 하나의 형(자유형)을 말하는 것이다. 따라서 제62조 제2항에서 형의 '일부'라는 개념은 "하나의 형의 일부에 대한 집행유예"에서 의미하는 형의 '일부'라는 개념과는 완전히 다른 내용을 갖는 것으로, 전자는 예를 들어 병과된 징역형과 벌금형 가운데 징역형을, 후자는 하나의 징역형의 한 부분을 의미한다. 이처럼 양자 간의 '일부' 개념의 본질적인 차이에도 불구하고 하나의 형에 대한 일부집행유예의 문제를 제62조 제2항에서 규정된 '일부' 개념과 동일한 개념으로 파악하여 해결을 시도하는 것은 타당하지 않다고 본다. 애당초 하나의 형에 대한 일부집행유예 문제는 기본적으로 형법 제62조 제2항과는 전혀 관련이 없는 문제이기 때문이다. 즉 대법원의 논거와 같이 형법 제62조 제2항이 하나의 형의 일부에 대한 집행유예를 부정하는 근거로 해석될 수 없고, 하나의 형의 일부에 대한 집행유예의 인정여부는 형법 제62조 제1항에 의한 허용가능성 문제로 검토되어야 한다고 본다. 앞서 언급한 바와 같이, 형법 제62조 제1항은 3년 이하의 징역 또는 금고의 '형'을 선고할 때라는 규정에서 '형'의 의미는 하나의 '선고형 전부', 예컨대 징역 1년, 징역 2년 등 독자적 형태를 뜻하는 것이기 때문에, 이를 근거로 하나의 형의 일부에 대한 집행유예는 허용될 수 없다고 본다.

한편, [관련 판례 2]에서 쟁점이 되고 있는 집행유예 기간 중 발각된 범죄에 대하여 다시 집행유예를 선고할 수 있는지 여부에 대해서도 부정설, 제한적 긍정설, 긍정설의 견해가 대립한다.

부정설은 형법 제62조 제1항 단서가 규정하고 있는 집행유예의 요건 중에서 "금고 이상의 형의 선고"는 실형의 선고뿐만 아니라 집행유예의 선고를 받은 경우도 포함한 것으로 해석하는 견해이다(소수설/[관련 판례 1]의 반대의견). 따라서 이 견해에 의하면 실형선고를 받고 복역 후 3년이 경과하지 않으면 집행유예를 할 수 없을 뿐만 아니라 집행유예 기간 중에 발각된 범죄에 대하여 다시 집행유예를 선고하는 것도 불가능하게 된다.

제한적 긍정설은 원칙적으로 집행유예 기간 중에 발각된 범죄에 대하여 다시 집행유예를 선고할 수 없으나, 예외적으로 여죄에 대하여 동시에 재판을 받아 한꺼번에 집행유예를 선고받을 수 있었던 경우와 비교하여 현저한 불균형이 있는 경우에 한하여 집행유예 기간 중에 발각된 범죄에 대한 집행유예를 제한적으로 인정하는 견해이다. [관련 판례 1]에서 다수의견에 해당하는 견해이다. 이에 따르면 "형법 제37조의 경합범관계에 있는 수죄가 전·후로 기소되어 각각 별개의 절차에서 재판을 받게 된 결과 어느 하나의 사건에서 먼저 집행유예가 선고되어 그 형이 확정되었을 경우 다른 사건의 판결에서는 다시 집행유예를 선고할 수 없게 되는 경우"는 "그 수죄가 같은 절차에서 동시에 재판을 받아 한꺼번에 집행유예를 선고받을 수 있었던 경우"와 비교하여 현저히 균형을 잃게 된다는 것이다. 따라서 이러한 불합리가 생기는 경우에 한하여 형법 제62조 제1항 단서 규정의 "형의 선고를 받아"라는 의미는 실형이 선고된 경우만을 가리키고 형의 집행유예를 선고받은 경우는 포함되지 않는다고 해석하는 것이 타당하다고 한다.

긍정설은 집행유예 기간 중에 발각된 범죄에 대하여 재차 집행유예를 선고할 수 있다는 견해이다(다수설/[관련 판례 1]의 별개의견). 형법 제62조 제1항 단서가 규정하고 있는 "금고 이상의 형의 선고를 받아"에서 말하는 "형"이란 실형의 선고만을 의미하고 집행유예를 받은 형의 선고를 뜻하지 않는다고 보기 때문이다. 이와 같이 보는 근본적인 이유는 형법 제62조 제1항의 단서를 해석할 때 "금고 이상의 형의 선고"는 "집행종류 후 또는 집행면제 후 5년의 경과"라는 사실의 전제가 되고 있으므로, 이는 집행유예 받을 형의 선고로 볼 수 없기 때문이다.

생각건대, **긍정설**이 **타당**하다고 본다. 그 논거로는, ① 집행유예제도가 형벌의 집행을 연기하는 특수한 집행방법으로 형사정책적 기능을 가지고 있음을 고려한다면 단기자유형의 폐단을 방지하고 피고인의 재사회화를 촉진시키기 위하여 집행유예 기간 중에 저지를 또 다른 범죄에 대해 다시 집행유예를 선고할 수 있도록 하는 것이 바람직하다는 점, ② 집행유예 기간 중에 발각된 범죄에 대하여 다시 집행유예를 선고할 수 없다고 일률적으로 해석하는 것은 집행유예제도의 적절한 운용을 담보하여야 할 법관이 가지고 있는 양형에 있어서 재량권의 범위를 지나치게 제한하는 결과를 가져 올 수 있다는 점, ③ 누범을 규정한 형법 제35조 제1항의 "금고 이상의 형을 받아 그 집행을 종료하거나 면제를 받은 수"라는 법문의 해석에 있어서는 "금고 이상의 형"을 실형으로 해석하면서도 형법 제62조 제1항 단서의 "금고 이상의 형"에 대해서는 실형뿐만 아니라 집행유예를 받은 형도 포함하는 것으로 해석하는 것은 모순된다는 점, ④ 제한적 긍정설은 원칙적으로 집행유예 기간 중에 발각된 범죄에 대하여 다시 집행유예를 선고할 수 없다고 하면서도 유독 여죄의 경우에는 예외적으로 이를 할 수 있다고 해석하고 있으나, 이러한 해석은 피고인에게 불리한 유추해석으로서 죄형법정주의에 반한다는 점을 언급할 수 있다. 따라서 [관련 판례 1]의 사안에서 대법원 이미 집행유예를 선고 받고 그 기간 중에 새롭게 발각된 사문서위조 등의 범죄에 피고인에게 다시 집행유예를 선고할 수 있다고 판시한 것은 타당하다고 본다.

참고문헌

김재중, "집행유예에 관한 판례 동향과 개선방안", 법학연구 제19권 1호, 2008, 295-317면.

백원기, "집행유예기간중 발각된 범죄에 대한 집행유예선고의 가능여부", 형사판례연구 제7권, 1999, 194-205면.

이승준, "형의 일부집행유예", 외법논집 제28집, 2007, 317-346면.

이천현, "하나의 자유형에 대한 일부집행유예", 형사판례연구 제16권, 2008, 58-80면.

Ⅱ. 사회봉사명령

[도입 판례]

대법원 2008.4.11. 선고 2007도8373 판결【특정경제범죄가중처벌등에관한법률위반(횡령), 특정경제범죄가중처벌등에관한법률위반(배임), 업무상배임, 뇌물공여{인정된죄명:특정경제범죄가중처벌등에관한법률위반(증재)}】

사실관계

피고인 甲은 H그룹의 회장으로 근무하면서 a, b, c, d, e, f 등 계열회사의 대표이사 또는 지배주주로서 위 회사들의 경영을 총괄해 온 자인바, 위 계열회사들 중 a, b, c, d, e의 자금을 빼돌려 부외자금을 조성하는 방법 등으로 보관 중이던 수백억 대의 회사자금을 횡령하고, a, c 등으로 하여금 甲 회사의 유상증자에 참여하여 주식을 인수하게 함으로써 甲 회사로 하여금 합계 1,670억여 원 상당의 재산상 이익을 취득하게 하는 배임행위를 하고, 乙 회사에 대한 피고인 甲의 경영권을 계속 유지하기 위하여 계열사의 자금으로 해외펀드 1을 조성한 후 이를 통해 乙 회사에 우회 출자하는 등의 배임행위 및 횡령을 하고, 아무런 사전 조사나 사업성 검토 및 거래 협상도 없이 그 무렵 계열사들로 하여금 그 회사자금을 丙 회사에 대여한 후 丁 회사의 담보부채권을 대물변제 받게 하여 丙 회사로 하여금 계열사들에게 차입금 상당의 현금 유동성 상실로 인한 재산상 손해를 가하는 배임행위를 하고, a 그룹관계사로서 戊 회사 명의로 보유하던 계열사의 화의채권을 丙 회사에 매도하고 丙 회사는 이를 f에 고가에 매도함으로써 丙 회사와 戊 회사로 하여금 합계 71억여 원 상당의 재산상 이익을 취득하게 하는 배임행위를 하고, 피고인 甲과 그 아들이 발행주식총수의 90%를 보유한 e와 甲 회사로 하여금 f의 신주 지분 각 30%씩을 그 주식 가치보다 훨씬 적은 액면가 5,000원에 배정받게 함으로써 e와 피고인의 위 아들에게 재산상 이익을 취득하게 하는 배임행위를 하였다.

이러한 범죄사실에 대해 제1심인 서울중앙지방법원[2006고합474, 2006고합609(병합)]은 피고인 甲에 대하여 특정경제범죄가중처벌등에관한

법률(이하 '특경법'이라 한다)위반(업무상횡령)죄와 특경법위반(배임)죄, 업무상배임죄를 전부 유죄로 인정하여 징역 3년의 형을 선고하였다. 제1심 판결에 불복하여 피고인 甲과 검사가 항고하였고, 제2심은 서울고등법원(2007노586호)은 피고인 甲의 사실인 내지 법리오해, 검사의 양형부당의 각 항소이유를 모두 배척하는 한편 피고인 甲의 연령과 이력, 이 사건의 경위, 특히 범행에 이르게 된 동기, 범행 후의 정황 등 여러 정상을 참작하여 피고인 甲의 양형부당의 항소이유를 받아들여 피고인에 대하여 징역 3년에 집행유예 5년의 형을 선고함과 아울러, 형법 제62조의2에 규정된 사회봉사명령으로서, "(1) 전국경제인연합회 회원들 또는 다른 경제인들을 대상으로, 준법경영을 주제로, 합계 2시간 이상(2시간 동안 1회 이상 또는 1시간씩 2회 이상) 강연할 것, (2) 국내 일간지와 경제전문잡지에 준법경영을 주제로 각 1회 이상씩 기고할 것, (3) 피고인이 이 법정에서 공표한 별지 기재 내용의 사회공헌약속을 성실히 이행할 것"을 각 명하는 판결을 선고하였다. 그리고 피고인 甲은 자신의 범행으로 인하여 계열회사에 금전적 손실을 끼치는 유형의 손해를 발생시킨 것과 아울러 경제질서 훼손 등 사회전반에 무형의 손해를 발생시킨 점에 대하여 반성하고 회복방안을 제시하는 차원에서, 최소 8,400억원 규모의 개인 재산으로 문화시설 제공 등 사회구성원 모두가 그 이익을 향유할 수 있는 사회공헌계획을 수립하고 시행하겠다고 항소심 공판기일에서 대국민 약속을 하였다.

판결요지

[1] 형법과 보호관찰 등에 관한 법률의 관계 규정을 종합하면, 사회봉사는 형의 집행을 유예하면서 부가적으로 명하는 것이고 집행유예 되는 형은 자유형에 한정되고 있는 점 등에 비추어, 법원이 형의 집행을 유예하는 경우 명할 수 있는 사회봉사는 자유형의 집행을 대체하기 위한 것으로서 500시간 내에서 시간 단위로 부과될 수 있는 일 또는 근로활동을 의미하는 것으로 해석되므로, 법원이 형법 제62조의2의 규정에 의한 사회봉사명령으로 피고인에게 일정한 금원을 출연하거나 이와 동일시할 수 있는 행위를 명하는 것은 허용될 수 없다

[2] 법원이 피고인에게 유죄로 인정된 범죄행위를 뉘우치거나 그 범죄행위를 공개하는 취지의 말이나 글을 발표하도록 하는 내용의 사회봉사를 명하고 이를 위반할 경우 형법 제64조 제2항에 의하여 집행유예의 선고를 취소할 수 있도록 함으로써 그 이행을 강제하는 것은, 헌법이 보호하는 피고인의 양심의 자유, 명예 및 인격에 대한 심각하고 중대한 침해에 해당하므로 허용될 수 없고, 또 법원이 명하는 사회봉사의 의미나 내용은 피고인이나 집행 담당 기관이 쉽게 이해할 수 있어 집행 과정에서 그 의미나 내용에 관한 다툼이 발생하지 않을 정도로 특정되어야 하므로, 피고인으로 하여금 자신의 범죄행위와 관련하여 어떤 말이나 글을 공개적으로 발표하라는 사회봉사를 명하는 것은 경우에 따라 피고인의 명예나 인격에 대한 심각하고 중대한 침해를 초래할 수 있고, 그 말이나 글이 어떤 의미나 내용이어야 하는 것인지 쉽게 이해할 수 없어 집행 과정에서 그 의미나 내용에 관한 다툼이 발생할 가능성이 적지 않으며, 유죄로 인정된 범죄행위를 뉘우치거나 그 범죄행위를 공개하는 취지의 말이나 글을 발표하도록 하는 취지의 것으로도 해석될 가능성이 적지 않으므로 이러한 사회봉사명령은 위법하다.

[3] 재벌그룹 회장의 횡령행위 등에 대하여 집행유예를 선고하면서 사회봉사명령으로서 일정액의 금전출연을 주된 내용으로 하는 사회공헌계획의 성실한 이행을 명하는 것은 시간 단위로 부과될 수 있는 일 또는 근로활동이 아닌 것을 명하는 것이어서 허용될 수 없고, 준법경영을 주제로 하는 강연과 기고를 명하는 것은 헌법상 양심의 자유 등에 대한 심각하고 중대한 침해가능성, 사회봉사명령의 의미나 내용에 대한 다툼의 여지 등의 문제가 있어 허용될 수 없다.

[관련 판례 1]

대법원 2008.4.24. 선고 2007도8116 판결【특정경제범죄가중처벌등에관한법률위반(횡령){일부인정된죄명: 특정경제범죄가중처벌등에관한법률위반(배임)}, 특정경제범죄가중처벌등에관한법률위반(배임), 증권거래법위반, 상호저축은행법위반, 외국환거래법위반】

우리 헌법은 "모든 국민은 신체의 자유를 가진다. 누구든지 … 법률과 적법한 절차에 의하지 아니하고는 처벌·보안처분 또는 강제노역을 받지 아니한다."(헌법 제12조 제1항)라고 정하여 처벌, 보안처분, 강제노역에 관한 법률주의 및 적법절차원리를 선언하고 있다. 이를 이어받아 이른바 범죄인에 대한 사회 내 처우의 한 유형으로 도입된 사회봉사명령 등에 관하여 구체적인 사항을 정하고 있는 형법 제62조의2와 보호관찰 등에 관한 법률 제59조 내지 제64조, 특히 제59조 제1항 "법원은 형법 제62조의2의 규정에 의한 사회봉사를 명할 때에는 500시간 … 의 범위 내에서 그 기간을 정하여야 한다." 등의 내용을 종합적으로 검토하여 보면, 법원이 현행법에 의하여 형의 집행을 유예하는 경우 명할 수 있는 사회봉사는 500시간 내에서 시간 단위로 부과될 수 있는 일 또는 근로활동을 의미하는 것으로 해석된다. 따라서 법원이 형법 제62조의2의 규정에 의한 사회봉사명령으로 피고인에게 일정한 금원을 출연할 것을 명하는 것은 현행법상 허용될 수 없다.

판례의 검토

* Q 1	사회봉사명령이란 무엇이고, 사회봉사명령으로 부과할 수 있는 구체적인 내용은 무엇인가?
* Q 2	사회공헌기금의 출연, 준법경영을 주제로 하는 강연 및 기고가 사회봉사명령의 내용으로 선고될 수 있는가?
* Q 3	대법원예규에서 사회봉사명령의 내용과 집행절차를 규정하고 있는다. 이는 법률주의 위반이 아닌가?
* Q 4	사회공헌기금의 출연 등과 같은 기부를 형법상 제재로 도입할 수 방안은 무엇인가?

** Q 5 | 형법 제62조에 의하여 집행유예를 선고할 경우에 같은 법 제62조의2 제1항에 규정된 보호관찰과 사회봉사명령을 동시에 부과할 수 있는가?

[도입 판례]와 [관련 판례 1]의 사안에서는 형법 제62조의2의 규정에 따라 집행유예를 선고하면서 사회봉사명령으로서 통상 500시간 내에서 시간 단위로 부과될 수 있는 일 또는 근로활동을 명하는 것이 아니라 일정액의 금전출연을 주된 내용으로 하는 사회공헌계획의 성실한 이행 및 준법경영을 주제로 하는 강연과 기고를 명하는 것이 허용될 수 있는지가 문제된다.

사회봉사명령이란 유죄가 인정된 범죄인을 교도소에 구금하는 대신 정상적인 사회생활을 영위하게 하면서 일정한 기간 내에 지정된 시간 동안 무보수로 근로활동에 종사할 것을 명하는 제재를 말한다. 사회봉사명령은 범죄자의 자유 시간을 빼앗기는 하지만 그의 신체적 자유를 빼앗지는 않으며 사회와의 연결을 끊지도 않는다는 점, 단기자유형의 폐해를 시정한다는 효과 이외에 행형시설의 과밀수용을 방지할 수 있다는 점 등에서 사회통합적인 제재로 평가되고 있다. 이처럼 사회봉사명령은 유용한 형사제재로서 세계 각국의 형법전에 도입되고 있고, 우리나라에서도 1989년의 소년법 개정을 통하여 소년보호사건에 대한 보호관찰처분과 수강명령제도와 함께 도입되었으며, 그 효과가 긍정적으로 평가되어 1995년 개정형법에 의해 성인범에게도 확대되었다(형법 제62조의2).

형법 제62조의2 제1항은 "형의 집행을 유예하는 경우에는 보호관찰을 받을 것을 명하거나 사회봉사 또는 수강을 명할 수 있다."라고 규정하고 있을 뿐 사회봉사명령의 구체적인 내용이 무엇인가에 관하여는 '보호관찰 등에 대한 법률'과 대법원의 '보호관찰 및 사회봉사명령 등에 관한 예규'에서 규율하고 있다. 즉 보호관찰 등에 대한 법률 제59조 제1항은 "법원은 형법 제62조의2에 따른 사회봉사를 명할 때에는 500시간, 수강을 명할 때에는 200시간의 범위에서 그 기간을 정하여야 한다. 다만, 다른 법률에 특별한 규정이 있는 경우에는 그 법률에서 정하는 바에 따른다."고 규정하고 있다. 즉 법률에 따르면 사회봉사명령은 '○○○시간'의 형태로 선고되어야 한다. 그리고 예규 제6조 제1호는 "형사사건에서 사회봉사시간은 집행유예기간, 본형의 기간, 죄의 경중 및 피고인의 성향 등을 고려하여 정하되 8의 배수가 되도록 명한다."고 규정하고 있고, 예규 제7조에 따르면, 판사는 사회봉사명령·수강명령의 취지, 범죄의 내용, 대상자의 연령과 직업과 소질 등 개인적 특성, 집행시기, 지역적 특성, 집행시설 및 장소의 여건 등 제반 사정을 고려하여, 예시하는 내용의 사회봉사 또는 수강할 강의의 종류나 방법 및 그 대상이 되는 시설을 지정하되, 특히 단순 노역보다는 대상자 스스로 자신의 행동을 반성하고 사회적 책임감을 회복하는 동기를 부여할 수 있는 방법을 고려하여 지정하고, 필요한 경우에는 두 가지 이상의 사회봉사방법을 지정할 수 있다. 그리고 사회봉사명령 작업내용의 일반적 유형으로 ① 자연보호활동(공원·하천 등 제초작업 및 오물수거), ② 복지시설 및 단체 봉사활동(양로원·고아원·장애자시설 지원, 사회복지기관·단체의 복지관련 사업보조 등), ③ 공공시설봉사활동(고속도로·국도변 쓰레기·오물수거, 도서관 장서정리, 공공시설 보수, 산불·풍수해 등 재해복구 활동 등), ④ 대민지원봉사활동(응급실 인력보조, 환자 간병보조, 자원재생공사의 재활용사업 지원, 모내기, 벼베기, 과일수확, 문화재보수·제설·배수로 정비, 쓰레기 분리수거, 저소득·서민층 등 소외계층에 대한 기초생활지원활동 등), ⑤ 기타 지역사회에 유익한 공공분야 봉사활동을 예로 들고 있다. 제2항도 "자연보호활동 ○○시간" "양로원봉사활동 ○○시간" 등을 사회봉사명령을 선고하는 판결의 주문에 관한 예시로 들고 있다. 사회봉사명의 구체적 내용에 관한 형법, 보호관찰 등에 관한 법률, 대법원 예규 등을 종합적으로 판단하여 보면, 사회봉사명령은 '시간'을 계산의 전제로 하고 있으며, 사회봉사명령을 명할 때도 시간을 단위로 하여야 한다. 그리고 강의의 수강을 내용으로 하는 수강명령과 달리 피고인이 스스로의 몸을 사용하여 노동 또는 봉사활동을 하는 것이 사회봉사명령의 내용임을 알 수 있다. 따라서 [도입 판례]와 [관련 판례 1]의 사안에서 일정액의 금전출연을 주된 내용으로 하는 사회공헌계획의 성실한 이행은 시간 단위로 부과될 수 없는 것이며 근로활동으로 볼 수 없으므로 이를 사회봉사명령으로 허용할 수 없다는 대법원의 판시 내용은 타당하다고 본다. 하지만 이와 달리 사회공헌기금의 출연도 사회봉사의 의미에 포함되는 것으로 하되, 그에 대한 제한은 한계기준의 위반 여부(법령위반) 또는 양형의 적정 여부(양형부당)의 문제로 해결하자는 견해가 있다. 예를 들어 피고인이 축구선수인 경우에 그에게는 형편이 어려운 아이들을 위하여 무상으로 축구를 가르치는 축구교실을 자비로 설립하여 운영하도록 명하는 것은 현재의 무보수 근로활동의 범주에 포함된다고 해석할 수 있다는 것이다. 그러나 이러한 견해는 사회공헌기금의 출연이 결코 사회봉사명령의 내용에 해당하는 시간 단위로 부과될 수 없다는 점, 축구교실을 자비로 설립하여 운영하는 것이 '운영'에 초점을 맞춘다면 일정부분 근로활동의 범주에 포함될 여지는 있으나 [도입 판례]와 [관련 판례 1]의 사안에서 피고인은 일정액의 금전출연의 약속이행에 국한된 것으로 근로활동에 포함시킬 수 없다는 점, 거액의 사회공헌기금의 출연을 사회봉사명령의 내용으로 포함시킨다면 한국 사법체계의 불신의 원인으로 지적되는 '유전무죄 무전유죄' 현상을 더욱 심화시킬 가능성이 있다는 점에서 찬성할 수 없다.

한편, 일정액의 금전출연을 주된 내용으로 하는 사회공헌계획의 성실한 이행과는 달리 준법경영을 주제로 하는 강연과 기고는 시간 단위로 부과될 수 있는 일 또는 근로활동에 포함될 수 있으므로 사회봉사명령의 내용으로 볼 수 있는 것이 아닌가 하는 의문이 제기된다. 제2심이 사회봉사명령의 내용으로서 준법경영에 관한 강연을 위한 시간으로 2시간 동안 1회 이상 또는 1시간씩 2회 이상을 명시하였고, 예규 제7조에서 말하는 '기타 지역사회에 유리한 공공분야 봉사활동'을 매우 넓게 해석하여 준법경영에 관한 강연과 기고가 이에 해당한다고 볼 여지가 있기 때문이다. 그러나 준법경영에 관한 강연과 기고를 시회봉사명령으로 명하고 이를 이행하지 않을 경우 집행유예의 취소를 선고할 수 있도록 하는 것은 피고인으로 하여금 범죄사실을 뉘우치는 뜻을 공개적으로 밝히는 취지로 이해되고 집행될 여지가 있다. 이는 피고인의 양심에 반하는 행위를 강제하는 것으로 헌법이 보호하는 피고인의 양심의 자유, 명예 및 인격을 심각하고 중대하게 침해한다. 따라서 [도입 판례]에서 대법원이 준법경영에 관한 강연과 기고의 강제가 사회봉사명령의 내용으로 허용되지 않는 것으로 판단한 것을 타당하며, 나아가 제2심 판결에서 준법경영에 관한 강연과 기고가 구체적으로 어떠한 의미와 내용인지를 밝히지 않았기 때문에 사회봉사명령의 내용이 특정되었다고 볼 수 없다.

참고문헌

이규훈, "사회봉사명령의 의의 및 한계", 형사판례연구 제17권, 2009, 162-233면.

오영근, "사회봉사명령의 신동향", 교정연구 제35호, 2007, 47-77면.

한영수, "재벌그룹 회장에 대한 집행유예의 선고 : 경합범가중처벌규정의 문제점을 포함하여 사회봉사명령의 개념에 대한 해석론", 형사판례연구 제17권, 2009, 118-161면.

최준혁, "사회봉사명령으로서의 거액의 기부?", 형사정책 20권 1호, 2009, 377-391면.

참고문헌

[단행본]

권오걸, 형법총론, 형설출판사, 2005.
김성돈, 형법총론, 성균관대학교 출판부, 2008.
김일수/서보학, 새로 쓴 형법총론(제10판), 박영사, 2004.
박상기, 형법총론(제6판), 박영사, 2004.
배종대, 형법총론(제7판), 홍문사, 2004.
손동권, 형법총론(제2전정판), 율곡출판사, 2005.
신동운, 형법총론, 법문사, 2001.
신동운, 신판례백선 형법총론, 경세원, 2009.
신동운 등 5인 공저, 로스쿨 형법총론, 박영사, 2009.
안동준, 형법총론 강의, 형설출판사, 2009.
오영근, 형법총론(보정판), 박영사, 2005.
이재상, 형법총론(제5판 보정판), 박영사, 2005.
임 웅, 형법총론(개정판), 법문사, 2003.
정성근/박광민, 형법총론(제2판), 삼지원, 2005.
정영일, 형법총론, 박영사, 2005.
하태훈, 판례중심 형법총·각론, 법원사, 2006.

[논문]

강동범, “합동범의 공동정범”, 형사법연구 제13호, 2000, 79-94면.
강용현, “형이 필요적으로 면제되는 공직선거 및 선거부정방지법상 자수의 범위”, 법조 49권 7호, 1997, 138-163면.

김경락, “오상방위의 형사책임”, 비교형사법연구 제8권 제1호, 2006, 95-124면.
김선복, “현주건조물방화죄의 성립요건”, 비교형사법연구 제7권 제1호, 2005, 369-394면.
김성돈, “형법상 죄수론의 구조”, 형사법연구 제9호, 1996, 189-214면.
김성돈, “이중평가금지와 연결효과에 의한 상상적 경합”, 형사판례의 연구 I (이재상교수 화갑기념논문집), 2003, 758-781면.
김성규, “피해자의 승낙에 관한 법리로서 자기결정권”, 비교형사법연구 제8권 제1호, 2006, 23-44면.
김성룡, “공동정범의 주관적 구성요건요소”, 비교형사법연구 제3권 제1호, 2001, 89면 이하.
김성룡, “치료행위중단에 있어서 작위와 부작위의 구별”, 형사판례연구 제13권, 2005, 138-168면.
김용세, “공모관계이탈과 공범의 중지”, 형사법연구 제13호, 2000, 55-78면.
김영환, “형법상 방법의 착오의 문제점”, 형사판례연구 제1권1, 1993, 13-39면.
김영환, “법의 흠결과 목적론적 축소해석”, 판례월보 334호, 1998, 36-49면.
김영환, “법률의 부지의 형법해석학적 문제점”, 형사판례의 연구 I(이재상교수 화갑기념논문집), 2003, 47-80면.
김정환, “형법 제31조 제2항 및 제3항에 대한 검토”, 연세대 법학연구 제33호, 2007, 115면 이하.
김재윤, “무면허 대체의료행위의 형사법적 책임”, 비교형사법연구 제8권 제1호, 2006, 355-379면.
김재윤, “안락사 허용론에 대한 고찰”, 형사법연구 제26호 특집호, 2006, 597-614면.
김재윤, “법인의 형사처벌에 관한 유럽국가의 입법동향”, 법제연구 제36호, 2009, 271-308면.
김재중, “집행유예에 관한 판례 동향과 개선방안”, 법학연구 제19권 1호, 2008, 295-317면.
김종덕, “배임죄에 있어서 법인 및 대표기관의 형사책임”, 법학연구(한국법학회), 제22집, 2006, 255-283면.
김태명, “가정폭력에 대한 정당방위의 사회윤리적 제한”, 형사판례의 연구 I

(이재상교수 화갑기념논문집), 2003, 321-341면.

김태명, "간접정범 규정의 해석과 허위공문서작성죄의 간접정범", 형사법연구 제22호, 2004, 41-71면.

김태명, "비신분자에 의한 허위공문서작성죄의 간접정범", 형사판례연구 제13권, 2005, 448-481면.

김태명, "형법 제27조(불능범)의 위험성 요건의 독자성과 구체적 의미", 형사법연구 제26호, 2006, 223-252면.

김혁돈, "추정적 의사의 확정과 절차적 정당화", 비교형사법연구 제10권 제1호, 2008, 1-26면.

김혜정, "소아성기호증과 책임판단문제", 형사판례연구 제16권, 2008, 36-57면.

김호기, "타격의 착오를 바라보는 두 가지의 관점: 존재론적 관점과 기능적 관점", 형사법연구 제30호, 2007, 21-42면.

김호기, "불능미수에서의 착오, 결과발생의 불가능, 위험성", 비교형사법연구 제9권 제1호, 2007, 73-96면.

민영성/차정인, "죄수론의 재검토", 법학연구 제48권 제1호, 부산대학교 법학연구소, 2007, 681-707면.

문채규, "예비죄의 공범과 중지" 비교형사법연구 제4권 제1호, 2002, 29-60면.

문채규, "합동범의 공동정범", 형사법연구 제22호, 2004, 23-40면.

문채규, "형법 제27조(불능범)의 '위험성' 표지", 비교형사법연구 제8권 제2호, 2006, 31-58면.

박강우, "정당방위의 사회윤리적 제한", 형사판례연구 제10권, 2002, 81-96면.

박강우, "결과적 가중범의 인과관계와 미수범처벌", 저스티스 제34권 제5호, 2001, 183-195면.

박광민, "긴급피난의 정당화원리", 형사법연구 제7호, 1994, 51-73면.

박광민, "결과적 가중범의 본질과 직접성의 원칙", 저스티스 제94호, 2006, 128-147면.

박광섭/김용세, "도로교통사고에 대한 형사제재", 충남대 법학연구 제5권 제1호, 1994, 183-217면.

박상기, “고의의 본질과 대법원 판례의 입장”, 형사판례연구 제10권, 2002, 42-61면.

박상기, “형법 제정 50년과 공범론의 전개”, 형사법연구 제18호, 2002, 157-180면.

박상기, “방조행위와 인과관계”, 형사판례의 연구 I(이재상교수 화갑기념논문집), 2003, 649-664면.

박기석, “형법과 행정형법 규정의 경합시 죄수관계”, 형사판례의 연구 I(이재상교수 화갑기념논문집), 2003, 782-801면.

백원기, “공모와 공동정범”, 형사판례연구 제4권, 1996, 74-104면.

백원기, “집행유예기간중 발각된 범죄에 대한 집행유예선고의 가능여부”, 형사판례연구 제7권, 1999, 194-205면.

백원기, “허위공문서작성죄의 간접정범에 대한 공범의 성립여부 -예비군훈련확인서 허위작성사건-”, 형사판례연구 제10권, 2002, 254-271면.

범경철, “의료행위개념의 확대”, 의료법학 5권 1호, 2004/7, 661-678면.

변종필, “결과적 가중범에서 기본범죄가 미수인 경우의 법해석”, 비교형사법연구 제6권 제1호, 2004, 347-365면.

서보학, “합동범의 공동정범”, 형사판례의 연구 I(이재상교수 화갑기념논문집), 2003, 633-648면.

석희태, “보완대체의료의 법적 평가”, 의료법학 6권 1호, 2005/6, 153-166면.

성낙현, “살인죄에 있어서의 대법원의 고의개념”, 비교형사법연구 제4권 제1호, 2002, 389-416면.

손동권, “오상(과잉)방위의 효과”, 형사법연구 제12호, 1999, 115-136면.

송광섭, “책임설의 문제점에 관한 소고”, 형사법연구 제11호, 1999, 19-39면.

신동운, “공동정범과 공모의 시점”, 고시연구 22권 3호(252호)(95.02), 140-148면.

신동운, “형법 제23조 자구행위규정의 성립경위”, 한국형법학의 새로운 지평(김일수교수 화갑기념논문집), 2006, 41-58면.

신양균, “책임능력과 감정”, 형사판례연구 제5권, 1997, 54-58면.

심희기, “체벌이 정당행위로 인정될 수 있는지 여부와 그 요인”, 고시연구(2004/9), 216-230면.

오영근, “중지미수의 자의성”, 형사판례의 연구 I(이재상교수 화갑기념논문집), 2003, 550-566면.

오영근, “사회봉사명령의 신동향”, 교정연구 제35호, 2007, 47-77면.

윤동호, “연결효과에 의한 상상적 경합의 재고찰”, 비교형사법연구 제9권 제1호, 2007, 121-138면.

윤용규, “교사의 학생체벌에 대한 형법적 고찰”, 형사법연구 제21호, 2004, 128-157면.

윤용규, “긴급피난 규정의 이해와 입법론적 검토”, 형사법연구 제22호 특집호, 2004, 141-156면.

윤종행, “부작위범에 있어서 기대가능성의 체계적 지위”, 형사법연구 제18호, 2002, 211-232면.

윤종행, “자구행위에 관한 판례의 동향과 입법론”, 법학연구 제19권 제1호, 2008, 147-160면.

이경렬, “실행의 착수의 실질적 기준”, 성균관 법학 제8호, 1997, 45-67면.

이규훈, “사회봉사명령의 의의 및 한계”, 형사판례연구 제17권, 2009, 162-233면.

이기헌, “추정적 승낙”, 형사판례연구 제6권, 1998, 111-136면.

이기헌, “경합범과 상상적 경합”, 형사판례연구 제7권, 1999, 150-193면.

이기헌, “죄수의 결정”, 형사판례연구 제8권, 2000, 111-132면.

이상돈, “의사의 과실과 객관적 귀속”, 고려대 판례연구 제8집, 1996, 123-147면.

이수정, “교통사고와 죄수 -교통사고판례를 중심으로-”, 형사판례연구 제4권, 1996, 276-306면.

이승준, “형의 일부집행유예”, 외법논집 제28집, 2007, 317-346면.

이승준, “무형적 방조행위의 한계”, 형사정책연구 제73호, 2008, 65면 이하.

이용식, “소위 “개괄적 고의”의 형법적 취급”, 형사판례연구 제2권, 1994, 18-36면.

이용식, “과실범에 있어서 주의의무의 객관적 척도와 개인적 척도”, 서울대학교 법학 제39권 제3호, 1999, 29-63면.

이용식, “과실범의 공동정범”, 형사판례연구 제7권, 1999, 81-108면.

이용식, “공동정범의 실행의 착수와 공모공동정범”, 형사판례연구 제8권, 2000, 57-78면.

이용식, “무형적 · 정신적 방조행위와 인과관계”, 형사판례연구 제9권, 2001, 205-234면.

이용식, “공동자 중 1인의 실행착수 이전 범행이탈 -공동정범이 처벌한계-”, 형사판례연구제11권, 2003, 81-111면.

이용식, “일상적 · 중립적 행위와 방조: 방조행위의 개념적 의미 내용과 방조의 불법귀속의 이해구조”, 서울대 법학 제142호, 2007.3, 302면 이하.

이용식, “승계적 종범의 성립범위”, 형사판례연구 제15권, 2007, 101-125면.

이재상, “과실범의 공동정범”, 형사법연구 제14호, 2000, 215-232면.

이재상, “법률의 착오에 있어서 정당한 이유의 판단기준”, 형사정책연구 제18권 제3호, 2007, 269-290면.

이정원, “모해목적으로 단순위증을 교사한 자의 형사책임”, 한일형사법의 과제와 전망, 2000, 67면 이하.

이정원, “개괄적 고의”, 형사법연구 제15호, 2001, 1-18면.

이정원, “과실범에서의 정범과 공범 -과실범의 범죄구조를 중심으로”, 형사법연구 제16호, 2001, 105-126면.

이정원, “소위 공모공동정범과 독일형법에서의 공동정범”, 형사법연구 제5호, 1992, 40-62면.

이정원, “의학적 권고에 반한 퇴원으로 사망한 환자에 대한 형사책임”, 비교형사법연구 6권 2호, 2004.12, 361-388면.

이정원, “기대가능성과 책임조각사유”, 형사법연구 제26호, 2006.12, 25-46면.

이천현, “법인의 범죄주체능력과 형사책임”, 형사법연구 제22권 특집호, 2004, 58-82면.

이천현, “하나의 자유형에 대한 일부집행유예”, 형사판례연구 제16권, 2008, 58-80면.

이호중, “합동절도의 공동정범”, 형사판례연구 제7권, 1999, 130-149면.

임정혁, “함정수사와 비난가능성”, 법조 43권 8호(통권455호)(94.08), 106-112면.

장영민, “부진정부작위범의 성립요건”, 형사판례연구 제2호, 1994, 37-45면.

장영민, “인과관계의 확정과 합법칙적 조건설”, 형사판례연구 제3권, 1996, 22-39면.

장영민, “유추금지와 목적론적 축소해석”, 형사판례연구 제7권, 1999, 1-17면.
전지연, “의사와 간호사의 분업적 의료행위에서의 형사상 과실책임”, 의료법학 창간호(2000.05), 235-259면.
전지연, “과실범의 공동정범”, 형사법연구 제13호, 2000, 27-54면.
전지연, “부작위에 의한 정범과 공범”, 저스티스 76호(2003.12), 292-315면.
전지연, “자구행위의 해석상 몇 가지 문제점”, 영남법학 제28호, 2009, 51-72면.
정성근, “법인의 범죄능력 재론”, 오선주교수정년기념논문집, 2001.02, 107-118면.
정영일, “합동범에 관한 판례연구”, 형사판례연구 제7권, 1999, 109-129면.
정영일, “절도죄에 있어서 실행의 착수시기”, 형사판례연구 제2권, 1996, 177-190면.
정웅석, “의료사고에 따른 의료종사자 사이의 형사책임관계: 수평적 · 수직적 의료종사자 사이의 신뢰의 원칙을 중심으로”, 의료법학 5권 2호(2004.12), 52-110면.
정원태, “절도죄에 있어서 점유와 실행의 착수, 강도음모가 성립하기 위한 요건 및 음모와 예비와의 관계”, 형사재판의 제 문제 제3권, 2000, 70-78면.
정장오, “승계적 공동정범의 성립범위”, 대법원판례해설 22호(94년 하반기)(95.05), 595-605면.
정진연, “승계적 공동정범”, 숭실대 법학논총 9집(96.02), 89-118면.
조기영, “함정수사의 법적 효과”, 형사법연구 제19호, 2007, 183-206면.
조 국, “교사의 체벌과 정당행위”, 서울대학교 법학 제48권 제4호, 2007, 314-330면.
조상제, “과실의 원인에 있어서 자유로운 행위”, 형사판례연구 제4권, 56-73면.
조상제, “결과적 가중범의 문제점”, 형사법연구 제5호, 1993, 82-106면.
조상제, “개괄적 과실(culpa generalis) 사례의 결과귀속”, 형사판례연구 제10권, 2002, 62-80면.
조상제, “교통사고에서 신뢰의 원칙의 적용제한사례 해석”, 비교형사법연구 제4권 제1호, 2002, 437-456면.
조상제, “결과적 가중범의 공범: 상해치사죄의 교사범”, 저스티스 제77호, 2004, 176면 이하.
조상제, “과실범론 체계의 재구성”, 영남법학 2권 1 · 2호(95.11), 453-479면.

조준현, “공범관계의 해소에 관한 사례연구”, 형사판례연구 제5권, 1997, 129-154면.

조준현, “정당방위와 긴급피난의 법리에 관한 사례연구”, 형사판례연구 제6권, 1998, 87-110면.

조준현, “허위공문서작성죄의 정범표지와 공범관여자의 책임”, 형사판례의 연구 I(이재상교수 화갑기념논문집), 2003, 1027-1041면.

정현미, “법률의착오에서 정당한 이유의 판단기준”, 형사판례연구 제8권, 2000, 1-26면.

정현미, “인과과정에 개입된 타인의 행위와 객관적 귀속”, 형사판례연구 제9권, 2001, 143-166면.

정현미, “유책한 도발과 정당방위”, 형사판례연구 제10권, 2002, 97-113면.

정현미, “착수미수와 실행미수의 구별”, 형사판례연구 제14권, 2006, 1-24면.

정현미, “과잉방위와 오상과잉방위”, 형사판례연구 제16권, 2008, 1-35면.

천진호, “불능미수의 위험성 판단 -해석상의 오류를 중심으로”, 비교형사법연구 창간호, 1999, 67-92면.

천진호, “‘사회상규에 위배되지 아니하는 행위’에 대한 비판적 고찰”, 비교형사법연구 제3권 제2호, 2001, 146-185면.

천진호, “‘공모’공동정범에 있어서 공모의 정범성”, 형사판례연구 제9권, 2001, 183-204면.

천진호, “사자를 상대로 한 소송사기의 형사책임”, 저스티스 67호(2002.06), 202-227면.

천진호, “‘공범과 신분’ 규정에 대한 입법론적 검토”, 형사법연구 제22호 특집호, 2004, 293-316면.

천진호, “결과적 가중범의 중지미수”, 형사법연구 제26호, 2006, 47-72면.

최석윤, “정당방위의 상당성과 사회윤리적 제한”, 비교형사법연구 제4권 제1호, 2002, 417-436면.

최준혁, “사회봉사명령으로서의 거액의 기부?”, 형사정책 20권 1호, 2009, 377-391면.

최호진, “분업적 의료행위에 따른 형사책임의 분배 : 특히 수직적 의료분업을 중심으로", 형사법연구 제30호, 2007, 1-20면.
최호진, "치료행위에 있어서 환자동의의 형법적 의의", 비교형사법연구 제10권 제2호, 2008, 71-92면.

하태훈, "중지미수의 성립요건", 형사판례연구 제7권, 1999, 60-80면.
하태훈, "기능적 범행지배의 범위", 형사판례연구 제12권, 2004, 62-83면.
한영수, "재벌그룹 회장에 대한 집행유예의 선고 : 경합범가중처벌규정의 문제점을 포함하여 사회봉사명령의 개념에 대한 해석론", 형사판례연구 제17권, 2009, 118-161면.
한상훈, "고의의 원인에 있어서 자유로운 행위", 형사판례연구 제10권, 2002, 137-171면.
한상훈, "치료중단과 작위, 부작위의 구별", 연세대학교 법학연구 15권 1·2호(2005.06), 249-274면.
한상훈, "상상적 경합의 명시기능과 이중평가금지의 상충 여부", 비교형사법연구 제9권 제1호, 2007, 97-119면.
한상훈, "신분범과 공범", 형사법연구 제19호, 2003, 273-296면.
한상훈, "형법 제27조(불능범)에서 '결과발생의 불가능'과 '위험성'표지의 구별기준", 형사법연구 제20권 제3호, 2008, 79-108면.
한정환, "심신장애와 책임능력", 형사법연구 제15호, 2001. 6, 92-94면.
한정환, "형법 제25조 제1항 범죄실행의 착수", 비교형사법연구 제8권 제1호, 2006, 125-152면.
홍성무, "교사범에 있어서 교사행위의 특정정도 및 실행행위와 사이의 인과관계", 법조 41권 2호(통권425호)(92.02), 90-97면.
홍영기, "죄형법정주의의 근본적 의미", 형사법연구 제24권, 2005, 1-24면.

찾아보기

사 항

ㄱ

ㅅ

ㅇ

ㅈ

ㅊ

ㅌ

ㅍ

ㅎ

판 례

✍ 저자소개

안동준

- 전남대학교 법과대학 동 대학원 수료 법학석사
- 오스트리아 비엔나 대학교 법과대학 박사과정 수료 법학박사
- 전남대학교 법과대학 학장
- 사법시험, 행정고시, 군법문관시험 위원
- 現 전남대학교 법학전문대학원 교수

류전철

- 전남대학교 법과대학 동 대학원 수료 법학석사/법학박사 수료
- 독일 Freiburg 대학교 법과대학 박사과정 수료 법학박사
- 사법시험, 행정고등고시, 입법고시 출제위원
- 現 전남대학교 법학전문대학원 부교수

김재윤

- 건국대학교 법과대학 동 대학원 수료 법학석사
- 독일 Trier 대학교 법과대학 박사과정 수료 법학박사
- 인제대학교 법학과 조교수(2004.9~2007.8)
- 現 전남대학교 법학전문대학원 조교수(2007.9~)

형법판례 -총론편-

인쇄 | 2010년 2월 10일
발행 | 2010년 2월 20일

저 자 | 안동준 · 류전철 · 김재윤
발행인 | 김윤수
발행처 | 전남대학교출판부

등록 | 1981. 5. 21. 제53호
주소 | 500-757 광주광역시 북구 용봉로 77
전화 | (062) 530-0571~3
팩스 | (062) 530-0579
홈페이지 | http://altair.chonnam.ac.kr/~cnup

값 25,000원

ISBN 978-89-7598-799-1 (93360)

이 도서의 국립중앙도서관 출판시도서목록(CIP)은 e-CIP홈페이지(http://www.nl.go.kr/ecip)에서 이용하실 수 있습니다. **(CIP제어번호 : CIP2010000780)**